하나님의 아들 예수

메시지로서의 복음서 이야기

Dr. Jakob van Bruggen

하나님의 아들 예수

메시지로서의 복음서 이야기

초판 1쇄 인쇄 2014년 8월 20일
초판 1쇄 발행 2014년 8월 25일

지은이 야콥 판 브럭헌(Jakob van Bruggen)
옮긴이 편집부
감수 김병국
펴낸이 장대윤

펴낸곳 도서출판 대서
등록 제22-2411호
주소 서울시 서초구 방배동 981-56
전화 02-583-0612 / 팩스 02-583-0543
메일 daiseo1216@hanmail.net

디자인 참디자인(02-3216-1085)

ISBN 978-89-92619-53-0 03230

책값은 뒷표지에 있습니다.
잘못된 책은 교환하여 드립니다.

메시지로서의 복음서 이야기

하나님의 아들 예수

Jesus the Son of God

Dr. Jakob van Bruggen

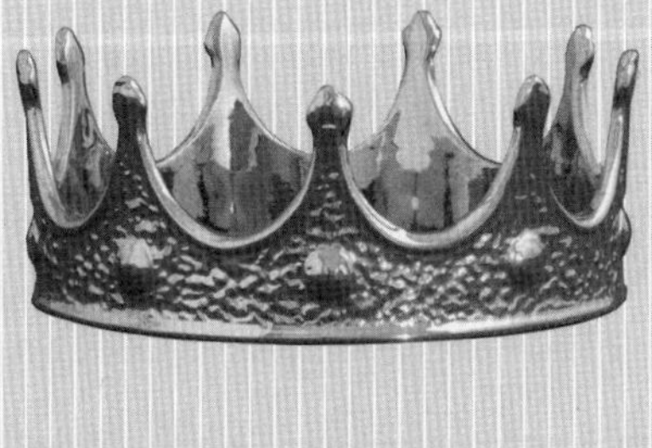

야콥 판 브럭헌 지음
김병국 감수

도서출판
대서

저자 서문

이것은 복음서의 메시지에 관한 책이다. 복음은 두 가지 각도에서 바라볼 수 있다. 한편으로 복음은 개략적이긴 하지만 나사렛 예수에 대한 연대기적 이야기를 제공해준다. 이는 내가 쓴 "지상의 그리스도"(Christ on Earth - 한국어로 번역되어 나왔다. - 감수자)에서 자세히 설명했다. 그러나 복음은 또한 우리에게 내러티브가 지닌 '메시지'를 제공한다. 그 메시지는 바로 하나님의 아들 예수에 관한 것이다. 예수 자신이 바로 복음이다. 이것이 바로 이 책의 초점이다. 두 책은 상호 보완적이지만, 또한 각각 따로 읽을 수도 있다.

우리는 예수의 역사에 대해 말해주는 복음서들을 통해서 하나님의 아들에 관한 메시지를 알게 된다. 그의 메시지는 철학이 아니라 '인격체'(Person)이며 '역사'이다. 이것이 바로 이 책의 전제이다. 이 책은 (네덜란드어로 출간된) 4복음서에 관한 주석의 집필을 마친 뒤에 썼으며, 복음 이야기의 주요 주제들을 하나로 묶고 있다. 그 결과 이 책은 성경신학에서 볼 수 있는 어떤 체계적인 설명이라기보다는 복음서를 읽을 때 나타나는 주요 주제들에 대한 논의라고 할 수 있다.

우리는 예수가 유대 환경에서 살고 있는 모습을 본다. 이러한 배경이 예수의 말과 행동에 어떤 영향을 끼치는가? 우리는 위대한 선지자 세례 요한의 등장을 본다. 그는 복음서 이야기에서 어느 부분, 어느 시점에 들어맞는가? 우리는 또한 하나님 나라에 대한 설교와 치유에 관해 읽는다. 이러한 주제와 그 치유 기적들이 갖는 기능은 무엇인가? 우리는 또한 복음서에서 특정한 표현들을 발견하게 된다. 그런데 이를테면 예수가 자신을 "인자"라고 말할 때 그 의미는 무엇인가? 그리고 또한 예수를 가리키는 존칭어인 "다윗의 아들", "선지자", "그리스도" 등을 어떻게 해석해야 하는가? 예수의 삶의 모습, 즉 사람들로부터 거절당하고 십자가에 못박히신 것 등이 궁극적으로 갖는 의미는 무엇인가? 예수는 정말로 새로운 공동체를 세웠는가? 예수는 미래에 관해 가르쳤는가?

이러한 질문들에 대한 대답이 이 책에 제시되어 있다. 그 대답들은 메시지의 이야기가 엄격하고 체계적인 접근방법들로 인해 모호해지지 않도록 구성되어 있다. 이 책은 독자들을 복음의 메시지로 안내하는 지침서로, 그리고 특정한 주제로 안내하는 교과서로 동시에 사용될 수 있다.

4복음서들의 메시지는 신앙과 신학에서 나중에 발전한 것을 우리가 이해할 수 있게 해주는 규범이다. 최근 몇 세기 동안 예수에 관해서, 거의 빛이 들 수 없을 정도로 빽빽한 밀림과 같이 많은 견해들과 해석들이 제기되었다. 오늘날 우리에게 도달하고자 하는 그 머나먼 1세기의 빛을 우리가 식별하는 데 이 책이 도움이 되기를 바란다.

Jacob van Bruggen

Kampen, Netherlands

1999년 오순절에

한국 독자들을 위한 저자 서문

이 책은 예수 그리스도의 인격과 교훈을 다루고 있습니다. 그렇기 때문에 이 책은 필자의 다른 책 '지상의 그리스도'의 후속편이라고 할 수 있습니다. '지상의 그리스도'는 예수 그리스도의 베들레헴 출생에서부터 승천까지를 다룹니다. 예수 그리스도의 지상에서의 역사를 주로 연대기적 순서에 따라 다룬 '지상의 그리스도'에 이어 이제 이 책에서는 예수님의 메시지와 교훈을 주로 주제별로 다루고 있습니다.

사복음서에서 우리는 두 개의 선들을 볼 수 있습니다: 그것은 삶의 역사라는 수평선과 그 역사를 통해 알려지는 하늘의 메시지라는 수직선입니다. 사도 요한은 "말씀이 육신이 되었다"라고 말합니다. 그 속에 두 가지 모두가 포함되어 있습니다. 성육신은 복음서기자들이 일종의 전기문을 쓰는 것을 가능하게 해 줍니다. 그리고 그분이 바로 하나님께로부터 오신 말씀이라는 사실은 복음서들이 모든 시대에 있어서 선포될 '복음'을 형성하도록, 그리고 그것이 시간을 초월한 교리로 재빨리 정착될 수 있도록 해주었습니다. '지상의 그리스도'에서는 주로 성육신의 수평선을 다룹니다. 그 후속편인 이 책에서는 하나님의 복음의 수직선을 다룹니다: 예수님이 전파하셨고 자신의 인격을 통해 보여주신 그 복음 말입니다. 그것을 우리는 하나님의 아들의 복음이라고 부릅니다.

우리는 전기적으로 이야기를 들려주고 있는 네 개의 복음서들을 통해 복음을 알게 됩니다. 이 책은 각 복음서들에 대한 주해를 바탕으로 하고 있습니다. 각 복음서에 대한 개별적인 주석에서는 다른 복음서들에 등장하는 자료들에 대해서는 매우 제한적으로만 다룰 수 있을 뿐입니다. 관련된 자료들을 한꺼번에 종합적으로 다룰 수 있는 기회는 별로 없습니다. 그래서 사복음서의 본문을 다루는 주석들은 주제별 논의들을 충분히 다루지 못하고 있는 실정입니다.

이 책 역시 신학적인 조직화를 목표로 삼아 저술된 책은 아니지만 여러 주석적 주제들을 포함하고 있습니다. 예를 들자면 복음서에서 예수님에게 사용된 명칭들, 하늘나라에 대한 설교들, 그리고 유대교 지도자들의 분파들에 대한 설명 등을 포함하고 있습니다.

그러나 동시에 이 책에서는 그 주제들을 복음서에 기초하여 설명하면서 예수님의 인격과 교훈에 대한 통합적인 기술이 이루어질 수 있도록 그 순서배열에 주의를 기울였습니다. 그렇기 때문에 이 책은 한편으로는 그분의 인격과 교훈에 대한 일반적 안내서의 역할을 할 수 있을 것이고 다른 한편으로는 복음서 연구를 위한 일종의 참고서로 사용될 수도 있을 것입니다.

예수님의 인격과 교훈에 대해 사복음서가 우리에게 말해주고 있는 것은 후대의 모든 작업들을 그것을 기준으로 판단할 수 있는 잣대의 역할을 합니다. 나는 우리 주위를 감싸고 있는 거의 뚫을 수 없을 정도로 빽빽해진, 예수님에 대한 후대의 잘못된 관점들의 숲을 뚫고 먼 곳에 있는 진리의 빛을 보는 데 이 책이 도움이 될 수 있기를 바랍니다.

나는 이제 이 책이 '지상의 그리스도'에 이어 한국어로 번역되어 나오게 된 것을 대단히 기쁘게 생각하며 한국 독자들에게 인사를 전합니다. 수년 전에 한국에서 강의를 할 기회를 가졌던 이후로 나는 한국과 그곳의 기독교인들에 대해서 항상 따뜻한 기억을 간직하고 있습니다. 또한 나는 캄펜(Kampen)에서 한국인 학생들을 가르칠 기회를 가졌던 것에 대해 감사하게 생각합니다. 우리 주님께서 이 책이 한국 독자들에게 도움이 될 수 있도록 축복해 주시기를 바랍니다.

저자 야콥 판 브럭헌 박사(Dr. Jakob van Bruggen)
네덜란드 아펠도른(Apeldoorn)에서

감수자의 글

이 책은 저자인 야콥 판 브럭헌 교수의 다른 책 '지상의 그리스도'의 자매편이다. '지상의 그리스도'가 예수님의 지상생애의 역사적 성격에 초점을 맞추고 있다면, 이 책 '하나님의 아들 예수'는 그와 관련된 신학적 주제들을 다루고 있다. 이 책의 독특한 점은 그것이 철저히 성경신학적 관점에서 집필되었다는 데 있다.

성경신학적 관점에서 집필된 책을 읽기 위해서는 약간의 방법론적 훈련이 필요하다. 조직신학적 관점에서 집필된 책들은 신구약성경 66권을 모두 같은 관점에서 바라본다. 어떤 명제에 대한 근거구절을 구할 때 신구약 어디에 있는 구절이건 상관없이 그것을 가져다가 사용한다. 하지만 성경신학에서는 본문을 그렇게 다루지 않는다. 성경신학에서는 본문을 다룰 때 그 당시의 관점이라는 시간적 요소를 중시한다. 이사야서의 한 구절을 다룰 때는 과연 당시에 이사야가 이 말을 전했을 때 무슨 뜻으로 이해하고 전했겠는가, 그 말을 들은 왕 혹은 백성들은 그 말을 어떤 뜻으로 이해했겠는가 하는 것을 연구한다. 이사야서를 해석하면서 신약에 나타난 구약해석을 시간을 거슬러서 투사해 넣는 것은 성경신학의 방법이 아니다.

문제는 평신도들과 대부분의 목회자들이 성경을 연구할 때 조직신학적 방법론에 익숙해져 있다는 것이다. 아무 방법론으로나 해석하면 되지 그게 뭐 그리 중요하냐고 생각하는 사람도 있겠지만 성경은 일차적으로는 철저히 성경신학적 방법론에 따라 해석되어야 한다. 즉 시대에 충실한 일차적 의미를 우선 알아내야 한다는 것이다. 왜냐하면 그것이 하나님께서 일차적으로 의도하셨던 성경의 '그' 의미이기 때문이다. 그 원래의 의미를 깨달음이 없이는 거기에 계시의 발전에 따른 이차적 의미를 덧붙이는 것은 의미 없는 작업이 되어 버린다. 왜냐하면 그 이차적 의미가 가능하고 적절한 것인지를 검증해 줄 기준이 존재하지 않기 때문이다.

이런 방법론적 차이를 이해하지 못하고서는 이 책이 무엇 때문에 그토록 치열하게 논의를 전개해 나가고 있는지를 이해할 수 없다. 아예 문제 자체가 이해 되지 않는 경우가 생긴다. 하지만 그 방법론적 차이를 이해하기만 한다면, 그래서 성경신학의 독특한 관점과 그 안에서 적용되는 경기 규칙을 이해하기만 한다면 이 책은 다른 책에서 찾기 힘든 학문적 즐거움을 선사해 줄 것이다. 우리가 믿고 고백하는 정통신학이 다만 신앙적 고백의 차원만이 아니라 치밀한 성경신학적 작업에 의해서도 강력하게 지지되고 있는 것을 보는 것은 참으로 큰 기쁨인 것이다.

독자 여러분에게 하나님의 크신 은총이 함께 하시기를 바란다.

2014년 8월 백석대학교에서 김병국

목차

Jesus the Son of God

제5장 예수, 하나님의 아들

제6장 거절과 고난 : 자기 희생의 길

제7장 하나님의 백성이 맞은 새로운 국면

제8장 성령과 불 – 하나님의 아들이 보여줄 미래

제1장

배경무대 : 1세기의 유대인

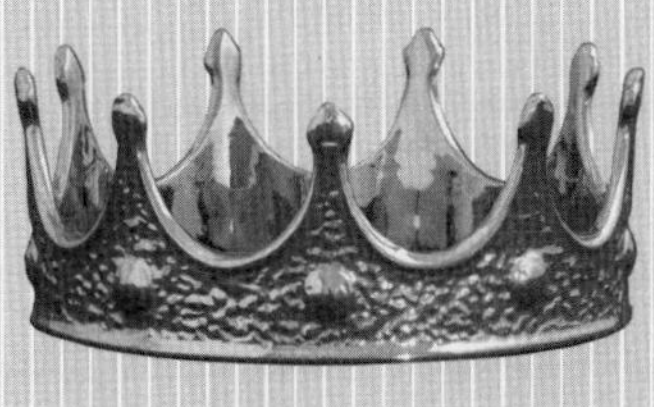

Jesus the Son of God

Chapter 01

배경무대 : 1세기의 유대인

1세기경에 팔레스타인에서 살던 이스라엘 민족의 삶과 신앙, 그리고 예수가 사역하던 때의 상황과 배경에 대해 우리가 알고 있는 것은 무엇인가? 네 가지 관점에서 이 문제를 살펴보기로 한다.

1. 주후 1세기경 "유대인"에 대한 일반적 이해와 그에 따른 문제점들
2. 이스라엘 내에 존재했던 다양한 집단과 세력들
3. 포로시대 이후 유대 종교의 특징
4. 신약 성경이 기여한 바

비교적 자세한 내용을 담고 있는 제1장은 사실 이 책에서 실제로 다루고자 하는 주제의 도입부일 뿐이다. 이 장을 그냥 넘어가도 되지만, 관심 있는 독자는 책의 나머지 부분이 배경으로 삼고 있는 중요한 주제들을 이곳에서 다수 발견하게 될 것이다.

1.1 1세기 유대인의 상황

복음서의 초점은 예수의 사역이다. 그런데 예수의 사역은 유대 민족 가

운데서 이루어졌다. 주후 1세기 팔레스타인 지역에서 살던 유대인의 상황이 바로 예수가 행하고 말씀하신 모든 것의 배경무대가 된다. 예수의 사역을 온전하게 이해하려면 바로 이러한 당시 배경과 상황에 대한 지식이 필요하다.

예수의 가르침을 듣던 사람들은 "바리새인들과 율법 교사들의 의", "엘리야", "선지자", "그리스도", "천국" 등의 말을 처음 들었을 때, 예수가 그 말씀을 하기 이전부터 그런 표현들이 원래 지니고 있던 의미로 받아들였다. 예수가 귀신을 내쫓는 기적을 행하셨을 때, 당시 이스라엘 사람들은 귀신들림에 대한 기존의 관점을 가지고 그 사건을 받아들였다. 예수가 전파한 메시지가 얼마나 새로운 것이었는가 하는 것과는 상관없이 그 메시지는 이미 이야기를 듣는 사람들의 주파수에 조율되어 있었다. 그러므로 예수와 바리새인 간의 갈등은 적어도 부분적으로는 예수가 등장하기 이전 바리새인의 모습 때문에 이미 결정되었던 것이다.

복음서의 모든 해석은 의식적이든 무의식적이든, 또는 명시적이든 암묵적이든 유대 배경상황에 대한 이해를 활용하는데, 이는 또한 전면에서 일어나는 복음서의 사건들을 설명하는 배경이 된다. 따라서 그런 개념들이 어떻게 형성되었는지를 자세히 연구하는 것이 중요하다. 배경에 대해 왜곡된 관점을 갖게 되면 전체 상황을 이해하지 못하게 된다.

1.1.1 일반적 개념

오랜 세월 동안 신약 주석가들이 정도의 차이는 있지만 계속해서 유대인들의 교훈에 대해 연구하면서 그 역사와 가르침에 관심을 가져온 것은 놀라운 일이 아니다. 중세 프랑스 파리의 프란체스코 회원이었던 리라의 니콜라스(Nicholas of Lyra) 뿐만 아니라 초대 교부 중 한 명인 제롬의 작품에서도 유대교 자료를 활용해 복음서를 해석한 것을 발견하게 된다. 17세기 존 라이트푸트는 복음서와 유대적 배경 사이의 접점을 확립하는 데 있어서 좀더 조직적이고 명시적인 방법을 사용했다.[1] 20세기 초 폴 빌러백은 신약과 유대 문학, 특히 신약과 랍비 문학 사이에 가능한 모든 접점들을 총망라한 연구서를 편찬했다.[2] 이는 구약 성서나 외경에 포함되어 있지는 않지만 종종 다양하게 기독교적으로 각색되어 전해져 내려온 유대교 위경에 대한 관심이 점차 높아지던 것과 때를 같이 한다. 또한 이러한 위경을 영어[3]와 독일어[4]로 번역하는 일이 20세기 초에 일어나기 시작했다. 새롭게 발견된 쿰란 문서는 이 분야에서 말 그대로 홍수처럼 엄청나게 많은 판본의 출간으로 이어졌는데, 특히 찰즈워스가 편집한 영어 번역본은 그 정점을 이룬다.[5] 이제 과거 어느 때보다 초기 유대 문서들을 접하기가 훨씬 더 쉬워졌기 때문에 지난 백 년 동안 신약시대 그리고 그 이전 유대 민족의 역사와 종교에 대한 포괄적인 연구서가 다수 출간된 것은 놀라운 일이 아니다.[6]

심지어 한동안은 그 어느 때보다 배경 상황에 대한 조망이 훨씬 더 확실하게 정리될 수 있을 것처럼 보이기도 했다. 19세기 중반 이후 모종의 합의가 도출되고 있었는데, 특히 석의 분야에서 그랬다. 공식적으로나 외형적으로 1세기 유대교를 율법적 또는 궤변적(결의적)인 것으로 보는 관점이 일반적으로 받아들여지게 되었다. 이러한 합의에 따르자면 장차 말세에 새로운 왕으로 오실 메시아가 이스라엘을 재건할 것이라는 사실에 자신들의 희망을 건 유대인들이 예수 시대에 많았다고 한다. 바리새인들은 메시아의 도래를 "도덕적 재무장"을 통해 앞당길 수 있다고 생각했다. 여기에 열심당은 세상적인 무기를 휘두르는 일을 추가했다. 두 집단 모두 세리를 압제자이자 원수인 로마를 대표하는 자들로 여겨 그들을 피했다.

이러한 배경에서 볼 때 예수는 궤변적이고 왜곡된 율법으로부터 사랑으로 완성되는 진정한 율법으로 사람들을 인도하는 개혁가로 비춰지게 된다. 예수는 이스라엘의 국가적 회복을 위한 계획에 동참하지 않으려 했기 때문에 오해를 받았다. 물론 세리들과 가까이 지낸 것 또한 종교적 관점에서 의심을 사기에 충분했다.

사람들이 일반적으로 받아들이고 있는 당시의 사회적 배경과 예수를 유대 종교의 '개혁가'로 바라보는 관점은 대단히 다양한 해석들 속에 반영되어 있다. 이는 복음서를 진보적인 관점에서만 해석한 나머지 예수를 단지 사랑을 가르치는 자비로운 스승이라고 보는 자들의 출발점이 되기도 한다. 하지만 그것은 또한 예수가 하나님의 아들이며, 이스라엘 백성을 율법의 노예에서 해방시켜 구속 받은 자녀가 되게 한 분이라고 믿는 이들에게 기초석이 되기도 한다. 따라서 어두운 배경 상황과 복음서의 주인공 사이의 대비는 다양하게 강조된다. 당시 유대교 내에서 예수는 좀더 나은 유대인, 하늘에서 온 예언자, 또는 반항자로 비춰지고 있었다.

1.1.2 더 많은 자료가 있으면서도 초점은 제대로 맞춰지지 않은 이미지

하지만 이렇게 재구성한 유대 사회에 대해 우리는 얼마나 자신할 수 있는가? 유대인의 상황이 정말 암묵적으로 추측한 것처럼 어두운 면만 있는 것인가? 일부 사람들은 이 같은 질문에 대해 혼란스러워 한다. 그들은 유대사회의 그런 어두운 배경 덕분에 예수가 더 빛을 발할 수 있었다고 생각한다. 무대배경 자체를 밝게 비출 수는 없다. 그러면 예수라는 등장인물을 돋보이게 하지 못하기 때문이다. 뚜렷한 대비를 위해서는 어두운 배경이 필요하지 않은가? 때로 예수의 제자들을 하나로 묶기 위해서 서기관들을 적대적으로 묘사 해야 하는 것처럼 보이기도 한다. 어린이 그림성경 그리고 복음과 관련된 대부분의 시각 예술 작품에서는 이러한 대비가 너무나 명확한 나머지 그 자체로도 연구주제가 될 정도다. 그러나 무대배경은 그림자와 다르다는 사실을 알아야 한다. 그림자는 물체의 형태와 위치에 따라 달라지지만, 무대배경은 처음부터 고유한 형태를 간직하고 있으며 그 자체로서 평가되어야 한다.

지난 수십 년간 1세기 유대교 내에 존재하던 다양성과 관련해 수많은 자료들이 출간된 이후 대다수 사람들이 받아들인 유대사회에 대한 통념이 과연 옳은 것인지에 대해 여러 각도에서 의문이 제기되었다.[7] 수도원 형태의 쿰란 공동체(에센파?)에서 유래한 것으로 추정되는, 이전에 알려지지 않았던 쿰란 문서들이 발견됨으로써 좀더 폭넓은 조망이 가능해졌다. 더 나아가 아람어로 번역된 구약성서인 탈굼을 포함해 이전에는 알려지지 않았던 자료들이 훨씬 더 종합적으로 연구되었다는 것도 특기할 만하다.[8] 이러한 모든 사실들은 1세기 유대교를 획일적으로 조망하는 것을 어렵게 한다. 오히려 거기에는 수많은 다양한 모습들이 존재한다.

게다가 랍비 문학을 연구하는 데 사용된 방법론마저 토론의 대상이 되었다. 미쉬나와 탈무드에 축적된 수많은 자료들의 연대에 대해 오늘날 훨씬 더 많은 관심이 모아졌다. 특히 다른 것들보다 바리새인에 대한 야콥 노이스너의 저술을 여기서 언급해야겠다. 이 모든 것은 역사적 상황을 재구성한 저술들에 있어서 심각한 파편화로 이어졌다.[9] 역사적 상황을 유기적으로 발전된 분명한 개념으로 이해하는 대신, 초점이 흐려진 배경에 여기저기 조각난 파편들이 흩어져 있는 모습으로 보게 된 것이다.

방법론에 있어서 이러한 변화는 역사적 상황에 대한 이전의 재구성 방법이 종종 특정한 '역사철학'에 지나치게 의존하고 있었다는 깨달음과 관련이 있다. 현재 학자들은 하나의 역사 전개 모델 아래 모든 자료를 포함시키는 방식을 이전보다 더 꺼려한다. 자료와 사실들에 담긴 다양성은 논리적이고 일관성 있는 역사 이해를 완전히 불가능하게 할지도 모른다. 19세기 역사가들이 지녔던 진보에 대한 위대한 비전은 이제 겸손하게 실용적으로 자료를 목록화하는 것으로 바뀌었다.

여기서 고려해 볼 또 하나의 사항은 1세기 유대 민족에 대해 부정적 견해가 우세한 것은 반유대주의의 영향에서 완전히 자유롭지는 못한 구약 연구의 관점과 밀접한 관련이 있다는 사실이다. 19세기 구약학자들은 이스라엘 민족의 더 오래된 예언적 종교가 에스라와 느헤미야 시대의 제사장적 고문서를 통해 엄격하고 율법적이며 국가주의적인 "유대종교"로 발전했다는 가설을 이끌어냈다. 종교 의식의 순수성을 위한다는 명목으로 궤변적이고 배타적인 주장을 펼쳤던 1세기 바리새인들은 바로 이러한 왜곡된 형태의 종교를 주창하는 자들이었다. 추측컨대 예수는 유대 종교의 멍에가 지우는 압제로부터 이스라엘 백성을 해방시켜 그들을 다시 이전의 예언적이며 덜 국가주의적인 고대 이스라엘의 신앙으로 회복시키고자 했을 것이다.

널리 받아들여진 이러한 개념은 그러나 겉으로 보는 것만큼 그렇게 자명한 것은 아니다. 역사 자료가 그것을 분명하게 지지하는 것도 아닌데다가 원래 이 개념에는 특정한 역사관에 바탕을 둔 비역사적 뿌리마저 있기 때문이다. 이런 이유로 이스라엘에서 예수가 사역하던 시기의 무대배경을 형성하는 모든 다양한 자료들을 좀더 면밀하게 관찰해 볼 필요가 있다.[10]

1.2 다양한 유대 그룹들

유대교에 대한 이런 오래된 관점이 히브리 민족 내의 다양한 그룹들을 묘사하는 데 종종 반영되고 있다는 사실은 그리 놀랍지 않다. 바리새인들을 묘사할 때 드러나는 그들의 율법적인 성향이라든가, 열심당에 대한 설명 가운데 자주 등장하는 국수주의적 성향 등이 이를 잘 말해주고 있다. 그래서 이들 그룹들에 대한 이미지는 다시 기존의 전체적인 그림을 재확인시켜주는 결과를 가져온다.

그러나 이런 통합된 상황묘사가 과거 수십 년 동안 지녔던 중요성을 이제는 상실했기 때문에, 자료문서를 활용하는 데 있어서의 방법론의 변화나, 이런 자료의 다양성에 대한 폭넓은 관심이 여러 영역에서 감지되어 왔다.

1.2.1. 바리새인

예수와의 대립관계 때문에 바리새인은 신약에서 중요한 역할을 한다. 그들은 실제로 가장 주도적인 그룹으로 보인다. 그러므로 그들은 또한 그리스도의 복음에 대한 책에서 더 특별한 주의를 기울일 만한 가치가 있다. 이 장에서는 몇 가지 사항을 요약했다. 바리새인에 대한 좀더 깊이 있는 연구는 부록 1을 참조하라.

바리새인의 모습을 그려보자 마자 우리는 위에서 언급한 자료들의 문제점과 마주치게 된다. 다양한 문서들에 등장하는 "바리새주의"(Pharisaism)를 인식할 때, 바리새인에 대해 일반적으로 받아들여진 관점을 기초로 하여 이를 인식하는 것이 학자들의 오랜 습관이었다. 따라서 당시 바리새인들의 사고방식을 보여주는 데 있어서 "솔로몬의 시편"(Psalms of Solomon, 기원전 1세기경)을 종종 인용하기도 했다. 그러나 이 시편에서 바리새인에 대한 언급은 전혀 나타나지 않기 때문에 이것이 정말로 전형적인 바리새인을 보여주는 문서인지는 매우 의심스럽다. 좀더 최근의 저술에서는 학자들이 바리새파를 분명하게 언급하는 문서로 제한을 두어서 논의의 타당성 있는 근거를 마련하기도 했다. 이들 학자들은 또한 주후 1세기 경의 문서나, 그 당시 상황에 대해 꽤 신뢰할 만한 정보를 제공할 수 있는 문서들로 그 범위를 제한했다. 그 결과 활용할 수 있는 문서 자료의 양이 급격히 줄어들었다: 신약에 포함된 역사서들(1세기경), 유대 역사가 요세푸스의 저술(1세기말경), 그리고 랍비 문헌에서 발췌한 단락들(3세기 이후)

근거자료의 선택이라는 문제 이외에 논의해야 할 또 다른 문제는 바로 그것들을 연구하는 방법론에 관한 것이다. 과거 학자들은 다양한 자료를 참고하면서 "사실"들을 추출해서 마치 그것이 중립적인 요소인 양, 획일적인 역사적 상황을 그리는 데 재빨리 활용하려고 했던 반면 오늘날에는 각 자료의 독특한 특성에 훨씬 더 많은 주의를 기울이면서 이러한 특질들이 "사실"에 어떻게 영향을 끼치는가에 관심을 둔다. 따라서 노이스너는 (이전에 어느 정도 성경 연구에 활용되었던) 역사비평적 방법론을 랍비문서 연구에 적용하였고, 메이슨은 요세푸스와 바리새인에 대한 별도의 연구서를 냈다.

바리새인이 율법적이고 국수주의적이며 위선적인 집단이라는 관점을 전반적으로 포기한 것을 제외하면, 이 모든 저술들이 새로운 만장일치의 결과를 낳은 것은 아니다. 랍비문서에 관한 리브킨(Rivkin)과 노이스너(Neusner)의 연구는 서로 매우 다른 견해를 드러내기 때문에, 그들은 랍비문서가 1세기경의 바리새인에 대해 균형 잡힌 관점을 제시할 수 있을지 그 실효성을 의심하게 만든다. 바리새인들은 후대의 논쟁에 있어서 자주 언급되고 있기는 하지만 단지 지나가는 말로 언급될 뿐이며 그 내용이 조직적이지 못하다. 그러나 역사가 요세푸스는 바리새인에 대해 당시 상황과 좀더 들어맞는 설명과 폭넓은 관점을 제공한다. 요세푸스는 바리새인을 율법과 구전전승을 지키는 문제에 있어서는 극도로 까다로우면서도, 동시에 그들 가운데는 예언의 은사를 지닌 훌륭한 인물들도 있는, 전체적으로 온순하고 인도주의적 태도를 지닌 존경할 만한 부류로 묘사하고 있다. 정치가로서 요세푸스는 바리새인들의 고지식함에 반감을 품었는데 이는 바리새인들을 정치적 타협을 하지 않는 사람들로 묘사한 것에서 드러난다. 그러나 요세푸스는 자신의 책 어디에서도 바리새인을 후대의 종교개혁시대의 범주에 맞는 사람들로 묘사한 적이 없다. 즉 종교개혁시대 사람들은 바리새인들을 자신들의 칭의교리에 지대한 관심을 가졌던 사람들로 보았다. 그들이 보기에 바리새인들의 교리는 루터주의의 이신칭의 교리와는 반대되는 것이었다. 그러나 오히려 이스라엘의 다른 부류들처럼 바리새인의 최우선적 관심은 '삶의 방식'(lifestyle) 즉 1세기에 유대인으로서 어떻게 살고 존재할 것인가 하는 문제였다. 그들에게 있어서 가장 중요한 것은 윤리학과 율법학이었다. 바리새인들은 모든 그룹들 가운데서 가장 세심하고 까다로운 집단으로서 특히 도시에서 대중적인 지지를 얻고 있었다. 그 결과 바리새인들의 규칙에 동의하지 않는 다수의 지도자들도 다른 사람들과 갈등을 겪지 않기 위해서는 율법 문제에 관한 한 바리새인들의 규칙을 따라야 했다. 구체적인 "교리"로 들어가면 바리새인들은 하나님의 섭리 그리고 의인의 부활에 대한 믿음에 있어서 사두개인들과 생각이 달랐다.

우리가 신약에서 발견하는 바리새인들에 관한 일반적인 정보에 주의를 기울일 때 신약은 이런 그림을 지지한다. 바리새인과 예수의 갈등에 관한 수많은 본문들을 단순히 중립적인 "사실"로 간주하고 그것을 활용 가능한 다른 모든 정보와 같은 수준에 놓는 것은 방법론적으로 옳지 않다. 신약 기자들이 바리새인에 대해 묘사하면서 과거를 더듬어 기술했다고 추측할 필요는 없다. 예수가 살아 있던 당시 바리새인의 모습은 이미 "그 갈등 상황에서"(in the conflict situation) 독특했다. 바리새인은 예수를 아무런 이유 없이 비난한 것이 아니다. 바리새인들은 뭔가 행동을 취해야 한다고 생각했다. 자신들이 보기에 예수는 신성모독의 선을 이미 넘었다고 여겨졌기 때문이다. 처음에 그들은 (무지함으로 인해) 옳다고 믿는 바대로 행동했다. 실제로 예수가 하나님의 아들이 아니라 단순히 그런 체하는 사람이었다면 바리새인을 비난할 이유가 없었을 것이다. 하나님의 아들 예수 그리스도를 평가하는 데 있어서 바리새인들이 저지른 큰 (그리고 그들이 그런 평가를 고수함으로써 치명적이 된) 실수를 그동안 바리새파를 일반적으로 재구성하는 데 있어서 기초로 활용해 왔는데 그것은 적절한 일이 아니었다. 사실 이것은 실제적인 놀라운 사실을 무시한다: 율법에 대한 신실함과 부활에 대한 믿음 때문에 바리새인들은 그 어떤 다른 그룹보다 예수와 가까웠다. 그렇다면 어떻게 그들은 예수의 가장 열렬한 반대자가 되었을까? 바리새인들을 향한 예수의 날카로운 지적들은 바리새인들이 항상 최악의 부류였기 때문이 아니었다. 그보다는 그들이 하나님의 특사를 거부한 이유 때문에 최고의 부류에서 최악의 부류로 떨어진 것이다.

1.2.2 죄인

복음서는 이스라엘에 단지 "죄인"으로 구분되는 특별한 부류의 사람들이 살고 있었음을 보여준다(눅 6:32-34). 예수에 대한 비난의 대부분은 바로 이들 죄인들에 대한 언급을 담고 있다. 예수를 "죄인들"의 친구이자 그들과 저녁식사를 함께 하는 자로 묘사하고 있다. 죄인들은 또한 종종 세리들과 같이 언급된다(마 9:10-11; 11:19; 눅 15:1-2).

예수 자신은 이들 부류의 사람들에 대해 언급하지만 경멸이 아닌 애정이 담긴 말을 한다: "나는 의인을 부르러 온 것이 아니요 죄인을 부르러 왔노라" (마 9:13; 또한 눅 15:7-10과 비교).

이들을 정의할 때 어떤 기준을 사용했는지에 대해서는, 신약시대 유대교에 관한 최근 연구에 따르면, 다양한 의견들이 있음을 알 수 있다. 가장 중요한 사실은 "죄인"들로 알려진 부류가 실제로는 '바리새인의 존재로 인해 정의된다'(defined by the presence of the Pharisees)는 것이다(동일한 관점이 세리들에게도 적용된 1.2.4 를 보라). 여기서 우리는 이전 단락에서 다룬 주제로 되돌아간다. 예레미아스(Jeremias)는 바리새인들이 율법을 엄격하게 지키지 않는 자들을 "율법에 대해서 전혀 모르는 군중"으로 간주했다고 쓰고 있다[11]. 따라서 이런 무지하고, 율법적으로나 도덕적으로 순전하지 못한 자들은 "죄인"이거나 죄인과 같은 수준이 된다. 그러므로 죄인이라는 용어는 이스라엘의 하나님을 경외하지 않고, 하나님이 주신 율법의 규례들에 정면으로 대립하는 삶을 살았던 사람들(사실 이것이 토라가 설명하는 규율을 지키지 못하는 자라는, 죄인에 대한 구약의 개념이었다)을 지칭하는 것이 아니다.

예수가 살았던 당시 유대교에서 "죄인"에 관한 훨씬 더 폭넓은 개념이 생겨났다. 바리새인들이 정한 규율(이는 토라가 규정한 것보다 훨씬 더 상세한 규율이었다)대로 행동하지 않는 모든 사람은 "죄인", "율법을 모르는 자"(물론 철저히 바리새적인 의미에서)로 비난 받게 되었다. 이런 사람들은 공동체에서 추방되었다. 그러나 예수는 그와 같은 사람들을 "가난한 자"라고 부르시면서 그들에 대해 훨씬 더 긍정적으로 언급하셨다. 예수의 행동이 사람들을 불쾌하게 한 것은 바로 예수가 이들 추방된 자들을 마치 여전히 공동체에 속한 자들처럼 대하셨기 때문이다.

샌더스(Sanders)는 "죄인들"이 "율법에 대해 아무것도 모르는 군중"이라는 말과 동의어였을 것이라는 생각에 대해 자세하게 반박했다[12]. 샌더스는 또한 의식적인 순전함에 대한 바리새인들의 율법이 바리새인과 "죄인들"의 경계선이 된다는 개념을 반박했다. 1세기경 바리새인들에 대한 현대의 대중적 견해 - 그들이 모든 유대인들에게 제사장적 순전함을 부과할 목적으로 수많은 규칙들을 만들어낸 내부지향적인 소수 분파라는 개념 - 는 "죄인들"에 대한 대조적인 이미지를 근거로 한다면 신빙성이 없다. 그리고 신약에서 예수가 "죄인들"과 어울림으로써 폭발시킨 갈등은 바리새인들에게만 한정되었던 것도 아니다. 예수에 대한 반감은 일반 대중들도 마찬가지였다(눅 7:34; 19:7). 그러므로 "죄인"이라는 범주는 "바리새인"이라는 범주에 의존하지 않는다고 봐야 한다.

우리는 "죄인"이라는 단어가 자신의 종교적 또는 윤리적 행동이 이스라엘의 하나님을 섬기기 원하는 사람들(율법에 대한 엄격함에 있어서 다양하면서도 서로 다른 종교적 확신을 지녔던 사람들)과 어긋날 수밖에 없었던 사람들을 지칭하는 것으로 이해해야 한다. 그러므로 부를 쌓은 세리 그리고 간음을 저지른 여인같이 서로 상이한 부류들이 둘 다 "죄인들"

이라는 하나의 범주 안에 들어갈 수 있었다(눅 7:37, 39; 마 21:31-32).

예수가 죄인들에게 관심을 가진 이유는 7.1.2.에서 논할 것이다. 그러나 죄인들에 대한 예수의 사랑은 특별히 바리새적인 배경을 설정해 놓고 설명할 수는 없다. 마치 죄인들에 대한 관심이 지나친 안티-바리새적 행동에 지나지 않을 수 있다는 식으로 해석할 수는 없다는 뜻이다.

1.2.3. 열심당

예수를 기쁨이 없는 결의법(casuistry, 決疑法)과 율법의 무게에 짓눌린 사람들 가운데 나타난 개혁가로 묘사하기 위해 종종 바리새인이 사용된 반면, 비영적인 영역에서는 예수가 또한 공격적인 국수주의와 대척점에 있었다는 사실을 증거하기 위해 열심당원들이 종종 인용되었다. 피클(Pickl)에 따르면 예수가 가르친 모든 것은 정치적 혁명을 통해 지금의 세상을 변화시키겠다는 기대감으로부터 제자들을 벗어나게 하는 데 초점이 맞춰져 있었다. 즉 그들은 정치적인 구세주를 기대하고 있었다.[13] 그러나 다른 학자들은 복음서가 실제 상황[14]을 은폐했고, 예수는 열심당에 동조적이었으며,[15] 예수는 속박된 이스라엘 백성을 해방시키는 데 있어서 단지 수단의 차이만 있었다는 의견을 견지한다.[16] 복음서의 유대적 배경을 재구성하는 데 있어서 어떤 식으로든 열심당을 살펴보는 것이 옳은 일인가?[17]

종교적 국수주의는 1세기 후반, 유대 전쟁(기원후 66-70년) 동안 명백히 드러났다. 물론 그 상황을 철저하게 이해하려면 정치적 혼란과 반란을 가져온 사회, 경제적 요인도 반드시 고려해야 하지만 말이다. 더 나아가 요세푸스는 유대 전쟁을 설명할 때 자칭 열심당이라 칭하는 단체에 대해 여러 번 언급하면서 유대 전쟁 이전의 시기 역시 혼란과 사건들로 점철되어 있었음을 보여준다.

그러나 세례 요한과 예수가 살던 1세기 전반부 동안 우리에게 익숙한 바리새파, 사두개파, 에센파 이외에 열심당이라는 영향력 있는 단체가 존재했다는 증거가 있는가? 그리고 예를 들어 우리는 산상설교에 등장하는 온유한 자와 화평케 하는 자에 대한 축복을 팔레스타인에서 혁명을 꿈꾸던 수많은 유대인을 향한 암묵적인 비판으로 볼 수 있는가?

기회가 있을 때마다 유대인에 대한 악평을 서슴지 않았던 2세기경의 로마 역사가인 타키투스(Tacitus)는 이 시기 - 티베리우스(Tiberius) 황제의 재위 기간 - 에 관해 놀라운 언급을 한다. 즉 타키투스는 "티베리우스 치하의 평화!(*Sub Tiberio quies*)"라고 간결하게 기술한다.[18] 이것은 국가적 혼란을 의미하지 않는다. 그러므로 복음서가 열심당과 공격적인 국수주의에 대해 침묵할 때, 그들이 일으킨 소요가 당시에 중요한 역할을 하지 않았음을 의미할 지 모른다.

성경 이외의 일반 문서자료들은 1세기 초에, 1년 동안의 혼란스런 시기가 있었음을 말한다. 헤롯 대제 이후 세 명의 정치지도자 중 하나인 아켈라우스가 기원후 6년경 황제에 의해 쫓겨났을 때, 유대 지역의 중심부(유대, 이두메아, 사마리아)는 황제의 직접적인 관할 아래에 놓이게 되었다. 이와 함께 전반적인 행정적 변화가 일어났다. 그 전까지 이 지역은 속국의 왕의 지배하에 있었고 상대적으로 정치적인 독립을 누려왔다. 그런데 이제 로마의 직접적인 통치하에 들어간 것이다. 이는 곧 국세를 직접 로마에 바치게 되었음을 의미하기도 했다.

그래서 시리아에서 황제의 특사와 군대를 예루살렘에 파견해 대대적인 재정비를 시작했다. 특사의 임무는 아켈라우스의 막대한 개인 소유 땅을 관리하고 정부의 재정비를 감독하는 것이었다. 이러한 변화와 관련하여 정부 인수를 위한 최신 통계 자료를 얻기 위해 재산과 인구의 (지역적인) 등록이 요구되었다. 이러한 로마의 조치들은 엄청난 저항을 불러일으켰다. 예루살렘에서는 갈릴리의 유다(Judas of Galilea, 혹은 Gaulanitis의 유다) 그리고 바리새인 사독(Zadok the Pharisee)의 지도 아래 반란이 있었다. 반란은 엄청난 학살과 함께 진압되었다.

어떤 의미에서 기원후 6년에 일어난 이 반란은 이후 훨씬 더 격렬하게 타오른 유대전쟁의 불씨로 볼 수 있다. 그러나 바로 그 반란 직후 수십 년 간은 그러한 불씨가 거의 없었다. 가말리엘은 기원후 40년 동안 우세했던 관점을 표현했다. 그러한 반란은 반드시 실패하게 되어 있었다. 그는 "그 후 호적할 때에 갈릴리의 유다가 일어나 백성을 꾀어 따르게 하다가 그도 망한즉 따르던 모든 사람들이 흩어졌느니라"(행 5:37)라고 말했다. 만약 바리새인 가말리엘이 전체 산헤드린에 대해 반박에 대한 두려움 없이 이렇게 조용히 언급할 수 있었다면 그것은 분명히 세례 요한과 예수 시절 갈릴리 유다의 영향력이 빈약하거나 거의 존재하지 않았음을 의미한다. 기원후 6년경의 격렬한 반란 이후 유대 지역은 몇십 년 동안 "평화"의 시기를 누렸다.

이 평화는 기원후 44년 아그립바 왕이 세상을 떠날 때까지 지속되었다. 아그립바 왕은 안디바와 빌립의 영토를 취할 수 있었을 뿐만 아니라 중부 지역(유대, 사마리아, 이두매)의 관할권까지 넘겨받았다. 기원후 41년에서 44년까지 다시 한 번 예루살렘에 (그들만의) 왕이 있었다. 왕은 유대 백성에게 어느 정도 신뢰를 얻었다. 그래서 기원후 44년 로마 황제가 이스라엘의 중심부뿐만 아니라 전체지역을 로마의 직할령으로 복속시킨 일은 이스라엘 백성에게는 직격탄과 다름 없었다. 로마 총독 치하에서의 삶은 더 이상 지역적인 예외가 없었다. 그것은 이제 전국적인 의미를 갖게 되었다. 이 사건은 기원후 6년의 정신을 되살렸다. 이스라엘은 다시 동요했으며 이후 20년 동안 그런 상태를 유지하다가 기원후 66년에 드디어 전면적인 전쟁이 발발했다.

1세기의 4분의 3정도가 지난 이 시기에 우리는 불안한 요소가 이스라엘 백성의 삶 가운데 더 커진 것을 본다. 이것은 심지어 로마에서는 유대인들에 대한 복수로 이어졌다.[19] 팔레스타인 지역에서 여러 소요들을 일으켰던 자들이 어떤 종교적, 민족적 또는 사회-경제적 이유로 자극을 받았는지의 문제는 여기서 중요하지 않다. 주목해야 할 사실은 이러한 국가적 긴장상태를 예수의 사역 기간 동안에 중요성을 지녔던 요소로 본다면 그것은 시기를 너무 일찍 잡은 것이 된다는 것이다.

그러나 뭔가가 이런 관점과는 잘 맞지 않는 것처럼 보인다. 예수의 제자 중 한 명의 이름이 (눅 6:15; 행 1:13) 열심당원 시몬이라는 사실은 예수 시대에 이미 그 이름으로 알려진 자들이 있었으며 심지어 예수의 제자가 되기도 했다는 것을 암시한다고 볼 수 있다. 여기서 우리는 헬라어 *zelotes*라는 말이 단지 "소위 열심당을 추종하는 자"만을 의미하지는 않는다는 문제와 부딪힌다. 보통의 의미는 "열렬한 지지자"이다. 신약에서 우리는 어떤 일에 대한 열정과 관계가 있는 다양한 단어의 조합들과 만나게 된다. 그러나 *zelotes*라는 단어는 열심당의 당원과 거의 아무런 연관성도 없다.[20] 시몬이라는 어떤 사람이 zelotes라는 별명으로 불린다는 것은 헌신적인, 열정적인 또는 심지어 약간 광적인 성격을 가리킨다고 볼 수 있다. 분투자 시몬(Simon the Striver), 또는 광적인 사람 시몬(Simon the Fanatic)이라는 의미이다. 세베대의 아들들도 마찬가지로 "천둥의 아들들"로 불렸다.[21]

우리가 *zelotes*라는 별명을 열심당의 당원을 의미하는 것으로 해석할 수 있는 것은 오직 '그 당시에' "셀롯인"이라는 용어가 "바리새인" 혹은 "사두개인"이라는 용어와 마찬가지로 분명하게 어떤 당의 당원을 가리키는 용어로 사용되고 있었을 때 뿐이다. - 하지만 여기서는 그런 경우가 아니다. "셀롯"이라는 당의 이름은 복음서 어디에서도 나타나지 않는다. 오히려 기원후 44년까지는 "셀롯"이라는 단어가 어떤 당과도 관련이 없었다는 확신이 점점 신빙성을 얻고 있다.[22]

요세푸스는 셀롯이라는 용어를 오직 유대전쟁 시기에만 사용한다. 갈릴리 사람 유다[23]가 시작한 "네 번째 당"을 설명하면서, 요세푸스는 이 운동이 다른 무엇보다도 자유를 소중하게 여겼으며 그들은 자신들을 그 어떤 인간이 다스리는 것도 허용하지 않았다고 말한다. 그러나 요세푸스는 어디에서도 "셀롯"이라는 이름을 이 단체와 관련지어 사용하지 않는다. 또한 그는 갈릴리 사람 유다에게 더 주의를 기울이고 있는 것이 분명하다. 왜냐하면 요세푸스는 나중에 훨씬 더 큰 규모로 재앙이 된 무엇인가가 바로 그곳 갈릴리에서 시작되고 있다는 사실을 보기 때문이다. 그러므로 그는 이스라엘 백성이 (유대 전쟁 발발 바로 직전인) 게시우스 플로루스(Gessius Florus) 총독 시기에 이 네 번째 당이 가져온 병으로 인해 고통을 받기 시작했다고 쓰고 있다.[24] 이것은 "셀롯"이라는 이름이 1세기 처음 50년 동안은 알려지지 않았을 뿐만 아니라 갈릴리 사람 유다의 자유에 대한 열망과 그가 시작한 운동이 아직 당시 이스라엘 백성들에게 별로 영향을 끼치고 있지 않았음을 암시하고 있는 것 같다. 요세푸스는 소위 "네 번째 당"(fourth party)의 등장이 갈릴리인 유다에게서 기원한다고 추정하는데, 그것은 유대 전쟁이 일어난 후 후대의 관점에서 그렇게 본 것이다. (기원후 약 33년경에) 가말리엘은 유다를 과거에 반란을 일으켰다가 실패한 사람으로 본다. 요세푸스는 독자들에게 유대전쟁의 특징은 자유에 대한 이스라엘 백성의 열망이었으며, 그것이 그 모든 참혹한 결과를 낳았다는 사실, 그리고 그 전쟁의 기원은 기존의 세 유대 분파가 아니라 지금 요세푸스가 "네 번째 당"이라고 부르는 갈릴리 사람 유다가 만든 당이었음을 설명하는 것이 중요하다고 생각한다. 비록 그것은 새로운 당이라기보다는 어떤 새로운 사고방식이라고 보는 것이 더 적당하지만 말이다. 이 네 번째 운동은 바리새인들과 완전히 일치했으며, 단지 자유에 대한 열망만이 달랐을 뿐이다.[25] 새로운 "당" 또는 "운동"에 대해 언급하면서 요세푸스는 외부인들이 유대 전쟁을 "보통의" 유대교에서 나온 결과물로 간주하지 못하도록 한다. 이것이 바로 갈릴리 사람 유다의 등장을 네 번째 운동의 시작으로 지적하는 이유이다. 비록 이후 몇 십 년 동안 그 당에 대해서 언급할 내용이 전혀 없는데도 말이다. - 그것은 마치 전혀 존재하지 않는 것 같다. 요세푸스가 이 새로운 운동이 생겨난 날짜를 일찍 잡으려고 하는 것은 그렇게 함으로써 독자들이 나중에 (특히 유대 전쟁 기간 중에) 열심당 같은 집단을 낳은 그 운동의 정신이 1세기경 유대인의 일반적인 사고방식이었으며 그것이 단순히 전쟁 기간 동안 극단적인 형태로 모습을 드러낸 것이라고 결론 내리지 못하도록 하기 위해서였다. 요세푸스의 자서전은 유대 전쟁 이전의 수십 년 동안의 다른 모든 당과 비교해 볼 때 이 "네 번째 운동"이 실제의 당과 닮은 점이 거의 없음을 분명하게 보여준다.[26] 요세푸스가 16살 때, 그는 당시 유대 백성 사이에서 활동적이었던 모든 정당들에 대해 배우는 데 헌신했다. 그러나 그 때 그는 단지 세 개의 분파만을 언급한다(바리새파, 사두개파 그리고 에센파). 그 때는 약 주후 53년경이었다. 우리가 분명히 알 수 있는 것은 그 때는 네 번째 분파와 가까이 사귈 이유가 없었다는 점이다. 요세푸스는 갈릴리 사람 유다와 유대 전쟁 사이의 역사적 연관성을 지적한다. 하지만 우리는 그렇다고 해서 그 중간에 낀 몇십 년 동안에 어떤 실제적 중요성을 지닌 네 번째 "정당"이 존재했었다고 상상해서는 안 될 것이다.

일부 학자들은 신약과 요세푸스의 글에서 언급하고 있는 강도들이 기원후 6년에서 70년 사이의 기간 동안 실제로는 "열심당원"이었으며 정치, 종교적 저항운동을 한 게릴라 군사들이었다고 보고 있다. 따라서 십자가상의 강도들, 그리고 특히 바라바는 실제로는 열심당원이었을 것이라고 본다.[27] 그러나 이 이론은 두 가지 사실을 혼동한다. 먼저 우리는 기원후 44년 이후가 되어서야 열심당과 비슷한 강도행각이 시작되는 것을 본다. 그리고 둘째로 종교나 정치와는 아무런 관련이 없는 강도질은 언제나 있었다. 바라바는 요한복음 18:40에서 강도(*leistes*)라고 불린다. 만약에 그가 열심당원이었고 그렇게 인기가 있었다면, 몇 달 후에 베드로가 이스라엘 백성들 앞에서 연단에 서서 침착하게 그를 살인자라고 말한 것은 매우 이상한 일이었을 것이다(행 3:14; 눅 23:19과 비교하라). 십자가 상의 두 "강도(*leistai*)"가 모두 사람들에게 인기를 얻었던 열심당의 게릴라 전사들이었을 리가 없다(막15:27). 그들은 실제로 범죄자들이었다(막 15:28; 눅 23:33). 그들 중 한 명은 심지어 자기들의 십자가형이 마땅하다고 인정하기까지 했다(눅 23:41)! 요세푸스는 강도의 두목으로 20년 동안 활동한 엘르아살이 어떻게 벨릭스 총독에게 붙잡혔는지를 설명한다.[28] 여기서 우리는 바라바 때에 이미 활동하던 강도단의 지도자를 본다. 그러나 이 사람에게는 종교적 열심 또는 정치적 목적의 흔적이 없다. 요세푸스는 기원후 1세기의 50년대 후반에 가서야 그 이전에 이미 수십 년간 활동했던 강도단들이 로마에게 저항할 목적으로 사람들을 위협하기 시작했음을 설명한다.[29] 그때까지 주된 긴장관계는 한편으로는 유대인 그리고 다른 한편으로는 사마리아인(!)과 헬라 도시의 거주민들 사이에 존재했다. 로마인들이 계속해서 내정에 간섭했기 때문에, 유대인들이 미워했던 사마리아인들과 헬라인들의 "보호자들"을 향해 동요가 일어나기 시작했다.[30]

결론적으로 말하면 세례 요한과 예수 시대에는 열심당원이 존재하지 않았으며 어떠한 반로마적인 종교적 국수주의 활동도 없었다고 말할 수 있다. 그럼에도 불구하고 그런 세력이 있었다고 추측하는 것은 서로 아무 관련이 없는 사실들(강도들과 민족주의)을 마음대로 섞어서 판단했기 때문이다; "열심당"을 어떤 당의 이름으로 부르기에는 시기가 너무 이르다. 그리고 요세푸스가 유대전쟁과 갈릴리 사람 유다로 인한 혼란과의 관계를 너무 확대 해석한 탓도 있다("네 번째 당"의 시작).

그러므로 세례 요한과 예수가 세상에서 사역하는 동안 열심당이 이스라엘 백성들의 삶에 있어서 중요한 요소였다는 사실은 증명될 수 없다. 그렇다면 당시의 이스라엘 사람들을 현세적인 국수주의자들로 몰아붙였던 중요한 이유는 더 이상 타당성을 갖지 못한다. 세례 요한의 설교는 아브라함의 자손들이 잘못된 자신감에 대해 경고를 받을 필요가 있었다고 우리에게 말한다. 세례 요한이나 예수 둘 다 로마로부터의 독립을 추구하는 세력이나 혹은 세상적인 노력을 통해 이 땅에 하나님의 나라를 세우려고 노력하는 세력과 충돌한 적이 없었다. 따라서 당시 대부분의 유대인들은 세상의 정치, 경제적 문제를 해결하려는 노력과, 장차 올 주 하나님과 그의 평화의 나라에 대한 기대 사이의 차이를 온전히 구분할 줄 알았다고 믿을 만한 충분한 이유가 있다. 심지어 유대 전쟁 와중에서도 일부 사람들은 종교적인 자기 확신 때문에 너무나 분명한 군사적 현실을 직시하지 못하기도 했지만 이 둘은 한 번도 동일하게 간주된 적이 없었다.

1.2.4 세리

예수가 세상에 계셨을 때 열심당은 거의 아무런 역할을 하지 않았던 것처럼 보이지만, 세리의 존재와 그들을 향한 사람들의 경멸적 태도는 실제로 반로마적 정서가 존재했음을 보여주는 것 같다. 세리들은 종종 로마의 부역자로 간주된다. 세리들은 지배 세력을 대신해 세금을 징수했던 사람들이다.[31] 예수가 세리들과 가까이 지내는 것으로 인해 사람들의 공분을 산 것은 바로 이런 이유 때문이 아니었을까?

로마의 강점 기간 동안 중간관리자 역할을 했던 이들에 대한 이스라엘 민족의 적대적인 태도는 열심당의 이념이 사람들 간에 어느 정도나 퍼져 있었는지를 보여주고 있다.[32] 복음서에서 사회집단으로서 세리들이 꽤 자주 등장하는 편이기 때문에 1세기 초 유대 배경 무대에서 이들에게 특별한 주의를 기울일 필요가 있다.

첫 번째 질문은 이 세리들이 했던 일이 무엇이었는가 라는 것이다. 헤렌브뤽(Herrenbrück)은 이 주제에 대해 광범위한 연구를 했으며[33] 그 동안 부유한 로마의 징세청부업자(*publicani*)와 그보다 하위의 세금 징수권자들(tax leaseholders)과의 차이를 거의 구분하지 않았다고 결론 내렸다. 이들 세금 징수권자들은 이전에 동쪽의 헬라 국가에서도 활동했던 사람들이었다. 로마의 징세청부업자들은 로마에 직접 세금을 내는 매우 광대한 지역의(제국의 지방들 전체) 세금 징수 업무를 맡았다. 그들은 각 점령지역의 토착민들이 아니라 로마의 귀족출신들이었다.

이전 그리스 영토 지역(특히 이집트와 시리아)에서도 세금 징수권자들은 오랫동안 익숙한 자들이었다. 그들은 부유한 자들임에 틀림없었다. 왜냐하면 그들은 할당된 세금을 미리 선불로 지불해야 했기 때문이다. 그러나 그들은 반드시 로마 징세청부업자들 같은 대단한 부유층에 속한 것은 아니었다. 이들 소규모의 세금 징수권자들은 각 지역 출신 인물들이 맡았다. 이들은 좀더 작은 지역(보통 도시나 성)에서 걷는 다양한 종류의 세금들 가운데 하나 또는 그 이상의 세금징수권을 임차한 다음 미리 지불한 세금과 그들이 실제로 거둔 세금 사이에서 이윤을 얻도록 허락을 받았다.

팔레스타인 지역의 유대인 세리들을 로마의 부역자로 묘사하는 것은 옳지 않다. 로마에 직접 지불할 세금이 그들에게 들어간 것은 아니다. 그들은 지방 행정부나 봉건영주에게 바칠 세금을 징수하는 역할을 했다. 갈릴리와 베레아(Perea) 지역의 세리들은 헤롯 안디바에게 세금을 바쳤으며 그로 인해 단지 헤롯왕가의 사람들과만 가까워졌을 뿐이다. 그들은 로마 제국의 부역자들은 분명 아니었다. 그러므로 바리새인들이 세리들에 대해 부정적인 태도를 보인 것은 확실히 다른 원인들 때문이었다.

헤렌브뤽은 세리들에 대한 부정적인 태도가 어떤 민족주의적 감정에서 나온 것이 아니라 당시 바리새인들이 거룩함에 대한 이상을 옹호했던 결과라고 본다. 헤렌브뤽은 1세기경 바리세인들의 입장에 대한 노이스너(Neusner) 및 다른 학자들의 의견에 동의한다(1.2.1과 비교하라). 그들은 바리새인들이 세리들을 경멸한 것은 세리들이 이스라엘 민족 전체를 대상으로 한 좀더 광범위한 제사장적 거룩운동에 동참하지 않은 사실 때문이었다고 주장한다. 복음서에서 세리들에 대한 경멸은 주로 바리새인들로부터 나왔다는 사실로 볼 때 헤렌브뤽의 입장에 동의해야 할 것이다. 따로 놓고 본다면, 이것은 세리들에 대한 부정적인 태도가 바리새인들에 국한된 어떤 문제 때문이라는 사실을 의미할 수 있다. 그러나 우리는 때로 이스라엘 백성 전체가 특별히 세리들을 향해 부정적인 태도를 드러냄을 본다(눅 19:7). 게다가 세리에 대한 바리새인들의 반감이 자신들만의 좀더 엄격한 율법 해석방식 때문이었는지 아니면 율법 자체에서 왔는지에 대해서는 분명히 짚고 넘어가야 한다. 결국 세금 징수제도는 전체적으로 이자를 물리는 제도에 근거했기 때문이다.

정부관리자들에게 자신의 자본을 투자하고 세금을 이자와 함께 징수함으로써 세리들은 자본(사실 이 돈은 세금 납부자들을 대신한 선금 또는 대금이었다)을 회수할 수 있는 권리를 얻었다. 세리들은 급여를 따로 받지 않았다. 유일한 수입원은 바로 자신이 투자한 돈의 이자였다. 그런데 이 이자를 자신과 같은 이스라엘 백성들에게 부과하고 세금의 일부로서 함께 거두어 들이는 것은 율법을 저버리는 행위였다(신 23:19-20). 이자를 받는 행위를 금지한 율법의 이면에는 공동체에 속한 가난한 사람들을 배려하는 정신이 있다. 그러나 이 세리는 가난과 궁핍에 처한 사람들 앞에서 얼마나 자주 자신이 받을 (이자를 더한) 세금을 요구했겠는가? 그래서 삭개오가 "내 소유의 절반을 가난한 자들에게 주겠사오며"라고 말했을 때, 그것은 이타적인 행동의 발로라기보다는 자신이 저지른 잘못을 바로 잡기 위한 적극적인 행동이었다고 볼 수 있다. 게다가 회심한 세리가 행한 두 번째 보상에서도 볼 수 있듯이 징수제도 역시 부정부패가 만연했다. "만일 누구의 것을 속여 빼앗은 일이 있으면 네 갑절이나 갚겠나이다." 세례 요한이 "부과된 것 외에는 거두지 말라"라고 한 말로 봐서도 이러한 행태는 모든 세리들의 일반적인 잘못이었던 것이 분명하다(눅 3:13). 세례 요한이 한 이 호소는 분명히 부패를 향한 것이었지만 그것은 또한 이자를 물리는 행위에 대한 경고였다. 우리는 이 세리들이 세금을 관리하는 데 있어서 전혀 정직하지 않았으며, 자신들과 같은 동족들과 비교했을 때 종교적인 의무를 수행하지 않는 사람들로 일반적으로 간주되고 있었다는 사실을 여러 군데에서 볼 수 있다.

따라서 유대인들은 세리라고 알려진 특정한 부류의 돈과 관련한 죄를 짓는 사람들을 강도나 간음자(눅 18:11), 죄인들(마 9:11; 11:19; 눅 15:1-2), 그리고 매춘행위자(마 21:31-32) 등과 같은 선상에서 바라보았다. 이들은 모세의 율법 아래에서 건강한 삶을 회복해야 할, 사회의 "병자"들이었다. 따라서 그들에게는 "회개"가 필요했다(눅 5:32).

7장에서 우리는 예수가 세리들과 계속 접촉한 것(7.1.2를 보라)이 지닌 의미에 대해 좀더 자세하게 고찰할 것이다. 이 장에서 우리는 유대적 배경에서 보았을 때 세리들은 로마의 부역자들이 아니라 단지 이스라엘 백성 가운데서 죄인의 한 부류였다고 결론을 내릴 수 있다. 세리들은 재력가 계층에 속했고, 연회를 열 수 있을 정도의 여력이 있었기 때문에 예수가 세리들과 어울린 것은 다소 놀랍고 의심을 받을 만한 일이었다.

1.2.5 서기관(율법교사)

복음서를 읽는 독자들은 "서기관"이라는 단어를 자주 접한다. 이런 표현은 이들이 바리새인이나 사두개인들과는 다른 별도의 집단을 구성하고 있는 듯한 인상을 준다. 그러나 사실은 그렇지 않다. 바리새파와 사두개파는 둘 중 하나를 선택할 수 있는 당이었다. 반면 서기관들은 특별한 기능을 했다. - 그들은 전문직 종사자였다. 이스라엘에서 서기관은 바리새파나 사두개파 어디에든 속할 수 있었다. 그러므로 우리는 "바리새인 편에서 몇 서기관이 일어나"라는 구절을 읽는다(행 23:9; 막 2:16와 비교하라). 즉 서기관들의 일부가 장로들과 대제사장들과 함께 산헤드린 공회를 구성했다는 의미다. 더 나아가 서기관 전부가 바리새파에 속했던 것은 아닌 것 같다. 일부 학자들은 서기관을 바리새파 배후의 신학적 정신으로 간주한다.[34] 이 말은 서기관이라고 알려진 이들 모두가 바리새파에 속했다는 것이다. 그러나 "바리새인"과 "서기관"을 동일한 것 또는 동등한 것으로 간주해서는 안 된다.[35] 비록 대다수 서기관들이 바리새파를 지지했을지도 모르지만 그들 사이에는 여전히 차이가 존재한다. 한 번은 예수가 바리새인에게 날카로운 비난을 한 후에 서기관들 중 한 명이 다음과 같이 응답했다. "선생님 이렇게 말씀하시니 우리까지 모욕하심이니이다." 그러자 예수께서 대답하셨다. "화 있을진저 또 너희 율법교사여"(눅 11:45-46). 이 대화는 바리새파와 서기관 사이의 유사점과 차이점을 동시에 드러내고 있다. 바리새파가 율법을 엄격하게 적용하는 것을 지지했기 때문에 유사하다는 것이고, 바리새파와 서기관이라는 직업은 서로 일치하지 않기 때문에 다르다는 것이다.

서기관들이 종종 대제사장들과 함께(마 2:4; 20:18; 21:25), 대제사장과 장로들과 함께(마 16:21), 그리고 장로들과 함께 언급된 것(마 26:57; 27:41; 행 4:5; 6:12)은 서기관들이 모두 지배계급이었음을 보여준다.

신약에서 이들 서기관들을 지칭하는 가장 흔한 명칭은 헬라어 '*grammateus*'이다. 이 말은 통상 "서기, 고위 관리"를 의미하는 일반적인 말이다 (행 19:35과 비교하라). 서기관이란 단어를 읽을 때 정부 관료보다는 신학자를 더 쉽게 떠올리는 오늘날의 영어 성경 독자보다는 *grammateus*와 "정부"를 연결 짓는 헬라 사람들이 훨씬 더 분명하게 의미를 이해할 것이다. 또한 유대 묘비명은 *grammateus*라는 단어가 당시 회당에서 어떤 특정한 역할을 하는 사람이었을 수 있음을 말해준다.[36]

복음서에 나타나는 서기관들이 사실은 이스라엘 헌법(토라)의 전문가들이었다는 사실을 부인할 수 없다. 헬라어 독자들에게 누가는 율법 전문가, 법학자(*nomikos*[법률가] 겸 *grammateus*) 또는 율법 선생(*nomodidaskalos*)이라는 말을 자주 번갈아 가며 사용했다(눅5:17 을 5:21과 비교하라; 행 5:34; 눅 7:30).

구약의 헬라어 번역본에서 *grammateus* 라는 단어는 매우 자주 등장하며 애굽과(출 5:6, 10, 14; 15:19) 광야에서의(민 11:16) "감독, 서기관"을 의미한다. 왕정시대에 이들 서기관들은 왕족의 지도층에 속했다. 우리는 먼저 이들 관리들이 자신들의 전문기술을 에스라 시대에 하나님의 율법에 대한 지식에 적용하는 것을 본다. 에스라는 "모세의 율법에 익숙한 학자"라 불렸다(스 7:6, 11-12). 페르시아 왕의 말에서 우리는 이 전문지식이 여전히 정부 관리의 좀더 오래된 기능과 결합되어 있음을 본다. "하늘의 하나님의 율법 학자 겸 제사장 에스라가 무릇 너희에게 구하는 것을 신속히 시행하되"(스 7:21).

집회서(Sirach) 38:24-39:11(기원전 2세기)에서 우리는 서기관(*grammateus*)의 일을 칭송하는 노래를 발견한다. 그는 평생 지극히 높으신 자의 율법을 연구하는 데 헌신한다. 다른 이들은 실제적인 노동에 참여하거나 물질적인 일에 몰두하는 반면 그는 비물질적인 것에 집중한다. 그러므로 그는 공회에서 자리를 맡고 있고, 판사의 자리에 앉는다. 집회서의 설명은 헬라 시대 철학자의 모습과 다니엘 같은 뛰어난 율법학자이자 정치가에 대한 기억 사이를 교차하고 있다.

이스라엘 사람들이 자신들의 국가적 독립을 잃었을 때 "왕족 서기관"들은 "종교적 사안에 대한 권위자로" 발전했다. 비록 레위인들이 전통적으로 율법과 관련한 교훈들을 제공하는 역할을 했지만, 서기관들이 전부 레위 지파의 일원이었는지, 또 그들이 종종 제사장의 역할을 했었는지는 분명하지 않다. 안티오쿠스 3 세(기원전 2세기경)가 쓴 편지에서 우리는 유대정부가 "장로들의 위원회와 제사장들, 성전의 서기관들(*grammateis*)과 성전의 노래하는 자들"을 고용할 수 있는 권한을 허락 받았다는 증거를 발견한다.[37] 여기서 "서기관"들은 지배계급에 속했으며 성전과 관련이 있었던 것 같다. 다른 곳에서 요세푸스는 서기관이었던 대장 엘르아살

(Captain Eleazar)을 언급한다(약 주후 62년). 이 "서기관"은 분명히 대제사장 아나니아스(Ananias) 또는 아나누스(Ananus)의 아들이었다.[38] 그러므로 최소한 "서기관"들의 일부는 레위지파의 제사장 출신이었다.[39]

신약 성경 이외에는 당시 유대교 내에서 한 사회집단을 이룬 이들 서기관들에 대한 직접적인 정보가 전혀 없다는 점이 특이하다.[40] 그러므로 신약 성경의 시대 내에서 관점의 변화가 일어났다고 보는 것도 불가능하지 않다. - 논란의 중심에 있는 예수라는 선생의 주위에 "율법전문가"들이 모일 때마다 그들이 잘 정립된 사회집단이었다는 인상을 쉽게 받는다. 그러나 그것이 통상적인 경우는 아니었을 수도 있다. 산헤드린 공회에서 관리자로서 활동한 율법 전문가들은 대중을 위한 선생의 역할(전통적으로 레위인들이 맡았던)을 한 율법 학자들과는 전혀 다른 사회집단(관료들)에 속해 있었을지도 모른다.

"서기관"또는 "서기"라는 그들의 명칭을 볼 때, 이 관료들은 아마도 주로 법적으로 완전한 계약서(이혼장, 부동산 권리증서, 절기 달력 등) 작성을 위임 받은 변호사나 공증인, 법조인 등으로 여겨졌을 것이다. 이스라엘은 경제, 사회 등 삶의 모든 영역에서 모세의 율법이 지배하고 있었기 때문에 이들 "서기관"들은 무엇보다 종교 율법에 있어서 전문가였으며 그래서 성경에 박식한 것과 "서기관"의 일은 서로 관련되어 있었다.

우리는 서기관들이 어떻게 훈련 받고, 사회적 지위는 어느 정도였으며, 하던 일은 구체적으로 무엇이었는지에 대해 거의 아무런 정보도 가지고 있지 않지만, 그럼에도 예수가 계시던 당시의 이스라엘 백성들이, 하나님의 율법에 대해 지식적으로 논할 수 있으며 형식과 내용 면에서 종교적으로 완전한 계약서를 작성할 수 있었던 이들을 얼마나 중요하게 여겼는지를 알아야 한다(마 7:29; 23:2-3). 이 사실은 이스라엘 백성 전체가 (세리들과 죄인들을 제외하고) 모세의 율법을 규칙이자 인생을 위한 지침으로 받아들였음을 암시한다.

1.2.6 헤롯당

복음서에서 헤롯당원은 여러 번 언급된다. *Herodianoi*라는 단어는 다른 어느 곳에서도 나오지 않기 때문에 그것이 헤롯가의 친지와 친구들을 가리키는지 아니면 헤롯 왕조의 봉건 영주 아래 모든 팔레스타인 지역을 통일하고자 했던 어떤 당을 지칭하는 것인지는 말하기 쉽지 않다.

훼너(Hoehner)는 이 사람들에 대해 자세하게 논하고 있다[41]. 그는 헤롯당원들을 헤롯왕조의 지지자들로 보며 그들이 작은 사두개파 집단인 보에투스인(Boethusian)과 긴밀한 관계가 있다고 본다. 이 사실은 다음과 같은 구절을 설명한다: 마태복음 16:6에서의 "사두개인들의 누룩" 과 마가복음 8:15에서 "헤롯의 누룩". [42]

헤롯당원들은 분명히 정치적인 영향력을 행사했다. 바리새인들이 예수를 죽이고자 했을 때 그들은 먼저 헤롯당과 접촉했다(막 3:6). 또한 예수에게 가서 가이사에게 세를 바치는 것이 가한지에 대해 물었을 때도 헤롯당을 데리고 갔다(마22 :16).

복음서의 배경을 재조명하는 데 있어서 이들의 존재가 중요한 이유는 (예수가 생애의 대부분을 보낸 갈릴리 지역을 포함해서) 팔레스타인 지역의 유대인들 가운데 무척 많은 이들이 로마의 직할통치가 아니라 헤롯 왕조라는 같은 유대인들의 지배를 받았다는 사실을 이들이 보여주고 있기 때문이다. 그러므로 유대 민족 전체가 반 로마정서 아래 있었으며 예수가 자신들과 뜻을 같이 하지 않았을 때 실망했다는 이론은 신빙성이 없다. 훨씬 더 중요한 점은 세례 요한과 예수가 헤롯 왕조와 어떤 관계에 있었느냐 하는 것이다.

1.2.7 다른 집단들 : 사두개파, 에센파, 대제사장, 장로

신약 시대에 유대민족을 균형 잡힌 시각으로 바라봤을 때 언급해야 할 또 다른 집단들이 있다. 그러나 그리스도의 가르침이라는 이 책의 큰 틀 안에서 보면 이들을 자세히 논할 필요는 없다. 이들은 복음서에서 거의 또는 전혀 비중을 차지하지 않고 있기 때문이다. 사실 가장 흥미로운 질문은 복음서에서 왜 이들 집단이 좀 더 눈에 띄지 않았는가 하는 점이다.

• 사두개파

무엇보다 사두개파를 예로 들 수 있다. 사두개파는 전체적으로 바리새인들과 비교할 때 정의의 문제에 있어서 양심의 가책이 더 적었다고 알려져 있다. 그래서 그들은 부자들 사이에 더 많은 추종자들이 있었고, 부활에 대한 가르침이나 천사들의 존재를 믿지 않았다. 사두개파가 바리새파보다 헬라 문화의 영향을 더 받았는지는 결론 내리기 어렵다. 사실 우리는 사두개파에 대해서 아는 바가 거의 없다.[43] 사두개파를 존경하지 않는 요세푸스는 이 당파에 대해 역사적 설명을 충분히 제공하지 않는다.[44] 사두개파가 어떠한 구전 전통도 인정하길 거부했으며, 토라의 문자적 해석만을 받아들였다는 일반적으로 받아들여지고 있는 견해에 대해서는 증거가 없다.[45] 사두개파는 복음서에서 그렇게 특별히 눈에 띄는 존재가 아니다. "세례 요한과 예수"에 대해 반대하는 입장을 취했다는 점에 있어서는 바리새인과 동일했지만(마 3:9; 16:6, 11-12), 바리새인과 비교할 때 그런 반대를 표명하는 데 있어서 비교적 적극적이지 않았기 때문이다.

사도들이 자신들의 가르침으로 인해 예루살렘에서 소란을 일으켜서 박해를 받을 때 우리는 사두개인들이 독립적으로 제사장 계층과 함께 두 번이나 행동을 취하는 것을 본다(행 4:1; 5:17). 이들 사두개파는 갈릴리에서의 정확한 교리 문제보다는 성전 도시에서의 평화에 대해서 더 관심이 많았던가? 어떤 경우이든 신약성경에서 사두개파와 바리새파의 차이는 거의 중요하지 않다. 어쨌든 그들은 서로 도와 선지자 요한과 예수 그리스도를 대적했기 때문이다.

• 에센파

당시 유대교에서 어떤 역할을 했으면서도 신약에서 한 번도 언급되지 않은 그룹은 에센파이다. 에센파는 요세푸스(Josephus), 필로(Philo) 그리고 유대인 저술가 연장자 플리니(Pliny)의 글을 통해 오래 전부터 알려져 있었는데 쿰란 문서의 발견으로 이들은 갑자기 조명을 받게 되었다. 에센파는 사유재산을 포기하고 평화주의적 성향을 띤 공동체로서 의식적 정결예식에 엄청난 주의를 기울였고, 공동체 안에 들어온 사람들 간의 상호 관계를 규정하는 자신들만의 다수의 규칙들에 따라 살던 종교집단이었다.[46]

이 집단은 세례 요한과 예수의 다른 제자들이 원래 이 공동체 출신이었기 때문에 신약에서 한 번도 언급되지 않았는가? 이 암시적인 질문은 제2장(2.2.1 그리고 2.2.3)에서 구체적인 연관성과 관련하여 논의될 것이다. 이 연관성은 신약성경과 쿰란, 그리고 에센파 사이에 제안된 것이다. 특히 선지자 요한과 그의 세례가 이 운동에서 나왔다는 주장이 있다. 나중에 보여주겠지만 이 연관성은 입증할 수 없기 때문에 에센파는 이스라엘 백성들에게 상대적으로 거의 아무런 영향을 주지 못했으며 이런 이유 때문에 신약에서는 거의 언급되지 않았던 것 같다. (필로는 그들의 수를 약 4천 명 정도로 추정한다.)

요세푸스는 에센파에 대해서 상세하게 적고 있는데, 그것은 그가 이 "제3의 당"에 비교적 크게 공감하고 있었기 때문이다. 필로에게 있어서도 마찬가지다. 필로는 개인적으로 에센파와 관련된 '치료자'(Therapists)

라는 집단의 삶의 양식과 철학에 흥미가 있었다. 그러나 예수는 갈릴리와 유대의 모든 회당에 있는 사람들에게 관심을 기울이셨다. 예수가 사람들을 에센파의 어떤 구체적인 삶의 양식으로 인도하려 했다는 암시는 전혀 없다. 그러나 이 사실은 예수의 가르침과 에센파의 가르침 사이에 어떤 요소들이 우연히 일치할 수 있었을 가능성을 배제하지 않는다. (부자에 대한 경고, 다른 사람들과 소유를 나눔에 대한 강조 등등). 그러나 이들 요소들은 구체적으로 에센파의 가르침으로 제시되지 않는다.

당시 유대 세계가 매우 다양했다는 사실을 보여주기 위해서는 이 집단에 대한 지식이 중요 하지만, 에센파는 신약의 무대에서 독립적인 배경으로서의 역할을 담당하지는 못했다. 그러므로 요세푸스와 필로의 기록을 통해 학자들이 이미 알고 있었던 에센파가 한 번도 신약을 연구하는 데 중요하게 다뤄지지 못한 것도 이해할 만하다. 이 작은 집단은 주로 쿰란 문서의 발견으로 인해 20세기 후반에 많은 신약학자들의 주목을 받기 시작했다. 이 문서들 때문에 이 집단(쿰란 공동체가 바로 에센파였다는 추측 아래)에 대한 문서 정보가 갑자기 주목의 대상이 되었다. (Pixner의 가설은 매우 눈에 띈다. 그는 심지어 예루살렘에 에센파 구역이 따로 있었으며 예수는 베다니에서의 마지막 여정 당시 에센파 공동체에서 머물렀다고 주장한다).[47]

• 장로와 대 제사장

비록 구약은 장로들과 대제사장들이 예루살렘에서 중요한 사안들을 결정하고 실행하고 있었음을 보여주는 듯하지만, 그들이 당시의 영적 분위기를 결정했다는 인상은 주지 않는다. 우리는 신약에서 산헤드린 공회 내 여러 집단 가운데 한 부류로서 장로와 대제사장들을 만난다(마 16:21; 막 14:53, 55). 결정적인 순간에 대제사장과 다른 대제사장의 측근들은 (행 4:6) 예루살렘에서 예수(마 26:57; 요 11:47, 49, 57), 그리고 나중에는 사도들과 그들의 제자들에 대한 공격적 행동을 주도했다(행 5:17-18; 9:1-2). 그럼에도 불구하고 장로들과 대제사장들은 독립적인 종교집단을 구성하지 않은 것이 분명하다. 오히려 그들은 사람들에게 관료 차원의 리더십을 제공했고, 최고 사법기관의 결정 그리고 성전의 일상적인 일들에 대한 책임을 맡았다. 그들의 주된 공헌은 영적인 어떤 것을 *결정*하는 것보다는 영적인 현상태를 *유지*하는 데 있었다.

브라이언 맥라렌(Brian McLaren)과, 굿맨(Goodman)은, 대제사장과 장로들이 기원후1세기 동안 사회 경제적 지도력을 행사했다는 사실에 동의한다. 맥라렌은 당시 바리새인의 위치는 주변적이었다고 결론 내리는 반면[48], 굿맨은 반대로 당시 자신들의 민족 내에서 주변적인 위치를 차지했던 사람들은 정치적 사회적 지도자들이었다고 주장한다.[49] 샌더스는 당시 성전 예배가 일반적인 유대교 종교행위의 핵심이었기 때문에 1세기 유대교를 전체적으로 제사장 계급의 관점에서 설명해야 한다고 주장한다.[50] 그러나 헹겔(Hengel)은 밖에서 보면 유대교가 비록 제사장 국가처럼 보이지만, 실제로는 여러 다른 요소들로 결정되었다고 주장한다.[51] 그 요소들 가운데에는 특히 율법을 지키는 바리새인들의 영향력도 한 몫을 크게 차지했다. 이들은 지배자들이 원하고 있던 (혹은 그렇게 만들어야만 했던) 사회 분위기를 만들어 주었다.[52] 이는 신약의 기록에서도 분명하게 나타난다. 갈릴리 예수에게 적대적 행동을 취한 쪽은 바리새인들이었다. 그리고 예루살렘의 대제사장들은 바리새인의 행동에 대해 산헤드린 공회에서의 재판이라는 형태로 힘을 보탰다.

우리는 요세푸스의 기록에서도 동일한 묘사를 발견한다. 사두개파 대제사장인 연소자 안나스(Annas the younger)가 기원후 62년 예수의 동생 야고보에 대한 재판에서 율법의 엄격한 해석에서 벗어났을 때, 율법을 엄격하게 지키던 예루살렘 시민들은 아그립바 왕에게 압력을 넣어 강제로 그를 물러나게 했다.[53] 고고학적 발견 또한 바리새인들이 이스라엘 백성에게 매우 큰 영향력을 행사했다는 사실을 보여준다. 예를 들면 의식적 정결성이 매우 중요한 곳에서는 어디서든 돌 항아리가 사용되었다.[54]

1.3 유대인의 종교성

우리는 앞장에서 신약의 배경으로서 중요한 집단들에 대해서 논했지만, 우리는 여전히 당시 유대교를 짧은 몇 문장으로 쉽게 정의할 수는 없음을 발견한다. 거기에는 엄청난 다양성이 존재했다. 요세푸스의 저작을 읽어본 사람이라면 앞장에서 암시한 것보다 훨씬 더 복잡한 배경이 있었음을 발견하게 될 것이다.

하지만 모든 집단들의 전형이라고 여길 수 있는, 유대인들이 지닌 공통사항들을 찾아내는 것이 가능하지 않을까? 물론 일반화는 위험하지만, 한번 시도해 볼 만도 하다. 외부의 관점에서 당시의 유대교를 바라보는 것은 가치가 있다. 유대교는 비유대적 환경과 무엇이 달랐으며 그 경계선은 무엇이었는가?

우리는 바빌론 포로기 이후 유대인들이 팔레스타인에 거주한 유일한 민족이 아니었다는 사실에 집중할 수 있다. 유대인들은 온갖 다양한 이방민족들 사이에서 살았으며 그 때문에 그들이 팔레스타인의 다른 이방문화에 흡수되지 않으려면 자신들의 분명한 정체성을 보존해야만 했다. 유대인의 정체성을 상실할 가능성은 여러 경우에 실제적인 위협으로 다가왔다. 이를테면 느헤미야의 시대를 들 수 있는데, 그는 주전 5세기경에 사마리아인들과의 공조를 강력히 반대했다. 막카비 혁명 때도 그런 위협이 있었다. 그 혁명은 일차적으로 종교적 전쟁으로서 주전 2세기경 시리아와의 문화적 종교적 융합정책과 헬라화 된 대제사장들에게 반대하기 위한 전쟁이었다.

신약 시대에 이전 열두 지파 지역에 살던 유대인들은 팔레스타인 땅에 있는 헬라 도시의 이방 민족들 그리고 유대와 갈릴리 중간 지역을 차지하고 있던 사마리아인들과 마주치는 문제를 처리해야 했다.

유대민족은 고대의 종교문서, 즉 성경을 소유했다는 점에서 헬라인들과 달랐다. 그들은 또한 예루살렘에 있는 성전이 삶의 중심적 위치를 차지한다는 점에서 사마리아인들과 달랐다. 이 두 중심점은 모든 유대인들을 하나로 통합했으며 유대인들 사이에 미래 지향적인 기대감을 만들어냈다.

이 장에서는 좀더 분명한 시각을 얻기 위해, 이스라엘 민족의 과거, 현재 그리고 미래와 관련된 다음의 세 가지 측면들을 각각 논할 것이다.

(1) 고대 문서에 대한 경외심
(2) 예루살렘 성전이 갖는 중심적 위치
(3) 장차 일어날 일에 대한 기대감

1.3.1 고대문서에 대한 경외심

이스라엘에서 성경(모세오경, 선지서, 성문서)이 갖는 중심적 위치는 서기관과 회당의 존재에서도 분명하게 드러난다.

이스라엘 사회에서 법률가와 선생들이 실제로는 모세의 율법 그리고 조상들의 관습에 관한 전문가들이었다는 사실은 모든 사회적 관계가 이 고대문서의 권위 아래 있었음을 보여준다(1.2.5를 보라). 이것은 세계 모든 회당에서 안식일마다 읽는 모세오경을 통해서도 드러난다(행 15:21). 회당의 기원과 확산에 대해 그다지 확실하게 밝혀진 것이 없다는 사실과는 별도로 우리는 신약 성경 시대에 이미 어느 정도 유대인들이 모여 있는 곳이라면 거의 모든 도시와 마을마다 회당이 세워졌다는 사실을 분명히 알고 있다. 예수가 이스라엘 백성들에게 다가가기 원했을 때 그는 단지 회당을 방문하면 되었다. 그리고 바울이 디아스포라를 돌아다닐 때도 마찬가지였다. 이들 회당은 모임과 축제의 장소이기도 했지만 무엇보다 그곳은 율법서와 선지서가 담긴 두루마리를 보관하고 열람하는 장소였다(행 13:14-15).

성경은 이스라엘의 대헌장이 되었다. 여호야김왕이 예레미야의 두루마리를 태워서 없애버린 반면, 몇백 년 후 시리아인들이 토라 두루마리를 불태우려 했을 때는 마카베오 반란군이 목숨을 걸고 이를 지켜냈다.

오랜 세월이 지나자, 율법이 가졌던 이 중심적 위치가 부정확하게 평가될 위험이 생겼다. 종교개혁 이후 죄인의 칭의와 관련하여 율법이 갖는 위치에 대해 엄청난 관심이 모아졌다. 그러나 예수 시대 유대인들이 율법을 그렇게까지 소중히 여긴 것은 율법을 칭의의 수단으로 이해했기 때문이라는 추측은 시대착오적 발상이다. 유대인들이 이러한 고대 기록들을 얼마나 중히 다루었는지는 유대인들이 다른 이들에게 하나님의 율법이 자신들에게 어떤 의미를 지녔는가를 설명하는 1세기 경의 몇몇 기록들을 보면 잘 알 수 있다.

요세푸스는 이방인 아피온(Gentile Apion)에게 그것에 대해 문서를 통해 설명했다. 그리고 유대인과 헬라인들이 가장 중요한 두 집단을 형성했던 알렉산드리아에서 살았던 필로(Philo)는 유대인들이 모세의 율법 안에서 누린 풍요함을 헬라 문화의 배경 속에서 설명하려고 했다.

이들 매우 상이한 문서들을 읽으면서 우리는 확실히 칭의의 배경에서 그들이 모세의 율법을 논의하고 있지는 않다는 사실에 놀라게 된다. 대신 율법은 고대 지혜의 근원으로서, 모든 이방 문서보다 훨씬 더 오래 되었고 참된 덕으로 가는 문을 열어주는 문서로 제시되고 있다. 율법은 우리에게 참 하나님, 창조주를 가르쳐 준다. 토라는 모든 우상으로부터 우리를 해방시키며 우리에게 자비의 마음을 불어넣어 준다. 모든 열방이 잘못된 길로 갔던 반면, 이스라엘은 세상을 대신해서 성경에서 발견된 진리를 돌보는 청지기가 되었다. 따라서 유대인들은 많은 이들이 생각하는 것처럼 이상한 관습을 가진 괴이한 민족이 아니라 오히려 온 세상을 향해 참 하나님이 주신 메시지를 맡고 있는 민족이다. - 그들은 비유대인을 해치려고 하는 것이 아니라 단지 그들에게 혜택이 되는 데 관심이 있다. 그러므로 율법 덕택에 이스라엘은 열방의 빛이 되었다. 로마서 2:17-20에서 바울은 이렇게 말한다.

"유대인이라 불리는 네가 율법을 의지하며 하나님을 자랑하며 율법의 교훈을 받아 하나님의 뜻을 알고 지극히 선한 것을 분간하며 맹인의 길을 인도하는 자요 어둠에 있는 자의 빛이요 율법에 있는 지식과 진리의 모본을 가진 자로서 어리석은 자의 교사요 어린 아이의 선생이라고 스스로 믿으니."

1.3.2 예루살렘에서 성전이 차지하는 중심적 위치

시내산 사건 이후 이스라엘은 하나님이 거하시는 장소를 그들 가운데 두었지만 이 거처가 사람들의 삶의 중심과는 동떨어져 있던 기간이 있었다. 왕정시대 이전에 오랜 기간 동안 성막이 폐허 가운데 있었고, 언약궤는 빼앗기거나 다른 어딘가에 보관되어 있었다. 다윗이 설계하고 솔로몬이 건축한 최초의 성전은 이후의 왕들을 거치면서 그 내부 장식과 제사 의식이 매우 무시되거나 이방 풍습을 따라 왜곡되는 시기를 거쳤다. 심지어 성전의 문들이 잠겨 있기도 했다.

많은 유대인들이 바벨론 유수에서 돌아온 이후 자치국가를 회복하는 대신 페르시아 치하에서 그리고 나중에는 프톨레마이오스 왕국 아래서 성전국가를 형성하게 되었다. 바벨론 유수 이후의 행사들에 있어서 관심은 성전과 제사의식에 집중되었다. 그 결과 우리의 시대가 시작될 무렵, 성전은 믿는 사람들에게는 중심적인 "궁전"과 같은 곳이 되었다. 즉 그들의 보이지 않는 왕이 거하는 곳 말이다! 헤롯 대왕은 이 모든 것을 너무나 잘 이해했다. 헤롯은 (제사장들과의 수많은 문제들에도 불구하고) 두 번째 성전의 엄청난 규모의 재건축과 확장을 고집했고 그 결과 실제로 완전히 새로운 성전이 건축되었다. 이 개축된 성전이 세계의 기적 중 하나로 간주되었다는 점과 세계 여러 나라 사람들이 몰려오는 명소가 된 것은 모든 이스라엘 백성들이 이 장소를 자기 종교의 중심적 위치로 간주하게 된 사실에 적지 않게 기여했다.[55]

전 세계의 모든 유대인들은 해마다 성전세(*didrachma*)를 드렸다. 그리고 대다수 유대인들은 종교적 축제에 참여하려고 노력했다. 율법은 성전에서 나왔다. 성전은 바로 서기관들이 훈련 받고, 매해 절기마다 축제를 기획하는 곳이었다.

이곳을 방문하는 모든 사람들은 이곳이 바로 유대교의 살아있는 심장이라는 사실을 분명하게 깨닫는다. 성전의 가장 깊숙한 앞마당으로 들어가는 정문에 새겨진 다국어로 된 안내판은 이곳에 들어가는 모든 비유대인들은 즉시 죽게 될 것이라고 분명하게 경고하고 있다.[56] 비유대인과 유대인의 차이점은 바로 그 둘을 가르는 벽에서 분명해진다. 유대인과 개종자들은 보이지 않는 참 하나님께 다가갈 수 있었지만 이방인들은 바깥에 머물러 있어야 했다. 오직 이스라엘만이 참 하나님께 양자로 택하심을 받은 나라다.

그러므로 가이우스 시저, 즉 칼리굴라(Gaius Caesar [Caligula])가 기원후 40년경, 이 성전에 동상을 세우려 했던 계획이 온 유대 민족을 엄청나게 동요하게 했던 것은 이해할 만하다. "가이우스에게 보낸 사신"(Embassy to Gaius)에서 필로는 이 점을 매우 분명하게 설명한다. 참 하나님의 성전을 침범하는 모든 자는 바로 유대인들의 심장을 공격하는 것이다. 그런 신성모독을 허락할 바에는 차라리 죽는 게 낫다!

예루살렘에서 예수의 사역이 성전에서의 표적으로 시작되었고(요 2:13-25), 나중에 동일한 성전 지역에서의 눈에 띄는 행동으로 막을 내렸다는 것은 결코 우연이 아니다 (막 11:15ff.). 그리고 모든 종류의 가르침을 허락했던 매우 다원주의적인 유대교 아래에서도 성전이 비방을 받거나 신성모독을 당한 것처럼 보였을 때는 엄청난 소요가 뒤따랐다(막 14:58; 행 6:13; 21:28).

예루살렘 성전은 유대인과 사마리아인을 따로 구분했다. 기원전 128년에 유대인들에 의해 파괴되기 전까지 전통적으로 사마리아인이 예배를 드리던 성전은 그리심산에 있었다. 그러나 그 사건 이후 사마리아인은 예루살렘에서 예배를 드리는 것을 완강하게 거부했다(요4:20). 사마리아인은 토라와 유대 전통을 유대인과 공유했기 때문에 어떤 의미에서 이스라엘의 한 분파라고 할 수 있었지만[57] 유대인과 사마리아인 사이의 갈등의 골은 상당히 깊었다. 예수는 "헬라인"과 가까이 지낸 것에 대해서는 한 번도 비난을 받지 않았다. 하지만 그가 "아브라함의 자손"으로서의 유대인의 정체성에 대해 의문을 제기하자 그가 사마리아인들에게 동조하는 자라는 비난이 제기되었다: 예루살렘 성전은 사마리아인이 아니라 우리 유대인이 참된 후손임을 보여주고 있지 않은가!

1.3.3 미래에 대한 희망

율법의 참 진리 그리고 성전에 계신 하나님께 나아갈 수 있는 권리를 소유한 사람들은 미래에 대한 기대감이 있었다. 요세푸스는 하나님의 율법에 따라 사는 삶이 물질적인 보상이 뒤따르는 일은 아니라고 적고 있다. 때로 그것은 자신의 목숨을 걸어야 하는 일일 때도 있다. 그러나 그렇게 사는 사람들은 하나님이 자신들에게 더 나은 삶을 약속하실 것이라고 기대한다.[58] 선지자들 또한 미래에 대해 기대할 만한 충분한 근거를 제공했다.

그러나 그러한 기대감은 어떤 형태를 취했는가? 대다수 사람들이 다윗의 계보에서 나온 왕이 통치하는, 세상적인 의미에서의 유대 국가의 회복을 기대했는가? 그들은 진정 메시아를 기대했는가? 우리는 이 장의 첫 번째 섹션에서 우리가 다소 단순화된 전제를 가지고 작업을 한다는 사실에 주목했다. 유대인들은 모두 로마로부터 자신들을 해방시켜 줄 메시아를 고대했다는 전제 말이다.

신약 시대가 시작될 무렵에 유대인들이 가졌던 미래에 대한 기대감에 모든 연구를 바칠 수도 있다.[59] 여기서 우리는 두 가지 서로 다른 문제를 구별해야 한다. 첫째는, 곧 오실 구세주라는 잘 정의된 개념을 포함하는, 장차 올 미래에 대한 분명하고도 통일된 개념이 존재했었는가 하는 것이다. 둘째는, 미래에 대한 기대가 그들의 온 삶을 지배했을 정도의 어떤 것이었느냐 하는 것이다.

1.3.3.1 기대와 다양성

마지막 날의 심판, 의인들의 부활 그리고 새로운 시대("앞으로 오게 될 세상")에 대한 기대는 어느 정도는 보편적이었다. 우리는 마카베오2서에서 그러한 개념을 접한다. 그리고 이 개념들은 무엇보다 바리새파가 가진 믿음의 일부였다. 그러나 사두개파가 의인들의 부활을 믿지 않았다는 사실에서 우리는 이 점에 대해 전반적인 의견일치는 없었다는 결론을 내린다.

오늘날의 기독교 종말론에는 육체의 부활과 새 땅 같은 개념들이 있다. 그러나 당시 이스라엘에는 다가올 미래가 어떤 것이고 그 미래가 어떻게 올 것인지에 관해 통일성 있는 개념이 거의 없었다. 소위 말하는 묵시문헌에서 우리는 궁극적 미래에 대한 대단히 다양한 생각들을 발견할 수 있다. 하지만 우리는 그것들을 종말론적 교리가 아니라 나란히 병렬할 수 있는 개념들로 보아야 한다. 왜냐하면 그들을 하나로 묶어 주는 중심은 구약의 약속들이기 때문이다.

말세에 대한 기대는 또한 곧 오실 자에 대한 기대를 의미했다. 구체적인 이름이나 개념은 달랐지만, 곧 오실 구세주가 미래에 대해 유대인들이 품은 일반적 기대의 한 부분이었다는 사실은 부인할 수 없다.

그러나 심지어 여기에서도 우리는 구체적인 점에 있어서 온갖 종류의 다양한 차이점을 발견한다. 매우 선명하게 그려진 어떠한 통일된 그림이 없다. (심지어 쿰란 공동체의 사람들은 두 명의 메시아를 기대했던 것 같다.) 메시아는 이스라엘의 원수에게서 그 능력을 빼앗을 것이다. 그러나 이 말은 메시아에 대한 개념이 세상적 형태의 해방이라는 이상적 개념이 미래에 투사된 것은 아니라는 의미이다. 당시 존재한 여러 반군 지도자들이 메시아라고 불리지 않았다는 사실은 특기할 만하다. 이는 하나님의 기름부음을 받은 자가 하나님의 미래에 속한 인물이라는 개념을 확증한다. 즉 정치적 인물이 아니라 종말론적 인물이라는 것이다. 유대민족의 수평적 시간표는 구원자, 하나님의 기름부음을 받은 자, 말세가 시작할 즈음에 인간 역사 안으로 들어오는 자와 교차할 것이지만, 유대민족이 정치적, 사회적으로 아무리 분투하더라도 그것이 그들을 미래로 인도할 메시아의 출현으로 인도해 주지는 않을 것이다.[60]

1.3.3.2 지배적인 아니면 잠자고 있는(Dominant or Dormant)?

일반적으로 말하자면 요세푸스와 필로가 쓴 작품의 지배적인 주제는 종말론적 기대가 아니다. 종말에 대한 기대는 묵시문헌을 지배한다. 그러나 이 사실이 반드시 유대교 내에 별개의 묵시론적 조류가 존재했다는 것을 의미하는지는 의심스럽다. 또한 유대 신앙의 이런 면이 그들의 일상생활에서 그다지 중요한 역할을 한 것은 아닐 가능성도 있다. 마찬가지로 천년왕국설에 대해 이론적으로는 지대한 관심을 기울이면서도 그런 개념들이 자신들의 일상생활을 주관하도록 허락하지는 않는 기독교 단체들이 여럿 있다.

신약시대 동안 유대교에 대한 역사서들은 대규모의 불안스러운 징후에 대해 암시하는 바가 없다. 묵시문헌들은 하나님이 주도하시는 미래, 다윗 가문 출신의 하나님의 기름부음을 받은 자로서 세상을 해방시킬 이에 대한 기대감이 유대민족 가운데 있었다는 사실을 보여준다.

1.4 복음서에서 묘사하는 무대배경

따라서 율법적, 민족주의적, 그리고 정치적 메시아를 기대하는 유대교는 비록 오랫동안 막대한 영향을 끼쳤지만 점차 사라지기 시작했을 뿐만 아니라(1.1.2) 더 이상 사실들 앞에서 자신을 지킬 수 없게 되었다(1.2 그리고 1.3). 형식적, 궤변적 유대교라는 왜곡된 종교상을 만들었다고 여겨지는 어떤 종교적 훼손의 과정에 대해서는 아무런 분명한 근거가 없다. 또한 폭력적인 민족주의가 이스라엘 백성들의 삶을 지배했다고 말할 수도 없다. 세상적인 의미의 반로마적 메시아에 대한 기대감이 있었다는 증거는 전혀 없다.

그러나 예수가 세상에서 사역하는 동안 분명히 유대인들 가운데는 곧 오실 자(메시아)에 대한 고조된 기대감이 있었던 것이 분명하다. 우리는 또한 유대인 지도자들과 예수 사이에 종교적 충돌이 있었던 사실도 목격한다. 이것이 어떻게 가능할까?

1.4.1 왜곡?

20세기에 이루어진 많은 연구는 신약이 실제로는 예수 시대의 현실을 나중에 전개된 역사의 관점에서 변형 또는 "채색"(colorized)시켰다고 추측했다. 복음서에서 후대의 그리스도인들이 이미 그 당시에는 원수가 되어 버린 유대교 회당의 세계를 불명확한 관점에서 바라보았다고 그들은 주장한다. 예를 들어 이러한 설명은 바리새인들에 대한 묘사에 적용된다. 이 묘사는 너무나 부정적이라고 언급한다.[61] 그리고 또한 이러한 왜곡은 에센파 출신으로 회개를 선포한 선지자, 세례 요한에게도 적용되는데 즉 세례 요한은 예수 그리스도를 예비한 자 그리고 증거하는 자로 재포장 되었다고 한다.[62] 서기관들 또한 율법을 무시하고 폐기한 후기의 기독교 관점에서 왜곡 되었다고 한다. "인자"라는 명칭은 이전의 배경으로부터 왜곡되었으며 "그리스도"라는 명칭과 동등한 자격을 갖게 되었다. 그리고 이 두 명칭 모두는 나중에 사이비 종교에 존재하는 '주님'이라는 칭호에 대한 헬레니즘적 경외심에 근거해서 재평가 되었다고 한다.[63]

종교문서로서 복음서는 편파적인 것이 사실이지만, 그 사실 때문에 복음서가 우리에게 당시 시대와 예수의 적들에 대한 객관적인 정보를 줄 가능성마저 배제되는 것은 아니다. 문서에 대한 주해 그리고 성경 외적 자료와의 비교는 왜곡이 일어났는지의 여부 그리고 어느 정도 왜곡이 일어났는지를 보여줄 것이다.

이러한 왜곡이 이제는 종종 '선험적 전제'(*a priori*)로 받아들여진다는 사실은 바로 복음서의 문학적 발전에 대한, 100년 이상 동안 지배적이었던 관점의 결과이다. 오늘날 많은 학자들이 믿는 것처럼 예수의 삶에 대한 이들 문서의 묘사를 부차적인 사실로, 그리고 중요한 전승 자료들을 나중에 편집한 결과로 간주한다면, 실제적 사실들은 나중에 발생한 이들 전승의 발전이라는 안개 속에서 흐려지게 된다.

우리는 여기서 복음서의 발전에 대한 상세한 토론으로 들어갈 수는 없다.[64] 그러나 첫 몇 세기의 전승들을 살펴보면, 그들이 마태복음과 요한복음은 목격자들의 일차적 문서로 받아들였고, 마가복음은 베드로의 설교에 대한 거의 속기록과 같은 보고로 받아들였다는 데 대한 충분한 근거를 발견할 수 있다. 그리고 누가의 목적은, 자신이 쓴 서론에 따르자면, 역사적으로 증명된 사실들을 자신의 복음서에 통합시키는 것이었다(실제로 사도행전에서 누가는 자신이 기록한 역사의 일부를 직접 눈으로 목격한 것으로 보인다).[65] 신약시대 당시 유대인들이 무엇을 믿었고 어떤 사고방식을 지녔는가에 대해 알아내려고 노력하는 과정에서, 우리는 신약의 기록이 스스로 말할 수 있는 권리를 빼앗고 그것을 심판대에 올려놓는 대신 복음서들을 위해 랍비문헌 그리고 위경 바로 옆의 증인석에 자리를 마련해 주어야 한다. 우리는 이들 문서를 주요 증인으로 간주해야 한다. 왜냐하면 다른 어떤 문서보다도 이들은 자신들이 묘사하고 있는 사건에 관해 시간적으로 더 가까운 위치에 있기 때문이다. 신약이 1세기 초 유대교에 대한 정보의 제공을 주된 목적으로 하여 쓰여진 것이 아니라는 사실을 인정하더라도, 여전히 신약은 주요 증인으로 정당하게 여겨질 만한 수많은 직간접적인 정보를 담고 있다.

1.4.2 연결점

논란을 불러일으키지 않는 단락에 주로 초점을 두면서 면밀하게 분석해 보면 신약에 있는 정보는 다른 문서자료들에서 얻은 정보를 확증하거나 보충하는 것 같다.

1.4.2.1 민족주의 종교?

우리는 복음서에서 이스라엘 백성이나 지도자들 사이 어디에서도 노골적인 민족주의의 흔적을 볼 수 없다는 사실을 확인할 수 있다. 물론 우리는 가이사에게 세금을 내는 것이 옳은 것인지에 대한 질문을 발견하지만, 그것은 예수를 로마인에게 넘겨주기 위한 함정이었다(눅 20:23). 질문을 한 자들이 만일 예수가 세금을 내는 것을 거절하겠다고 대답한다면 일어났을지도 모를 백성들의 열렬한 지지에 대해 조금도 두려워하지 않았다는 사실은 특기할 만하다. 분명 당시 분위기는 절대로 폭발적인 민족주의 정서가 아니었다.

그리고 군중들이 예수를 왕으로 옹립하고자 했을 때도(요 6:15), 그것은 로마에 대한 반란이라는 배경하에서가 아니라, 세례 요한을 죽인 헤롯 안디바 왕에 대한 항거라는 틀 안에서였다. 당시 사람들 대부분이 헤롯 안디바 왕이 다스리던 지역 출신이었다. 예수에 대항하기 위한 행동을 하면서 바리새인들이 여러 번 헤롯왕가 사람들과 연대한 것은 그럴 만한 충분한 이유가 있기 때문이었다(막 3:6; 마 22:16). 그러나 이스라엘 백성들이 기존의 왕이나 황제에 대항하는 것을 행동의 시작으로 삼지 않았다는 사실이 더 중요하다. 오히려 오병이어의 기적 이후 이스라엘 백성들은 예수가 이 세상에 오신 진정한 선지자이며, 그러므로 그에 합당한 왕의 명칭을 받을 권리가 그에게 있다는 믿음을 어떤 식으로든 표출하고 싶었던 것이다(요 6:14).

예수가 세리들과 만난 것에 대해서도 사람들은 예수가 로마의 부역자들과 어울려서라기보다는 영향력 있는 위치에 있으면서도 율법에 따라 순전한 삶을 사는 훌륭한 모범을 보여주지 못하는 사람들과 식사를 했다는 사실에 분노했던 것으로 보인다. 예수가 "죄인"들과 어울린 것에 대해서도 마찬가지로 말할 수 있다.

게다가 예수의 제자들이 예수와 논쟁할 때도 문제가 되었던 것은 (마치 제자들은 예수가 반로마적인, 세상적인 의미의 국가를 건설할 것이라고 기대했던 것처럼) 민족주의에 근거한 것이 아니라 하늘 나라에 이르는 고난의 길에 대한 이해의 부족에 근거한 것이었다.

만일 민족주의적 모델이 외부로부터 신약에 소개되었고 그리고 문서 안으로 들어간 것이 아니었다면, 복음서 만으로는 절대로 그것이 추론되지 못했을 것이다.

1.4.2.2 율법주의적인 바리새인

율법주의에 관한 문제도 과연 마찬가지일까? 율법주의는 신약에서 바리새인의 최대의 오점이 아닐까?

분명 그런 것 같다. 그러나 우리가 복음서에서 충돌요소가 없는 부분에만 초점을 둔다면 우리는 성경 이외 자료에서 또한 동일하게 발견하게 되는 바리새인에 대한 긍정적인 묘사를 실제로 보게 된다. 물론 바리새인과 예수 사이에는* 매우 깊은 갈등의 골이 있었다. 그러나 그것은 바리새

인의 가르침이나 교훈 때문이 아니었다.[66]

예수와 바리새인을 가르는 경계선은 바로 나사렛 출신의 어떤 사람이 자신을 하나님의 아들이라고 주장할 때 그어진다. 이것은 그 자체로 매우 독특한 종류의 충돌을 일으키는 새로운 상황이다. 그러나 이 충돌에서 바리새인의 역할은 율법의 수호자일 뿐이며 그들이 한 것은 신성모독 행위에 대한 비난일 뿐이다(좀더 자세한 논의를 위해서는 바리새인에 대해 논하고 있는 이 책의 부록을 보라).

1.4.2.3 세상적인 기대?

복음서는 미래에 일어날 일에 대해 일반적인 기대가 있었다는 사실을 보여준다. 하나님이 기름 부으신 자, 다윗의 아들, 선지자의 재림에 대한 기대가 있었다. 그리고 말세가 오기 전에 엘리야가 올 것이라는 기대도 있었다.[67]

그러나 이러한 기대가 세상적인 정치적 열망과 연결된 곳은 아무데도 없다. 기름부음을 받은 자는 하나님의 아들이다. 그는 말세에 이곳에 와서 영원히 머무르게 될 것이다(요 12:34). 그는 (선지자로서) 새로운 계시를 주며, (유대인의 왕으로서) 화평의 다윗 왕국을 가져올 것이고, 이스라엘에 위로와 구속을 가져올 것이다(눅 2:25, 38). 그는 세상의 구원자이다(요 4:42). "다윗의 아들"이라는 명칭에는 정치적인 의미가 없다. 그것은 궁핍한 자들의 외침이다(맹인 등등). 그것은 예루살렘에 있는 군중들로 하여금 무기를 들라고 선동하지 않는다. 오히려 집에 보관하고 있던 종려나무 가지를 들고 곧 다가올 초막절을 예비하게 한다(요 12:12-15). 즉 메시아에 대한 기대는 반로마적 정서라는 단기적 선택사항이 아니라 약속들과 예언들에 의해 채색된다(요 1:45, 49).

1.4.3 새로운 요소

그러나 신약 밖에서의 1세기 유대교의 모습과 신약 안에서의 모습 사이에 원론적으로는 아무런 충돌이 없다 하더라도, 신약에서는 성경 외의 다른 자료들과 접촉점이 없는 몇 가지 놀랄 만한 현상들이 발견된다. 특히 두 가지가 중요하다. 그것은 하나님의 미래를 맞기 위한 고조된 준비 상태와 예언자적 부흥운동의 큰 영향력이다.

1.4.3.1 다시 활기를 찾은 기대감

미래에 대한 기존의 일반적인 기대감은 예수가 살아계시던 시기에 매우 강렬해졌다. 동방박사가 예루살렘에 왔을 때, 헤롯이 서기관들에게 그리스도가 태어난 장소를 물은 것은 마치 신학적인 고문서연구(theological archival work)처럼 보였다. 그리고 시몬, 안나 같은 사람들, 또 예루살렘의 "구속"을 기대한 모든 사람들은 비교적 소규모 집단이었던 것 같다(눅 2:38).

그러나 나중에 팔레스타인에서 예수가 사역을 시작했을 때, 미래에 대한 기존의 기대가 이제 그리스도라는 이 사람을 통해 성취되고 있는지를 온 나라가 적극적으로 묻기 시작했다(요 7:26). 그들은 다윗의 아들이 왔는지 묻고 있다(마 12:23). 일반화 된 그러나 잠자고 있던 기대감이 갑자기 깨어나 활동하기 시작한 것이다.

1.4.3.2 선지자의 귀환

이 모든 것을 위한 기초는 이미 새로운 선지자 세례 요한의 막강한 영향력에 의해 놓여졌다. 예수의 사역을 위한 문을 열어주었던 역사적 인물을 포함하지 않고서는 복음서 시대에 대한 정확한 관점을 얻기가 불가능하다.

이런 이유 때문에 우리는 다음 장을 A.D. 27-33의 기간에 있어서 무엇이 그렇게 특별했었는가라는 질문에 할애할 것이다. 당시에 그 기간은 짧았지만 매우 중요한 역사적 현상이 일어났다. 그것이 너무 짧게 끝났기 때문에 좀더 나중에 쓰여진 역사 자료에는 거의 여파가 없었다. 그러나 그 현상이 지닌 강력함 때문에 예수가 사역하던 시기에 그 영향력은 매우 컸다. 기원후 30년경 커튼이 올려질 때, 무대는 이 놀랍고 새로운 빛의 근원에 의해 비추어지는 것처럼 보인다. 그 이후에 이어지는 기간 동안 분위기의 변화는 바로 모든 선지자 가운데 가장 위대한 선지자였던 세례 요한의 사역이 가져온 결과였다.

제2장

무대조명 : 세례요한

Jesus the Son of God

Chapter 02

무대조명 : 세례요한

이 장은 세례 요한의 인간됨과 그의 설교를 다루고 있다. 우리가 앞 장에서 논한 주후 30년경의 일반적인 유대민족의 배경무대의 모습에다가 우리는 세간의 주목을 끌었던 선지자인 세례 요한이 몰고 온 갑작스런 변화에 대한 개략적 설명을 보충해야 한다. 예수가 이스라엘에서 공생애를 시작한 바로 그 때, 이스라엘이라는 배경무대는 매우 특별한 조명을 받게 된다. 온 이스라엘 백성이 한 세례자의 매력에 빠졌던 특별한 상황에 대해 주의를 기울이지 않은 채 단지 일반적인 유대교에만 주목한다면 예수가 사역할 당시의 역사적 배경에 대한 설명은 안타깝게도 불완전한 것이 될 것이다.

2.1 요한이 끼친 영향

2.1.1 선지자 요한의 매력

광야에서 요한은 온 이스라엘을 향해 외쳤다. 광야에서 외친 그의 메시지가 얼마나 빠르게 온 이스라엘 백성의 마음을 사로잡았는지를 생각하면 놀라울 뿐이다. 요한의 목소리는 이스라엘의 가장 먼 구석은 물론 사회 계층 전체에까지 미쳤다. 요한의 메시지는 어느 누구를 막론하고 사람들의 마음을 움직였다. 엄청난 수의 사람들이 자신의 죄를 회개하기 위해 요한에게 세례를 받았다. 이스라엘의 지도자들마저 겉으로는 요한이 주는 세례를 거부했음에도 불구하고 요한을 만나 그의 목소리를 듣기 위해 광야로 나왔다. 레위인과 제사장으로 구성된 '진상조사위원회'가 성전에서 파견되어 이 제사장 아들의 사역에 대해 보고하기도 했다. 사람들을 의식하지 않는 요한의 직설적인 설교는 헤롯 안디바의 궁전에 큰 혼란 상태를 가져오기도 했다. 헤롯 왕이 마침내 요한을 옥에 가두었을 때에도 헤롯은 여전히 요한에게 깊은 존경심을 품었으며 그에게 조언을 구했다. 갑자기 이스라엘 온 나라가, 땅 이 끝에서 저 끝까지, 가장 높은 자로부터 지극히 낮은 자에 이르기까지 광야에 홀로 선 이 외로운 선지자가 비추는 빛 속에 서게 된다.[1]

심지어 헤로디아의 음모로 참수되어 죽은 뒤에도 세례 요한의 사역과 그의 인간됨에 대한 기억은 사람들의 마음속에 계속해서 남았다. 이스라엘 백성은 세례 요한을 매우 존경했다. 지도자들도 감히 세례 요한에 대해 함부로 말하지 못했다. 선지자로서 세례 요한은 이스라엘에서 그 누구도 건드릴 수 없는 존재였다. 그리고 몇 년 후 헤롯왕이 후처 헤로디아를 들이고 내쫓은 본처의 장인 아레타스 왕과 싸운 전투에서 패배했을 때, 사람들은 바로 그 패배가 세례 요한을 죽인 것에 대한 응보라고 여겼다. 하나님이 선지자 세례 요한의 피값을 물으셨다고 말이다![2]

세례 요한이 죽은 후에도 이스라엘 백성들은 여전히 그의 설교와 세례의 영향을 크게 받고 있었기 때문에, 요한의 영향력이 심지어 팔레스타인의 국경을 넘어 확장되었음을 알 수 있다. 수십 년이 지난 후, 바울은 에베소라는 도시에서 세례 요한의 제자들 가운데 일부를 만난다(행 18:24-25). 이러한 부수적인 정보를 통해 우리는 디아스포라를 통해 멀리 흩어진 이스라엘 사람들도 세례 요한의 영향을 받고 있었음을 알 수 있다.

나중에 우리는 여기 저기 흩어진 좀더 작은 규모의 여러 세례 분파들과 만나게 된다. 이 사실은 세례 요한의 사역이 처음부터 이스라엘 전역을 아울렀다는 이론을 반증하는 데 사용될 수도 있다. 그러나 에베소에서와 마찬가지로 세례 요한이 남긴 족적은 예수의 복음으로 인해 지워졌다는 사실을 기억해야 한다(다음 섹션을 보라). 그러나 세례 요한이 남긴 모든 족적은 이곳 저곳에서 여전히 사람들이 그의 뒤에 오신 훨씬 더 위대한 선지자보다 세례 요한을 더 소중히 여길 정도로 그 영향력이 대단했음을 보여주고 있다.[3)]

2.1.2 가리워짐에 대한 예언

예수가 사역할 당시의 역사적 상황을 재구성할 때, 호기심을 자극하는 한가지 현상이 일어난다. 가장 큰 영향력을 가졌던 분이 그 당시에는 어느 정도 그의 뒤로 물러서 있는 것처럼 보였다. 예수가 세상에 살아계신 동안 세례 요한은 대중에게 예수보다 더 권위 있는 인물로 여겨졌다. (심지어 세례 요한이 참수당한 뒤에도 그랬다.) 나사렛 출신의 예수는 광야에서 외치는 선지자의 그늘에 가리워져 있었다. 그러나 오순절 이후 많은 사람들이 예수를 믿기 시작했다. 예수를 존경하는 사람들이 늘어갔고, 예수가 전면에 등장하게 되면서 요한의 영향력은 마치 예언적인 일식처럼 점점 희미해졌다. 물론 이런 현상은 전적으로 세례 요한이 외친 설교와도 조화를 이루지만 ("그는 흥하여야 하겠고 나는 쇠하여야 하리라") 그럼에도 이 사실은 역사적 관점을 왜곡하는 기회를 제공한다. 이제 그리스도가 새로 떠오른 의의 태양처럼 빛나는 반면 요한이라는 희미한 달에서 내뿜는 빛은 그 중요성이 줄어든 것처럼 보이기 때문이다. 그러나 예수가 자신을 낮추심으로 이 세상 어둠 속을 걷고 계셨을 때, 그 장면을 바로 세례 요한이라는 보름달이 환하게 비추고 있었다.

따라서 우리가 역사적 관점에서 복음서를 읽을 때, 우리는 예수가 겸손함으로 자신을 낮추시던, 즉 "종의 모습을 취하시던" 이 시기 안으로 들어가려고 노력해야 한다. 이때가 바로 세례 요한이 여전히 흥하고, 예수는 쇠하던, 이스라엘의 지도자들이 감히 군중들 앞에서 예수를 비방하면서도 세례 요한에 대해서는 한 마디도 함부로 내뱉지 못하던 시기였다. 게다가 처음에 사람들은 예수를 세례 요한의 메시지를 기준으로 하여 평가하고 판단했다. 반면 예수는 이 위대하고 권위 있는 선지자가 말한 그 사람이 바로 자신이라고 주장했다. 예수의 말씀, 그리고 예수가 사용한 용어들의 대다수가 뒤에 이어지는 장에서 보게 되듯이 세례 요한의 메시지와 관련이 있었다.

사역 초기, 예수는 자신의 제자들을 통해 세례 요한보다 더 많은 사람들에게 세례를 베풀고 있음이 분명해진다(요 3:22, 26; 4:1-2). 예수와 요한 사이에는 분명히 세례라는 공통분모가 연결점으로 작용한다. 그러나 예수가 '더 크신 이'가 된다. 요한이 사로잡힌 후(마 4:12-17) 예수가 갈릴리로 떠나(요 4:3) 세례를 주지 않고 사역을 계속 하셨을 때, 이스라엘 사람들은 예수를 순식간에 떠오르는 요한의 동료 예언자로 본 것이 아니라, 요한 이후에 오실 이로 여겼다. 옥에 갇혀 죽은 이후, 세례 요한은 사람들의 기억 속에 남는 존경 받는 선지자가 되고, 그 이후 예수는 사람들의 관심의 초점이 된다. 그러나 물론 예수는 점점 논란의 중심에 서는 인물이 되어간다.

우리는 일부 사람들이 예수를 부활한 요한으로 이해하는 것을 보면서 세례 요한에 대한 기억이 얼마나 이스라엘 백성들의 마음을 계속해서 지배하고 있었는지를 볼 수 있다(막 6:14; 눅 9:7; 마 16:14).

예수 자신도 군중들에게 설교하면서 위대한 선지자 요한의 권위를 지닌 증거에 호소했으며(요 5:33-35) 이스라엘 백성 역시 요한의 말을 근거로 예수에 대한 믿음을 갖게 되었다(요 10:41).

복음서들은 예수에게 대부분 주의를 기울이며 예수를 전면에 내세운다. 그러나 복음서에서 세례 요한에 대해 언급한 것을 보면 우리는 예수가 세상에 계시는 동안의 관점은 오순절 이후와 달랐음을 알 수 있다.

2.1.3 복음주의자들에게 참수당한 요한?

20세기 초 이후 세례 요한의 중요성에 대해서 엄청난 관심이 기울여졌다.[4] 또한 20세기의 첫 반세기 동안 세례 요한에 대한 일련의 연구가 등장했다.[5] 세례 요한이 최소한 예수만큼 중요하지 않았는가라는 질문이 이들 연구자료에서 점점 자주 등장하게 되었다. 그러나 베르누이(Bernoulli) 같은 신학자처럼 역사적 세력으로서의 기독교는 예수보다는 세례 요한이 없었다면 오히려 더 상상하기 힘들었을 것이라고까지 말하는 사람은 거의 없다.[6] 그렇다고 하더라도 요한을 예수가 사역하던 당시 그와 동급 또는 결정적인 배경 요소로 보는 경향이 있었다. 그렇다면 요한이 스승이고 예수가 그 제자가 되는 것이다.

어째서 요한은 복음서에서 예수보다 작게 비춰지는 것일까? 복음주의자들이 예수에 관한 메시지라는 좀더 넓은 관점에서 요한을 이해하기 위해 그를 축소해서 묘사했기 때문이라는 설명이 있다. 나중에 발전된 기독론은 최초의 예언 운동을 흡수하고 통합하게 된다.[7] 그러므로 위대한 요한은 비유적으로 말하자면 사실 예수의 복음주의자들에 의해 작아진 것이다.

뵈커(Böcher)에 따르면 요한과 예수는 원래 각각 엘리야와 모세처럼(한 쌍의 랍비에 비견될 수 있는) 동급의 동역자였다.[8] 요한계시록 11장에서 큰 도시의 거리에 있는 두 증인은 바로 이 최초의 무대를 떠올리게 한다. 뵈커에 따르면 예수는 자기의 스승 즉 선지자 요한의 제자로서 자신의 영적 형성에 있어서 그의 영향을 받았다. 그러나 예수는 하나님 나라를 현재의 종말론적 탈출 수단으로서 중심에 둠으로써 심판에 대한 요한의 설교를 발전시켰다.[9] 밧케(Badtke)는 또한 예수가 처음에는 세례 요한의 제자였다는 의견을 내세운다. 그는 '내 뒤에 오시나니'라는 말이 실제로는 '자신의 뒤를 제자로서 따르는 자'라는 의미라고 주장한다.[10] 그렇다면 요한은 나중에 예수라는 이 제자를 '오실 이'로 언급했는데, 다른 제자들은 그들 가운데 오직 이 한 사람에 대해서만 스승이 편향된 주의를 기울인 것에 대해 어느 정도 노여움을 계속해서 품었다고 말할 수도 있을 것이다. 윙크(Wink)는 세례 요한을 복음의 시작으로 간주한다: 요한의 가르침을 통해서 예수는 하나님 나라의 임박성을 인식했고, 요한이 준 세례를 통해서 예수는 자신과 곧 오게 될 하나님 나라와의 관계에 대해 알게 되었다는 것이다.[11] 바크하우스(Backhaus)는 예수가 세례 요한의 제자였다는 개념에 대해 좀더 광범위한 논의(반박)을 제공한다.[12]

이 모든 개념들이 지닌 문제는 그것들이 근거 자료를 진지하게 다루고 있지 않다는 것이다. 비록 복음서들은 일관성 있는 역사적 보고들을 제시하고 있지만, 그것들은 역사성을 위장한 서로 관계없는 신화들인 것처럼 읽힌다. 그럴 경우 독자들은 엄청난 어려움을 겪으면서도 확신은 거의 없이, 아주 약간의 역사적 사실들만을 추출해낼 수 있을 뿐이다.[13] 천사 가브리엘이 알려준 요한의 탄생과 요한이 태어난 이후 아버지 사가랴가 한 예언(눅 1장)에 관한 역사적 정보들은 더 이상 출발점으로 간주되지 않는다. 복음서의 자료들을 매우 세밀하게 다룬 에른스트(Ernst)의 접근 방식이 매우 전형적이다. 그는 먼저 마가복음의 편집자, 가설적으로 재구성된 예수의 어록자료, 그리고 누가복음의 편집자에 의해 세례 요한이 차례로 어떻게 조망되었는지에 대해 논함으로써 시작한다. 그리고 나서 별도의 장에서 "누가의 탄생 이야기에서의 세례 요한"에 관해 다루고 있다. 따라서 누가의 역사작품(historical work)의 기초를 이루는 첫 도입부(눅 1-2장)는 누가복음의 나머지 부분으로부터 떨어져서 "요한의 모습"을 우리에게 보여주고 있는 다른 문서들과 함께 다루어진다. 에른스트는 심지어 "사도행전에서의 요한의 모습"이라는 제목의 장을 따로 썼다.[14]

그러나 사복음서와 사도행전은 후대의 관점들을 위한 유사-역사적

(quasi-historical) 근거를 제공할 목적으로 역사를 다시 쓴 책이 아니다. 오히려 그 책들은 이후에 기억된 바대로 과거를 기록으로 남기기 위해 쓰여진 책이다. 복음서 기자들은 어느 곳에서도 세례 요한에 대해 자신들의 논평을 제공하지 않는다. 만약 그랬다면 우리는 그들이 그린 "요한의 그림"(picture of John)에 대해 말할 수 있었을 것이다. 더 나아가 그들의 기록은 주인공이 예수이기 때문에 세례 요한에 대한 정보는 제한적이다. 또한 세례 요한에 대한 예수의 언급은 종종 지엽적이다. 그러므로 복음서에 그런 언급이 있거나 없다는 사실을 기초로 하여 복음서 저자가 일부러 그것을 포함시켰다거나, 생략했다거나, 혹은 억제했다고 추론하는 것은 방법론적으로 오해의 소지가 있다.

복음서 기자는 요한의 역할을 의도적으로 축소한 것에 대해서 책임질 필요가 없지만, 현대의 복음서 비평가들이 복음서 기자들의 위상을 단지 사건을 설명하는 자, 그리고 일관성 있고 통합적인 문서를 기록한 자로 축소하는 것에 대해서는 책임이 *있을 수도* 있다. 사실 복음서 기자들은 선지자 요한이 지닌 심오한 중요성을 깎아내리는 것을 거절하고 있고, 이스라엘 백성들이 세례 요한에 대한 존경심을 공유한 반면 예수에 대해서는 거리낌 없이 반대한 사실을 정직하게 보여주고 있다. 만일 복음서 기자들이 요한을 그리스도의 신학에 들어맞게끔 재구성한 역사적 *수정주의*(revisionism)에 가담했었다면 분명 서툴고 엉망인 기록이 되었을 것이다.

사도들 자신은 예수를 요한보다 큰 자로 보았다. 그러나 그들은 요한에 대한 기억을 빼놓지 않았다. 요한은 역사상 가장 위대한 선지자였다. 하나님의 아들에 대한 경외심 때문에 복음서 기자들이 요한이라는 증인의 중요성을 간과한 것은 아니다. 예수가 커질수록 요한은 작아졌지만, 그럼에도 불구하고 요한은 언제나 복음서의 시작을 지배할 만큼 중요한 인물이다.

2.2 요한의 사역과 설교

2.2.1 광야에서 외치는 소리

세례 요한은 광야의 선지자로서 이스라엘 백성에게 왔다. 요한은 "이스라엘에게 나타나는 날까지" 광야에서 살았다(눅 1:80). 그곳 광야에서 하나님의 말씀이 그에게 임했다(눅 3:2). 그리고 그가 설교자가 되었을 때 요한은 그런 환경을 떠나지 않고 사람들이 광야에 있는 자신을 만나러 오는 것은 허용했다(마 3:1, 5). 요단강에서 세례를 주었기 때문에 요한은 "요단 강 부근 각처에서" 활동했다(눅 3:3). 비록 사람들은 요단 강에서 세례를 받았지만 여전히 세례 요한을 광야의 선지자로 여겼고, 그래서 마가는 그저 "세례 요한이 광야에 이르러 죄 사함을 받게 하는 회개의 세례를 전파하니"라고 말할 수 있었다(막 1:4).

세례 요한이 자신을 나타내는 방식은 독특하다. 당시에는 사람들을 광야로 데려가서 차후의 행동을 준비시키는 반항 세력 지도자나 선지자들이 있었다(행 21:38과 비교하라). 그러나 세례 요한은 아예 광야에서 살았으며, 사람들을 찾으러 마을로 가거나, 그들을 집에서 데려오기 위해 어떠한 노력도 하지 않는다. 심지어 세례 요한의 옷과 음식도 이러한 모습을 뒷받침한다. 그는 베두인족처럼 살았다.[15)]

(그곳에서 발견된 유적들에 대한 가장 일반적인 해석에 따르자면) 반누스(Bannus) 같은 은둔자들이 그랬던 것처럼 쿰란의 에센파 사람들 역시 광야에서 살았다. 1세기 중엽에 요세푸스는 반누스와 함께 3년 동안 칩거했다. 우리는 세례 요한을 이러한 배경에서 바라보아야 하는가?[16)] 쿰란의 발견 이후 요한은 여러 번 에센파의 동조자[17)] 또는 제자[18)]로 묘사되었지만, 이러한 가설은 일반적으로 받아들여지지 않고 있다. 그 차이점은 너무나 중요하다.[19)]

1. 세례 요한의 옷과 음식은 우리가 일반적으로 에센파에 대해 알고 있는 관점에서 이해할 수 없다.[20] 데이비스(Davies)에 따르자면 요한은 광야에서 메뚜기와 석청 같은 자연물에 의존할 수밖에 없었다. "수도원" 밖에서 세례 요한은 음식에 관한 에센파의 엄격한 규율을 지킬 수 없었다[21]. 그러나 복음서 어디에서도 우리는 요한의 광야 음식이 비상 조치였다는 말을 들을 수 없다.
2. 요한이 이스라엘 백성 전체에게 호소한 것은 분리 운동으로서의 에센파의 성격과 들어맞지 않는다. 브라운리(Brownlee)는 요한이 에센파의 일원으로서 자기 단체의 운동을 좀더 외부지향적으로 만들기를 원했다고 주장한다.[22]
3. 그러나 만약 우리가 이 마지막 사항을 받아들인다면, 우리는 어떤 문제에 봉착하게 된다. 의식적인 순수함을 지키기 위한 호소는 쿰란 운동에서 매우 중요한 역할을 하는데 요한의 설교 어디에서도 그러한 내용을 찾을 수 없다. 게다가 함께 광야에 와서 생활하면서 에센파에 들어오라고 초대받은 자가 한 사람도 없다.

자신이 사역하는 곳이 약간 이상한 위치라는 사실은 요한이 제사장들과 레위인들로 이루어진 진상조사단에게 직접 설명한 부분이다. "나는 선지자 이사야의 말과 같이 주의 길을 곧게 하라고 광야에서 외치는 자의 소리로라 하니라"(요 1:23). 이사야 40 장에서 광야는 죄 때문에 추방된 이스라엘 백성이 처한 비참한 환경을 형상화한 것이다. 따라서 요한은 이스라엘 백성을 다시 포로기에서 돌아오기 이전의 시간 즉 "광야"의 때로 데려간다. 물론 하나님은 고레스 시대에 성전을 다시 짓도록 허락하셨다. 그래서 이후 몇백 년 동안 팔레스타인 지역에 다시 한 번 고유한 제례 의식을 지닌 유대 정착민들이 있었다. 그러나 요한의 사역은 그 모든 것에도 불구하고 그들의 죄는 속죄 받지 못했으며, 이스라엘 백성들은 계속해서 그곳에 머물 수 있는 권리를 박탈당했다고 주장한다. 사람들은 다시 자기의 고향과 마을을 떠나 상징적인 광야의 황량함으로 되돌아와야 한다. 이런 식으로 선지자 요한은 사람들에게 자신을 겸손히 낮추라고 부른다. 각 사람은 자신이 획득한 것을 포기해야 한다. 광야에서는 음성에 순종하는 것 외에는 선택의 여지가 없다.

따라서 세례 요한은 말하자면 새로운 출애굽으로 이스라엘 백성들을 부른 선지자다. 이스라엘 백성은 성전을 비롯한 모든 건축된 것들을 상징적으로 포기하고 궁핍하고 가난한 상태에서 광야로 나아가 하나님을 만나야 한다.

세례 요한이 외친 첫 번째 말이 이 상황과 잘 들어맞는다: "회개하라"(마 3:2). 세례 요한은 이방인들에게는 선교사처럼 보인다. 그의 메시지는 마치 지진처럼 사람들에게 충격을 주었다. 필요한 것은 회심이다. 심지어 유대인들에게도 마찬가지이다! 요한의 세례에는 겸손이 필요하고 또한 그것은 회개의 세례라고 불린다(막 1:4; 눅 3:3; 마 3:11과 비교하라). 요한의 세례는 이스라엘 백성들 사이에서 구체적인 개념이 된다: "회개하라." 요한은 이 회개에 합당한 열매를 요구한다(마 3:8; 눅 3:8). 광야로 나가야 하는 사람들은 자신들의 삶의 기반이 요한에 의해 빼앗겨지고 있다고 느꼈다. 그들은 이제 전혀 새로운 삶의 기반을 찾아야 한다.

요한이 이스라엘 백성들에게 구원을 위해 자신들이 아브라함의 자손인 것을 의지할 수 없다고 여러 번 말했을 때 이 사실이 분명히 드러난다(마 3:9; 눅 3:8). 하나님은 아브라함의 자손을 손수 만드실 수 있다. 그러나 광야로 나온 이스라엘 백성을 통해서뿐만 아니라 땅 위의 돌들로도 그렇게 하실 수 있다. 요한의 설교는 이스라엘 백성들에게 엄청난 충격을 주었다. 광야에서 일어난 이런 지진은 이스라엘의 모든 믿는 자들에게서 자기 확신을 앗아갔다.

따라서 이스라엘 전체가 자신의 죄를 회개하라는 부르심을 받는다.

유대인들은 매년 속죄일을 다 함께 뉘우치고 회개하는 날로 삼았다. 그것은 일년에 한 번 있는 일이었다. 요한은 속죄의 해를 요청한다. 분명 성전 제사로는 충분하지 않다. 율법 아래 산다고 해서 이러한 고백과 회개가 면죄되는 것도 아니다. 백성은 물론(눅 3:7) 심지어 지도자들, 그리고 율법을 엄격하게 지키는 바리새인과 사두개인들도 마찬가지이다(마 3:7). 세례를 받으러 오려면 자기 죄를 고백해야 한다(마 3:6; 막 1:5). 그렇게 해서 주의 길은 평탄케 되고 교만과 잘못된 자기 확신이라는 장애물이 제거된다(마 3:3; 막 1:3; 눅 3:4-5).

하나님 자신이 곧 나타나시기 때문에 속죄의 해가 선언되고 있다. 그리고 거룩한 분이 오실 때 다른 모든 것들은 거룩하지 않게 보일 것이다. 하나님의 의라는 태양이 곧 떠오를 것이기 때문에 이스라엘의 빛은 이제 쇠할 것이다. 하나님은 심판하러 오신다. 그분의 손에는 이미 키가 들려 있다. 그리고 그 일은 곧 일어날 것이다. 도끼가 이미 이스라엘이라는 나무 뿌리에 놓여 있다(마 3:10, 12; 눅 3:9).

요한의 사역이 새로웠던 이유는 무엇보다도 모든 이에게 회개를 촉구하는 대규모의 독특한 운동이었기 때문이다. 이 광야의 선지자는 사람들에게 자신들이 아브라함의 자손이라 하더라도, 그리고 자신들이 바친 그 모든 성전 제사에도 불구하고 주님이 자신의 백성에게 임하실 때 그들에게는 여전히 일반사면(general amnesty)이 필요함을 깨닫게 했다. 단지 필요한 것은, 말하자면, 다른 무엇도 아닌 거듭남이다!

2.2.2 하나님이 오실 것을 알리는 전령

이러한 회개의 세례는 곧 죄사함을 받는 세례다(막 1:4; 눅 3:3). 이것은 세례 자체가 깨끗함을 가져온다는 의미가 아니라 광야에서 하나님의 음성을 들음으로써 죄사함에 참여할 준비가 된다는 의미이다. 하나님이 세상에 오시면 그분은 불로 겨를 태우실 뿐만 아니라, 또한 알곡을 모아

곳간에 두실 것이다. 그분은 성령으로 세례를 주기 위해 오시며 이런 식으로 죄인들을 정결하게 그리고 거룩하게 하신다.

이사야 40장에서 광야에서 외치는 목소리는 주님이 직접 오실 것이라는 약속과 연결되어 있다(사 40:5, 9). 그분은 죄값을 치르러 오시고(사 40:2) 피폐해진 양떼를 돌보러 목자처럼 오신다(사 40:10-11). 거룩하신 하나님과 죄인과의 교제가 영원히 보장될 것이다.

그리고 나서 요한은 하나님의 나라가 가까이 왔다고 알린다(마 3:2). 심판하실 이가 오시면 긍휼의 시대가 자신의 죄를 고백하는 이들에게 시작될 것이며, 이는 또한 그들이 하나님의 세계로 들어가는 시대의 시작을 의미한다. 요한의 설교 전부를 "하나님의 나라"라는 제목 아래 두는 것은 옳지 않을 것이다. 이 용어는 세례 요한과 관련해서 오직 단 한 번 등장한다. 그러나 우리는 네 복음서 전부에서 가까이 온 인자에 대한 설교를 발견한다. 요한을 능가할 누군가가 가까이에 있다. 그는 물로 세례를 주지 않고 성령으로 세례를 줄 것이다(마 3:11; 막 1:7-8; 눅 3:16-17; 요 1:26-27, 33). 하나님 자신이 세상을 심판하며 성령을 주시기 위해 오실 것이기 때문에 하나님의 나라가 임했다고도 말할 수 있다. 이러한 실재는 하늘나라의 왕이 오신 결과이다. 그는 단순히 요한보다 좀더 능력이 있는 어떤 분이 아니다. 그분은 바로 능력이 더 많으신 이(the More Powerful One)이시다(막 1:7; 눅 3:16). 이 때에 요한은 모든 시대 가운데 가장 위엄이 있는 선지자이다. 그러나 하나님은 모든 선지자들보다 능력이 더 많으신 분이시다. 그리고 이 능력 많으신 이가 곧 오신다. 요한은 무엇보다 바로 그분을 이스라엘에 알리기 위해 세례를 준다(요 1:31).

위대한 회개의 선지자로서 요한은 세례 받은 자들을 희망과 기대의 길로 인도한다. 그러나 그렇게 함으로써 요한은 그들 앞에 알 수 없는 수수께끼를 제시한다. 요한이 이사야 40장을 자신의 자격증으로 제시할 때 요한의 의도는 야훼가 오심을 알리는 것임이 분명해진다. 그렇다면 어떻게 그는 신발끈에 대해서 말할 수 있는가? 하나님이 신발을 신으시는가? 하나님이 인간으로 이스라엘에게 오실 것인가? 비록 속삭이는 소리이긴 하지만 그는 성육신의 비밀에 대해 이스라엘 전체에게 처음으로 말한다.

사람들을 속죄의 해로 부르는 선지자 세례 요한은 하나님이 곧 오실 것에 대해 전파하며, 사람들에게 전면적인 죄사함과 성령을 통한 거듭남에 대해 기대하라고 가르친다.

2.2.3 한 나라의 세례자

비록 이스라엘 지도자들은 회개하라는 선지자의 부르심에 주의를 기울이지 않았지만 전체로서의 이스라엘은 세례를 받기 위해 그에게 갔다(막 1:5; 마 3:5; 21:32; 눅 7:29-30; 요 3:23-24). 자신들의 죄를 고백하고 곧 오실 자를 위해 기도하면서 이스라엘 백성들은 곧 오실 주님에 대해 올바른 자세를 취하게 된다.

이 세례의 본질에 대해서는 매우 자주 토론이 이루어진다. 이러한 세례의식의 기원을 찾기 위해 쿰란의 에센파가 행한 정결의식으로 거슬러 올라가거나 또는 그것을 개종자의 세례와 유사한 것으로 여기려는 시도가 있었지만, 좀더 면밀히 관찰해보면 세례의 기원에 대한 그러한 가설들은 예상대로 전혀 설득력이 없다.[23] 당시 사람들에게 요한의 세례 의식은 새로운 것이었다. 거의 곧바로 요한에게는 새로운 별명이 붙여졌다. 왜냐하면 그는 사람들을 요단 강물에 완전히 담그었기 때문이다. 세례 요한은 일반적으로 '물에 담그는 자 요한'(Jochanan the Immerser)이라고 알려지게 된다(심지어 요한의 제자들도 그를 그런 식으로 불렀다: 눅 7:20). 세례 요한이 단지 남들이 이미 하고 있던 것을 모방했을 뿐이라면 그러한 별명이 그렇게 빨리 붙여졌을 리가 없다.[24] 그러나 요한의 세례는 독특했다.[25]

1. 쿰란에서의 목욕재계는 본질적인 면에서 요한의 의식과는 달랐다. 쿰란의 방식은 정기적으로 반복되었고, 정결례의 배경 속에서 발생했으며, 오직 에센파의 사람들에게만 한정된 것이었고[26] 또한 다른 사람에 의해서 시행되는 것도 아니었다.[27]
2. 개종자의 세례가 1세기경[28] 이미 도입되었는지, 그리고 나서 요한이 그것을 이스라엘 내에서 새로운 의미를 부여해 이용했는지에 대해서는 증명할 수 없다.[29] 테일러는 개종자가 희생제사에 참여할 수 있기 전에 반드시 자신을 물로 씻어야 했다고 말하고 있다.[30] 이러한 정결의식이 기원후 70년 이후까지 변하지 않고 그대로 남아있던 것으로 추정된다. 물로 씻음 이후의 희생제사가 더 이상 계속 이어지지 않았기 때문에 정결의식은 특히 2세기경 기독교 세례에 비교되는 입교의식의 지위를 획득했다. 개종자들에 대한 할례 금지로 인해 때로 정결의식은 사용되는 유일한 입교의식이 되었기 때문이다. 그러나 개종자 세례가 요한 이전에 사용되었다 하더라도 공동체에 들어가기 전에 행했던 정결의식으로서의 목욕과 당시 이미 이스라엘의 일부가 된 사람들이 요단강에서 완전히 물에 잠기는 의식과의 차이는 여전히 상당하다.[31]

요한의 의식에 대해 더 분명히 이해하기 위해서 우리는 침례가 행해진 위치에 대해 좀더 주의를 기울여야 한다. 요한은 오직 *물로* 세례를 주었을뿐만 아니라, *요단강에서* 세례를 주었다. 기독교 세례는 어떤 분(예수 그리스도)의 이름으로 받는 세례다. 그러나 요한의 세례는 특별한 강에 잠기는 세례다. 사람들은 요한의 이름으로 강물에 잠긴 것이 아니었다. 그들은 "요단강에" 잠겼다(마 3:6; 막 1:5). 그것은 바로 가나안으로 들어가는 강이었다. 예전에 이 강을 통해서 하나님은 자신의 백성들을 마른 발로 그들이 차지할 땅을 향해 건너가게 하셨다. 그러나 회개의 선지자는 이 모든 것을 뒤로 하고 떠나 광야로 나가도록 할 뿐만 아니라 또한 이 경계가 되는 강물 속에 자신들을 담그도록 한다. 여호수아의 시대에는 백성들이 강물 속으로 들어가지 않았지만, 이번에는 그들도 예외가 없다: 그들은 강물 속에 잠긴다.

잠기는 것(baptizein)은 무엇인가가 완전히 물 속으로 밀려들어가서 다시는 밖으로 나오지 않는 행위를 암시한다. 그러므로 우리는 요한의 세례가 시내산에서 일어났던 일과 마찬가지로 온 나라의 정결의식과 유사하다고 한 예레미아스(Jeremias)에게 동의할 수 없다.[32] 또한 우리는 성전 정결의식과의 유사성도 받아들일 수 없다. 성전 정결의식은 제사장의 아들인 요한에게는 매우 친숙한 것이었을 것이다.[33]

요한의 세례의식은 '정결케 한다' 또는 '씻는다' 등의 동사로 묘사되지 않고 동사 '잠긴다'로 묘사된다. 그 행위가 상징적으로 물에 담그는 것으로 제한된다 하더라도 그것은 요단강에 치명적으로 잠김을 말한다. 아브라함의 자손은 여권을 강제로 빼앗기고 국경에서 총살당하는 시민과 같다. 이러한 행사는 그들을 자신의 나라에서 망명자가 되게, 또는 곧 오실 이로부터 은신처와 사면을 구하는 이방인이 되게 한다.

이전에 한 나라가 요단강을 마른 발로 건넜듯이 이제는 한 나라가 동일한 강에 상징적으로 완전히 잠겼다. 요한은 여러 가지 면에서 암시하고 있는 바와 같이 아브라함 백성의 총체성(totality)을 구한다. 1) 요한은 심지어 거절하는 이스라엘 지도자들을 향한 거친 소리를 포함해서 모든 사람을 향해 물에 잠기라고 외친다. 2) 요한의 외침은 갈릴리의 분봉왕 헤롯 안디바에 대해서도 예외가 아니다. 3) 군중, 세리, 군인들을 향한 요한의 구체적인 경고는 사람들이 사랑과 의 안에서 함께 사는 삶을 추구하기 위한 것이다.[34]

그러므로 요한은 이 나라를 준비시키기를 원한다. 즉 자신들의 목숨을 비롯해 모든 것을 빼앗겼던 백성들이 곧 오실 하늘 나라의 왕이 베푸

실 사면에 대해 준비되기를 원한다.[35]

2.3 하나님이 보내신 자

세례 요한은 마치 혜성처럼 등장한다. 알 수 없으면서도 대단한 위엄을 지닌, 이 알려지지 않은 광야의 선지자는 갑자기 이스라엘의 주목을 받는다. 이스라엘 백성들은 이 예상치 못한 존재 앞에서 경외감에 사로잡힌다. 마치 온 나라가 새로운 힘에 이끌려 사로 잡힌 것 같았다. 그때는 모든 사람의 이목이 세례 요한이 전하는 미래에 집중되던 시기였다.

그러나 현대 성경 학자들은 이스라엘에서 생긴 이런 부흥의 기원에 대해 의문을 제기한다. 세례 요한을 카리스마 있는 종말론자 또는 부활을 추구하는 열정적인 에센파로 설명함을 통해 그를 기존의 종교 역사적 틀 속에 짜맞추는 것이 가능한가? 대다수 19세기 학자들은 이미 그리스도에 대한 질문을 해결했다. 하나님의 아들에 대한 믿음은 이후에 왜곡된 것이다. 따라서 예수는 당시 유대교 내에서의 친절한 교사 또는 반항적 인물로 강등되었다.

그렇다면 이제 20세기에 우리는 세례 요한을 어떻게 받아들일 것인가? 세례 요한은 훨씬 더 저항적인 인물이었다. 콘첼만(Conzelmann) 같은 신학자가 신약 신학에 관한 자신의 책에서 선지자 세례 요한과 그의 메시지를 완전히 건너뛴 것은 바로 이런 이유 때문인가?[36] 요한에 관한 한 우리는 후대의 신학적 "끌어올리기"(promotion) 에 관해 전혀 말할 수 없다(도대체 누가 세례 요한을 위해 그런 일을 했단 말인가?) 또한 단지 세례 요한을 그 자신의 시대에 두고는 그를 당시 유대교의 산물로 무시해 버리기도 어렵다. 따라서 이 회개의 선지자는 하나님의 아들에 대한 믿음을 무시한 자들의 양심을 불편하게 할 수 있다.

2.3.1 독특한 사역

세례 요한의 "현상"을 당시 유대인들의 종교 역사적 관점에서 설명하려는 시도는 거의 아무런 결과를 내지 못했다. 라이첸슈타인(Reitzenstein)은 만다이교(Mandaean) 세례분파의 틀 안에서 요한의 세례 의식을 설명하려고 시도하면서 이방 문화의 배경을 암시하는데 이는 일반적으로 신빙성이 없다고 여겨진다.[37] 에센파와의 직접적인 연결이 불가능한 사실은 이미 앞서 논한 바 있다(2. 2. 1를 보라). 세례 요한을 종말론자[38]의 한 부류로 묘사하는 것은 지금까지 논란 중에 있다.[39] 그것은 세례 요한이 행한 사역의 특징인 세례의식을 설명해주지 못하며 또한 더 능력 있는 자가 오심을 분명하게 알린 것도 설명하지 못한다.

그 시기에 어느 정도 알려졌던 집단들과의 몇 가지 접촉점 또는 겹치는 부분을 제시하는 것을 제외하고는, 세례 요한을 기존의 어느 집단, 분파 또는 운동을 대표하는 이로 말하기는 힘들다. 결국 모든 자료들은 세례 요한의 동시대 사람들이 그를 독특한 현상으로 간주했다는 주장에 있어서 만장일치를 보여준다. 요한을 그저 종교 역사적 배경이 낳은 한 인물로 치부하는데 있어서 당시 요한에게 적대적이었던 지도자들보다 더 나은 위치에 있었던 자들이 누가 있었겠는가? 당시 지도자들이 1세기경 유대인 문제에 대해 가졌던 지식은 20세기의 최고 전문가들이 지녔던 것보다 훨씬 더 방대했다.

그러나 우리는 이들 지도자들이 곤경에 처해 있음을 본다. 그들은 세례 요한을 어느 한 부류로 단정짓지 못한다. 제사장과 레위인으로 이루어진 진상조사위원회는 절박한 질문을 하기 시작한다. "누구냐 우리를 보낸 이들에게 대답하게 하라 너는 네게 대하여 무엇이라 하느냐"(요 1:22). 그리고 까다로운 바리새파의 일원인 그들은 좀더 깊이 조사한다. "네가 만일 그리스도도 아니요 엘리야도 아니요 그 선지자도 아닐진대 어찌하여 세례를 베푸느냐"(요 1:25). 동시대 사람들은 세례 요한을 기존의 어느 배경과도 일치시키지 못한다. 그들이 할 수 있는 최선은 미래의 배경을 찾는 것이다! 그가 일찍 얻은 별명인 세례자(The Immerser)이라는 말은 모든 사람들이 그의 활동을 완전히 새로운 어떤 것으로 여겼음을 암시한다. 종교에 대한 연구가 그 정의상 어떤 새롭고 거룩한 영감을 받는 현상들을 배제하지 않는 이상, 학자들은 세례 요한을 단순히 어느 장의 한 단락에서 다루기보다는 완전히 장 하나를 따로 마련해서 다루는 편이 나을 것이다.

2.3.2 세례 요한의 탄생

복음서 기자 요한은 이렇게 썼다. "하나님께로부터 보내심을 받은 사람이 있으니 그의 이름은 요한이라"(요 1:6). 이 복음서 기자는 7절에 이르러서야 이 선지자의 사역에 대해 언급한다("그가 증언하러 왔으니"). 6절에서 요한은 그의 *탄생*에 대해 지적한다: 하나님이 어떤 *사람*을 태어나게 하셔서 선교사로 섬기도록 하셨다(요1:14, '말씀이 육신이 되어'와 비교하라).

이 탄생에 대해서는 누가복음이 더 자세하게 설명하고 있다. 거기에서는 요한복음이 단순히 암시하고 있는 것이 무엇인지 분명하게 드러난다. 세례 요한의 탄생은 특별한 것이었다. 세례 요한의 부모는 모두 아이를 가질 수 있는 나이를 지났다. 그러나 인간적으로 더 이상 불가능해진 이후에야 하나님은 그들을 통해 아이를 갖게 하셨다. 이 사건은 주변의 모든 사람들의 이목을 집중시켰다(눅 1:58): 주께서 긍휼을 베푸셨다!

다시 말을 할 수 있게 된 후에 사가랴는 아들의 탄생 전에 자신이 성전에 있는 동안 일어난 일에 대해 설명할 수 있게 되었다(눅 1:64). 다른 누구도 아닌 바로 가브리엘 천사가 그에게 앞으로 아들이 태어나게 될 것이라는 것을 알려주었다는 말을 듣고 유대 주민들은 놀라워 하며 이 아기가 자라서 어떤 인물이 될지 궁금해 했다(눅 1:65-66). 맨 처음부터 세례 요한은 하나님이 보내신 자라는 것이 분명했다.

요한이 보내심을 받은 목적은 이미 가브리엘 천사가 간략하게 설명했다. "그가 또 엘리야의 심령과 능력으로 주 앞에 먼저 와서 … 주를 위하여 세운 백성을 준비하리라"(눅 1:17). 하나님이 오실 때 첫 번째 단계는 이스라엘로 미리 보내실 선지자를 예비하는 것이다.

이러한 시작 때문에 요한은 단지 당시 유대교의 한 표현으로 축소될 수 없다. 세례 요한은 인간의 시간을 뛰어넘어 잉태된 사람이다. 요한을 그저 어떤 한 부류의 인물로 축소하려는 사람은 하나님의 임재 앞에 선 천사의 말에 주의를 기울여야 한다. 요한의 탄생은 세상이 전혀 새로운 어떤 것에 대해 미리 준비되어야 함을 증거한다.

2.3.3 사가랴의 예언

세례 요한의 아버지 사가랴는 여러 질문들에 대해 대답하면서, 자신의 아들에 대한 예언을 하도록 허락받는다. 요한은 "지극히 높으신 이의 선지자"라 일컬음을 받을 것이다. 요한은 "주 앞에 앞서 가서 그 길을 준비"할 것이다. 이 일은 일어날 것이다. 왜냐하면 이스라엘 백성들은 미래로 가는 길이 오직 하나님의 사면에 의해서만 열린다는 사실을 배울 것이기 때문이다(눅 1:76-77).

사가랴가 이 예언을 했을 때, 그는 단지 성전에서 천사 가브리엘이 자신에게 전한 메시지만을 생각한 것이 아니다. 그는 또한 이 가브리엘 천사가 엄청난 약속을 가지고 마리아 앞에 나타난 사실을 알고 있었다. 마리아는 다윗 가문의 사람인 요셉과 정혼한 상태였다. 사가랴는 하나님의 아들이 마리아의 태에서 날 것이라는 사실을 알았다. 그의 아내 엘리사벳은 "내 주의 어머니"라고 부르면서 마리아를 맞이했다. 엘리사벳은 또한 마리아가 자신의 집에 들어왔을 때 태아가 "복중에서 기쁨으로 뛰놀"고 있는 것을 느꼈다(눅 1:41-44). 요한은 마리아의 아기보다 먼저 태어났다. 선지자가 왕보다 먼저 이 세상에 왔다. 이것이 바로 사가랴가 먼저 하나님이 "우리를 위하여 구원의 뿔을 그 종 다윗의 집에 일으키셨으니"라고 말한 이유이다(눅 1:69). 그리고 오직 그렇게 하고 나서야 그는 주님보다 먼저 가야 할 요한에 대해서 말한다.

사가랴는 성령 충만을 받았다(눅 1:67). 사가랴의 입을 통해서 하나님의 성령은 이스라엘에게 어떻게 이 아이를 바라보아야 하는지를 가르친다. 요한은 "밑에서부터 난" 자로 이해될 수 없다. 요한이 어떤 사람인가는 전능자가 이 세상에 무엇을 하러 오셨는가에 의해 결정된다. 사가랴의 예언은 요한과 함께 이스라엘의 역사에서 완전히 새로운 장이 시작되었음을 증명한다.

2.3.4 예수를 증거한 자

심지어 세례 요한에 대한 예수의 증언은 요한을 하나님이 보내신 자로 지목하고 있다. 요한은 이스라엘 백성에게 "의의 도"로 왔으며 이스라엘 백성들은 그의 말을 믿어야 했다(마 21:32). 예수는 단호하게 말한다. "내가 진실로 너희에게 말하노니 여자가 낳은 자 중에 세례 요한보다 큰 이가 일어남이 없도다"(마 11:11a; 눅 7:28a와 비교하라).

예수는 요한을 선지자라 부른다. 이스라엘 백성들이 기꺼이 받아들이고자 한다면 요한은 "오리라 한 엘리야"이다(마 11:14). 여기서 예수는 가브리엘과 동일한 메시지를 말한다. 요한은 "엘리야의 심령과 능력으로 주 앞에 먼저 와서" 예비하는 약속하신 선지자다. 말라기 4:5에서 우리는 "보라 여호와의 크고 두려운 날이 이르기 전에 내가 선지자 엘리야를 너희에게 보내리니"라는 구절을 읽는다. 이 선지자의 출현은 마치 태풍이 오기 전에 날아가는 갈매기와 같을 것이다. '엘리야가 왔다!'라는 신호를 듣는 모든 자들은 하나님 자신이 가까이 오셨다는 사실을 알 수 있다("돌이키지 아니하면 두렵건대 내가 와서 저주로 그 땅을 칠까 하노라 하시니라"). 따라서 율법 선생들은 구원의 날이 오기 전에 엘리야가 올 것이라는 사실을 알고 있었다(마 17:10).[40] 이렇게 요한에게 존경을 담은 명칭을 달아 준 자는 바로 예수이다. 율법 선생들은 요한의 가치를 알지 못했다(마 17:11-13). 선지자 요한에게 그런 명칭을 달아준 것은 그 사실에 주목하는 자 모두에게 예수에 대한 신호를 보내는 역할을 한다.

세례 요한 자신은 예루살렘에서 진상조사단이 와서 물었을 때 자신이 엘리야가 아니라고 말했다(요 1:21, 24). 그러나 사실 진상조사단은 요한을 부활한 또는 재림한 엘리야로 생각하고 있었다. 마찬가지로 나중에 일부 사람들은 예수를 부활한 세례 요한, 엘리야, 예레미야, 또는 그 외 다른 선지자로 간주했다(마 16:14). 그러므로 요한이 직접 자신은 엘리야가 아니라고 말한 것은 정확하다. 나중에 예수가 요한을 "엘리야"라고 했을 때 그것은 요한을 이전의 선지자 엘리야와 동일 인물로 여긴 것이 아니었다. 우리는 나중에 이것을 본다. 예수, 베드로, 그리고 요한이 변화산에서 내려왔을 때. 그 때 제자들은 방금 전에 실제로 본 진짜 엘리야를 생각하고 있었다. 왜 엘리야는 제자들과 함께 머무르지 않았을까? 그러나 그 다음에 예수는 제자들에게 약속된 "엘리야"가 이미 왔다고 가르치시고, 제자들은 그때서야 예수가 얼마 전에 변화산에서 나타났던 엘리야가 아니라 세례 요한을 지칭하고 있다는 사실을 알게 된다(마 17:10-13). 예수는 말라기 4:6의 약속을 성취하기 위해 선지자로 오셨기 때문에 우리가 말라기 4:5에서 읽는 선지자는 요한이다. 요한은 엘리야의 영과 능력으로 엘리야로 나타날 것이다. 개인의 정체성(identity)이라는 관점에서 세례 요한은 엘리야와 동일하지 않지만, 그의 역할(function)이라는 관점에서 요한은 진실로 약속된 바와 같이 위대한 주의 날을 예비하는 엘리야다.

예수의 증언은 또한 우리가 세례 요한에 대한 설명을 당시의 유대교 내에서 발견할 수 없음을 보여준다. 여기서 우리가 보는 것은 말라기가 수백 년 앞서 하나님의 이름으로 예언한 하나님의 주도권이다.

예수는 이 선지자 요한을 새로운 시대의 시작 또는 옛 시대의 마지막으로 여기는가? 누가는 예수를 이전 시대에 놓는 반면 마태는 예수를 새로운 시대에 놓는다고 일부 학자들은 주장한다.[41] 그러나 큄멜(Kümmel)은 그런 생각에 반대한다. 그는 누가복음 16:6에서 세례 요한을 새로운 시대를 여는 자로 지칭하고 있음을 지적한다.[42] 그러나 리델보스(Ridderbos)는 예언이 성취되는 시대는 예수가 오실 때까지 시작되지 않는 반면, 요한은 모든 곳에서 기대의 시기[43]에 속한 것으로 묘사되고 있다고 본다[44].

마태복음 11:13은 "모든 선지자와 율법이 예언한 것은 요한까지니"라고 말한다. 이 말은 요한이 올 때까지(요한을 포함) 율법과 선지자가 다가올 하나님 나라에 대해 하나님의 이름으로 예언했음을 의미한다. 이 구절은 앞의 구절과 인과관계에 놓여 있다. "세례 요한의 *때부터* 지금까지 천국은 침노를 당하나니 침노하는 자는 빼앗느니라"(마 11:12). 우리는 여기서 "세례 요한의 때"라는 말이 요한이 이스라엘에서 선지자로 자유롭게 활동하던 시기를 의미함을 알 수 있다. 요한이 잡혀가면서 그의 활동이 중지 되었을 때, 하늘 나라의 때는 압박을 받기 시작했다. 세례 요한과 예수 모두 위험에 처했다. 요한이 이스라엘 백성 가운데 선지자로 활동하는 한, 예수는 요한을 율법과 선지자의 마지막 시기에 속한 자로 간주한다(요한은 오직 마지막 때에 이르러서야 보내심을 받게 되는, 약속받은 선지자 엘리야로서 그 시기를 마무리한다). 그러나 이후 이어진 고난의 때(감옥 그리고 죽음)는 그리스도의 때와 겹친다. 그리고 요한의 고난은 하나님의 긍휼이라는 새 시대에 속한다.

누가복음 16:16은 "율법과 선지자는 요한의 때까지요(*heos* 또는 *mechri*, * 둘 다 '…까지'라는 의미의 전치사 - 감수자) 그 후부터는 하나님 나라의 복음이 전파되어 사람마다 그리로 침입하느니라"라고 말한다. 누가복음에서 동사구 "하나님 나라의 복음이 전파되어"는 또한 요한을 지칭하는 데 사용된다(눅 3:18). 그러나 "하늘 나라" 복음의 전파는 예수의 때에 이르러서야 시작된다(눅 4:43; 8:1). 그러므로 우리가 *mechri*라고 읽든 *heos*라고 읽든 아무런 차이가 없다. 두 경우 모두 요한의 사역은 "율법과 선지자의" 때 속에 포함되어 있다.

선지자로서 세례 요한은 구약의 시대 끝에 나오는 "곧이어 계속"(to be continued)이라는 표지판이다. 예수의 말은 유대인들에게는 다소 충격적이다. 그들에게 율법과 선지자는 오랜 기간 동안 완성된 책이었다. 그러나 이제 예수는 만일 이스라엘 백성이 구약의 마지막 선지자인 세례 요한의 말을 청종하지 않는다면 율법과 선지자가 닫혀있는 책으로 남게 될 것이라고 말한다. 요한은 시대의 산물이 아니다. 요한은 율법과 선지자의 마지막 나팔수이다. 요한은 사람들이 습관적으로 읽었던 성경의 마지막 말씀이다. 율법에 귀 기울이는 자는 누구든지 이 선지자가 하는 말을 조심스럽게 들어야 할 것이다(마 11:15)![45]

2.4 나사렛 예수보다 앞서 온 자

요한은 주가 오심을 알린다. 하나님은 심판자로서 문앞에 서 계신다. 선지자 세례 요한은 이스라엘 백성이 회개와 기도를 통해, 신실한 자들을 위한 죄사함과 성령을 새롭게 부어주심에 동참하게 되기를 원한다.

그러나 동시에 복음서는 세례 요한이 인간 예수에 대해 말한 것들을 포함한다. 이 말은 하나님이 오실 거라는 요한의 외침과 어떤 관계가 있을까?

린데스코그(Lindeskog)는 회개의 선지자 세례 요한이 단지 하나님이 가까이 오셨다는 것만을 알렸으며 그리스도인들이 나중에 그를 메시아의 전령으로 둔갑시켜서 끌어들였다고 주장한다. 따라서 예수는 세례 요한과 하나님 사이에 삽입된 인물이라는 추측이다.[46] 대다수 다른 학자들은 또한 종말에 대한 세례 요한의 설교와 나사렛 출신 남자의 출현 사이에서 오는 긴장을 나중에 예수 전승(the Jesus tradition)이 세례 요한을 전용한 결과의 탓으로 돌린다. 엔슬린(Enslin)에 따르면 예수는 결코 세례 요한에게 세례를 받은 적이 없다. 그리고 회개의 선지자의 사형은 예수로 하여금 마지막 때가 가까웠음을 확신하도록 만들었다.[47] 나중에 세례 요한을 자신들의 종교적 관점에 통합시킴으로써, 예수의 제자들은 아직 존재하지 않는 엘리야라는 인물을 자신들에게 제공하며, 또 그렇게 함으로써 예수에게 메시아적 알리바이를 제공한다.

뵈커(Böcher) 또한 세례 요한과 예수를 병렬적인 현상으로 본다. 요한이 예수의 선구자로, 즉 자신의 특별한 세례의식을 기독교인들에게 물려준 선구자로 "강등된" 것은 오직 나중에야 발생한 일이다.[48] 윙크(Wink)는 예수가 요한이 자신보다 앞서 길을 예비한 자임을 그의 세례를 받음으로써 깨달았을 뿐이라고 주장한다.[49] 베커(Becker)에 따르자면 세례 요한의 설교에는 메시아의 범주 그리고 하늘 나라에 대한 어떠한 개념도 없다.[50] 세례 요한이 예수의 선구자로 인정받았기 때문에 그는 나중에 예수와 합병되었고, 실제로는 요한과 관계 없는 요소들을 대표하게 되었다고 말한다.

2.4.1 하나님의 신발이 밟을 길을 예비하다

요한은 주님이 직접 오실 길을 예비하는 선지자이다. 요한 자신이 말하듯이, 이사야 40장에 호소하며 광야에서 외치는 소리는 이스라엘 백성에게 이스라엘의 목자이신 주께서 곧 나타나실 것이라고 알린다. 곧 오실 더 능력이 크신 자는 하나님 자신이시다.[51] 요한의 설교에는 이것을 가리키는 요소가 많이 있다. 요한 뒤에 오실 이는 오직 하나님께만 속한 특권, 즉 마지막 때의 심판 그리고 하나님의 성령을 주는 일 등을 행하실 것이다.[52]

그러나 요한의 주요 설교에서 이 모든 것들은 이미 인간의 특징과 결합되어 있다. 요한은 자신이 그분의 신을 들거나(마 3:11) 신발끈을 푸는 일도 감당하지 못한다고 말했다(막 1:7). 휴즈(Hughes)는 시편 60:10과 108:10 을 언급하면서 신발을 언급한 것은 또한 하나님에 대해 말할 때 적절하다고 제안한다.[53] 레이저(Reiser)는 또한 이 문단에서 시편 108:10과 병행하는 신인동형론을 본다.[54] 그러나 요한은 구체적인 용어로 말하고 있는 반면 이들 시편은 은유를 포함한다. 분명 시내산에서 모세가 자신은 하나님의 신발끈을 풀기도 감당하지 못한다고 말하는 것은 불가능했을 것이다.

하나님이 직접 오실 것이라는 알림은 신을 신는 인간 개인에 대한 암시와 쌍을 이룬다. 이 알 수 없는 조합은 그러나 세례 요한이 이미 알고 있던 것과 같은 선상에 있다. 요한이 예수에게 세례를 줄 때 분명하게 드러난 것처럼, 요한은 인간의 형태를 취하여 오실 하나님을 기다렸다. 세례 요한은 비록 하나님의 길을 예비하러 왔지만 그는 신발을 신고 있는 나사렛 출신의 한 사람을(요 1:27) 이후에 오셔서 성령으로 세례를 베푸실 자(요 1:33-34)로 지목하는 데 전혀 어려움이 없었다. 요한은 또한 자신의 제자들에게 한 남자가 자신의 뒤를 이어 올 것이라고 말했다(요 1:30).

세례 요한은 예수에 대한 이런 태도를 모친의 태중에 있는 동안 하나님께로부터 받았다. 태아였을 때 요한은 "주의 어머니"가 집에 방문했을 때 엘리사벳의 태중에서 기뻐 뛰놀았다(눅 1:41-44). 심지어 어린 아이였을 때에도 그는 부모에게서 가브리엘 천사가 마리아에게 한 약속에 대해 여러 번 들었을 것이다. "그가 큰 자가 되고 지극히 높으신 이의 아들이라 일컬어질 것이요"(눅 1:32). 그리고 아버지 사가랴가 예언 중에 아들 요한에게 이렇게 말했다. "이 아이여 네가 지극히 높으신 이의 선지자라 일컬음을 받고 주 앞에 앞서 가서 그 길을 준비하여"(눅 1:76). 사가랴는 또한 성령으로 잉태된 마리아의 아기를 생각하고 있었다. 이것은 앞서 한 말을 보면 분명하다. "우리를 위하여 구원의 뿔을 그 종 다윗의 집에 일으키셨으니" (눅 1:69).

예수가 세례를 받기 위해 요단강에 나왔을 때 요한의 구체적인 기대 또한 분명하다. 세례 요한은 *자신보다 큰 이*가 앞에 서있다는 것을 즉시 분명히 깨달았다. 이것이 바로 처음에 요한이 예수가 이런 보잘 것 없는 의식에 참여하는 것을 거부하려고 했던 이유이다 (마 3:14). 요한은 자기 앞에 서 있는 남자가 바로 "하나님에게서 난 사람"(man from God)이라는 것을 알았다 (마 1:18과 비교하라; 마리아가 성령에 의해 임신했다는 것은 이미 알려져 있었다).

나중에 요한은 제자들에게 두 번씩이나 자신이 예수를 "알지 못하였"다고 선언한다(요 1:31, 33). 그러나 이것은 요한이 예수와 그분에게 속한 약속에 대해서 아무것도 몰랐다는 의미가 아니다. 세례 요한은 단지 자신의 증언이 두 죽마고우의 친밀한 관계에 기초하는 것이 아니라고 말하고 있는 것이다. 요한은 광야에서 자랐고, 예수는 나사렛에서 성장했다. 오히려 요한의 증언은 그가 장차 오실 예수를 알리기 위해 하나님에게서 보내심을 받은 자라는 사실(요 1:31) 그리고 하늘에서 내려온 비둘기라는 형태의 확증의 표적에 근거했다(요 1:33). 예수에 대한 요한의 증거는 하늘에서 온 것이다.

그러므로 예수에게 세례를 준 후에 요한은 주저함 없이 자신의 제자들에게 자신 이후에 더 큰 자가 오실 것이며 사실 그가 이미 오셨음을 말한다(요 1:29-37). 기쁨으로 요한은 예수가 점점 커지는 것을 지켜보면서 자기는 점점 뒤로 물러나 자기 뒤에 오신 자의 그림자 속으로 사라진다 (요 3:26-30).

나중에 요한은 질문을 한다. "예수께 여짜오되 오실 그이가 당신이오니이까 우리가 다른 이를 기다리오리이까"(마 11:3). 그때 요한은 예수의 역사가 그리스도의 역사임을 계속 깨달으며, 예수를 자신보다 높으신 자로 따른다. 그러나 요한은 하나님의 심판이 아직 임하지 않았다는 사실을 받아들이기 어려워한다(자신은 이제 감옥에 있다). 그리고 아마도 자신이 예수 이외의 두 번째 인물(그리스도), 즉 이미 공표된 심판을 실행하실 누군가를 기다려야 할지 궁금해한다.[55] 그러나 요한이 자신의 제자들에게 예수께 가서 그러한 질문을 하게 했다는 사실 자체가 이미 다시 한 번 요한이 예수를 계속해서 자신 뒤에 오실 더 크신 이로 여기고 있음을 드러낸다.

요한의 설교 전체는 애초부터 요한이 하나님께서 이스라엘에게 인간의 아들로, 여자의 아들로 오실 것을 이미 알고 있었음을 분명히 밝힌다. 이스라엘 백성은 임마누엘 즉, 여인에게 태어나서 나중에 "기묘자라, 모사라, 전능하신 하나님이라, 영존하시는 아버지라, 평강의 왕"이라 불리게 될 아기에 대해 이미 이사야서를 통해 알고 있었다(사 7:14; 9:6). 요한은 가브리엘 천사가 마리아에게 어떻게 예수가 그 아이가 될 것인지를 말해준 것을 들으면서 자랐다(눅 1:32-33). 그것이 바로 요한이 신을 신고 오시는 왕, 하나님의 길을 예비하는 자로 불리는 이유다.[56]

2.4.2 하나님의 어린 양에 대한 증인

요한복음에서 세례 요한은 "증언하러 왔으니 곧 빛에 대하여 증언"하는 자로 묘사되고 있다(요 1:7; 그리고 요 1:15, 32, 34; 3:26; 5:33와 비교하라). 여기서 요한복음은 자신만의 용어를 사용한다. 그러나 그 의미는 다른 세 복음서에서 이미 묘사된 것과 전혀 다르지 않다. 요한복음 5:33에서 적대적인 유대 지도자들에게 질문을 받았을 때, 예수는 요한이 예루살렘에서 온 진상조사위원회에게 자신에 대해서 한 말을 가리킨다. 요한복음 1:18-28로 되돌아가면 이 증언의 핵심은 이사야 40장에 대한 언급과 요한이 자신은 곧 오실 자의 신들매를 풀기도 감당치 못한다고 한 언급임이 드러난다(요 1:23, 26-27). 우리가 또한 공관복음서에서 발견하는 것이 바로 이 두 가지 요소이다. 그리고 이 두 가지의 조합은 주님이 인간의 형태를 취해서 당신의 백성들 앞으로 이제 곧 오실 것이라는 사실을 분명히 드러낸다. 요한은 자신의 복음서 서문에서 좀더 폭넓게 그리고 숙고하면서 이러한 주제를 발전시킨다("말씀이 육신이 되어"). 세례 요한은 바로 이 사실에 대해서 증인이 된다(요 1:6-7:15를 보라). 네 번째 복음서의 기자는 또한 자신이 세례 요한의 제자로서 그와 가까이 지냈던 시기에 대한 몇 가지 기억을 상세히 기록하고 있다. 당시 그는 세례 요한이 예수를 곧 오실 더 큰 자로 가리키는 것을 보았다(요 1:30, 32, 34; 3:26). 그러므로 세례 요한은 하나님이 인간으로 오셨으며, 인간 예수가 바로 하나님의 아들이라는 진리에 대해 증거하는 하늘에서 보낸 증인이다(요 1:34).[57]

요한복음에서 우리는 세례 요한이 어떻게 여러 번 예수를 가리켜 "세상 죄를 지고 가는 하나님의 어린 양"이라고 했는지를 보게 된다(1:29; 1:36와 비교하라). 브라운에 따르면 여기서 어린 양은 희생제물이 아니라 정복하고 다스리는 양이다(계 5:9과 비교하라).[58] 그러나 어린 양이 다스리는 것으로 제시되는 본문은 통치 그 자체가 죽임 당하신 어린양과 같이 궁극적인 헌신 때문에 가능하게 된 것이라고 가정한다. 이것이 바로 본문을 보통 유월절 양 또는 일반적인 희생양에 대한 암시로 설명하고 있는 이유이다.[59] 세례 요한이 그리스도의 수난에 대한 복음을 이미 얼마나 알고 있었는가에 대한 질문은 잠시 제쳐두고 최소한 우리는 요단강에서 요한의 세례 의식이 이스라엘 백성들에게서, 인간이 준비하는 희생양에 대해 가졌던 모든 신뢰를 앗아갔다고 말할 수 있다. 동시에 그는 장차 하나님의 용서가 올 것을 약속했다. 그 정황 속에서 요한 뒤에 오실 예수는 분명히 어떤 식으로든 하나님께 가는 길을 열어줄 사람이다. 그는 개인적으로 전 세계를 향한 사면을 가져올 어린 양이다.

우리가 아는 한 요한은 자신의 공개적인 설교에서 이런 용어를 사용하지 않았다는 사실이 눈에 띈다. 그러나 요한은 자기 제자들과의 토론에서 분명 그 용어를 사용했다. 그러나 그것은 오직 예수가 요한에게 세례를 받은 이후였다. 요한은 곧 오실 자 예수에게 성령이 임하는 것을 보도록 허락 받게 될 것이라는 사실을 이미 하나님께로부터 듣고 알고 있었다. 그러나 분명 요한은 예수가 요단강에서 세례를 받은 이후 그런 일이 일어나는 것을 볼 준비가 되어 있지 않았다. 이 일은 세례 요한에게도 충격적인 경험이었다. 그러나 그 일은 요한에게 "의로운 길"에 대해 무엇인가를 가르쳐주었다. 분명 예수는 "이제 허락하라 우리가 이와 같이 하여 모든 의를 이루는 것이 합당하니라"라고 말씀한다(마 3:15). 요한보다 훨씬 높은 예수의 길은 낮아짐을 겪어야 한다. 이러한 교훈 후에 세례 요한은 또한 "하나님의 어린 양"이라는 이름을 더 능력이 많으신 이에게 붙였다. 사자가 양으로 온다. 이것이 바로 그가 용서를 가져오는 방법이다. 이 시점에서 세례 요한은 분명 곧 닥칠 고난과 죽음에 대해 온전하게 또는 완전하게 이해하고 있지 못했다 하더라도, 말씀이 육신이 된 것뿐만 아니라 또한 그분이 겸손 가운데, 세례 요한이 비난한 바로 그 사람들을 섬기러 오셨다는 사실을 분명하게 알고 있었다.

요한복음은 세례 요한의 공적 사역의 특징을 간략하게 설명해준다. 요한은 육신으로 오신 하나님의 증인이다. 그리고 요한복음은, 예수가 받기 원하신 세례를 통해, 세례 요한이 자신 뒤에 오실 더 능력이 많으신 자의 겸손을 제자들에게 강조하는 법을 어떻게 배웠는지를 설명함으로써 다른 세 복음서를 보완한다. - 하나님의 '어린양'이 오셨다!

2.4.3 죽음에 있어서 선구자

요한의 설교가 적대적 세력에 의해 다소 억눌려버렸다는 느낌이 든다. 요단강에서 세례 의식을 행함으로 사람들에게 상징적인 죽음을 경험하게 했던 요한은 헤롯 안디바의 감옥에서 실제로 죽임을 당한다. 헤로디아와

살로메의 접시에 담긴 피 묻은 요한의 머리 장면은 세례 요한의 대단한 사역에 있어서 실망스런 결말처럼 다가올지 모른다. 이 사건은 세례 요한이 행한 사역의 신뢰성을 갉아먹지 않는가?

그러나 예수 자신은 요한이 무력해지고, 굴욕을 당하고, 죽임을 당할 때 아무런 행동을 취하지 않으신다. 당시 예수는 자신의 엄청난 능력을 이스라엘 전역에서 보여주고 계셨음에도 불구하고 세례 요한의 운명에 대해 항거조차 하지 않는다. 그것은 마치 예수가 보기에는 이 선구자에게 어떤 이상한 일도 일어나지 않았던 것과 같은 그런 상황이다.

심지어 예수는 세례 요한에 대한 폭력이 하늘나라 방식의 전형이라고까지 말했다. 유대민족의 지도자들은 이미 예수를 죽이기로 계획하고 있었다. 그들은 요한 다음에 온 예수에게 헤롯이 세례 요한에게 했던 것과 동일한 일을 하고자 했다. 하늘 나라에 대한 겸손한 소개는 그것을 공격받기 쉽게 했고 또한 그것이 폭력의 손아귀에 들어가도록 했다(마 11:12). 그러나 이것이 하나님의 의도는 아니다. 그들이 앞서 소식을 가지고 온 자도 살려두지 않았던 것처럼, 그 아들도 그렇게 할 것이다(마 17:12; 21:33-46). 그러므로 세례 요한은 감옥에 갇혀 죽음을 통해서 자신 이후에 오신 이가 걸을 길에 대해서도 말없는 증인이 된다. 선구자로서의 요한의 역할은 무자비한 죽음을 포함한다. 예수는 더 능력이 많으신 자, 다시 살아나신 자, 세상의 죄를 짊어지고 심판을 행하시는 자, 그리고 사람들에게 성령을 물 붓듯 채워주시는 자로서 세례 요한을 뒤따른다. 바울이 그리스도의 포로로서 이 세상 교회의 운명의 전조가 되었던 것처럼 요한도 죽음에 빠져드는 길로서의 요단강물에 완전히 몸을 담금으로써 그리스도의 길을 상징하는 기호가 된다.[60]

2.5 지극히 높으신 자의 선지자

예수가 기원후 30년경 유대사람들 사이에서 공생애를 시작할 때, 그는 특별한 조명을 받으며 무대에 서 있었다. 요단강 가까이에서 광야의 선지자가 행한 최근까지의 사역은 이스라엘 백성들 사이에 새롭고 특별한 기대, 그 때까지 유대 종교 세계에는 알려지지 않았던 새로운 기대를 자극했다. 이 사실은 역사적 배경 속에서 복음서를 적절하게 설명하는 데 있어서 매우 큰 중요성을 지닌다.

2.5.1 계속되는 요한의 중요성

기원 1세기 이전부터 1세기말까지의 유대교에 대한 훌륭한 책들이 많이 있다. 그러나 예수의 사역기간 동안의 독특한 일면들에 대한 논의가 자주 빠져 있다. 주후 약 27년 이후부터 많은 유대인들이 요단강에서 세례를 받았는데 그것은 당시 이스라엘 백성들에게는 매우 혼란스러운 일이었다. 그들의 확신이 흔들렸다. 확실성이 무너지기 시작했다. 엄청난 기대감이 일어났다. 사람들은 인간의 형체로 오시는 주님의 현현을 기대하기 시작했다.

결과적으로 복음서의 종교 역사적 정황을 단지 "종말론적 영성", "에센공동체", "일반적 신앙 대(vs.) 세속화된 지도자들" 등의 일반적인 유대적 범주의 관점에서만 연구하는 것은 매우 부적절하다. 예수의 사역에 대한 가장 직접적인 종교 역사적 정황은 랍비문서나 위경에서 찾을 수 없다. 요한의 시대에 일어난 짧지만 강렬했던 부흥은 거기에 아무런 흔적을 남기지 않았다. 게다가 그것은 예수에 대한 거부감을 고려했을 때 놀라운 일이 아니다. 더 놀라운 사실은 신약시대와 가장 가까운 유대문서, 즉 요세푸스의 글을 살펴보면, 세례 요한이 남긴 엄청난 영향에 대해 신뢰할 만한 보고를 발견할 수 있다는 것이다. 비그리스도인으로서 요세푸스는 이를 간략하게 묘사했을 뿐이다. 그리스도 예수를 인정하지 않는 유대인인 그에게는 이곳은 이미 결론이 난 장이다. 그러나 심지어 여기에서도 우리는 요한의 사역이 남긴 자취를 발견한다.

주후 30년경에 새로운 현상으로서 전파되던 복음의 배경을 설명하려는 모든 시도는 반드시 '그 당시'에 초점을 맞추어야 한다. 우리는 초기 몇 세기라는 좀더 넓은 지평선에 관심을 기울임을 통해 그 당시의 특별한 일들을 시야에서 놓쳐서는 안 된다. 간단히 말해서, 주의 깊은 역사적 재구성을 위해서는 복음이 등장한 정확한 시기에 대한 좀더 상세한 묘사가 필요하다.

2.5.2 구약의 초점

예수 그리스도의 복음을 설명하는데 있어서 유대적 배경뿐만 아니라 구약의 배경 또한 중요한 역할을 한다. 그러나 이제 우리는 휘브너(Hübner)가 자세하게 논한 어떤 문제에 직면한다.[61] 전체적으로 구약은 결국 신약으로 이어지지 않는가? 신약에서도 구약에서 인용한 일부를 증거로 사용하지 않는가?

휘브너는 우리가 구약으로부터 출발하여, 발전(그리고 재해석)의 길을 통과하고, 결국 신약에서 끝내고자 하는(이것은 지나친 연속성을 암시하게 될 것이다) 그런 욕망을 피해야 한다고 말한다. 오히려 우리는 과거로 거슬러 올라가는 인용문과 신약 저자들의 해석을 분석함으로써 "신약 내의 구약"이 "있는 그대로의 구약"과 어떤 관계를 맺고 있는지를 알아내야 한다. 그러나 이것이 제기하는 문제점은 세례 요한의 사역을 설명하지 않고서는 논할 수 없다. 예수 자신은 요한을 율법과 선지자 시대의 마지막 선지자라고 불렀다. 곧 오게 될 엘리야로서, 세례 요한은 구약 안에 있으며 그리고 여전히 구약에 속한다. 왜냐하면 요한은 과거의 엘리야처럼 글을 쓰는 선지자가 아니라 신약의 문턱에서 임박한 마지막 말씀을 갖고 서있는 자이기 때문에 우리는 종종 왜곡된 관점을 갖게 된다. 구약(말라기를 포함해서)과 예수의 설교 사이에 엄청난 격차가 생길 위험이 있다. 우리는 구약의 배경이 세례 요한까지를 포함해서 확장되는 쪽을 주장해야 한다. 그러면 우리는 세례 요한이 초점렌즈의 역할을 하고 있는 것을 발견하게 된다. 구약에서의 다양한 선들을 개별적으로 바라보면 반드시 모두 예수에게로 이어지지는 않는다. 하지만 그 선들은 이제 새로이 굴절되어 인간의 형태로 오시는 더 능력 있는 자에 대한 기대라는 하나의 초점으로 모아진다. 율법과 선지자들 속에 아직도 존재하고 있는 개방성, 미래에 대한 많은 다양한 기대들을 가진 유대교를 만들어낸 개방성은 이제 광야에서 요한에게 임한 하나님의 말씀을 통해 보충되며 좀더 구체적인 인물에 대한 기대로 그 초점이 모아진다.

야훼에 대한 구약의 마지막 선지자를 고려하지 않은 채, 구약과 신약의 관계에 대해서 논하려고 할 때마다 우리는 필수적인 연결선을 끊게 된다. 모세에서 말라기까지의 선지자 계보를 넘어서서 그 이상을 보지 않는다면, 우리는 구약 언약의 가장 위대한 선지자를 간과하게 된다. 구약 끝부분에, 즉 네 명의 대선지자와 열두 명의 소선지자 이후에, 그들보다 더 위대한 한 명의 선지자를 위한 공간을 만들어야 한다는 생각에 대해서는 심리학적으로 할 말이 많을 것이다. 하지만 그런 공간이 있다면, 복음서의 내용에서 발췌한 그의 말들이 거기에 요약되어 실릴 수 있을 것이다. 누가는 이미 서문을 작성했다: "디베료 황제가 통치한 지 열다섯 해 곧 본디오 빌라도가 유대의 총독으로, 헤롯이 갈릴리의 분봉 왕으로, … 안나스와 가야바가 대제사장으로 있을 때에 하나님의 말씀이 빈 들에서 사가랴의 아들 요한에게 임한지라"(눅 3:1-2). 계시 역사와 정경에 대한 균형 잡힌 시각을 얻기 위해서는 구약의 잊혀진 선지자인 세례 요한을 그에 합당한 요한만의 고유한 자리로 회복시켜야 한다.

2.5.3 "그리고 요한이 그의 선지자다!"

유대교, 기독교, 이슬람이라는 세 가지 중요한 책의 종교가 있다. 세 종교 모두 모세의 위대한 가치를 인정한다. 그러나 유대교는 예수를 하나님의 아들이라고 고백함으로써 일신교를 위협한다고 기독교를 비난하고, 이슬람도 동일하게 비판한다. 유대인들은 모세를 중심으로 뭉치는 반면 이슬람은 위대한 선지자 모하메드를 중심으로 움직인다. 이 두 종교는 선지자들에 대하여 의견의 차이가 있다. 두 종교와 기독교 사이에는 나사렛 예수라는 한 사람을 "선지자 그 이상"으로, 참 하나님, 임마누엘로 인정할 것인가를 놓고 의견의 차이가 있다.[62]

그러나 예수는 무슨 권리로 자신을 모세나 모하메드보다 높은 자로 여기는가? 감히 인간이 자신을 하나님과 동등하게 여기는 것인가? 야훼의 모세, 알라의 모하메드와 같이 예수에게는 선지자가 없지 않은가?

이 질문에 대한 대답이 바로 세례 요한이다. 예수는 위대하며(눅 1:32) 요한은 예수의 선지자다(눅 1:76)! 나중의 비기독교 유대인과 그리고 훨씬 나중의 무슬림들과 비교해 볼 때 기독교의 정당성은 하나님이 보내신 가장 위대한 선지자의 증언에서 발견할 수 있다. 유대교 그리고 이슬람교에 맞서 기독교라는 종교는 기독교의 선지자, 즉 광야의 요한을 더 많이 가리켜야 한다. 비록 요한이 유대 역사에서 기독교 이전 시대에 속하며 동시에 코란은 선지자 요한에게 경의를 표하지만(물론 세례자나 또는 하나님의 아들의 증인으로서가 아니라), 유대인이 요한을 자신들의 기억에서 지운 것은 절대 우연이 아니다(*Sura* 3:38-41; 6:85; 19:2-15; 21:90).

예수 자신은 세례 요한의 증언에 호소한다(요 5:31-47). 예수는 "자기 자신의 이름으로"오지 않는다. - 예수의 신임장에 싸인을 한 것은 모세와 세례 요한이다. 기독교 신학은 세례 요한이 없이는 기능하지 않다. 그리고 기독교 변증학도 세례 요한으로부터 시작해야 한다.

제3장
이스라엘에서의 하나님의 사역

Jesus the Son of God

Chapter 03

이스라엘에서의 하나님의 사역

제3 장에서는 예수가 자신을 이스라엘에게 드러낸 방식, 특히 처음 공생애를 시작했을 때 자신을 드러낸 방식에 관해 살펴볼 것이다. 우리는 예수가 처음에 설교와 행위를 통해 자신을 어떻게 드러냈는지를 알아본다. 예수가 나중에 보여준 말과 행동에는 예수 주위 사람들의 태도에 대한 반응이었을 뿐이라고 밖에는 이해할 수 없는 요소들이 포함되어 있다. 예를 들자면 비유를 통한 말씀이나 또는 믿지 않는 지도자들에 대한 맹렬한 비난 등이 그렇다.

우리는 하늘나라에 대한 예수의 설교(3.1을 보라), 많은 이들을 치유하신 것, 그리고 자연에 대한 예수의 능력에 대해 논할 것이다. 인간 예수가 "하나님의 일"을 하실 때, 그것은 자기 유익을 위한 것이 아니라 오히려 이스라엘 백성을 위해 자신을 부인한 것이었다(3.4).

한 번은 예수가 직접 자신의 사역에 대하여 다음과 같이 말씀하셨다. "내게는 요한의 증거보다 더 큰 증거가 있으니 아버지께서 내게 주사 이루게 하시는 역사 곧 내가 하는 그 역사가 아버지께서 나를 보내신 것을 나를 위하여 증언하는 것이요"(요 5:36; 이것을 10:25과 비교하라). 예수는 "하나님이 하시는 일"을 보여준다(요 9:3; 이를 10:32, 37-38; 14:10와 비교하라). 그러므로 이와 같은 말씀들이 바로 그분의 사역에 대한 적절한 특징이라고 할 수 있다.

3.1 하나님 나라에 대한 복음

3.1.1. 복음서의 중심 주제?

지난 150여 년 동안 복음서에 나오는 하나님 나라라는 주제에 대해 큰 관심이 주어졌다. 반면에 예수의 생애, 그리스도의 속성, 그리고 그의 죽음이 지닌 속죄의 성격과 같은 다른 주제들에 대해서는 관심이 점점 줄어들었다. 그것들은 고대교회와 종교개혁시대에는 핵심적인 관심사였지만 현대 신약신학에서는 그 중요성이 상당히 줄어들었다. 즉 그리스도에 대한 교리(doctrine about Christ)에서 예수의 가르침(teaching of Jesus)으로 문제의 초점이 옮겨진 것이다.

이런 변화와 동반하여 예수에 대한, 그의 시대의 유대교의 틀 안에서의, 종교역사적 강조가 나타났다. 예수의 사역이 하나님 나라에 대한 일반적인 기대라는 정황 속에서 이루어졌다면, 예수는 동시대 사람들에게 자신만의 독특한 어떤 사상들을 전파했는가?

일부 학자들에 따르자면 하늘나라에 대한 예수의 가르침은 당시 대다수의 유대인들에게 있던 현세적인, 그리고 국수주의적인 기대와는 정면으로 충돌하는 것이었다. 특히 19세기에 이르러 예수는 영적인 또는 내적인 새로운 하나님 나라를 전하는 설교자로 간주되었다.[1] 다른 학자들에 따르자면 예수의 가르침이 지닌 중요성은 하늘나라에 대한 유대인의 일반적인 묵시론적 기대감에 초점을 두었다는 데 있다. 예수는 그렇게 함으로써 바로 그 가르침을 듣는 사람들이 살던 시대에 종말론적 긴장을 가져왔다. 20세기 전반부에 많은 사람들은 예수를 종말론적 차원에서 결단을 내리도록 사람들을 초대한 인물로 보았다. 실제로 예수가 하나님 나라를 임박한 실체로 보았는지[2], 실현된 것으로 여겼는지[3], 또는 실현되고 있는 중으로 여겼는지[4], 아니면 완료된 동시에 또한 실현되는 과정 중에 있는 것으로 보았는지를[5] 중심으로 학술적인 논의가 전개되었다.

사람들이 예수가 전한 가르침의 핵심을 곧 오실 하나님 나라에 대한 그의 설교에서 찾으려 했다는 것은 당연한 일이다. 하나님 나라 또는 하늘나라라는 어구는 복음서에서 매우 자주 등장한다. 또한 사람들이 "하나님 나라"에 대한 배경을 당시 유대교 안에서 찾으려 했다는 것도 이해할 만하다. 그리고 예수가 이런 어구를 사용할 때 그에 대한 설명을 거의 하지 않은 것도 놀랄 만한 일이다. 분명 예수는 자신의 설교를 듣고 있는 이들이 이미 자신이 말하고자 하는 것의 개념을 알고 있으며 그 주제에 대해서 단지 좀더 심화된 가르침만 주어지면 될 것이라고 가정하신다.

그러나 그리스도 이전의 수백 년 동안 유대교에서는 하늘나라에 대한 잘 정의되고 보편적으로 받아들여진 교리가 없었다는 사실이 여러 번 증명되었다. 우리가 발견하는 것은, 선지자들에 의해 영감을 받은, 위대한 미래에 대한 모든 종류의 기대들이다. 그 때가 되면 하나님이 지상을 다스리시고 모든 불의와 죄악이 사라질 것이다("앞으로 올 시대"[the age to come]). 그러나 유대교의 세계에서 하나님 나라가 중심 주제였다는 사실을 암시할 만한 근거는 아무것도 없다. 예레미아스는 하늘나라에 대한 예수의 말씀은 예수 자신의 창조적 언어 능력에서 나온 창조적 산물이라고 주장한다.[6]

그러나 예수가 사역을 시작하기 직전에 세례 요한이 가져온 기대감이 팽배했던 분위기를 기억하지 못한다면, 예수가 '하나님 나라'라는 용어를 사용한 정확한 배경은 짚어낼 수가 없다.[7]

3.1.2. 세례 요한과 하나님 나라

우리는 복음서에서 하늘나라라는 용어가 세례 요한과 관련하여 단 한 번만 등장하는 것을 본다. 그것은 세례 요한의 설교에 대한 마태의 요약

에 등장한다: "회개하라 천국이 가까웠느니라"(마 3:2).

회개는 요한이 전한 설교의 핵심 주제였다. 그는 새로운 주제(하나님 나라)를 소개하는 것이 아니다; 오히려 그는 사람들에게 맹렬하게 주장을 한다. 왜냐하면 주님께서 심판과 성령세례와 함께 임하실 것이기 때문이다. 이사야와 말라기의 약속이 곧 성취될 것이다. 사람들로 하여금 곧 오실 주님을 예비하게 하라. 신속하게 그리고 믿음 안에서!

요한의 설교는 하나님이 오신다는 예언이 성취되면 새로운 시대, 즉 선지자들이 이전에 예언했고, "하늘나라"(*basileia toōn ouranōn*) 또는 "하나님의 나라"(*basileia tou theou*)라고 묘사될 수 있는 것이 또한 밝아올 것임을 암시한다. 이것은 새로운 세계 질서이다. 지금 열방은 사탄의 손아귀에 있다(눅 4:5-6과 비교하라). 그러나 곧 그 시대는 막을 내릴 것이다. 주님이 통치하실 것이고, 그의 통치는 세상을 새롭게 할 것이다. 회개하기를 거부하는 모든 이들은 날려가는 겨처럼 사라질 것이나 신실한 자들은 성령의 충만을 받을 것이다.

세례 요한은 이런 하늘나라에 대해 상세하게 설명하지 않는다. 요한은 전령이고, 요한이 할 일은 사람들에게 하나님이 오실 것을 예비하도록 하는 것이었다. 그러나 마태복음 3:2의 표현은 하나님의 오심은 기대했던 화평의 나라의 성취가 될 것임을 암시한다.

우리가 구약에서 실제로 하나님의 나라라는 용어를 발견하지는 못하지만, 그 개념은 구약에 존재한다. 우리는 미래와 관련해 구약성경이 하나님의 통치에 대해 뭐라고 말하는지 주의를 기울여야 한다. 온 세상에 대한 창조주의 영원한 왕권에 대해서 구약이 수없이 말하고 있지만, 사실 이것이 '하나님의 나라'라는 용어와 관련된 것은 아니다.

1. 창조주로서 하나님의 왕권은 영원하기 때문에 "곧 오실" 또는 "임박한" 등으로 묘사할 수 없다.

2. 희랍어 '바실레이아(*basileia*)'는 히브리어 '*malkut*'[8]와 마찬가지로 왕의 통치와 왕의 영역을 모두 의미한다. 이 의미들은 바실레이아의 두 가지 서로 다른 측면들을 반영하지만 상호배타적인 것은 아니다. 바실레이아라는 단어는 "왕권"(kingship; 이것은 그 신분의 인정과는 별개로 존재한다)을 나타내는 추상적인 단어가 아니다; 그것은 오히려 "왕의 지배"(kingly dominion; 어떤 특정 지역에서 인정되고 행사되고 있는 왕의 힘)에 대한 구체적인 언급이다.
3. "왕국(kingdom)으로 들어가다", "왕국을 유업으로 받다" 또는 "인자의 왕국" 등의 표현은 하늘과 땅에 대한 하나님의 영원한 통치와 연결시키기 어렵다. (머클린[Merklein]은 '왕권'(kingship)의 의미를 그 어떤 '왕국'(kingdom)에 대한 개념과도 분리시킨 채 유지할 수 있었다. 하지만 그것은 '바실레이아'를 시간 및 공간의 개념과 연관시킨 예수의 모든 언급들을 후대 교회공동체의 이차적 창작물로 보고 거부할 때에만 가능했다.)[9]
4. 지금 전파되고 있는 것이 왕(*basileus*)의 오심이 아니라 하나님의 나라의 오심이라는 사실은 특기할 만하다. 예레미아스는 *malkuta*(하나님의 나라)가 하나님을 묘사하는 방법으로서 이미 1세기경에 존재했으며, 그러므로 "하나님의 나라가 가까이 왔다"라는 표현은 "하나님이 가까이 왔다"라는 표현과 동일하다고 암시한다.[10] 그러나 "하나님의(of God)" 또는 "하늘의(of heaven)"의 추가는 이 주장과 충돌한다. 왕국(kingdom)은 하나님 자신과 구별된다. 따라서 이 단어는 그 안에 있는 모든 것들이 그에게 복종하는 그의 '왕국'(kingdom)을 지칭하는 것이어야 한다.
5. "하나님의 나라(kingdom of God)" 그리고 "하늘나라(kingdom of heaven)"가 나란히 나타난다. 비록 후자는 마태복음에만 나오지만 그것을 하나님의 이름을 사용하지 않고 다른 말로 표현하기

위한 시도로 볼 수는 없다. 마태는 야훼(*Yahweh*) 대신 *ho theos*라는 표현을 자주 사용한다. 심지어 예수가 한 말에서도 사용한다. 또한 가끔씩 "하나님의 나라"라는 표현도 사용한다(마 12:28; 19:24; 21:31; 43). 분명 이것들은 "하나님의"라는 용어의 의미에 대해 우리에게 단서를 제공하는 동의어적 표현들이다. 그것은 다가오고 있는 지상의 왕국들이나 권세의 영역들 중의 하나가 아니라 세상을 취하기 위해 위로부터 오신 권세의 영역이다. 하나님의 나라는 세상의 나라와 대척점에 있다. 세상의 나라가 영토(territory) 또는 영역(domain)이 있고, 천국도 영역이 있는 것처럼, 하나님의 나라에도 영역이 있다. 앗수르, 바빌론, 로마와 같은 나라 이후에 위로부터 하나님의 나라가 온다. 그것은 만군의 여호와(Lord of Hosts)께서 거하시고 통치하시는 보이지 않는 나라이다. "하나님의" 나라는 창조주로서의 하나님의 영원한 지배를 말하는 것이 아니라 그분의 권위가 힘을 발휘하는 구속된 영역을 말한다.

구약에는 창조주로서 하나님의 영원한 왕권에 대한 언급뿐만 아니라 곧 오실 주님 ("주의 날"), 하나님의 나라의 오심 그리고 왕의 오심에 대한 약속이 또한 담겨 있다.[11] 우리는 특별히 다니엘의 예언을 기억한다.

다니엘은 유다 왕국과 다윗 왕조가 정복당했을 때 살았던 인물이다. 더 이상 다윗 왕조에는 기름부음을 받은 왕이 없었다. 당시 강대국이었던 앗수르와 바빌론이 거의 모든 것을 지배했을 때, 다니엘은 이들 열강들이 종국에는 하늘에서 올 새로운 나라에게 패배할 것이라는 약속을 다양한 형태로 받았다. 하나님이 그 나라를 세우실 것이다. 그 나라는 영원이 설 것이며 다른 모든 나라들을 멸망시킬 것이다(단 2:44). 이 영원한 나라는 인자에게 주어질 것인데, 그는 하늘 구름을 타고 와서 하나님의 임재 안에 거할 것이다(단 7:11-14). 지극히 거룩한 이가 기름부음을 받고, 통치자가 될 것이다(단 9:24-26; cf. 24절의 NIV 난외주). 그 일은 여전히 먼 미래에 일어날 것이지만 하나님은 반드시 그 일을 성취하실 것이다(단 12:8-13).

다니엘서에서 이렇게 약속들을 제시한 것은 미래에 대한 약속이라는 기나긴 역사를 배경으로 한다. 이스라엘이라는 하나님 백성의 역사를 통해, 하나님이 더 좋은 나라로 그들을 인도하여 줄 것이라는 사실이 점점 더 분명해진다. 이스라엘 백성이 원했던 사울이라는 왕 대신에 하나님의 마음을 좇았던 다윗이 왕위를 차지한다. 그리고 다윗은 마침내 영원히 왕좌를 차지할 위대한 계승자에 대한 약속을 받는다. 다윗의 가문에 준 이러한 약속 안에서 우리는 아브라함과 그의 자손들에게 준 약속들이 좀더 구체적으로 초점이 모아지는 것을 발견한다. 하나님은 아브라함을 통해 열방을 축복할 것이라는 약속을 주셨다. 그러한 축복으로 가는 경로는 다윗의 가문을 통해 흐르는 것 같다. 그리고 아브라함에게 준 이러한 약속들 뒤에는 더 오래된 약속들이 있다. 아담과 이브의 타락 이후 곧바로 여인에게서 태어난 아이가 뱀의 머리를 밟을 것이라는 약속이 주어진다. 에덴 동산에서의 이 약속으로부터 시작하여, 아브라함의 자손에게 좀더 구체적으로 초점이 맞춰지고, 그것은 다윗의 가문으로 더욱 구체적으로 좁혀지며, 다니엘에게 주어진 약속에 이르러서 더 구체화된다. - 다니엘의 시대는 아브라함의 백성과 다윗의 가문이 끊어진 것처럼 보였을 때이다. 궁극적으로 열방을 위해 약속된 미래는, 하나님으로부터 영원한 왕국을 받는 인자(거룩한 자)를 통해 보장될 것이다. 유대 묵시문헌에서 우리는 이러한 예언들 위에 수놓여진 미래에 관한 온갖 기대들을 발견하게 된다. 비록 정확하고 통일된 계획은 없지만 하나님이 이스라엘에게 주셨고, 다시 이스라엘을 통해 온 열방에게 주신 미래에 대한 기대는 널리 퍼져 있다.

세례 요한이 "하늘나라"에 대해 말할 때, 요한은 그것을 구약에 나오는 약속들 그리고 이들 약속에 뿌리내린, 백성들 사이에 있는 기대와 연결한다. 요한이 독특하게 덧붙인 것은 이제 곧 하나님의 약속이 성취될 것이며 따라서 지금은 회개해야 할 때라는 사실을 모든 사람에게 알린 것이다.

요약하자면, 우리가 말할 수 있는 것은 세례 요한은 '하늘나라'(*basileia tōn ouranōn*)라는 용어를 곧 오실 주님에 대한 설교의 필연적인 결과로 사용했다는 것과, 그러한 오심이 하늘과 땅의 새 질서에 대한 기대를 어떻게 현실로 만들 것인지를 지적했다는 것이다.

요한의 설교에서 '하늘나라'라는 용어는 세상적인 또는 민족적인 국가에 대한 기대거부에 의해 영감을 받은 것이 아니다. 요한이 한 말에는 그런 대조를 한 흔적이 전혀 없다. 요한의 설교를 듣는 자들에게는 곧 오게 될 하늘나라가 로마 제국을 쫓아내는 것과 같은 세상적이고 인간적인 행위와는 관련이 없다는 것이 자명했기 때문이다. 오히려 그것은 주님 자신이 이 땅에 오실 것이라는 사실과 관련이 있었다. 하늘나라가 약 1세기 전까지 있었던 하스모니안(Hasmoneans) 치하의 짧았던 왕정 기간과 같은 유대 왕국의 회복과는 전혀 다르며 그 이상의 것이라는 사실을 따로 설명할 필요가 없었다.

요한이 사용한 "하나님의 나라"라는 용어의 의미 역시 유대의 묵시적 집단 사이에 있었던 종말론적 열정에 의해 결정된 것이 아니라 곧 오실 인자에 대해 하나님이 구체적으로 명하신 선포에 의해 정해졌다. 하늘나라에 대한 요한의 설교가 뿌리내린 토양은 묵시적 집단이 아니라 하나님의 주도권과 그의 천사 가브리엘의 가르침들 속에서 찾을 수 있다.

3.1.3 하나님의 나라에 대한 예수의 설교

예수의 설교는 세례 요한의 설교와 일관성이 있다. 이 사실은 마태복음에서 매우 분명하게 드러난다. 하나님의 나라에 대한 요한의 선포는(마 3:2) 이후 예수에게 이어진다(마 4:17): "회개하라 천국이 가까이 왔느니라". 마가 또한 예수의 초기 설교를 기록하고 있다. "때가 찼고 하나님의 나라가 가까이 왔으니 회개하고 복음을 믿으라"(막 1:15). 누가복음은 그 용어를 그대로 사용하지는 않지만 누가는 처음부터 예수가 자신의 사역을 하나님의 나라의 실제적 내용("주의 은혜의 해를 전파하게 하려 하심이라," 눅 4:18-21)을 묘사하는 이사야 61장의 성취로 간주했음을 보여주고 있다. 그리고 요한복음에서 우리는 세례 요한이 붙잡히기 전에 예수가 어떻게 하나님의 나라에 대한 요한의 설교에 동참했는지를 보게 된다. 예수는 니고데모에게 거듭남이 없이는 아무도 하나님의 나라를 볼 수 없을 것이라고 말한다(요 3:3, 5).

그러므로 언뜻 보면 세례 요한과 예수님의 설교에는 전혀 차이가 없는 것 같다. 그럼에도 불구하고 당시 주의 깊은 자들은 둘 사이의 뚜렷한 차이를 눈치챘을 것이다. 요한은 다가올 하나님의 나라를 앞으로 오실 더 큰 권능이 있는 분에 대한 선포와 연관지었다. 그런데 이러한 선포가 예수의 설교에는 빠져 있다. 거기 있는 것은 오직 하나님의 나라가 가까이 왔다는 소식뿐이다. 경외감을 불러일으키는 세례 요한의 설교에 대한 이런 생략은 매우 놀랍고 중요했을 것이다. 요한은 말했다: "어떤 이가 오실 것이며, 그분의 오심으로 말미암아 하늘나라가 임할 것이다". 그러나 이제 바로 그분이 이곳에 오셔서 말씀하신다: "하늘나라가 가까이 왔다." 능력이 더 많은 이가 곧 오실 것이라는 주제에 대해서는 더 이상 할 말이 없음이 분명하다. 요한의 주제를 계속 이어가시는 나사렛에서 오신 이, 바로 그 *자신*이 더 능력이 크신 자이며, 그가 오심은 하늘나라의 임박성과 밀접한 관계가 있음이 분명히 드러난다.

단 하나의 본문에서 우리는 세례 요한이 "여러 가지로 권하여 백성에게 좋은 소식을 전하였"다는 사실을 알게 된다(눅 3:18). 그러나 이 좋은 소식은 곧 오실 자에 대한 선포로 이루어졌다(눅 3:15-17과 비교하라). 예수는 하나님의 나라를 단지 좋은 소식으로 전한다(막 1:15; 눅 4:18,

43). 하늘나라는 요한 *이후에*, 그리고 예수와는 그와 *함께* 온다. 세례 요한의 이전 설교를 언급하는 틀 안에서 주어진, 하늘나라에 관한 예수의 설교는 예수 자신이 곧 오실 것이라고 알려진 하나님이라는 사실을 암시하고 있다. 여기서 우리가 보는 것은 간접적인 그러나 강력한 자기 계시이다.

원칙적으로 하늘나라의 임박성에 대한 예수의 설교는 문제가 되지 않는다. 하늘나라는 왕과 함께 오기 때문이다. 예수는 질병과 죄, 그리고 죽음을 쫓아냄으로써 일을 시작한다(3.2를 보라). 그러나 "가까이"라는 단어는 한 번도 "현존하는" 또는 "지금의"라는 말로 바뀌지 않는다. 나중에 열두 사도를 보낼 때, 예수는 또한 그들에게도 이스라엘에게 "천국이 가까이 왔다"라고 전하라고 말한다(마 10:7). 그것은 여전히 선포되어야 할 어떤 것이다(눅 9:2). 제자들은 하늘나라가 임할 것을 대비해 어떻게 기도해야 하는지를 배운다(마 6:10; 눅 11:3). 그리고 예수의 지상 설교가 끝날 때까지 우리는 하늘나라가 "상속", "들어가다" 등과 같은 미래지향적인 용어와 함께 언급된다는 사실을 알게 된다(마 25:34; 눅 19:11).

예수의 설교에서 '가까이'라는 단어가 이렇게 계속 사용된 것은 예수 자신이 바로 요한이 전한, 하나님의 나라와 함께 올 더 능력이 크신 분이라는 주장과 들어맞지 않는 것처럼 보인다. 바로 여기가 세례 요한 자신이 질문한 지점이다(마 11장). 만약 예수가 곧 오실 자라면, 바로 지금이 심판과 함께 하나님의 나라를 세우고 하늘과 땅을 새롭게 해야 할 때가 아닌가? 그 심판의 손은 어디에 있는가? 심판의 불은 어디에 있는가? 하나님의 백성이 성령과 함께 온 세상을 뒤덮는 사건은 어디에 있는가? 우리가 알 수 없는 수수께끼는 예수가 하늘나라를 기대한다거나, 또는 예수가 천국이 곧 임할 것이라고 전파한다는 사실이 아니라, 예수가 도무지 오고 있는 것 같지 않은 "하나님의 나라의 임함"을 계속해서 주장한다는 사실이다.

세례 요한의 질문에 대한 예수의 답변은 예수의 가르침이 주로 사람들로 하여금 하늘나라가 어떻게 오는지 그리고 어떻게 그 안에 들어가는지를 알게 해 주는 것이라는 사실을 보여준다. 예수는 먼저 자신이 행하는 수많은 표적과 기적에 대해 언급한다. 그것들이 예수에게 권위를 부여한다. 그리고 나서 예수는 심오한 말을 한다. "누구든지 나로 말미암아 실족하지 아니하는 자는 복이 있도다"(마 11:6). 위엄과 겸손을 동시에 지닌 예수를 받아들이는 자는 행복하다. 하늘나라의 임박성은 단지 연기된 것이 아니다. 하늘나라는 지금으로서는 닿을 수도 없고 아무런 영향도 끼치지 못한다는 의미가 아니다. 오히려 하늘나라는 바로 지금 닿을 수 있는 곳에 있다. 그러나 하나님의 나라는 힘으로 세상을 제압하지 않는다. 왕은 이 세상의 시민들에게 믿음을 통해 자기의 나라 안으로 들어올 수 있는 권리를 준다. 이것이 바로 예수의 사역 방식이 진정으로 복음, 즉 좋은 소식인 이유이다. 요한은 단지 하늘나라가 임박했다는 말만 할 수 있었을 뿐이지만, 예수는 바로 그 입장권을 나눠주고 계신다. 예수는 천국 문을 열고, 사람들을 안으로 초대하기 시작한다. 예수 자신이 바로 그 문이다. 예수가 바로 누가 하늘나라를 유업으로 받을지를 결정하는 분이다. 하늘나라와의 거리는 바로 예수와의 거리와 같다.

예수가 바로 안내자이다. 고난과 죽음 그리고 다시 오심을 통해 예수는 자신에게 속한 자들을 하늘나라로 데려간다. 결정은 그분의 몫이다. 그러므로 그분이 바로 나누시는 분이다. 그분을 믿지 않는 자들은 심판을 받아 불구덩이에 던져지고 바깥 어두운 곳에서 이를 갈 것이다. 예수 밖에 거하는 자들은 마치 하늘나라 국경 밖의 어두운 나라에 거하는 것과 같다. 예수를 믿는 것만이 하늘나라의 시민이 되고 그 유업을 이어받을 수 있는 유일한 길이다.

마태복음 12:28에서 (눅 11:20과 비교하라) 우리는 인간 예수 안에서 하나님의 나라가 동시대 사람들에게 제시되는 것을 본다. 하늘나라가 예수를 통해 그들에게 전달된다. 예수를 통해 하늘나라를 찾으려 하지 않는 자들은 구원 받지 못할 것이다.[12)]

천국에 대한 예수의 가르침 대부분은 예수가 천국에 대해 말할 때 사용했던 놀랍고 예상치 못했던 것들에서 특수 효과를 얻는다. 비유에 있어서는, 천국을 겨자씨 같은 작은 것에 비교하거나, 또는 그물 같은 평범한 물건과 비교할 때, 설교를 듣는 자들은 그 의미에 대해 호기심을 갖게 된다. 그들은 천국의 비밀을 더 잘 이해하는 법을 배운다(마 13:11). 천국에 대한 예수의 설교는 이스라엘 백성들의 일반적인 기대 및 세례 요한의 설교와 일관성을 갖지만, 예수는 또한 천국에 대한 새로운 것들을 계시한다. 그리고 그러한 새로운 것들은 예수가 천국으로 안내하기 위해 사용할 길, 즉 사람들이 그 안에 참여할 수 있는 길과 관련이 있다. 천국에 들어가려면 겸손과 높임 둘 다가 필요한 것 같다. 그리고 그런 이유 때문에 우리는 그분과 그분이 하신 놀라운 역사들을 믿어야 한다. 이제 이 비밀들이 계시되고 있다. 그리고 그분이 천국의 열쇠를 사람들에게 나눠주고 있다. 예수의 사역은 예언과 일치한다. 그러나 성경을 인용한 주장보다는 예수 자신의 직접적인 계시가 앞선다. 하나님이 지혜롭고 부유한 자들에게는 숨겼던 것을 이제 예수가 어린 아이들에게 계시하고 있다(마 11:25-27). 새로운 요소는 천국에 대한 기대가 아니다; 그것은 믿는 자들을 위해 천국으로 가는 문을 여는 것은 예수의 겸손이라는 비밀을 계시한 것이다.

천국의 제시는 너무나 보잘것 없어서 조롱하는 바리새인들이 언제 천국이 올지 물을 정도이다. 그들은 천국이 이미 그들 가운데 임했다는 것을 알아채지 못한다(눅 17:21). 불신자들은 여전히 천국을 찾지만, 천국은 이미 그들 가운데 임했다. 천국은 쉽사리 부인되고 반박될 수 있게끔 그런 식으로 온다.[13)]

요약하자면, 예수의 삶, 그분의 인격, 그분의 사명 등은, 나중에 교회 공동체가 하나님의 나라에 대한 예수의 단순한 가르침에 추가한, 이차적인 기독론에 속하는 사항으로 간주될 수 없는데, 그것은 하늘나라에 대한 예수의 설교 때문이다. 심판자의 권위를 갖고 예수가 이 천국에 대해 말하는 방식으로 인해 - 그것은 또한 요한의 설교를 배경으로 삼고 있다. - 예수 자신과 그의 사역은 바로 사람들의 이목의 중심에 놓이게 된다.

3.1.4 사도들의 설교에서 보는 천국

예수는 열두 제자들에게 천국이 곧 임박했음에 대해 전하라고 명령한다(마 10:7; 24:11; 행 1:3). 따라서 사도행전에서 "하나님의 나라에 대한 설교"는 일반적인 사도들의 설교를 특징짓는 요소이다(행 8:12; 14:22; 19:8; 20:25; 28:23). 비록 서신서에서 우리는 천국에 관한 설교를 암시하는 부분을 자주 발견하지만(살전 2:12; 고전 4:20; 갈 5:21; 벧후 1:11; 약 2:5, 등), 복음서 이외에서는 천국에 대해 언급하는 빈도수가 급격히 떨어진다. 그 대신에 '그리스도를 전하라' 또는 '복음을 전파하라'라는 표현들이 눈에 띈다. 이는 사람들이 기대하는 실체로부터 존경 받는 어떤 사람으로 강조점이 이동한 것처럼 보일 것이다. 그러나 예수가 천국의 비밀을 가르쳐준 방식은 이러한 외적인 변화를 더 잘 이해할 수 있게 해준다.[14] 예수의 메시지는 그를 직접 둘러싸고 있던 상황을 겨냥한다. 그것은 바로 세례 요한에게 매료된 유대인들이다. 그러므로 예수가 자신에 대해 가르친 것 또한 곧 임할 하늘나라에 관한 가르침 속에 자주 표현되어 있다.

그러나 디아스포라에서 이런 구체적인 상황(세례 요한에게 매료된 유대인)은 존재하지 않았다. 이러한 이유 때문에 수평선, 즉 사람들이 기대하는 천국은 여전히 사도행전과 서신서들 속에 존재하지만 천국(그리스도)으로 가는 길은 좀더 직접적으로 전파되고, 이제는 우리 앞에 바로 놓여져 있는 신앙의 길로서 모든 관심을 받게 된다.

바울과 베드로는 하나님의 나라를 그리스도가 나타나실 때 세상에서 실현될 새로운 질서로 간주한다. 따라서 이러한 하늘나라의 임박성은 곧 주님이 오실 때가 가까이 왔음을 의미하게 된다(빌 4:5; 계 22:12). 천국에 들어가는 길로서의 그리스도를 믿는 믿음, 칭의, 그리고 성화는 이제 어떤 틀이 되는데, 그 틀 속에서 (천국의 작은 모습과 그것의 단순성 등) 예수가 가르치셨던 것들과 사실상 유사한 것들이 제시된다. 그리고 임박한 하늘나라와 믿음과의 관계의 실체는 이제 성령을 처음 주신 것에서 분명해진다. 바울이 "그가 우리를 흑암의 권세에서 건져내사 그의 사랑의 아들의 나라로 옮기셨으니"(골 1:13)라고 말할 때 그는 이 하늘나라가 기독교 공동체라고 의미한 것이 아니다. 오히려 바울은 천국과 함께 이미 존재하는 끊을 수 없는 어떤 관계에 대해 말하고 있다. 그러므로 바울은 또한 아직 세상에서 살고 있는 사람들에 관해 이렇게 말한다: "또 함께 일으키사 그리스도 예수 안에서 함께 하늘에 앉히시니"(엡 2:6). 자신들이 이미 성령을 통해 천국 시민이 되었다는 것을 아는 사람들, 그리고 그 성령을 통해 이미 그 첫 열매를 공유하게 된 사람들의 믿음이 아무리 확실하다고 해도, 그 천국에 들어가는 일은 여전히 미래의 일이며, 따라서 바울은 "주께서 나를 모든 악한 일에서 건져내시고 또 그의 천국에 들어가도록 구원하시리니"라고 고백할 수 있었다(딤후 4:18).

그러므로 "하나님의 나라"의 개념이 후대 교회의 가르침의 발전에 있어서 중심이 아니었다는 사실은 역사의 흐름과 조화를 이룬다. 초기교회와 종교개혁이 예수의 속죄적 죽음에 의한 만족과 하나님의 독생자에 의한 구원을 그들의 논의의 핵심에 두었다는 사실은 그들이 예수가 하나님의 나라 개념을 다룬 놀라운 방식을 분명히 이해했다는 것을 보여 준다. 오늘날 하나님 나라의 복음은 그리스도를 믿을 능력을 부여해 주는 것으로 구성된다. 이러한 믿음은 우리를 보존하고 우리가 미래를 물려받을 수 있도록 해준다. 모든 신자 안에 있는 성령은 약속된 유업에 대한 선언이며, 그것을 위해 우리는 이제 확신을 갖고 기도할 수 있다: "나라가 임하시오며."

3.2 이스라엘 백성의 회복

3.2.1 치유

예수가 갈릴리 회당에서 전한 "하늘나라 복음"에 대한 설교는 "백성 중의 모든 병과 모든 약한 것을"고치는 일과 처음부터 병행했다(마 4:23-24; 9:35; 막 1:39). 따라서 누가복음은 예수가 갈릴리로 돌아온 것을 "성령의 권능"으로 오신 것이라고 특징짓는다(눅 4:14; 5:17과 비교하라). 이러한 치유는 설교 계획의 일부이며 별도로 떼어놓을 수 없다. 기적들은 하늘나라가 진실로 가까이 왔음을 보여준다.[15] 하늘나라의 축복을 사람들이 이미 느끼고 있는 것이다.

이것은 단지 사람들이 건강해지는 것을 의미하지 않는다. 당시에도 수많은 치유를 행했던 의사들이 있었다.[16] 그리고 거룩한 사람들, 은사주의적 인물, 마술사들도 여러 기적들을 행하곤 했었다. 치유의 이야기는 아스클레피우스(Asclepius)의 신전과 연결되기도 했다. 이것이 바로 샌더스가 예수의 기적이 그 자체로는 별로 큰 의미가 없다고 언급한 이유이다.[17] 구경꾼들은 예수가 행한 기적을 여러 가지로 해석할 수 있었다. 그러나 샌더스는 예수의 치유활동에 있어서 치유의 범위와 속도 그리고 치유를 행하신 방법 등 독특한 점들을 간과하고 있다.

a. **범위** : 예수님의 치유는 보편적으로 이루어졌다. 사람들이 치유받지 못하고 돌아간 경우가 전혀 없음을 우리는 볼 수 있다. 치유가 일어나지 않은 경우가 단 한 번 있었는데, 그러나 그 실패는 제자들의 믿음이 부족해서 일어난 결과였다. 마귀에게 사로잡힌 소년에게 예

수님이 개입하셨을 때, 결국 완전한 치유가 일어났다. 치유의 범위는 인간의 모든 측정 범위를 넘어선다. 한계가 없이 완전한 치유가 일어났다. 몇몇 경우는 완전히 치료 불가능한 경우였고(마 12:22), 또 다른 경우는 의사가 전혀 손을 쓸 수 없는 경우였다(막 5:26; 요 9:32). 구약에서는 격리 외에 아무런 처방이 없었던 나병도 완전히 정복되었다. 심지어 죽은 자도 다시 일어났다(막 5:35-42; 눅 7:11-17; 요 11:37-44; 마 27:51-53). 아무도 전혀 아프지 않는 하늘나라가 정말로 다가온 것만 같다. 모든 것이 잘 될 것이다. 심지어 죽음 그 자체도 물러서야 한다!

b. **속도** : 회복이 즉각적으로 일어났다는 사실 또한 놀랄 만하다. 복음주의자들은 병자들이 즉시 회복 되었다는 사실을 종종 강조한다. 베드로의 장모도 열병이 치유된 후에 곧바로 집안 일을 할 만큼 즉시 회복되었다. 두 단계로 나누어져 치유가 일어난 경우는 단 한 번 뿐이었다. 첫 번째 치유 이후에 두 번째 온전한 치유가 일어났는데, 맹인의 경우 처음에는 시야가 아직 희미했다가, 나중에 선명하게 회복된다(막 8:22-26). 그러나 이러한 치유는 도리어 예수의 치유가 얼마나 즉각적이고 온전한지를 더 명백하게 보여준다. 예수는 일을 불완전하게 내버려두지 않는다. 예수는 온전하게 치유한다. 그리고 그 치유는 즉시 발생한다. 이 맹인의 회복도 더 이상의 지연 없이 바로 발생했다.

c. **방법** : 치유의 방법 또한 놀랍다. 예수는 어떤 약이나 건강 습관에 대한 조언도 하지 않았으며 금전적인 대가도 요구하지 않는다. 거지였던 맹인들은 아무런 비용 없이 치유 받았다. 예수의 치유에는 비용이 없다. 예수는 마치 이스라엘의 생명의 샘과 같다. 말씀 혹은

> 손을 대는 것만으로도 치유하신다. 예수님 한 분만으로 충분하다. 예수님이 치유하실 때 사람들에게 믿음만을 요구했다는 사실이 이를 강조한다. 사람들은 치유를 받으려면 예수를 믿어야 한다. 그런 믿음이 없을 때, 예수는 아무런 표적이나 기적을 행할 수 없다(나사렛에서처럼, 막 6:5-6). 예수의 능력이 불완전해서가 아니라 하늘나라의 은사가 오직 예수를 통해서만, 그리고 오직 믿는 자에게만 주어지기 때문이다.

예수의 치유가 보여주는 이러한 독특한 특징들은 하늘나라의 임하심이 곧 예수님 자신이 오신 것과 일치함을 보여준다. 이 또한 세례 요한과 예수님의 차이에 대한 분명한 증명이다. 요한은 하늘나라가 가까이 왔다는 것과 더 권능 있는 자가 오실 것이라는 것을 전파했다. 예수의 경우에는 후자가 생략되었다. (예수님 자신이 더 권능 있는 자이다.) 그리고 이러한 생략은 그분의 활동이 증거하고 있다. 요한은 아무런 기적을 행하지 않았다. 그러나 예수는 초자연적 능력으로 사람들을 온전하게 했다. 사람들은 이제 하늘나라가 오는 것에 대해서 예수를 바라봐야 한다. 그분이 바로 요한이 말한 더 능력이 크신 분, 주님이시며, 그분은 자신의 백성을 만나러 오신다.

3.2.2 마귀에 대한 권능

마귀를 내쫓는 것은 아픈 자, 상처 입은 자, 장님, 절름발이 등등을 치유하는 것의 일부이다. 다른 모든 치유와 마찬가지로 예수님은 이러한 축사를 자신의 말씀으로 행하셨다. 다른 퇴마사들은 주문이나 주술에 의존해야 하지만, 예수는 초능력을 이끌어내는 데 그런 것이 필요없다는 점에서 다른 퇴마사들과 구별된다. "퇴마"(*exorkismos, exorkizein*)라는 용어조차 예수의 축사와 연결되어 사용되지 않는다. 그리고 유대의 퇴마사들은 실제로 '엑소르키스타이'(*exorkistai*)라고 불렸지만(행 19:13) 그것은 예수에게 적용할 수 있는 용어가 아니다(눅 11:19). 비록 예수가 그와 비교될 수 있는 일을 행하시지만 말이다. 이방인과 유대인의 축사와 비교하면, 예수는 축사가 아니라 단지 마귀에게 나오라고 명령하신다는 사실이 놀랍다. 심지어 예수는 하나님의 이름에 호소하는 것도 아니다. 예수는 자신의 말씀만으로도 충분하다.

이것은 마귀들이 보여준 반응에서 잘 나타난다. 마귀들은 강력한 주문이나 더 높은 권능에 대한 호소 앞에서 물러난 것이 아니라, 예수의 존재 앞에서 물러났다. 마귀는 예수가 누구인지를, 즉 그가 하나님의 아들, 하나님의 거룩하신 분임을(막 1:24; 3:11-12) 안다. 그리고 이것이 바로 그들이 예수 앞에서 항복하고 도망가거나 피해자를 예수에게 내어준 이유이다. 당시 퇴마사가 행한 기술의 일부는 마귀를 제압하기 위해 마귀의 이름을 알아내는 것인데, 예수 앞에서 마귀들은 오히려 그렇게 하지 않아도 되었는데도 자신들의 이름을 예수에게 알린다. 결국 예수는 마귀를 내쫓기 위해 마귀의 이름을 알 필요조차 없다는 것이 드러난다(막 5:9).

예수의 말씀을 듣는 이들의 반응은 또한 예수의 인격 하나만으로도 악한 영을 제압할 수 있다는 사실을 그들이 깨달았다는 것을 보여준다. 가버나움에서 사람들은 묻는다: "다 놀라 서로 물어 이르되 이는 어찜이냐 권위 있는 새 교훈이로다 더러운 귀신들에게 명한즉 순종하는도다 하더라"(막 1:27). 그리고 마귀 들려 맹인이 되고 귀머거리가 된 사람이 치유되고 난 후에 사람들은 경악하는 반응을 보인다: "무리가 다 놀라 이르되 이는 다윗의 자손이 아니냐 하니"(마 12:23).

심지어 예수의 반대자들조차도 어쩔 수 없이 그러한 능력의 비밀이 다른 유대인 퇴마사들과는 달리 주문이나 주술이 아니라 예수 자신에게 있음을 인정하게 된다. 그들은 예수가 마귀의 왕인 바알세불과 밀약을 했다는 이론으로 이를 설명하려 한다(마 12:24; 막 3:22).

예수 자신은 마귀에 대한 자신의 권능을 이제 곧 임박한 하늘나라 복음과 연관시킨다. 사탄은 묶임을 당했다: 그가 약탈했던 자들은 이미 매임에서 풀려났다(막 3:27). 예수는 "강한 자"의 집에 들어가서 그들을 빼앗고, 다시 한 번 자신이 세례 요한이 말한 곧 오실 "더 권능 있는 자"임을 보여준다. 예수가 성령의 능력으로 악한 영들을 내쫓으실 때마다 하늘나라가 세상에 임하고 그 나라가 사람들과 접촉한다(마 12:28). 이러한 축사는 마치 적진에 상륙하는 진격부대와 같다.

마귀에 대한 예수의 우월성은 그분이 그리스도, 하나님의 아들임을 증거한다. 예수는 악한 영들이 이러한 고백을 하지 못하도록 금지한다. 그러나 이러한 금지는 예수가 누구인지에 대한 그 선언의 진실성을 부인하는 것이 아니다. 예수는 단지 그런 종류의 선포자와 아무런 관계도 맺지 않으려 하시는 것이다. 예수는 그러한 축사를 통해 마귀가 아니라 이스라엘 백성들이 자신을 그리스도, 살아계신 하나님의 아들로 고백하고 인정하기를 원하셨으며 또한 예수가 더러운 영에 사로잡혔다고 고소하는 지도자들로부터 이스라엘 백성들이 멀어지기를 원하셨다(막 3:28-30). 이것이 바로 악한 영들에게 유대인들이 듣는 앞에서 예수에 대해 알고 있는 것들을 선포할 기회를 주셨다가 다시 조용하라고 명령하신 이유이다.

3.2.3 하나님의 역사와 인간의 세계관

최근에 학자들은 그 어느 때보다 성경의 기적 이야기는 특정한 세계관을 전제한다는 사실을 단호한 어조로 지적하고 있다. 이는 부인하기 어려운 주장이다. 축사에 대한 보고는 악한 영이 실제로 존재한다는 것, 그리고 그들이 세상에서 자기 나름의 영향권 특히 인간 내부의 영역을 확보하고 있음을 전제하고 있다.

근대 서구 세계의 많은 이들에 따르자면 마귀의 존재는 단지 시대에 뒤진 개념일 뿐이다. 그들에 따르자면 그 개념은 신약을 읽는 데 있어서 문제를 일으킨다. 왜냐하면 신약에서 마귀는 분명히 시대에 뒤떨어진 존재가 아니라 단지 자신들의 '영역'을 잃을 위험에 처해 있는 존재이기 때문이다. 자연법, 내재론(immanence), 인과론 그리고 알 수 없는 우연이나 운명에 기초한 근대 세계관은 자동적으로 복음서에 나오는 기적에 관한 이야기들을 부인하거나 재해석하는 것으로 이어져야 하는가?

19세기에는 이러한 기적에 관한 기사들을 실제 사건으로 받아들이기는 하되 그것들을 단지 자연적인 현상으로 설명함으로써, 더 이상 기적이 아니게끔 하려는 시도들이 수없이 이루어졌다. 그러나 기적들을 과학적으로 설명함으로써 무시하려는 이런 노력들은 도저히 받아들일 수 없는 "설명"들을 낳았다. 그러므로 20세기에 들어와서는 기적 사건들의 사실성 자체를 부인하는 데 더 강조점을 두었다. 기적 사건들은 대부분 후기 기독교 공동체 속에서 형성된 상징적이고 전설적인 이야기들이 예수의 삶에 재투영된 것으로 설명되었다.[18] 그렇게 되면 기적들은 단지 당시 매우 흔했던 표현 방식들 중 하나에 지나지 않게 된다. 기적들은 우주적 힘에 대한 인간의 통제력에 대한, 당시 일반적으로 받아들여졌던 견해와 연결되어 버린다.[19]

복음서에서 기적의 실체는 매우 풍부하며 분명하다. 기적 이야기는 주목받지 못하고 묻힐 수도 있었던 평범한 사건들 가운데서 발생한, 다른 이야기와 관련이 없는 단 한 번의 예외적인 사건이 아니다. 각 기적 사건들은 여러 곳에서 기적 사건 외부에서 일어나고 있던 일들과 복잡하게 얽혀 있다. (1) 병자들도 포함되어 있던 군중들은 치유받은 사람들을 목격했기 때문에 예수에게 몰려온 것이지 아무런 눈에 보이는 증거 없이 단지 기적에 대한 이야기를 들었기 때문이 아니었다. (2) 예수의 반대자들은 기적이 실제로 있었다는 사실을 부인하지 않았으며 오히려 그에 대한 대안적 설명이 필요함을 알고 있었다. (3) 기적 이야기 그 자체 안에도 이후에 독자들이 검증해 볼 수 있었던 요소들이 가끔 있다. (야이로, 바디매오,

막달라 마리아, 말고, 그리고 나사로 등의 이름이 구체적으로 언급되고 있다. 그리고 가다라 지방에서 이천 마리의 돼지가 몰사한 사건은 쉽게 검증이 가능하다.)

이것은 예수가 행한 하나님의 역사가 또한 우리가 살고 있는 세상에 대해 무엇인가 말해주고 있다는 것을 의미한다. 그것은 분명히 - 우리가 어떤 문화적 정황 속에서는 그것에 대해 잘 인식하지 못하더라도 - 악한 영들이 온갖 종류의 질병으로 사람들을 괴롭힐 수 있으며 심지어 사람 안에 들어가 거할 수도 있음을 말한다.

예수의 기적이 질병과 마귀 들림 간의 어떤 관련성을 보여준다는 것 또한 사실이다. 한편으로 예수님은 완벽한 의사처럼 보이지만 다른 한편으로는 능력 있는 퇴마사(exorcist)다. 천사와 마귀에 대한 개념이 없는 세계관으로 복음서를 읽는 사람들은 의사와 퇴마사를 구분하려는 유혹을 쉽게 받을 수 있다. 이것은 세계관의 문제를 단지 귀신 들림을 다루고 있는 구절들로 축소하는 한편, 예수님의 치유활동을 은사를 받은 개인의 카리스마로서 받아들인다. 그러나 예수님의 치유에서조차 우리는 하나님이 사탄과 그의 악한 영들에 대항하여 행동을 취하시는 세계관과 마주친다.[20]

물론 병자 혹은 연약한 자들과 진정으로 마귀 들린 자들 사이에는 분명히 차이가 있다. 그러나 우리는 그 차이를 마귀에게 (외부로부터; *circumsessio*) *포위되어 폭격을 당한 자*와 마귀가 (내부로부터; possession) *점령하여 황폐케 한 자*의 차이로 볼 수도 있을 것이다.[21]

1. 매우 주목할 만한 악령 쫓기에 대한 네 가지 자세한 이야기는 우리에게 마귀의 존재는 언제나 그 공격적인 행동으로 알아볼 수 있다는 인상을 줄 지 모른다(막 1:21-28; 5:1-20; 7:24-30; 9:14-29). 그러나 사실 다른 종류의 마귀들을 내쫓는 것은 덜 극적이었던 반면, 이

공격적인 '유형의' 마귀를 쫓아내는 것은 매우 극적인 사건이었을 뿐이다. 따라서 매우 다른 증상을 보이는 비공격적인 귀신들린 사람들이 다양하게 존재한다. 예를 들자면, 빌립보의 예언하는 여인들(행 16:16-18), 귀신 들려 앓으며 꼬부라져 조금도 펴지 못하는 한 여자(눅 13:11), 그리고 말을 못하거나 귀머거리가 된 자들(마 9:32-33; 12:22; 눅 11:14) 등이 있다. 그리고 예수의 행동에는 마귀의 공격적인 행동과 비교할 만한 것이 전혀 없었는데도 불구하고 예수 또한 "귀신이 들렸다"는 비난을 받는다(요 8:48-49; 막3:30; 마 12:24). 모든 귀신과 "귀신들린 사람"과의 공통점은 아무런 유익한 일을 할 수 없다는 것이다. 사실 그것은 군중들이 예수가 "귀신들렸다"는 고발을 받아들이지 않을 수 있었던 유일한 기준이었다. "이 말은 귀신 들린 자의 말이 아니라 귀신이 맹인의 눈을 뜨게 할 수 있느냐 하더라"(요 10:21). 그러므로 우리는 때로는 그 사람이 말을 할 수 있는 능력이 없거나 혹은 정상적인 언어를 사용하지 못하는 것을 보고, 혹은 마귀가 그 사람이나 그의 환경에 끼치는 해악을 보고 그 사람 속에 마귀가 있음을 식별할 수 있다.

2. 비록 병과 마귀 들린 것 사이에는 차이가 있지만, 그럼에도 불구하고 어떤 사실이 그 둘을 하나로 묶는다. 두 상황 모두 "치유" 될 수 있다(마 4:23-24; 눅 6:17-18; 7:21). 병들었다가 치유된 많은 자들 가운데 귀신이 떠나는 그런 사람들이 있다(눅 4:40-41; 행 19:12). 귀신을 몰아내고, 따라서 병든 사람을 회복시키는 것은 주님의 종이 모든 병을 사라지게 할 것이라는 약속을 성취한다(마 8:16-17). 열두 제자가 보내심을 받았을 때 그들은 모든 더러운 영들을 이길 능력을 받았다. 그 능력 때문에 제자들은 "더러운 귀신을 쫓아내며 모든 병과 모든 약한 것을 고치는 권능을" 갖게 되었다(마 10:1). 따라서 베드로는 예수의 사역을 다음과 같이 표현한다. "그가 두루

다니시며 선한 일을 행하시고 마귀에게 눌린 모든 사람을 고치셨으니 이는 하나님이 함께 하셨음이라"(행 10:38). 그는 귀신들린 자들뿐만 아니라 모든 병든 자들을 언급한다. 그들 모두 "괴롭힘"을 받았다(*katadynasteuein*, 약 2:6과 비교하라)고 말할 수 있다. 일부는 외부로부터 고통을 받을 뿐이지만 다른 경우에는 더러운 영들이 그들 안에 거하게 된다. 따라서 심지어 열병마저도 "꾸짖는 것"이 가능하다(눅 4:39).

신약에는 다양한 임상 진단(clinical diagnoses)이 자리를 차지하는 닫힌 인과법칙의 세계관과 천사와 영들이 역할을 담당하는 천국이 있는 열린 세계관이라는 두 가지 세계관이 존재하지 않는다. 신약에는 땅과 천국이 있는 오직 하나의 세계관이 있을 뿐이다. 이런 세계관에서 하나님은 귀신 그리고 악령들과 전쟁 중에 있다. 이러한 영들은 세상에 자리를 잡았다. 이 영들은 사람들에게 영향을 끼치고 그들을 거짓말쟁이로 만들며(요 8:44), 그들에게 피해를 주고 때로는 그들을 완전히 사로잡는다.

이런 세계관의 관점에서 보면 예수 그리스도가 행한 하나님의 역사의 통일성은 더 잘 인식될 수 있다. 병을 고치든 귀신을 쫓아내든, 예수는 악령들이 행한 부정적이고 파괴적인 역사를 되돌리느라 바쁘다. 사탄은 파괴하고 부순다. 하나님은 회복시킨다. 왕의 손은 치유한다. 하나님의 나라는 이제 사탄과 그의 악령들이 자리를 잡은 인간의 요새 문 앞에 서 있다.

예수는 사람들이 그들의 시간을 예수를 믿는 신앙을 위해 사용하도록 사람들을 치유하고 삶을 연장시킨다. 따라서 그들은 하늘나라를 유업으로 받을 것이다. 그것이 바로 예수가 오직 치유와 축사만으로 자신의 사역을 제한한 이유다. 예수는 사회운동가나 인간의 재판관으로 자처하길 거부한다. 한 번은 누군가가 세상의 유업에 관한 질문으로 예수의 관심을 끌려고 했다. 그러나 예수는 그런 문제에 자신의 능력을 사용하기를 원치 않으셨다. 이 이야기는 예수가 세상에서 자신의 능력을 행사하고 또한 그 목적을 보여주는 데 있어서 그 경계선를 보여준다.[22] 그리스도는 사람들을 자유롭게 함으로써 그들이 하늘나라를 유업으로 받을 수 있게 한다. 이것이 바로 예수의 사명이다.

칠십 인(혹은 칠십이 인)이 보내심을 받아 병든 자를 치유했을 때, 그들은 치유에 어떤 메시지를 보태야 했다: "하나님의 나라가 너희에게 가까이 왔다 하라"(눅 10:9). 그리고 그들이 놀라움에 가득 차서 "주의 이름이면 귀신들도 우리에게 항복하더이다"라고 하며 기뻐서 돌아왔을 때, 예수는 사탄이 하늘로부터 번개같이 떨어지는 것을 보았다고 말씀하신다. 이 말은 칠십 인이 패배 직전에 놓인 악한 영들로부터 가혹한 반격이 있을 것을 예상해야 한다는 의미이다. 그러나 예수는 제자들에게 능력을 부어주셨다. "뱀과 전갈을 밟으며 원수의 모든 능력을 제어할 권능을 주었으니 너희를 해칠 자가 결코 없으리라"(눅 10:17-19).

부활 이후 사도들이 보내심을 받았을 때, 그들은 자신들의 선포에 수반하는 표적을 받는다. 이것은 예수의 승리라는 표적이다. 귀신을 내쫓고, 뱀을 들고, 독을 마시고 그리고 병든 자를 치유하는 것은 모두 매한가지다. 그것들은 하나님의 원수들이 영향력과 세력권을 모두 빼앗기고 있다는 증거이다.

바로 사도 바울 자신이 귀신들리지 않은 사람도 병이나 고난 등으로 사탄에게 괴롭힘을 받을 수 있다는 사실을 예로 보여주었다(고후 12:7-9). 바울의 삶 가운데서의 이들 고난의 연속은 그리스도가 이 땅에서 하나님의 일을 행하기 위해 오셨다는 사실을 확증한다. 그리스도의 일은 하나님과 그분의 기름부음 받은 자에 대한 믿음을 낳고, 하늘나라의 임박성에 대한 증거를 보여주는 것이다.

3.3 창조에 대한 권위

치유 그리고 귀신을 내쫓는 것은 사람을 향한 것이다. 그러나 이 사람들이 살고 있는 세상 또한 예수의 권능 아래 있다. 하나님의 역사는 병든 자와 귀신들린 자뿐만 아니라 물, 바람, 떡, 물고기 등을 포함한다. 이들 소위 "자연의 기적"은 창조세계에 대한 예수의 권능을 보여준다. 이것들은 그 속에서 사람들을 위하고 귀신들을 대항하는 일이 가능한 어떤 틀을 구성한다. 예수는 바로 자신이 만든 세계에서 사역을 수행하신다.

기적적인 표적의 첫 번째는 가나의 혼인 잔치에서 많은 양의 물을 훌륭한 포도주로 변하게 하신 것이다. 이 행위에서 예수는 "그의 영광을 나타내"셨다(요 2:11).

나중에 예수는 훨씬 더 창조적으로 음식을 여러 배로 늘림으로써 - 창조함으로써 - 필요를 공급하신다. 예수는 물고기 두 마리와 떡 다섯 조각으로 여자와 아이들을 제외하고도 오천 명의 성인남자들이 먹고 남을 양식이 되게 하셨다. 그리고 일곱 조각의 떡과 물고기 몇 마리로 여자와 아이들을 제외한 사천 명의 성인남자들을 먹이셨다. 이 두 경우 모두 처음 시작할 때보다 훨씬 더 많은 음식이 남았다. 제자들이 음식을 전부 몇 배로 늘렸는지를 기억하고 있었다면 제자들의 불신은 사라졌을 것이다(막 8:17-21)!

창조세계에 대한 권위는 예수가 갈릴리 호수에서 물고기들이 모여들도록 지시한 것을 보면 분명해진다(눅 5:4-11). 이 표적은 부활 이후에 다시 반복된다(요 21:6-11). 또 다른 경우, 시몬은 예수에게 지정된 장소로 보내심을 받는데 거기서 입에 동전을 문 물고기를 잡는다(마 17:27). 예수는 또한 폭풍과 엄청난 파도를 다스리는 권세를 가진 것으로 보인다. 단 한 마디로 예수는 바람과 바다에게 명령한다(막 4:35-41). 이것은 여러 번 보여준 예수가 지닌 권능의 또 다른 표현이다(막 6:51). 그리고 예수는 원할 때 심지어 폭풍이 부는 바다 위를 걷기까지 한다(막 6:48).

"자연의 기적" 가운데에는 또한 치유가 아닌 해가 되는 예수의 유일한 표적이 있다. 바로 예수의 저주를 받아 하루 밤 사이에 시들어 버린 무화과나무다. 이 표적의 결과는 사람들이 흔히 보던 예수의 행동과 충돌한다. 이는 믿지 않는 이스라엘에게 보내는 독특하며 중대한 메시지이다. 그들은 치유하시는 구원자를 잃게 될 것이다(막 11:12-14, 20-26).

예수는 창조세계를 다스리는 것 같다. 이는 예수가 진정 누구인가라는 질문을 제기한다(마 8:27). 답은 피할 수 없다. 예수는 하나님의 아들이다(마 14:33). 베드로는 오순절에 유대인들에게 동일한 말을 한다. "너희도 아는 바와 같이 하나님께서 나사렛 예수로 큰 권능과 기사와 표적을 너희 가운데서 베푸사 너희 앞에서 그를 증언하셨느니라"(행 2:22). 그리고 베드로는 고넬료에게 말한다. "갈릴리에서 시작하여 온 유대에 두루 전파된 그것을 너희도 알거니와 … 하나님이 나사렛 예수에게 성령과 능력을 기름 붓듯 하셨으매"(행 10:36-38).

다가올 하늘나라에 대한 복음은 왕 자신이 직접 가져왔다. 단지 그분의 손이 치유할 뿐만 아니라, 피조물은 그의 음성을 듣는다!

3.4 하나님의 역사: 오직 다른 사람들을 위해!

예수가 하나님의 사역을 하는 방식에는 뭔가 모순점이 있는 것처럼 보인다. 한편으로 예수의 능력에는 한계가 없다. 그러나 반면 예수는 때로 가난하고 연약한 인간이라는 피조물로 오신다. 이것은 광야에서 유혹을 받는 동안 분명하게 드러난다. "네가 만일 하나님의 아들이어든 명하여 이 돌들로 떡덩이가 되게 하라"(마 4:3). 어째서 예수는 광야에서 40일 동안 기도와 금식으로 허기진 상태에서도 그렇게 하지 않으셨을까? 나중에 예수는 광야에 나와 있는 수천 명의 사람들에게는 떡과 물고기를 먹이실 것이다. 십자가 밑에서 대제사장, 율법교사, 그리고 장로들이 한 말은 바로 동일한 것을 지적한다. "그가 남은 구원하였으되 자기는 구원할 수 없도다. 그가 이스라엘의 왕이로다. 지금 십자가에서 내려올지어다. 그리하면 우리가 믿겠노라. 그가 하나님을 신뢰하니 하나님이 원하시면 이제 그를 구원하실지라. 그의 말이 나는 하나님의 아들이라 하였도다 하며"(마 27:42-43).

예수는 피곤으로 고통 받고, 눈물을 흘리며, 유혹을 받는다. 여러 번 생명의 위협에서 벗어났지만 결국 잡혀서 십자가형을 받는다. 이 모든 것에서 예수는 단지 연약한 인간에 지나지 않는다. 나중에 루터교 교리는 예수가 자신의 신성을 "숨겼는지"(*krypsis*) 아니면 완전히 내려놓았는지(*kenosis*)에 대해 질문을 제기한다. 현대 신학은 부활 이전의 인간 예수와 부활 이후 하나님의 아들임을 선언한 그리스도를 구분한다. 그러나 이러한 구분들은 전부 사실을 고려한 것이 아니다.

실제로 예수는 세상에 머무시는 동안 자신이 하는 사역에서 거룩한 능력을 온전히 드러내시지만 그것은 언제나 다른 사람들을 위해서이지 자신을 위해서 행하신 것이 절대 아니다. 사람들을 치유하고 구속하시는 하나님의 일을 하면서, 자신을 위해서는 아무것도 취하지 않고 다만 주기만 하는 한 사람이 있다. 그는 절제한다. 따라서 굶주림, 피곤, 체포 당한 일 등은 연약한 피해자의 고난이 아니라 바로 자유인의 역사였다. 예수는 이스라엘 백성을 위해 하나님의 사역을 한다. 그러나 자신은 연약한 인간으로서의 실존, 사탄의 유혹, 원수의 비난, 그리고 십자가의 죽음 등으로 고난을 겪는다.

이러한 복합적인 고난은 예수가 하는 사역에 특별한 조명을 비춘다. 하늘나라가 가까이 왔다는 사실은 사람들을 치유하고 창조세계에 대해 권능을 행하시는 하나님의 일들 속에서 계시된다. 그러나 이러한 일들이 성취되는 방법은 하나님의 나라가 포기와 겸손의 방법으로 임한다는 것을 보여준다. 하늘나라는 죽어가는 왕의 손을 통해서 더 가까이 온다. 이것이 바로 하늘나라의 전형적인 특징이다. 그것은 그리스도의 수난에 대한 알림과 수많은 비유에서 나타나는 수수께끼이다. 예수의 사역에서 그것은 모든 것 앞에 뚜렷이 드러난다.

제4장
인자의 자기 계시

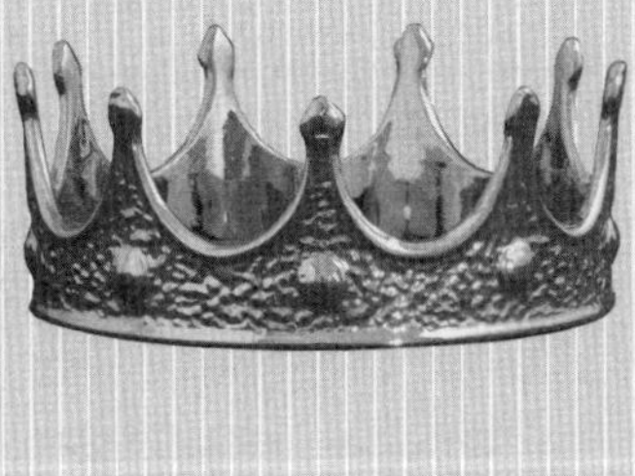

Jesus the Son of God

Chapter 04

인자의 자기 계시

예수가 행하고 가르치신 것들은 처음부터 사람들의 주목을 받았다. 하나님의 역사가 이스라엘에서 행해지고 있었고, 하나님의 나라가 전파되고 있었다. 심지어 예수가 말씀하시는 방법 또한 순식간에 사람들의 주목을 끌었다. 예수만의 특별한 표현들과 놀라운 어휘 선택을 사람들이 알아채지 않을 수 없었다. 그런데 어째서 예수는 자신을 계속 "인자"라고 부르신 것일까? 이 말은 자신의 설교를 듣는 이들에게 분명한 신호를 보내기 위해서 사용한 말이다. 사람들은 한 인간이 말하는 것을 들었지만, 자신을 표현하는 그분만의 방식은 단지 인간 이상의 누군가에게 속한 것이었다.

이 장의 전반부는 예수의 언어 사용이 지닌 수많은 독특한 특징들을 다룬다(4.1). 후반부는 자신을 "인자"라고 언급하는 방식에 대해 자세하게 논한다(4.2).

4.1 예수가 사용한 특별한 용어들

4.1.1 '내가 너희에게 이르노니'

예수가 말씀하실 때 얼마나 자주 "내가 너희에게 이르노니"라는 말로 문장을 시작하시는지를 보면 놀랄 만하다. 이러한 도입 공식은 주로 선지자들이 하나님께서 자신을 통해 말씀하실 때 사용했던 것이다("여호와의 말씀이니라"). 흥미롭게도 예수는 이러한 선지자의 공식을 전혀 사용하지 않으셨다. 예수는 *자신의* 권위로 말씀하셨다. 무언가를 말하는 분이 바로 그분 자신일 때 더 높은 권위에 호소하는 일은 전혀 필요하지 않다.

예수가 말씀하시는 방식은 또한 랍비의 방식과도 다르다. 랍비들은 지속적으로 장로(선배)들, 이전 세대의 랍비들에게 호소한다. 그들의 말은 전통이 뒷받침해 줄 때만 권위를 지닌다. 그러나 예수는 자신만의 목소리를 내신다. 조상들의 말에 의지하지 않는다.

사실 예수는 모세의 말을 대체하기 위해 자신의 목소리를 내신다. 하나님은 모세를 통해 조상들에게 말씀하셨다. 그리고 예수는 모세와 선지자들이 한 말들을 성취하신다. 그러나 예수는 또한 새로운 계시를 가져오시고 사람들에게 자신의 권위 있는 말에 순종하라고 요구하신다(마 5-7; 11:27-30; 막 7:14-16; 요 12:44-50).[1]

사람들은 예수의 어조에 충격을 받는다(마 7:28-29; 막 1:27). 예수는 율법 선생으로서가 아니라 권위를 가진 자로서 가르침을 주신다. 예수는 마치 자신이 하나님이신 것처럼 말씀하시고, 그분의 언어는 질문을 야기한다. 심지어 20세기에도 한 유대작가는 예수가 산상수훈을 설교하셨을 때 사실은 권위 있는 근거를 사용하였을 것이라는 것을 당연한 사실로 여긴다. 그러한 권위가 복음서에 빠져 있다는 사실은, 이 작가에 따르자면, 훗날 복음주의자들이 예수의 권위를 독점적인 것으로 제시하기 위해서 그 권위 있는 근거를 제거했음을 의미한다.[2]

4.1.2. "아멘 아멘"

비록 예수는 자신의 권위로 말씀하시지만("내가 이르노니") 홀로 떨어진 개인으로서 말씀하시지 않는다. 이런 도입 공식은 규칙적으로 "아멘"

또는 "옳소이다"로 시작하는데, 마치 자신이 만들어낸 전혀 새로운 말을 제시한다기보다는 기존의 진리를 자신의 말로 보증하고 있는 것 같다.

예레미아스(Jeremias)는 유대문학에서 "아멘"은 언제나 찬양, 축복 또는 저주의 말에 뒤따르면서 동의하거나, 찬성하는 감탄사라고 주장한다.[3] 신약 공동체는 또한 다른 사람들이 한 말에 동의하기 위해 "아멘"이나 "옳소이다"를 사용한다(고전 14:16; 고후 1:20). 예수가 이 말을 사용하신 것에서 완전히 새로운 요소는 예수가 자신의 말씀을 시작하실 때 "아멘" 또는 "옳소이다"라는 말을 사용하셨다는 것이다. 요한복음에서 우리는 언제나 두 번 반복되는 "아멘"을 발견한다.

예레미아스는 이러한 도입부에서의 "아멘"을 예수가 진짜로 사용하신 특징적인 언어습관으로 여긴다.[4] 다른 이들은 이러한 도입부의 기원은 최초 교회 공동체의 은사주의에서 찾을 수 있다고 생각한다. 그들에 따르자면 최초의 교회는 자신들이 하늘에 계신 주께로부터 들은 것을 공동체에게 전달할 때 "아멘"이란 말을 사용했다고 한다.[5] 일부는 이러한 공식이 유대교의 환상적 묵시운동(visionary-apocalyptic movement)의 일면이라고 주장하며, "아멘 진술"은 선지자적으로 앞날을 예언했던 사람들의 발언을 정당화하기 위해 사용되었던 공식들 중 하나라고 생각한다.[6] 비록 버거(Berger)는 기독교 이전의 '아브라함의 유언서'(Testament of Abraham)에서[7] 그러한 도입적 "아멘"의 예를 두 번이나 발견했다고 주장했지만, 나중에 그는 자신의 이론에 단서를 달았다.[8] 이어서 예레미아스는 도입부의 아멘이 오직 예수의 말씀에만 나타나며 성경 이외에는 유사한 방식이 없다는 새로운 주장을 내놓았다.[9]

이러한 특별한 사용은 비록 예수가 매우 놀랍고 새로운 것들을 말씀하셨지만 사실은 이미 알려진 것들을 지지하는 것이고, 다른 누군가가 이미 말한 것이나 그들이 이미 알고 있는 것들에 대해 동의하시는 것임을 암시한다.

그렇다면 "다른 누군가"는 누구인가? 예수의 말씀을 듣던 이들은 수수께끼에 직면했다. 일부는 예수가 매우 혼돈스러운 상태라고 생각했고, 또 다른 사람들은 예수가 바알세불과 서로 돕는 사이라고 여겼다. 그러나 예수 자신은 하나님 아버지가 이미 알려주신 것을 알리려 하고 있다는 사실, 그리고 자신이 직접 이미 본 것을 말하고 있다는 사실을 사람들이 깨닫기를 원하신다. 예수는 하나님 아버지가 이미 알고 계시고 예수의 사역을 통해서 알리고자 원하시는 것들에 대해 말씀하신다. 예수의 말씀은 응답이다. 우리는 예수가 "옳소이다" 라는 말로 문장을 시작할 때 이것을 본다. "옳소이다 이렇게 된 것이 아버지의 뜻이니이다. 내 아버지께서 모든 것을 내게 주셨으니 아버지 외에는 아들을 아는 자가 없고 아들과 또 아들의 소원대로 계시를 받는 자 외에는 아버지를 아는 자가 없느니라"(마 11:26-27). 세상에 계실 때 예수는 하나의 목소리로 말씀하시지만, 그분의 설교는 여러 목소리들이 지지하고 있다. 예수의 사역은 홀로 하시는 사역이 아니다: "내가 혼자 있는 것이 아니요 나를 보내신 이가 나와 함께 계심이라"(요 8:16). 아들은 하늘과 완전히 연결되어 있고 아버지와 함께 말씀하신다: "진실로 진실로 네게 이르노니 우리는 아는 것을 말하고 본 것을 증언하노라. 그러나 너희가 우리의 증언을 받지 아니하는도다"(요 3:11; 여기서 복수형 표현이 예수와 요한을 지칭하는 것이라고 볼 수 없다. 왜냐하면 바로 이후 요한복음 3:31-32에서 요한은 자신이 아니라 바로 예수, 즉 "하늘로부터 오시는 이"가 "친히 보고 들은 것"에 근거하여 증거하고 있다고 강조적으로 선언하고 있기 때문이다.)

4.1.3. "내가 왔노라(I have come)"

예수가 세상에서 사역하실 때 말씀하시던 습관 중에 또 하나의 놀라운 표현이 있는데 그것은 일반적인 의미에서의 "오심"이라는 표현이다. 예수는 인간 세상 속에서 일하시고 말씀하시면서도 이곳에서 사역하기 위해 다른 어떤 곳으로부터 오신 것이라는 인상을 계속 주신다(예를 들어 마 5:17; 10:34; 20:28; 눅 19:10; 요 5:43; 12:47).

이것은 요한복음에서 좀더 명백하게 진술되고 있다. 예수는 위로부터 오셨다(요 3:31). 예수는 자신이 어디서 왔는지 아신다. 그러나 예수의 반대자들은 그것을 전혀 몰랐다(요 8:14). 예수는 이 세상에 오셨다가 다시 아버지께로 돌아가기 위해 떠나셨다(요 16:28). 따라서 바울은 나중에 다음과 같이 고백한다. "그리스도 예수께서 죄인을 구원하시려고 세상에 임하셨다"(딤전 1:15).

전체적인 예수의 가르침이라는 정황 속에서는 예수가 어디서 오셨는지, 그리고 어디로 가시는지가 매우 분명하지만, 그것이 언제나 명확하게 진술된 것은 아니다. 예수의 말씀 안에는 언제나 청중들에 대한 호소가 있었다: 예수의 기적과 가르침 때문에 청중들은 예수가 이곳에 계시다는 것을 보았지만, 그들은 예수의 기원에 대해 곰곰이 생각해야 했다. 도대체 예수는 어디서 오셨는가?

이러한 용법 뒤에 어떤 주장이 있다. 예수는 바로 보내심을 받은 자라는 것이다. 군중들은 자신들이 예수가 어디서 오셨는지 안다고 생각했다. 예수는 나사렛 출신이고 갈릴리 사람이었다(요 7:41). 이런 이유 때문에 대부분의 사람들은 예수를 하나님이 보내신 메시아로 여길 생각을 하지 못했다(요 7:27). 그러나 예수는 강하게 항변한다(요 7:28): 사람들은 그를 보내신 하나님을 알지 못한다(요 7:28)!

4.1.4 "더 큰 자" 그리고 "이전에"

어느 정도 규칙적으로 예수는 자신에 대해 진술하신다. 자신을 다른 이들보다 우월한 자라고 하시거나 다른 이들, 구체적으로 과거의 위대한 인물들이나 조상들이 있기 전에 자신이 먼저 존재했다고 말씀하신다. 예수는 군중들에게 이제 솔로몬보다 더 큰 자, 요나보다 더 큰 자가 그들 가운데 있다고 여러 번 말씀하셨다(마 12:41-42; 눅 11:31-32).

예수와 사마리아 여인과의 대화는 예수가 "야곱보다 더 큰 자"임을 암시한다(요 4:12). 예수가 유대인들에게 자신을 드러내시는 방법은 그들에게 자신이 아브라함보다 더 큰 자라는 인상을 준다(요 8:53). 아브라함과 선지자들은 결국 죽었다. 그러나 예수는 자신의 말을 지키는 자는 누구든지 죽음을 맛보지 않을 것이라고 담대하게 말씀하신다. 유대인들에게 예수의 이 말씀은 바로 예수가 사마리아 사람이며, 마귀에게 사로잡혔다는 사실을 확증하는 계기가 된다(요 8:48, 52). 그래서 그들은 예수께 물었다: "너는 너를 누구라 하느냐?"(요 8:53). 이 질문은 마침내 예수가 "진실로 진실로 너희에게 이르노니 아브라함이 나기 전부터 내가 있느니라"라고 말한 논의로 이어진다(요 8:58).

최고의 인간 기준을 초월한 자만이 자신을 그런 식으로 설명할 수 있을 것이다. 이런 주장에 대한 반응으로 유대인들은 돌을 집어 들고 신성모독죄로 예수를 죽이려 했다(요 8:59). 비록 그들은 예수님을 하나님으로 여기는 것을 거부했지만 그들은 예수의 주장을 분명히 인식했다.

4.1.5 "나는 …이다"

예수가 하신 말씀 중 대다수는 직간접적으로 예수 자신의 의미와 중요성에 관한 것이었다. 예수는 다양한 이미지들을 사용해서 자신이 진정으로 누구인지를 밝히셨다. 분명히 예수는 다른 사람들이 자신을 섬기도록 그들을 부르시는 "사람을 낚는 어부"이다(마 4;19). 예수는 "좁은 문"이다(마 7:13-14; 이것을 7:21-23과 비교하라). 예수는 잃어버린 양을 찾으러 오신 "목자"이다(마 18:11-14).

복음서 기자 요한은 여러 직접적인 이미지들을 보존했다. 예수는 자신을 하늘 나라의 양식, 생명의 양식(6:41, 48, 51), 세상의 빛(8:12), 양의 문(10:7, 9), 선한 목자(10:11-14), 부활이요 생명(11:25), 길이요 진리요 생명(14:6), 그리고 참포도나무(15:1, 5)라고 불렀다.

간접적인 진술에서 이미지는 비유의 형태로 먼저 나온다. 그리고 비유들에 대한 설명은 예수가 누구이고, 그분의 사역이 지닌 의미는 무엇인지를 알려주기 위해 그 비유가 주어졌다는 사실을 밝힌다. 그는 하나님의 말씀을 심는다(눅 8:11). 밭에 좋은 씨를 뿌리는 자는 바로 "인자"이다(마 13:3-43). 농부들에게 죽임을 당한 포도밭 주인의 아들은 바로 예수이다(마 21:33-46). 마찬가지로 비유들의 대부분은 심지어 설명되지 않을 때도, 예수가 누구인지에 대한 간접적인 설명을 제시한다.

이러한 비유와 이미지들의 사용은 예수의 가르침에서 전형적이다. 그것은 예수의 말씀을 듣는 자들로 하여금 예수에 대해 자신이 가지고 있는 이미지에 만족하지 못하도록 만든다. - 그들은 예수가 진정 누구인지 알고 있는가?

4.2 예수가 사용하신 "인자"

4.2.1 수수께끼 같은 자기 호칭

네 개의 모든 복음서들은 예수가 여러 번 자신을 "인자"라고 지칭하셨음을 가리킨다. 이는 다소 수수께끼 같은 용어인데 복음서에서는 오직 예수만이 사용하셨기에 더욱 그렇다. 이 용어는 오직 자기칭호(self-designation)다른 누구도 그것을 사용하지 않았다.

예수는 공생애 초기부터 자신을 "인자"라고 지칭하셨다(요 1:52; 23:13-14; 막 2:10, 28; 눅 6:22). 그리고 자신을 죽음으로 이끈 산헤드린 공회 앞에서 최후 진술을 하실 때도 여전히 그 용어를 사용하셨다: "이후에 인자가 권능의 우편에 앉아 있는 것과 하늘 구름을 타고 오는 것을 너희가 보리라"(마 26:64; 막 14:62; 눅 22:69).

예수는 자신을 지칭하는 이 용어를 이스라엘에서 공생애 내내 사용하셨다. 이 용어는 예수가 하신 말씀의 특징이 되었다. 우리에게 익숙한 네 권의 복음서에서 예수가 자신을 인자라고 칭하신 경우가 50여 회 이상이나 된다.[10]

한 가지 놀라운 것은 복음서 이외의 신약의 다른 곳에서는 "인자"라는 용어가 거의 나오지 않는다는 사실이다. 공관복음서 이외에는 사도행전 7:56에서 단 한 번 등장한다. 산헤드린 공회 앞에 끌려나온 스데반은 인자가 하나님 우편에 서 계신다고 외친다. 이것은 분명히 불과 얼마 전 똑같이 산헤드린 공회 앞에서 예수가 직접 하셨던 말씀을 가리킨다(마 26:64). 그것은 사실 인용된 자기 지칭이다. 사도들의 기록으로부터 우리는 "인자"라는 용어를 예수와 관련해서 다른 사람들은 한 번도 사용한 적이 없음을 알 수 있다. 이 용어는 오직 예수님만이 자신을 지칭하는 말로 사용하셨다.

요한계시록 1:13과 14:14에서 "인자 같은 이"에 대한 언급이 있다('인자'에 부정관사를 사용했다. 단 7:13과 비교하라). 그러나 여기서 예수는 일반적인 사람의 아들과 비교되고 있는 것이다. 그것은 예수에 대한 구체적인 지칭이나 칭호가 아니다. 히브리서 2:6에서 우리는 (시편 8:4의 인용을 통해; "사람이 무엇이기에 주께서 그를 생각하시며 인자가 무엇이기에 주께서 그를 돌보시나이까") "인자"에 대해 읽는다. 그러나 이것은 일반적인 인간성에 대한 지칭이지 개인적으로 예수를 가리키는 말이 아니다. 히브리서 2:8-9에서 이 시편 구절에 대한 논의는 예수를 "인자"와 동일시하지 않는다.

복음서에서 다른 사람들이 이 이름을 언급하는 유일한 예는 예수 자신이 한 말을 사람들이 인용할 때다. 예수는 "네가 누구냐"라는 사람들의 질문에(요 8:25) 대해, "너희가 인자를 든 후에 … "라고 직접 말씀하셨다(요 8: 28). 이 말은 나중에 유대인들이 "우리는 율법에서 그리스도가 영원히 계신다 함을 들었거늘 너는 어찌하여 '인자가 들려야 하리라' 하느냐"(요 12:34)라고 물었을 때 언급되고 있다. 이 질문은 군중들이 메시아라는 명칭을 쉽게 사용하고 있었음을 증명한다. 사람들은 예수가 메시아가 되고 싶어한다는 인상을 받았다. 그러나 예수는 메시아로 보기에는 이상하게 여겨지는 일들을 말한다("내가 땅에서 들리면"). 그리고 예수는 특이한 이름이나 명칭(인자)을 사용한다. 예수가 계속해서 자신을 가리키는 데 사용하는 이 이상한 표현, 그것도 사람들이 메시아에게서 기대하는 것과는 맞지 않아 보이는 형식으로 사용되는 이 표현의 이면에는 무엇이 있는가?

그 이름이 무엇을 의미하든지 간에 그것이 누구를 가리키는지는 분명하다. 바로 나사렛 예수이다. 그 자신이 바로 "인자"이다. 이 이름은 문장에서 인칭대명사와 같은 위치를 차지한다. 복음서에서 "인자"라는 말과 "나"라는 말이 번갈아 사용되는 두 개의 병행 문단이 있다(마 5:11을 눅 6:22과 비교; 마 16:21을 막 8:31 및 눅 9:22과 비교). 그리고 역사적으로는 병행되지 않지만 내용면에서는 비교가 되는 몇몇 구절이 있다. 여기에서도 예수를 지칭하는 "인자"라는 말이 또한 "나"라는 말과 번갈아 사용된다(예를 들어, 마 10:32-33 그리고 눅 12: 8-9).

예수의 청중들은 예수가 자신의 정체를 이런 식으로 드러내는 것을 들었을 때, 예수가 전하려는 의미가 무엇인지를 바로 분명하게 이해하지는 못했다. 예수는 실제로 사람들이 다소 파격적인 이런 명칭과 당시의 지배적인 기대감 사이에서 자신들 나름대로 연결점을 찾도록 그들을 초대했다. 따라서 가이사랴 빌립보에서 예수는 제자들에게 묻는다. "사람들이 나 즉 인자를 누구라고 하느냐?"(Who do people say that I, the son of man, am?)[11]. 그에 대한 답변은 다양하다("세례 요한이라 하고 더러는 엘리야, 더러는 선지자 중의 하나라 하나이다"). 오직 제자들만이 정확한 답변을 내놓는다. "주는 그리스도시요 살아 계신 하나님의 아들이시니이다"(마 16:13-16). 예수 자신을 놓고 보면 "인자"라는 명칭이 그 고백과 일관된 것으로 보인다. 그러나 "주는 그리스도시요 살아 계신 하나님의 아들이시니이다"라고 한 고백이 반드시 그 용어을 의미하는 것은 아니다. 다른 사람들은 (예수의 사역을 오해함으로써) 다른 개념들을 거기에 연결지을 수 있었다.

예수가 이러한 자기 지칭을 어떻게 사용했는지 고찰하기 시작할 때 두 가지가 분명해진다.

1. 그 이름은 충격적이다.
2. 그 이름은 미래에 대한 당시의 일반적 기대와 자연스럽게 조화되지 않는다.

분명 예수는 사람들의 관심을 끌어서 그들이 생각해 보도록 하기 위해 좀 덜 흔한 이름을 사용하기를 원했을 것이다. 어째서 예수는 그런 식으로 하려고 했을까? 몇 가지 답변이 있었다. 그러나 이들 답변은 대개 두 가지 중 한 가지 사항을 놓치고 있다. (a) "인자"라는 이름은 전혀 충격적인 것으로 받아들여지지 않았다; 사실 "인자"는 예수가 그 뒤에 숨기 위해 사용하는 (아람어) 가명에 지나지 않는다. "인자"라는 이름이 미래에 대한 현재의 기대감과 전혀 일치하지 않는다는 사실은 이 이론에 신빙성을 더한다. 그러나 이것은 예수가 자신을 지칭하는 방식이 사람들의 주목을 끌었다는 사실을 설명하지 못한다. (b) 다른 사람들은 "인자"라는 용어를 "(기대되고 있는) 인자"(the [expected] son of man)와 연관된 잘 정의된 미래기대를 지칭하기 위해 흔하게 사용되던 용어로 간주한다. 그럴 경우 예수가 이 높임을 받은 명칭을 자신을 위해 사용하시기 때문에 이 용어는 더욱 더 두드러진다. 이 이론은 그 명칭이 지닌 놀라운 특징은 잘 설명하지만, 예수 당시의 사람들이 그 이름을 미래에 대한 현재의 기대감과 쉽게 접목시킬 수 없었다는 사실을 간과한다.

이 주제에 대해서는 엄청난 양의 문서 자료들이 있다. 그렇기 때문에 이 두 주장에 대해서는 다음 두 단락을 할애하여 좀더 논의를 할 가치가 있다.[12]

4.2.2 흔하게 사용된 명칭?

20세기에는 소위 예수에 대한 "명칭들"(titles)에 근거해서 신약의 기독론을 설명하는 것이 한동안 유행이었다. 그리스도, 주 그리고 다윗의 아들 같은 명칭 이외에 인자라는 용어가 또한 예수에 대한 중심적 특징 중에 하나로서 깊이 있게 논의되었다.[13] 쿨만(Cullmann)은 심지어 "인자"라는 말을 가장 중심적인 개념으로 삼아 전통적인 기독론을 다시 써야 한다고 주장했다.[14]

그러나 이러한 접근은 비판을 불러일으켰다. 예수는 누구인가라는 질문에 대한 답은 동떨어진 명칭에서가 아니라 신약의 문장과 말씀에서 찾을 수 있다. "명칭"이 지닌 가치는 주로 그것이 사용된 문장들에서 온다.[15]

이러한 비판은 어떤 구체적 접근방식의 제한된 가능성을 지적하면서도 어떤 명칭들은 그 자체로 중요한 가치를 지녔다는 사실을 배제하지 않는다. 많은 학자들에 따르자면 "인자"라는 명칭의 경우가 바로 그렇다. 그때 이 명칭은 미래에 대한 기대라는 상황 속에서 다소 잘 정의된 의미를 가진 것으로 여겨진다. 왜냐하면 신약시대에 유대인 사회에서 인자는 종말의 심판자로서 기대되었기 때문이다. 예수는 그때 열방을 심판하러 오시는 인자에 대해서 말하면서 이러한 기대에 편승했다.

미래의 심판자가 인자로 오신 예수라는 개념은 단지 점차적으로 세력을 얻었을 뿐이다. 불트만에게 있어서 예수가 실제로 인자를 언급했던 것은 마치 자신이 아닌 어떤 사람에 대해 얘기하는 것처럼 인자의 오심에 대해서 이야기할 때뿐이었다.[16] 예수가 자신을 인자와 동일시하고 있는 진술들은 기독교 공동체의 창작물이며 예수의 진짜 말씀이 아니다. 오직 예수가 죽은 뒤에야, 죽은 스승이 오랫동안 고대하던 인자로 되돌아올 것이라는 개념이 생겨났다. 그리스도의 수난에 대한 여러 차례의 선포에서 예수의 죽음은 비로소 이 "인자"와 연결된다. 전승의 더 후기 단계에서야 예수의 지상생애 동안에도 인자가 예수의 사역과 일치했었다는 진술들이 발전되어 나왔다. 필하우어(Vielhauer)는 불트만보다 한 단계 더 나아간다. 그에 따르면 예수는 "인자"에 대해서 한 마디도 한 적이 없었다. 그리고 기독교 공동체가 예수가 죽은 뒤에 그 말을 예수의 입에 갖다 넣음으로써 나중의 동일시를 위한 길을 닦아놓았다고 한다.[17] 히긴즈(Higgins)는 불트만보다 어느 정도는 좀더 중도적인 입장이다. 히긴즈는 예수의 참된 진술들 중에서 미래의 높아짐에 대한 기대를 포함하는 것들이 제한된 수로나마 존재한다고 주장한다. 미래의 높아짐이란 예수가 심판자로서 "인자"의 '역할'을 수행하는 것이다. 그렇다면 이것이 가장 오래된 기독교 공동체 내에서 바로 이 인자와 예수의 인격이 동일시되는 출발점이다.

이러한 이론들에 있어서 중요한 가정은 예수 당시의 유대교 내에서 마지막 날에 심판자로 오실 인자에 대한 기대가 있었다는 것이다. 그 기대감에 대한 성경적 출발점은 바로 다니엘서 7:13이다.[18] 네 가지 (사악한) 짐승들이 나오는 환상에서 다니엘은 마침내 다음과 같은 장면을 본다:

"내가 또 밤 환상 중에 보니 인자 같은 이가 하늘 구름을 타고 와서 옛적부터 항상 계신 이에게 나아가 그 앞으로 인도되매 그에게 권세와 영광과 나라를 주고 모든 백성과 나라들과 다른 언어를 말하는 모든 자들이 그를 섬기게 하였으니 그의 권세는 소멸되지 아니하는 영원한 권세요 그의 나라는 멸망하지 아니할 것이니라"(단 7:13-14).[19]

다니엘서 7:13에서 시작해서 유대교 내에서는 곧 오실 구속주 - 심판하러 오시는 인자 - 에 대한 기대감이 생겨났다. 이 기대감의 생성은 특히 에녹(Enoch)1서 37-71(비유) 그리고 에스라(Esdras)4서에 반영되고 있다. 오랫동안 "인자"에 대한 유대인들의 기대감이 존재했었다는 사실에 대해서는 거의 아무런 의심의 여지가 없었다. 심지어 "예수 '그리고'인자"(Jesus 'and' the son of man)라는 제목으로 논문들이 출간되기도 했다.[20] 그러나 그 시대는 지났다. 이러한 재구성은 당연히 사방에서 공격을 받는다.[21]

a. 다니엘서 7:13은 "인자 같은 이"에 대해서 언급한다. 어떤 비교를 하고 있지만 여기에서는 이 말이 한 인간을 지칭하고 있다는 언급이 없다. "인자 같은 이"는 "지극히 높으신 이의 거룩한 백성"을 나타내는 상징이다(단 7:27). 이 백성이 영원히 다스릴 것이며 모든 권세가 그들을 섬길 것이다. 짐승들로 묘사되는 적대적이고 세속적인 인간의 권세와 대비하여 인간의 형상을 지닌 선택 받은 하나님의 백성이 있다. 이 인물이 구름을 타고 하나님께 들림을 받았을 때 그것은 신(神)의 현현(顯現)에 대한 증거가 아니다. 예를 들면 엘리야처럼 사람도 구름을 타고 하나님께 갈 수 있다.[22] 다니엘 7장은 여기서의 언급이 미가엘 같은 천사를[23] 지칭하고 있지 않음을 암시한다.[24] 케이시(Casey)와 다른 학자들처럼, 여기에서는 직접적으로 메시아를 지칭하거나 묘사하는 것이 전혀 없다고 결론 내릴 수 있다.

b. 그러므로 "곧 오실 인자"라는 인물은 나중의 유대교 전통에서 발전했음을 가정해야 한다(단 7:13에 근거). 이에 대한 결정적인 증거는 에녹1서에서, 그리고 보조적인 증거는 에스라4서 13장에서 발견할 수 있다. 더 이상의 추가적인 정보는 거의 희박하고 모호해서 그것들은 단지 "인자" 전승의 존재 자체를 확증해 주는 역할을 할 수 있을 뿐이다. 하지만 인자 전승이라는 것은 먼저 다른 자료들에 기초

하여 증명이 되어야 한다(특히 에녹[Enoch]1서와 에스라[Ezra]4서에 기초하여). 이러한 이유 때문에 우리는 연구의 범위를 에녹1서 37-71장 그리고 에스라4서 13장으로 제한한다.[25] 우리는 에스라4서가 기원후 1세기 말에 쓰여졌다는 것을 안다. 즉 신약 이후에 기록되었다. 에녹1서 37-71장의 저작시기는 아직도 논란 중이다. 우리가 가진 증거는 기독교 이전에 그것이 쓰여졌다는 주장을 뒷받침하지 않는다. 그러므로 이 기록들에 포함된 개념들은, 만약 이 개념들이 그것을 기록한 문서들보다 더 오래되었고 영향력이 있었다고 가정하더라도, 단지 신약 시대에만 영향을 주었을 것이다. 그러나 이것이 사실로 증명된다 하더라도 그런 개념들과 신약을 연결짓기는 여전히 쉽지 않다. 인자 이미지가 다니엘 7장까지(에녹1서 46:1에서처럼) 거슬러 올라가는 경우라도 그것은 자립할 수 있을 만한 명칭으로 이어지지 않았다. 에녹1서에서 "인자"는 언제나 46장1절에서 소개된 인물("바로 이 인자")을 지칭한다.[26] 마찬가지로 에스라4서는 또한 "인자 같은 이"가 실제 명칭이나 기술적 용어로 발전했다는 증거를 보여주지 못한다.[27]

그러므로 우리는 기독교 이전의 유대교 내에서 "인자"라는 표현에 대한 어떤 기대나 확립된 용어가 형성되었다는 주장에 대해 충분한 근거는 없다고 결론 내릴 수 있다. 좀더 자세한 사항은 부록2를 보라: "에녹1서 37-71 그리고 에스라4서 13장에서의 인자"

c. 예수의 청중들이 보인 반응 역시 그들이 예수가 자신을 드러내는 데 사용한 용어와 당시에 널리 퍼진 기대감 또는 명칭을 전혀 연결시키지 않았다는 사실을 보여준다. 1세기 당시를 살았던 사람들보다 그 시기에 대해 더 많이 알지도 못하는 20세기 신약학자들이 그것들의 관계를 더 잘 이해했을 리는 만무하다.

d. 예수가 이런 형태의 자기 호칭을 사용한 여러 언급들은 말세에 오실 심판자라는 개념과 전혀 들어맞지 않는다. 그러므로 인자에 대한 예수의 언급 대부분은 불트만의 일반적인 가설에 적합치 않다. 이 가설을 유지하기 위해 그러한 언급들을 비논리적인 것으로 치부하는 것은 생각보다 덜 논리적이다.

e. 자신을 지칭하는 용어의 의미를 오로지 그것을 언급한 진술들에 근거하여 결정하는 것은 방법론적으로 옳지 않다. 예수는 장차 오실 인자에 대해서 여러 번 언급한다. 그러나 이 사실이 "인자"의 의미를 미래로 한정하는 것은 아니다.

f. 오실 인자에 대해 유대인들이 품었던 기대감을 예수가 기존의 명예로운 이름을 빌어 사용하기로 한 것의 배경으로 보는 가설은 기독교 교회가 어째서 절대로 예수를 "인자"로 기리거나 고백하지 않기로 했는지를 설명할 길이 없다. 콘첼만(Conzelmann)에 따르자면 예수에 대한 신앙고백으로서의 '인자'는 팔레스타인 기독교 공동체에 의해 형성되었다고 한다.[28] 그러나 이러한 가설은 우리가 교회내의 어떠한 신앙고백에서도 "인자"라는 명칭을 볼 수 없다는 사실과 충돌한다. 만약 교회 전통에서 나올 수 없는 어떤 용어가 있다면 그것은 바로 예수에게 적용된 "인자"라는 용어다. 이 사실 하나만으로도 분명히 예수가 직접 사용한 용어를 많은 이들이 교회 전통의 산물로 치부하는 것은 이해할 수 없게 된다. 여기서 우리는 교회 전통과 직면하고 있는 것이 아니라 예수가 자신을 지칭한 매우 개인적인 그리고 한번도 모방되지 않은 방식과 마주하고 있는 것이다.

4.2.3 아람어 방언?

"인자"라는 말의 기원을 당시 통용되던 아람어에서 찾을 수 있을까? 교회가 아람어를 더 이상 쓰지 않기 때문에 그 명칭의 사용이 중단된 것인가? 사람들은 오랜 세월 동안 그런 방향에서 해답을 추구했다.[29]

(과거 수백 년 동안 인자에 관한 신화와 관련해서 제안된 다양한 개념들에 반박하면서) 여러 학자들은 예수가 "인자"라는 말을 사용한 것에 관하여 훨씬 더 간단한 설명이 합당하다고 다양한 방식을 통해 주장했다; 즉 사실 인자란 단지 아람어 숙어에 지나지 않는다는 것이다. 이는 한편으로는 아람어의 언어적 특징에 기초한 아람어 전문가의 주장이고,[30] 다른 한 편으로는 예수의 말을 다시 아람어로 번역함으로써 확인할 수 있는 것이다.[31] 아람어로, *bar (')nasha* ("the son of man") 혹은 *bar (')nash* ("a son of man")라는 표현은 거의 아무런 주목도 끌지 못했을 것이다. 그것은 어떤 인종의 구성원(a member of the human race)을 설명하는 매우 흔한 방식이었다.[32] 그러므로 이 말은 "선지자의 아들" 같은 말과 비교할 수 있다. 즉 '선지자' 집단에 속한 어떤 사람의 의미로 말이다. 어느 사람이건 쉽게 자신을 인자라고 말할 수 있었다. 기능적으로 이 용어는 1인칭 대명사 "나"와 동격이다. "나"라는 말 대신 "인자"라는 말을 사용함으로써 문장에 어떤 어감을 더해주는 것이다. 그러나 학자들이 이런 주장을 다듬어 가자 여러 다른 의견들이 제시되었다.

1. 예수는 약간 간접적이고, 회피하는 그리고 모호한 방식으로 자신을 "나"로 묘사하고 있다.[33]
2. 예수는 자신을 인간에게 속한 자로 설명한다. "나는 이스라엘 백성에게 속해 있다".[34]
3. 예수는 자신의 상황에 대해 아이러니컬한 표현을 쓰고 있다: "이 인

자" 또는 "나의 상황에 있는 자".[35]

4. 예수는 겸손하게 말씀하고 있다.[36]

5. 예수는 진실로 놀라운 어떤 것에 대해 말하고 있다.[37]

몇몇 저자들은 이러한 자기 지칭 용어가 특별한 명칭으로 발전하는 어떤 잠재력을 담고 있을 가능성을 인정한다. 린다스(Lindars)에 따르면 예수는 자신이 처한 힘든 상황을 자신이 피할 수 없는 사명으로 인식했으며 이러한 감정은 이후에 메시아라는 명칭과 연결될 수 있다고 설명한다.[38] 라이페슈타트(Leivestad)는 예수가 자신을 나중에 메시아가 될 운명을 지닌 바로 그 사람으로 제시한다고 주장한다.[39] 칠튼(Chilton)에 따르자면 예수는 인자로서 천사들과 관련이 있으며(눅 12:8-9), 따라서 예수의 자기 지칭은 간접적으로 천국의 인물과 연관이 있음을 암시한다고 한다.[40]

이러한 접근에는 다양한 반대 의견이 생길 수 있다.

a. 문제는 1세기 아람어의 세부적 의미와 어조이다. 그러나 1세기경 아람어에 대해 우리가 갖고 있는 자료는 그렇게 세밀한 사항들을 확실하게 재구성하기에는 너무나 제한되어 있고 부적합하다. 그러므로 예를 들면, 당시에 인자에 대해 정관사와 부정관사 사용에 있어서 둘 사이에 차이가 있었는지는 확실하게 결정할 수 없다. "the son of man" (*bar (')nasha*) 과 "a son of man" (*bar (')nash*)은 서로 동일한가? 그러나 만약 동일하다면 어째서 아람어에서 헬라어로 번역될 때는 언제나 정관사 형태가 사용되는가? 단지 번역 실수로 무시해 버리는 것은 너무 쉬운 일이 아닌가?

b. 예수는 자신을 지칭하는 이 용어를 문장의 주어로뿐만 아니라 그것

에 대해 뭔가를 언급할 때 목적어로도 사용한다. 그가 "인자"에 대해 말하는 것들은 별 특징 없는 가명(인자)에 대해서도 특별한 지위를 부여했을 것이다. 그것들은 예수의 말을 듣는 자들에게 (심지어 아람어로 말씀하셨다 하더라도) 인자라는 용어는 분명히 단순한 겸손의 표현 이상의 무엇인가가 있을 것이라는 인상을 주었을 것이다.

c. 예수가 자신을 가리키는 데 사용하는 용어가 일반적인 헬라어 표현이 아니라 하더라도 그것은 여전히 헬라어의 배경 속에서 설명할 수 있다.[41] 예수가 자신을 인간으로뿐만 아니라 "인자"로도 지칭할 때, 헬라어의 이 용어는 예수 자신의 인간적 탄생을 지칭한다. 예수는 세상에서 사역하면서 인간으로서 나타나셨을 뿐만 아니라 인간 혈통에 있어서도 또한 구체적인 자리를 차지하셨다. 예수는 "인간으로 태어나신" 분이다. 번역가는 여기서 "나"에 대한 완곡한 아람어 표현과 동등어로서 이 특별한 헬라어 용어를 사용할지를 결정하기 전에 두 번 (아마도 열 번 이상) 생각했을 것이다. 그리고 주어진 헬라어 용어의 특별한 성격을 고려할 때 경솔함으로 인한 번역상의 오류가 일어났을 가능성은 거의 없다.

d. 예수는 분명히 군중들에게 헬라어로도 말씀했을 것이며 아마도 오랫동안 사람들이 추측했던 것보다 훨씬 더 자주 헬라어를 사용했을 것이다.[42] 예수가 이 용어를 원래 아람어로 사용했다면 헬라어 "번역"(*ho huios tou anthrōpou*) 또한 예수에게서 나왔을 것이다. 예수 자신이 그 말을 헬라어 형태도 직접 사용하셨다면, 이 용어는 절대로 나중의 번역상 오류로 무시될 수 없다. 이 용어는 그렇다면 (가능성 있는 아람어 기원 외에도) 헬라어 형태에 대해서도 설명되어야 한다.

4.2.4 구약의 내용?

"인자"라는 말은 당시 유대교에서 차용할 수 있는 표현이 아니었을 것이다. 또한 일반적인 아람어 용법에 기초해서 설명할 수도 없다. 그러므로 우리는 예수 자신이 언어를 창조적으로 사용하셨다고 말할 수 있다. 그런데 예수가 자신을 지칭하기 위해 이런 용어를 사용한 목적은 무엇이었을까?

대다수 19세기 학자들은 이 표현에서 예수가 이상적인 인간이 되기 원했으며 인간됨이 예수가 전한 가르침의 핵심이라는 증거를 발견했다. 사람들은 예수에게서 역할모델과 모범을 발견한다.

20세기에 있어서 지배적인 생각은 예수가 이 용어를 사용함으로써 자신의 인간됨과 구약의 몇 가지 요소들 사이의 새로운 관계를 창조해 내기를 원했다는 것이다.

a. 마샬(Marshall)은 예수가 다니엘 7장을 가리키는 데 쓸 수도 있는 일반적인 아람어 용어를 사용했을 것이라는 가능성을 제기한다. 일부 학자들에 따르자면 심지어 예수는 의도적으로 모호한 용어를 사용했는데, 예수가 다니엘 7:13의 인물을 암시하려 했을 때에야 그 뜻이 분명해졌으며, 그 구절을 가지고 그는 마침내 산헤드린 앞에서 자신의 정체를 공개적으로 밝혔다고 한다.[43] 따라서 "인자"는 하나님의 아들을 가리키는 일시적이고 비밀스런 명칭이다.[44]

b. 예수는 자신의 조상, 즉 '사람의 대표'였던 아담과 예수 자신 사이의 관계를 확립한다. 예수는 아담의 약속된 아들이다.[45]

c. 이 용어는 구약의 시적인 단락에서 인간의 낮은 위치를 강조하기 위

해 종종 인자라는 말을 사용한 방식과 일관성이 있다. 그러므로 강조점은 하나님 앞에서의 겸손에 있다.[46]

d. 예수는 선지자 에스겔이 종종 "인자"라고 언급된 것과 연결된다. 이 선지자는 인자로서 이스라엘의 심판자가 되었다.[47]

e. 심지어 버켓(Burkett)은 (요한복음에서) 구약 연상의 전체 시리즈를 본다. 그 가운데 시편 30:1-4 그리고 야곱의 사다리가 있다.[48]

이러한 해결책의 문제는 어째서 모든 것이 명백해진 이후에도 메시아에 대한 이런 창조적인 호칭을 교회가 채택하지 않았는지를 분명하게 설명하지 못한다는 것이다.

산헤드린 공회 앞에서 예수가 자신을 지칭할 때 다니엘 7장과 인자라는 용어 사이에 직접적인 연결점을 확립했다는 사실도 명백하지 않다. 예수는 자신의 이름을 설명하지 않는다. 그러나 하나님의 아들이나 메시아에 관한 질문에는 대답한다(마 26:63). 그리고 나서 예수는 시편 110편을 인용해 직접 말한다: 그들은 예수가 "전능자의 우편에" 앉아 있는 모습을 보게 될 것이다. 예수는 또한 "하늘 구름"을 타고 올 것이다. 이것은 다니엘 7장에 대한 암시이긴 하지만 간접적인 것이다(다니엘 7:13은 인자와 같은 누군가가 구름을 타고 하늘로 올라가는 것과 관련이 있다. 그러나 예수는 하늘에서 내려오는 것에 대해서 말하고 있다). 그리고 다니엘 7장에 있는 인자와 예수의 자기 칭호인 "인자" 사이를 비교해 보면 여전히 차이점이 존재한다.

아담과의 직접적인 관계도 분명치 않다. 코르테스(Cortes)와 가티(Gatti)는 예수가 인자라고 말씀하실 때 정관사 'the'를 사용한 것을 지적한다(즉 뛰어난 인간의 뛰어난 아들). 그러나 이것은 정확하지 않다. 헬라어에서 아들을 한정적 명사로 사용했을 경우에는(the son) 그것에 대한 수식어에도 또한 정관사를 써야 하기 때문이다("of the man"). '사람의 그 아들'(*ho huios anthrōpou* [the son of a man])이라고 말하는 것은 정확한 헬라어가 아니다. 헬라어에서 주어가 매우 특별한 사람이라는 것을 나타내기 위해서는 추가적인 단어들을 사용해야 한다(예를 들면 "그 첫 번째 사람의 아들"[the son of the first man] 혹은 "그 뛰어난 사람의 아들"[the son of the pre-eminent man]).

일반적으로 자신을 지칭하는 용어의 의미는 그 단어가 주어로 사용되는 문장에서는 이끌어낼 수 없다. 여기에 추가된 사실은 예수가 자신을 매우 다양한 정황에서 인자라고 언급했다는 것이다(세상에서의 그의 사역, 고난, 그리고 그의 미래와 관련하여). "인자"라는 말은 그다지 구체적인 의미가 담겨 있지 않은, 그래서 매우 다양한 상황에서 자신을 지칭하는 데 사용할 수 있는 말이다. 그 이름은 예수가 그것에 덧붙인 진술들로부터 그 존재이유 (*raison d'être*)를 이끌어낼 수 없는 이름이다.

4.2.5 대화에 나오는 "인자"

만일 독창적으로 만들어진 이 용어가 구약적 요소와의 주제적 연관성에 기초하여 설명될 수 없다면, 우리는 그 이름에 거의 아무런 내용이 없다고 결론을 내려야 한다. 진정 그것은 충격적인 용어이지만 그 구체적인 의미 때문은 아니다. 그 용어는 단지 너무 일반적이다. 인자라는 용어는 예수가 "인간의 후손"이라는 사실 말고는 아무것도 말해주지 않는다.

그러나 충격적인 것은 예수가 다소 공허한 이 용어를 계속해서 초인간적이고 신적인 역사를 지칭하는 언급과 관련해 사용한다는 사실이다. 대다수 예수의 진술에는 어떤 특별한 긴장이 있다. 예수는 자신을 단지 "인간의 후손"이라고 하면서도 계속해서 그러한 호칭과는 완전히 빗나가는 방식으로 이 인간 후손의 중요성, 소명, 그리고 미래에 대해 말씀한다. 우리는 인간으로 태어난 누군가가 또한 하늘나라로부터 우리에게 온다고 기대하지 않는다(요 3:13; 6:62). 그리고 그가 다시 승천하리라는 것(요 3:14; 8:28), 그리고 다시 하늘로부터 재림할 것(요 6:62)이라는 것을 기대하지 않는다. 인자가 자신이 "올 것"(마 10:23; 눅 12:40; 마 24:44; 25:13; 26:64)과, 자신이 "나타날" 때(마 24:27, 37, 39)에 대해 말하고, 그 때 천사들이 그를 수행하게 될 것이라고(마 13:37, 41; 16:27-28; 24:30; 25:31) 말하는 것도 적절해 보이지 않는다. 인자가 열방을 심판하러 오며, 하나님 우편에 앉는다는 것도 모든 기대와 정반대이다(마 19:28; 눅 21:36). 그럼에도 바로 이것이 때가 되면(눅 17:22-30) 인자가 "드러나는" 방법이다(눅 17:30). 예수는 인자라는 매우 낮은 용어로 자신을 지칭하기 때문에 자신에게 돌리는 모든 위대함은 훨씬 더 충격적이다. 사람들의 관심을 끄는 것은 바로 이런 역설적인 조합이다. 사람들은 자신을 메시아로 여기는 예수가 영원히 남아있을 것이라고 상상할 수 있다. 그러나 인자가 들림을 받아야 한다는 말은 어떤 의미인가? 이 인자는 누구인가(요 12:34)? 각각의 사실들이 들어맞지 않는다.

그러나 "인자"라는 호칭은 대부분의 유대인들의 예수에 대한 생각과 매우 잘 들어맞는다. 유대인들은 예수 안에서 인간의 후손 그 이상의 다른 어떤 것도 보지 못했다. 쫓겨나온 더러운 영들은 예수가 "하나님의 아들"이라는 것을 알아본다(막 3:11; 마 8:29). 그러나 유대인은 예수를 "요셉의 아들"이라고 부른다(눅 4:22; 요 1:45; 6:42) 그리고 그것이 바로 사람들이 예수를 바라보는 관점이다(눅 3:23). 예수는 어머니, 형제, 자매들이 있는 목수의 아들일 뿐이다(마 13:55-56; 막 6:3).

예수가 자신을 지칭하는 데 동일한 종류의 용어를 사용할 때, 주위 사람들의 평가를 반영하고 있는 것일까? 그는 사람들이 생각하는 대로 "인간으로 태어난" 자이다. 그러나 확실히 예수는 요셉의 아들이 아니다. 하지만 그 문제는 고려할 대상이 아니다. 유대인들에게 중요한 것은 예수가 단지 인간의 후손이며 예수가 자신을 "인자"라고 칭함으로써 그에 동의한다는 사실이다. 그러나 동시에 예수는 자신이 가야 할 마지막 목적지가 세상에 있지 않다는 것과 자신에게 신적인 권위, 임무, 그리고 능력이 있음을 보여준다(마 8:20). 유대인에게 예수의 위치는 "인자"라는 명칭으로 충분히 설명이 되었다. 그러나 예수 자신에게는 인간의 족보가 어떠한 제한이나 규제도 암시하고 있지 않는 듯하다. 예수에게 위대한 임무와 미래가 있다는 것은 바로 그가 인간의 후손이기 때문이다. 유대인에게 있어서 문제의 끝이(예수의 인간적 기원) 예수에게 있어서는 시작점이 된다(그의 거룩한 사역). 예수는 대중들로부터 평범한 것을 취하여 거기에 위대한 선포라는 빛나는 불꽃놀이를 덧붙이실 수 있다: 여인에게서 태어난 이 분이 바로 하나님의 아들이며, 하나님 우편에 앉아계시는 분이다.

정관사가 붙여진 용어("the Son of Man")는 예수 주위의 사람들이 그 분에 대해 가졌던 이미지에 근거한다. 그들은 "사람의 한 아들"(A son of man)이라고 말했다. 예수는 대답한다. "[너희가 나를 부르는 대로] '그' 사람의 아들(The Son of Man)이 구름과 함께 하늘에서 내려올 것이다." 엄밀히 말하자면 이렇게 자신을 지칭한 용어는 자유롭게 선택한 이름이 아니라 사람들이 예수에게 붙여준 명칭이며 예수 자신이 인정한 것이다

어떤 경우에는 이런 연결점이 상당히 명백하다. 빌립은 나다나엘에게 예수를 "요셉의 아들 나사렛 예수"라고 소개했다(요 1:45). 나다나엘에게 있어서 그것은 너무나 인간적으로 보였다: "나사렛에서 무슨 선한 것이 날 수 있느냐?"(요 1:46). 나다나엘이 예수가 신적인 전지전능함으로 자신에 대해 알고 있음을 발견했을 때 그는 재빨리 말을 바꿔 "당신은 하나님의 아들이시요 당신은 이스라엘의 임금이로소이다"라고 말한다(요 1:49). 예수는 나다나엘의 고백을 확증한다. 나다나엘은 심지어 더 위대한 것을 볼 것이다. 동시에 예수가 인간이라는 것 또한 여전히 사실이다. 천사들은 "인자" 위에서 오르락 내리락 할 것이다(요 1:51). 나다나엘은

하나님의 아들이 진정으로 "나사렛에서 난 인자"임을 깨달아야 한다.

세례 요한은 자신 뒤에 신적인 인물이 올 것이며 그가 성령으로 세례를 줄 것이라고 이미 알렸다. 예수가 나중에 많은 기적과 표적을 일으키면서 (그러나 여전히 인간으로서) 사람들 가운데 나타나셨을 때, 사람들은 예수의 사역을 "단지 인간적"인 것들로 무시한다. 심지어 사람들은 예수를 "먹기를 탐하는 자(man)"라고도 말한다. 예수는 사람들의 근시안적인 관점을 비판하지만 자신이 "인자"로 온 사실은 인정한다(마 11:19). 그럼에도 불구하고 예수는 그 이상이다. 요한은 "여자가 낳은 자 중에" 가장 큰 자이다(마 11:11). 예수가 요한 이상이라면 예수는 분명 여자가 낳은 인간 이상일 것이다.

어느 날 예수가 중풍에 걸려 전신마비인 자의 죄를 용서했을 때 이스라엘 지도자들은 예수가 신성모독 죄를 범했다고 생각했다. 오직 하나님만이 죄를 사하실 수 있다(막 2:7). 그들의 눈에 예수는 단지 요셉의 아들일 뿐이었다. 이에 대해 예수는 "인자" 가 세상에서 죄를 용서할 수 있는 권세가 있다고 대답한다(막 2:10). 불행하게도 군중들은 예수를 오해해서 이제 하나님이 이런 권위를 모든 사람들에게 보편적으로 주셨다고 생각한다(마 9:8). 군중들 역시 인간 예수가 동시에 인자 그 이상이라는 사실을 깨닫지 못한다.

유다가 예수를 사람들의 손에 넘겨주던 날 밤에 예수는 유다에게 그가 원하는 것이 단지 "인자"를 다른 사람들의 손에 넘겨주는 것이라면 어째서 자신에게 입을 맞추는지 물었다(눅 22:48).

자신을 지칭하는 그런 용어는 예수가 죽으면서 모호해질 것이며 이후 기도나 고백에 있어서 예수를 의미하는 용어로 절대 쓰이지 못할 것이라는 사실은 이해할 수 있다. 예수는 군중들의 의견을 받아들여 인자라는 용어를 자기 호칭으로 받아들였다. 그러나 그 호칭이 의미를 가질 수 있었던 것은 오직 군중들과의 지속적이고 갈등적인 대화 속에서 뿐이었다.

예수는 인간으로 탄생한 것이 신적 미래에 대한 가능성을 배제한다기보다는 오히려 그것을 가능하게 한다는 것을 보여주기를 원했다. 당시는 제자들이 인자를 믿는다는 것과 그의 이름을 고백한다는 것 때문에 멸시를 받던 때였다. 그러나 예수는 믿음 안에 굳게 서고 예수를 단지 인간일 뿐으로 무시하는 자들로 인해 동요하지 말라고 제자들을 격려했다. 제자들로 하여금 자신을 주로 고백하고 자신의 살을 먹고 피를 마심으로써 "성육신한 인자"를 충분히 깨닫도록 했다(눅 6:22; 12:8; 18:8; 요 6:53; 또한 요 9:35의 여러 사본을 보라). 심지어 예수는 인자에 대해 신성모독을 한 자들에게도 하나님의 성령이 예수 안에 있다는 것을 계속해서 인정하는 한 용서를 약속하셨다(마 12:32; 눅 12:10). 한때 요나가 니느웨에서 그랬던 것처럼 인자로서 예수는 그들 가운데 있는 하나님의 위대한 미래를 보여주는 잠정적인 표적이다(눅 11:30). 그러나 자신을 지칭하는 말인 "인자"는 이스라엘에서 예수의 굴욕이 끝나자마자 그 기능을 상실한다. 예수가 자신의 수난을 알릴 때는 계속해서 자신을 인자로 언급하다가 부활하자마자 그 용어 대신 하나님께로부터 받은 "그리스도"라는 명칭으로 자기 호칭을 바꾼 것은 놀라운 일이다(눅 24:26, 46). 여인에게서 난 그의 출생, 인간됨이 예수에게는 제약이 아니었다. 그것은 하나님의 기름 부으심을 받은 자가 잃어버린 자를 찾아 구원하기 위해 "인자"로서 순종하며 따랐던 길이었다(마 18:11; 눅 9:56; 19:10; 마 20:28). 그것이 바로 이 인자의 "영화"(glorification)가 그의 죽음이 임박한 순간에 시작됨을 말해준다(요 12:23; 13:31). 하나님의 아들은 바로 '인간'이 됨으로써 심판할 수 있는 권세를 받는다(요 5:27).

인자라는 용어는 예수가 세상에서 자신을 가리키는 방식에 속한다. 오직 지상에 있을 때에만 이 용어는 기능을 발휘한다. 예수가 이 용어를 사용했던 여러 진술들은 그가 어머니 마리아를 통해 참된 인간으로 탄생한 과정을 거쳤다고 해서 하나님의 아들이라는 실체를 배제하지 않는다는 사실을 보여준다. 진실로 그 탄생은 세상에서의 예수의 사역과 나중에 세상의 심판자로서 다시 오시는 것, 그리고 하나님 우편에 앉으심을 위한 길을 마련했다. 하나님은 바로 이 거절당한 인자 위에 "하나님!"이라는 봉인을 붙여주셨다.[49]

객관적으로 보면 "인자"라는 용어는 한편으로 예수가 굴욕을 겪는 동안 받은 (예수가 감당해야 했던) 실제적인 거절을 우리에게 상기시켜 준다. 하지만 반면 그것은 성육신의 중요성을 긍정적으로 지적한다. 하나님 아들의 성육신은 이브에게 주신 약속, 다니엘의 비전, 그리고 아담과 관계가 있기 때문에, 이 용어에는 온갖 종류의 간접적인 암시들이 포함될 수 있다. 이 용어가 구체적이지 않고 일반적이라는 바로 그 이유 때문에 이 용어는 넓은 범위의 정황에서 넓은 의미로 연상을 일으킬 수 있다. 그러므로 마가복음 2:27에서 예수는 아담의 창조를 언급하고, 거기에서 "인자" 즉 자기 자신에 대한 직접적인 결론을 이끌어낸다(막 2:28). "인자"로서 예수는 또한 아담의 아들이다. 그러나 특별한 것은 예수가 마치 율법이 자기 자신에게는 적용되지 않는 것처럼 행동한다는 것이다(이 경우에는 안식일에 관한 율법). 예수는 다른 이스라엘 사람과 다른 의미에서 아담의 아들인가? 안식일에 예수가 행동한 것 이면에는 어떤 주장이 숨겨져 있는 것인가? 최소한 이레네우스(Irenaeus) 이후의 교회전통에서, "인자"라는 용어의 긍정적인 면은 주로 성육신과 관련해서 이해되었는데 이것은 정당하다. 그러나 정관사 - *the* Son of Man - 는 문제를 야기했다. 왜냐하면 그것은 어떤 독립적인 의미나 중요성을 제공하는 데 도움이 되지 않기 때문이다. 이 용어는 단지 다른 사람들이 예수를 바라보는 관점 그리고 자신을 하나님의 아들로서 받아들이기를 거절한 것에 대한 반응으로 예수가 자신을 지칭하는 방식의 일부일 뿐이다. 예수는 도전을 받아들인다: "인자"라는 용어는 사람들로 하여금 예수에게 귀를 기울이도록 만든다!

제5장

예수, 하나님의 아들

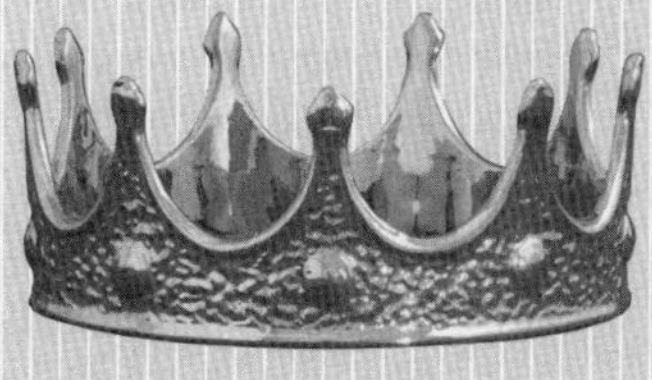

Jesus the Son of God

Chapter 05

예수, 하나님의 아들

앞장에서는 예수가 자신을 지칭하는 방식에 대해 고찰했다. 그의 독특한 언어 방식이나 자신을 지칭하는 방식에서 우리는 어떻게 예수가 자신을 이스라엘 앞에서 인간의 아들 이상의 존재로 제시했는지를 알게 된다. 예수는 자신의 말을 듣는 이들에게 스스로 결정을 내리고 자신에 대해 분명하게 판단하라고 초대했다. 이 장에서는 예수가 자신을 지칭한 것에 반응해서 다른 사람들이 예수에게 부여한 긍정적인 이름들과 명칭들에 대해 다룬다.

5.1 선지자 그 이상

예수의 사역은 선지자의 사역과 공통점이 아주 많다. 그들 모두 하늘의 메시지를 사람들에게 전했다. 하늘에서 받은 영감을 통해 그들은 보통 인간의 말로는 표현할 수 없는 곳까지 이르렀다. 심지어 예수는 스스로 권위를 지닌 선생처럼 행동했다. 따라서 사람들이 예수를 "선지자"라고 부르는 것도 이해할 만하다. 예수에게 선지자라는 명칭은 세 가지 의미로 주어졌다.

a. 첫째, 많은 사람들이 예수를 당시 주변에 있던 다른 선지자와 마찬가지로 여겼다. 요세푸스는 바리새인과 에센파 사람들 가운데는 하늘로부터 받은 환상에 근거해 미래에 대해[1] 신뢰할 만한 진술을 할 수 있는 사람들이 있었다고 보고한다.[2] 요세푸스는 선지자라는 단어를 일부러 사용하지 않았을지도 모른다. 유대전쟁 시기에 사람들 사이에서 혁명운동을 했던 일부 자칭 "선지자"들 때문에 당시 그 명칭은 부정적인 의미를 지니고 있었기 때문이다. 예를 들어 요세푸스는 1세기경 종종 카리스마가 있는 지도자들이 사람들의 인기를 등에 업고 "선지자" 노릇을 하면서 사람들을 불러 모은 다음 광야로 데려가 곧 다가올 종말론적 사건을 기대하며 준비시키는 일들이 있었다고 기록하고 있다.[3]

1세기경 유대인 세계에 "선지자"들이 이미 있었으므로[4] 세례 요한과 예수의 주목할 만한 사역들을 보고 사람들이 그들도 또한 "선지자"라고 결론 내린 것은 당연한 일이다. 그러므로 많은 이들이 세례 요한을 선지자로 간주하며(마 14:5; 21:26; 막 11:32과 비교하라; 눅 20:6), 나중에 예수에게도 동일한 명칭을 붙여준다(마 21:46; 눅 7:39; 24:19; 요 4:19; 9:17; 요 7:52과 비교하라; 마 26:68 = 막 14:65 = 눅 22:64).

제자가 아닌 사람들이 때로 존경하는 마음으로 예수를 "랍비" 또는 "선생"이라고 부를 때, 그것은 바로 예수를 선지자로 간주하는 이러한 경향과 완전히 일치한다. "랍비"라는 명칭은 오로지 랍비로서 훈련받은 신학자에게만 붙여졌다. 그러나 예수는 랍비에게서 교육을 받지 않았다. 그러므로 사람들이 예수를 랍비로 예우해야 한다고 주장할 때, 그들은 예수가 "하나님께로부터 오신 선생"이라는 사실을 인정하고 있는 것이다(요 3:2). 심지어 그들이 단지 "선생"이라는 말을 사용해서 그저 예수를 인정하는 척할 때도, 그들은 예수가 사람들로 인해 부화뇌동하지 않는다는 사실을 암시하고 있다. "당신은 참되시고 아무도 꺼리는 일이 없으시니 … 오직 진리로써 하나님의 도를 가르치심이니이다"(막 12:14). 예수는 하나님에게 직접 가르침을 받은 것처럼 보인다. 예수가 "랍비"인 것은 그가 "선지자"인 것과 관계가 있다. 예수의 통찰력은 인간적인 가르침 때문이 아니라 계시 또는 비전에서 온 것이다.[5)]

b. 둘째, 예수에게서 동시대의 선지자 그 이상의 모습을 보고서 헌신적으로 그를 흠모하는 무리가 있었다. 그들은 예수를 옛 선지자 중의 하나와 같이(막 6:15) 간주해야 한다고 생각하고 예수를 성경의 선지자가 되살아난 것으로 생각했다(마 16:14 = 막 8:28 = 눅 9:19; 막 6:15 = 눅 9:8; 7:16 [위대한 선지자]). 어떤 이들은 구체적으로 예레미야를 떠올렸다(마16:14). 다른 이들은 같은 선상에서 추론하면서 예수를 세례 요한이 되살아난 것으로 여겼다(마 14:2 = 막 6:14-16 = 눅 9:7-9).

c. 셋째, 마지막으로 예수를 특별하고도 유일무이한 말세의 선지자로 여기는 사람들이 있었다(마 21:11의 원문 대부분은 "선지자 예수"로 읽는다). 그들은 예수를 말라기가 예언한 주가 오실 길을 예비하는 선지자 엘리야(말 4:5-6; 마 16:14 = 막 8:28 = 눅 9:19; 막 6:15) 또는 세상에 오실 선지자로 여긴다(요 6:14; 7:40). 후자는 신명기 18:18-19의 예언에 근거한다.[6)]

신명기 18:9-22에서 모세는 이스라엘 백성이 약속의 땅에 들어간 이후 무슨 일이 일어날지에 대해 이야기한다. 모세는 이스라엘 백성들에게 이방민족들의 삶의 방식과 가르침, 특히 점성술이나 강신술에 의지하지 말라고 경고한다(신 18:9-14). 하나님은 별이나 죽은 사람을 통해 다가갈 수 있는 분이 아니다. 이스라엘 백성은 호렙산에서 하나님을 소멸하는 불 그리고 살아있는 불로 알게 되었고, 하나님 앞에서 죽을까 두려워 움츠러들었다(신 18:16-17). 주님은 이러한 두려움을 긍정적으로 보셨다. 점성술이나 점으로 메워질 수 없는 하나님과 인간 사이의 이러한 격차는 이스라엘 백성이 가나안 땅에 들어가기 전에 광야에서 일어났던 일에 비견될 수 있는 그런 방식으로 주님 자신에 의해서 메워질 것이다. 당시 모세는 중재자로서 이스라엘 백성에게 말했다. 그들은 하나님의 음성을 들었지만, 여전히 죽지 않고 살았다. 가나안에서 주님은 비슷한 종류의 선지자를 중재자로 주실 것이다(18:15, 18). 죽느냐 사느냐, 가나안 땅에 남아 있느냐 아니면 쫓겨나느냐 하는 문제는 그들이 이 선지자의 말을 청종할 것이냐 아니면 무시할 것이냐의 선택에 달려 있다(18:19). 놀라운 사실은 이 선지자가 나타남과 동시에 하나님의 심판이 올 것이라는 사실이다.

신명기 18:20-22에서 모세는 우상을 섬기도록 이스라엘을 속이는, 심지어 주께로부터 보내심을 받은 자로 가장하여 나타날 거짓 선지자에 대해 말하고 있다. 그러나 이들 가짜 선지자들은 정체가 드러나야 한다. 그들이 예언하는 표적들은 일어나지 않을 것이다. 이 마지막 구절들 때문에 일부 성경 주석가들은 "너희 가운데 나와 같은 선지자"라는 부분을 단체적인 의미로 이해했다. 그럴 경우 그 단락은 일반적인 "점과 예언"을 다루며 이 약속은 여러 세대에 걸친 참된 선지자들의 출현과 관련된다. 그러나 이들 마지막 구절은 단지 거짓 선지자들과 그들을 알아보는 방법만을 말한다. 약속하신 선지자가 오심을 준비하기 위해서는 그러한 잘못된 예언으로부터 자신을 멀리해야 한다.

진정한 선지자들은 모세로부터 시작하여 모세와 같은 자가 될 것이라고 예언된 선지자로 이어지는 선상 어딘가에 분명히 각자의 자리를 가지고 있지만, 그들은 오실 선지자에 대한 약속의 성취는 아니다. 왜냐하면 그들은 한 가지 특징을 결여하고 있기 때문이다. 하나님께서는 오실 선지자의 말씀을 '심판'을 통해 성취하실 것이다(18:19). 진정한 선지자들은 어떻게 보면 곧 오실 선지자의 전조다. 그리고 그분의 심판은 결정적인 분열을 가져올 것이다. 그러므로 신명기 34:10-12은 "그 후에는 이스라엘에 모세와 같은 선지자가 일어나지 못하였나니 모세는 여호와께서 대면하여 아시던 자요 여호와께서 그를 애굽 땅에 보내사 바로와 그의 모든 신하와 그의 온 땅에 모든 이적과 기사와 모든 큰 권능과 위엄을 행하게 하시매 온 이스라엘의 목전에서 그것을 행한 자이더라"라고 말한다. "모세와 같은" 선지자의 선구자들은 불순종하는 자들에 대해 아무런 눈에 띄는 수확도 얻지 못하고 멸시 받고 거절당할 수 있었다. 그러나 그 선지자가 약속의 땅에 들어가면 그의 말씀은 약속의 땅에 들어가기 전 호렙산에 나타나셔서 모세를 통해 광야에서 이스라엘 백성을 심판하셨던 하나님의 말씀만큼이나 효과가 있을 것이다.

그러므로 기원후 1세기 동안 신명기 18:17-19의 말씀은(34:10-12와 함께), 모든 진정한 선지자들이 이미 온 후에도, 모세와 같은 특별한 선지자의 출현을 기대할 이유를 제공했다.[7] 그 선지자의 말은 그를 통해 주의 음성을 청종하는 자와 그의 말을 듣기를 거부하는 자 모두에게 가장 극단적인 결과를 가져온다. 그러므로 기원전 2세기경 유대인들은 시몬 마카비우스(Simon Maccabeus)가 "믿을 만한 선지자가 나타날 때까지" 영원한 통치자이자 제사장이 될 것이라고 결정했다(1 Macc. 14:41). 필로넨코(Philonenko)는 이 단락에서 신명기 18:14, 18 과 민수기 11:7의 반향을 본다(*신뢰할 만한* 선지자로서의 모세).[8] 분명 이스라엘 백성들은 "모세와 같은" 특별한 선지자를 기다리고 있다.

같은 세기에, 훼손된 제단의 잔해들을 어떻게 할 것인가에 대한 결정은 "그 일에 대해 지시할 선지자가 올 때까지" 연기 된다(1 Macc. 4:46). 오실 선지자에 대한 기대는 또한 쿰란에서 발견된 몇 개의 문서에서도 분명하게 드러난다(1QS 9.10-11: "선지자 그리고 아론과 이스라엘의 기름 부음 받은 자가 올 때까지"; 비교 4QTest. 5-8).[9] 신약에서 우리는 또한 예수 시대에 이런 종류의 기대가 있었다는 몇 가지 흔적을 발견한다(요 1:21, 24; 6:14; 7:40).

성경 외의 문서들은 당시에 "선지자"에 대한 기대가 광범위하게 퍼졌으며 지배적인 자리를 차지했다고 생각할 만한 단서를 그 이상은 제공해 주지 않는다. 그러나 이것이 신약의 자료를 무시할 수 있는 이유가 되는 것은 아니다. 구약에서 신명기 18:17-19가 장차 오실 이에 대한 암시를 제공하는 유일한 곳은 아니다. 유대민족은 온갖 종류의 알림 앞에 직면했었다(선지자에 대해, 다시 올 엘리야에 대해, 여호와의 종에 대해, 다윗의 자손에 대해, 그리고 기름 부음을 받은 자에 대해 등등). 이러한 알림 중에 어느 것이 결국에는 가장 결정적이 될 것인지는 분명하지 않았다. 그리고 이러한 알림들이 서로 어떤 관계였는지도 또한 모호했다. 이스라엘 백성들은 희망을 키울 만한 충분한 이유가 있었지만 장차 어떤 일이 일어날지에 대한 분명한 그림에 대해서는 아무것도 가지지 못했다. 그러므로 신약 시대에 우리는 유대교 안에서 종말론적 기대에 대해 통합되지 않은 온갖 종류의 요소들을 본다(엘리야? 선지자? 그리스도?). 이렇게 유대인들의 기대감을 조성한 요소들 중에 신명기 18장의 진술이 다소 부차적이고 잠재적인 위치를 차지했을 가능성이 없지 않다. 그러나 세례 요한의 사역으로 인한 영향 아래서 미래에 대한 이스라엘의 기대 속에 있던 잠재적이고 별로 눈에 띄지 않는 요소들이 또한 활성화되었다. 따라서 우리는 세례 요한 시대의 고조된 기대감 때문에 신명기 18장의 약속에 대한 분명한 인식이 또한 있었음을 보게 된다(이 단락은 분명 그리스도인이 아닌 유대인들에게는 더 이상 흥미거리가 아니었을 것이다. 후대의 [랍비] 문서에서 "선지자"에 대한 기대는 그다지 분명한 자리를 차지하지 않는다.)

*예수 자신*은 "선지자" 또는 "옛 선지자 중 하나" 또는 "곧 오실 선지자" 등으로 자신을 자리매김하려는 시도들에 대해서 어떻게 반응했을까? 먼저 예수가 자신을 선지자와 같은 자로 봤다는 사실은 분명하다. 예수에게 일어나는 일은 자신의 고향에서 환영 받지 못하는 선지자에게 일어나는 일이다(마 13:57, 이것을 막 6:4; 눅 4:24; 요 4:44과 비교하라). 그리고 선지자처럼 예수는 예루살렘에서 죽어야 한다(눅 13:33). 그렇다 하더라도 예수는 "선지자"라는 지칭이 자신에게 적용되는 것이 적당하지 않다고 계속해서 암시하신다. 과연 예수는 선지자 그 이상이다(마 11:9 =

눅 7:26).[10] 이러한 이유 때문에 예수는 자신에 대해서 "요나보다 더 큰 자"(마 12:41; 눅 11:32) 또는"아브라함과 선지자보다 큰 자"(요 8:52-58)라고 할 수 있다. 예수는 "엘리야나 예레미야 같은 선지자 중의 하나"가 아니라 "그리스도"이다 (마 16:13-17).

예수가 승천한 후에 사도 베드로는 나중에 스데반이 그랬던 것처럼(행 7:37) 신명기 18:18-19을 예수에게 적용한다(행 3:22-23). 그러나 베드로는 그것과 그리스도라는 명칭을 결합한다(행 3:18, 20). 강조점은 또한 이 약속 받은 선지자의 심판자적 역할에도 주어지는데, 이것은 예수가 영광으로 돌아오실 미래에 시선을 집중하게 한다.[11]

예수는 세상에 계신 동안 잘못을 벌 주시는 심판자로 행동하시지 않는다. 오히려 반대로 예수는 자비와 긍휼을 베푸셨다. 예수는 또한 자신이 분쟁을 중재하는 판사의 역할을 하는데 내몰리도록 하지 않으셨다(눅 12:13-14). 광야에서 오천 명을 먹이실 때 군중들은 예수를 "세상에 오실 그 선지자"(요 6:14)로 인정하면서 그분을 "왕으로 세우려는" 강한 열망을 보였다(요 6:15). 그러나 이것은 로마에 대한 반란의 준비로 의도된 것은 아니었다. 사람들은 약속된 심판자/선지자는 반드시 이스라엘에서 권위를 부여 받아야 한다는 것을 깨닫는다. 그는 자기 백성의 심판자/왕이 되어야 한다. 그러나 군중들은 아직 때가 되지 않은 어떤 것으로 먼저 건너뛰어 가고자 한다. 예수는 진정 선지자다. 그러나 당분간 예수의 사역은 온화한 사역이 될 것이다. 그러므로 예수는 자신을 왕으로 세우려는 군중들을 피해 산으로 들어가 기도하신다. 이것은 "약속 받은 선지자/심판자"의 기능이 사도행전 때까지 눈에 띄지 않는 이유를 이해하는 데 도움을 주며, 이후에는 그리스도를 선택하는 결정을 미루지 말아야 할 것에 대한 분명한 논증의 역할을 한다. 예수는 이스라엘과 세상에 대한 하나님의 최종적 말씀이다. 이후에는 판결이 내려지고 실행될 것이다.

우리는 또한 어째서 예수가 비록 그 관련성을 배제하지는 않았지만 직접 신명기 18장을 언급하지 않았는지를 이해할 수 있다. 예수가 "선지자 중 하나"라는 명칭을 거부한 것은 사실이지만, 예수는 자신이 세상에 올 선지자일 가능성에 대해서는 반대를 표시하지 않았다. 예수는 그들의 생각을 따를 수는 없었다. 왜냐하면 이스라엘 백성은 계속해서 이 선지자와 그리스도를 구분했기 때문이다(요 1:19-25; 7:40-41과 비교하라). 반면 예수의 오심과 그의 삶의 여정은, 비록 엘리야는 분명히 다른 인물이지만(세례 요한), "심판자/선지자" 와 "그리스도"는 하나라는 것을 분명히 한다. '그' 선지자로서의 예수의 심판적 역할은 세상에서 굴욕을 당할 때가 아니라 재림할 때 수행될 것이다.

이것이 바로 "선지자"라는 명칭이 예수에게 그다지 적당하지 않은 이유이다. 예수의 사역은 선지자적인 것으로 설명할 수 있지만, 사실 예수는 선지자 그 이상이다. 이슬람은 예수를 단순한 선지자로 자리매김하고 있지만, 그리스도인들은 예수를 그리스도, 하나님의 아들로 고백한다. 심지어 현대 기독론도 때로 예수의 가장 오래된 역할은 선지자이며, 그 나머지는 나중에 선지자를 메시야로 둔갑시킨 기독교 공동체에 의해서 추가된 것이라는 이론을 사수할 때가 있다. 이것이 바로 케이시(Casey)가 자신의 책 '유대 선지자에서 이방인의 하나님으로(From Jewish Prophet to Gentile God)'에서 주장한 입장이다.[12] 페르메스(Vermes)는 예수를 기적을 행하는 자, 선지자로 본다.[13] 그러나 그런 접근은 예수의 가르침과 사역에 관한 모든 정보의 총체성에 대해 정당한 평가를 내리지 못한다. 만일 고대 기독교 교회가 예수에게 "선지자"라는 명칭을 주지 않았다면, 그것은 교회가 예수 사역의 선지자적 일면을 인식하지 못해서가 아니라 예수가 선지자보다 훨씬 큰 그 이상의 존재라는 것을 인식했기 때문이다. 이러한 깨달음이 우리로 하여금 역사적 문서(복음서)들을 바로 평가하며, "선지자"라는 명칭에 나중에 형이상학적 기독론이 추가된 것이라고 설명하지 못하도록 한다.

5.2 다윗의 자손과 주

한 천사가 꿈에 요셉에게 찾아와서 선지자 이사야가 예언한 바와 같이 마리아의 아기가 임마누엘이라고 불리게 될 것이라고 알려주었다(마 1:23). 임마누엘은 일반적으로 알려진 세상에서의 그의 이름이 아니었다: 그는 "예수"라고 불렸다. 이후에 예수를 주로 고백하는 신자들 가운데서도 우리는 임마누엘이라는 이름이 사용되는 것을 발견하지 못한다. 군중들은 마침내 예수를 "다윗의 자손"으로 부르고 제자들은 예수를 "그리스도, 살아계신 하나님의 아들"로 인정한다. 그럼에도 천사의 약속은 이 고백 안에서 성취된다. 사람들은 다양한 이름과 용어를 사용하면서, 예수가 이스라엘에서 사역하실 때 하나님 자신이 그곳에 나타나셨다는 것을 깨닫게 되었다.

'다윗의 자손', '그리스도', '살아계신 하나님의 아들'이라는 명칭들은 대개 동의어이다. 이 용어들을 사용하면서 사람들은 하나님의 다스림(dominion)이 자신들에게 임했음을 인정했다: 임마누엘! 이들 명칭은 함께 논의할 수도 있다. 이들은 동일한 약속의 성취를 가리키기 때문이다. 그러나 강조점에 있어서 차이가 있기 때문에 우리는 먼저 "다윗의 자손"에 대해 논하고, 그리고 나서 "그리스도"를 살피고, 마지막으로 밀접하게 관련이 있는 "하나님의 아들"이라는 명칭을 살필 것이다.

예수와 동시대 유대인 가운데 일부는, 예수의 인상적인 사역에 대한 반응으로서, 예수를 "선지자"라고 부른다. 그러나 예수가 "다윗의 자손"이 아닌지에 대해 스스로 묻는 사람들도 있었다. 사람들은 장님이고 또 귀머거리인 귀신들린 자를 예수가 치유한 것을 보고 크게 놀랐다. 그리고 "이는 다윗의 자손이 아니냐?"라고 물었다. 군중들은 주저하지만(요 7:42와 비교하라), 예수를 온전히 신뢰하며 심지어 이 "다윗의 자손"에게 도움을 청하는 사람들도 있었다. 이 명칭을 예수에게 처음 무조건적으로 부여한 사람들은 바로 맹인들과(마 9:27; 20:30-31; 막 10:47-48; 눅 18:38-39) 이방인들(마 15:22)이었다. 그러나 예루살렘에서 승리의 입성을 하는 동안 - 나사로를 일으킨 이후에, 요 12:17-18 - 우리는 마침내 "호산나 다윗의 자손이여!"라는 외침이 군중들에게서 나오는 것을 듣는다(마 21:9). 이는 나중에 성전 구역에서 아이들이 외쳤던 환희의 외침이기도 하다(마 21:15).

이 이름은 당시 사람들에게 어떤 의미였을까? 분명 그것은 예수가 어떤 식으로든 다윗과 관련이 있다는 인정 그 이상이었을 것이다. 사람들은 예수의 아버지, 어머니, 그리고 형제자매들을 알고 있었다. 예수의 족보는 비밀이 아니었다. 만일 사람들이 예수가 "다윗의 혈통"인지 아닌지 궁금했었다면, 그것은 답하기 쉬운 질문이었을 것이다. 그러나 이스라엘 사람들이 이전 왕족의 아주 먼 혈통의 사람에게 "다윗의 자손"이라는 칭호를 기꺼이 달아주려고 했을지는 굉장히 의심스럽다. 스룹바벨의 다른 후손들은 절대로 "다윗의 자손"이라 불리지 않았다. 게다가 예수는 "다윗의 *어떤*(a) 자손"이 아니라 "*바로 그*(the) 다윗의 자손"이라고 불린다. 그것은 어떤 독특한 기대감이 성취된 것이라는 사실을 암시하는 명칭이다. 사람들은 다윗의 가문에서 특별한 구원의 인물이 나타나기를 희망하고 있었다. "바로 그 (약속 받았고, 기다리고 있는) 다윗의 자손"이 나타나기를 말이다. 군중들은 예수가 바로 그 약속된 자(Promised One)라는 사실을 점점 깨닫기 시작한다.

이 약속 받은 인물은 왕이다. 그러므로 우리는 또한 복음서에서 예수를 "다윗의 자손"으로 인식하는 것은 그를 왕으로 존귀하게 여기는 것(마 21:5; 눅 19:38; 요 12:13), 그리고 그를 주로 여겨 순복한다는 것과 동일한 것임을 본다('다윗의 자손'이라는 명칭은 종종 '주' 라는 명칭과 연결되어 나타난다: 마 9:27, 28; 15:22; 20:30-31).

다윗의 집과 관련된 지속적인 기대감의 기초는 수백 년 전에 하나님이 다윗에게 준 약속과 함께 확립되었다. 다윗의 왕좌는 영원히 지속될 것이다(삼하 7:10-16, 25-29; 시 132:11-18). 에단(Ethan)은 왕가의 일들이 계속 잘못되어 가고 있을 때 주님께 이 약속에 대해 상기시켜 드린다(시 89:4-5, 28-52). 그리고 유다의 가문이 왕좌를 잃을 것이라는 사실을 결국에는 알려야 하는 선지자들은 그와 동시에 다윗 가문에 대한 약속의 초점을 미래의 의로운 통치자(잘린 나무 그루터기에 난 싹[Shoot])에게 맞추라는 지시를 받는다(사 7:14; 8:23-9:6; 11:1-10; 32:1-8; 미 5:1-4). 이 주의 종은 가장 놀라운 왕이 될 것이다! 다윗 가문의 빛이 점점 더 희미해질수록 선지자들은 곧 오실 다윗의 자손에게 더 큰 영광을 돌릴 것이다(렘 23:5-8; 겔 34:23-31).[14]

예수가 직접 이스라엘 백성들에게 '주' 또는 '다윗의 자손' 이라는 명칭으로 자신을 제시하지 않았다는 사실이 놀랍다. 노이게바우어(Neugebauer)와 팔라(Farla)에 따르자면 예수는 사실 (당시 일반적으로 이해하는 의미에서) "다윗의 자손"이라는 명칭을 거부했다.[15] 쿨만(Cullmann), 바우어(Bauer) 그리고 그 외 학자들에 따르자면 예수는 명칭을 거부한 것이 아니라 그 명칭과 거리를 두려고 노력했다. 왜냐하면 그 명칭은 민족주의적, 정치적 기대감으로 채워졌기 때문이다.[16] 그러나 이는 의심스럽다. 다윗 왕조는 이미 오랜 세월 동안 아무런 의미가 없었다. 예수 이전의 여러 세기 동안 하스몬가(Hasmonean)와 헤롯가(Herodians)가 정치적으로 훨씬 더 중요했다. 다윗의 자손에 대한 기대는 궁극적으로는 정치적이라기보다는 종교적인 것이었다. 믿음을 가진 유대인들은 오로지 하나님의 오래된 약속에만 근거하여 곧 오실 확정적인 구세주와 구속주(Savior and Redeemer)를 계속 기대했다. 그러므로 승리의 예루살렘 입성 때 그곳에 있었던 군중들은 아래로부터의 혁명이나 대결이 아니라 "하늘에는 평화요 가장 높은 곳에는 영광"을 갈망하고 있었다(눅 19:38). 이스라엘 군중들은 주님의 이름으로 다윗의 나라가 다시 오기를 기대했다(막 11:10). 그러므로 그들은 막대기나 창이 아니라 감람나무 잎을 구했다: "가장 높은 곳에서 호산나!"(마 21:8). 예수가 하나님의 이름으로 오셨다. 그것이 바로 예수가 그런 놀라운 표적과 기적을 행할 수 있는 이유였다. 예수는 성전 근처에서 절름발이와 맹인들을 치유하신다. 그리고 나서 아이들은 "호산나 다윗의 자손이여"라고 외친다. 예수는 이것을 하나님이 아이들의 입을 통해 역사하신 찬송으로 받아들인다(마 21:15-16).[17]

"다윗의 자손"이라는 유대적 개념이 정치적인 의미를 지니고 있다는 데 대해 반대하면서, 좀더 최근의 연구들은 완전히 다른 접근법을 만들어냈다.[18] 그들에 따르자면 "다윗의 자손"이라는 명칭은 메시야적인 것이 아니라 예수의 동시대 사람들이 솔로몬을 지칭하는 것으로 사용했다는 것이다.[19] 다윗의 자손, 솔로몬의 지혜와 지식에 호소한 자들은 지혜의 선생들만이 아니었다(솔로몬은 여러 지혜서들의 저자다). 유대 마술사들은 또한 자신들의 마술 능력과 주문들이 솔로몬에게 거슬러 올라가는 전승에서 나왔다고 주장했다.[20] 이를 배경으로 보면 군중들이 예수를 다윗의 자손이라고 부른 것은 정확하게 말하자면 예수가 행한 전례 없는 기적들과 마귀에 대한 예수의 독특한 능력 때문이었다는 사실을 더 잘 이해할 수 있을 것이다. 사람들은 예수를 성육신한 솔로몬으로 여겼다![21]

"다윗의 자손"이란 용어의 배경에 대한 이런 좀더 새로운 관점들은 가치 있는 요소들을 포함하고 있을지 모른다. 그러나 전체적으로 보면 그다지 신빙성이 없다.[22] 솔로몬이 자신의 지혜와 통찰력으로 약속하신 다윗의 자손의 맛보기 역할을 함으로써, 예수와 이 다윗의 자손 사이에 연결을 지을 수 있다는 사실은 낯설지 않다. 심지어 예수는 비록 자신을 "솔로몬보다 큰 자"라고 부르지만 어쨌든 자신을 솔로몬과 비교한다. 그러나 군중들이 예수를 "다윗의 자손"이라고 부르기 시작했을 때 솔로몬을 떠올렸을 것 같지는 않다. 비록 솔로몬의 지혜는 전설이 되었지만 (엘리야의 경우와는 달리) 솔로몬이 돌아올 것에 대한 기대감은 없었다. 게다가 예수를 "다윗의 자손"으로 인식한 것은 진정 (솔로몬과 견줄 만한) 예수의 지혜와 위대한 업적 때문에 *야기된* 것이었다. 그러나 그것은 예수가 예루살렘에 입성할 때의 환호에서 보는 것처럼, 곧 오게 될 다윗의 *나라*에 대한 기대감에서 그 *내용*(content)을 가져온 것이다. 따라서 다윗의 자손이라는 용어는 미래에 다윗의 가문에서 태어나게 될 *평강의 왕*에 대해 하나님이 다윗에게 하신 약속을 암시한다. 다윗의 자손 그리고 메시야(히브리어로 *기름 부음 받은 자* = 헬라어로는 *크리스토스*)라는 용어는 서로 바꿔 쓸 수 있다(마 22:42; 요 7:41-42를 보라). *성령*으로 기름 부음 받은 것, 예언하는 것, 기적을 행하는 것 모두가 이 용어에서 주요한 역할을 한다는 사실은 왕권과 분리될 수 없다. 오히려 이러한 면들은 이 왕권을 수행하는 방식들에 대한 설명으로 간주되어야 한다.[23)]

그러므로 예수와 동시대 사람들에게 "다윗의 자손"이라는 명칭은 다윗의 집에 주신 아직 성취되지 않은 약속 그리고 하나님의 이름으로 오실 왕에 대한 예언을 암시한다. 쿰란에서 발견된 수많은 문서 조각들도 또한 이러한 방향을 가리킨다. 이 문서들은 다윗계의 메시야 통치자에 대한 기대가 창세기 49:10, 민수기 24:17, 이사야 11:1-5, 그리고 예레미야 23:5-6과 같은 본문들에 대한 메시야적 해석과 밀접한 관련이 있다는 것을 보여준다.[24)] 그러므로 "다윗의 자손"이라는 명칭은 예수 시대의 유대인들에게는 특별한 중요성이 있었다. 약속하신 아들은 결국 동시에 다윗의 주님이기 때문이다(시 110:1). 예수는 하나님의 아들이며(시 2장), 동정녀에게 나셨고(사 7:14), 여호와의 영이 그에게 강림하셨고(사 11:1-5), 그의 이름은 "기묘자라, 모사라, 전능하신 하나님이라, 영존하시는 아버지라, 평강의 왕이라" 할 것이며(사 9:6), 그의 근본은 상고에, 영원에 있다(미 5:2). 이스라엘 백성은 성경을 매우 잘 알고 있었으며, 그러므로 율법 교사들도 약속하신 다윗의 자손이 또한 "다윗의 주님"이라는 것을 알고 있었다. 그러나 그들은 예수를 "인자", 즉 인간 이상으로 보기를 거부했다. 예수가 죽기 전 며칠 동안 율법 선생들은 그가 자신의 권위에 대해 내세운 주장을 여러 방식으로 약화시키려고 했다. 그리고 예수는 왕의 위치에서 주권적으로 그들의 공격에 저항했다. 그런 다음 마지막 날에 예수는 군중들을 돌아보며 어째서 이스라엘 지도자들은 자신의 신적 권위를 받아들이기를 거부하는지 묻는다. 성경은 다윗의 자손에 대해 매우 분명하게 말하고 있지 않은가? 예수를 거부함으로써 이스라엘 지도자들은 자신들에게 있는 권위의 근원마저 저버리고 있는 것이다.[25] 그들은 거룩한 성경 앞에서 순복하지 않는다. 왜냐하면 그들의 마음이 나사렛 예수를 받아들이기에는 너무나 교만하기 때문이다.

이것은 매우 민감한 문제이다. 예수는 권위를 갖고 자신의 사역을 수행하고 기적을 행한다. 그래서 예수가 다윗의 주로 인정될 수 있는 것처럼 보인다. 그러나 반면 예수는 잘난 체 하지 않으시고 겸손하시며 죽음을 기꺼이 받아들이신다. 동방박사들이 예루살렘에 왔을 때, 율법 선생들은 그들에게 유대인의 왕이 베들레헴에서 날 것이라고 말했다(마 2:4-6). 미가서 5:1은 익숙한 말씀이다. 그랬음에도 불구하고 율법 선생 중 단 한 명도 동방박사들과 함께 그곳을 보러 가지 않았다. 메시야가 그렇게 눈에 띄지 않게, 예루살렘도 모르고, 단지 몇 명의 이방 점성술사들만 목격할 수 있는 그런 식으로 올 수 있다는 사실 자체가 상상할 수 없는 일이었던 것 같다.

동일한 문제가 나중에 좀더 큰 규모로 일어난다. 예수는 나사렛에서 소년기를 보내고 갈릴리에서 사역을 하신다. 그러므로 예루살렘에서 예수는 "갈릴리" 사람으로 알려진다. 이것은 대단히 인상적이지 않다. 갈릴리에서는 어떤 선지자도 나온 적이 없다(요 7:52). 그리고 군중 가운데 일부는 예수가 그리스도가 될 수 있는지 의심을 품기 시작했다. 메시야는 "다윗의 씨로 또 다윗이 살던 마을 베들레헴에서"나오게 되어 있었다(요

7:42). 그리고 예수가 베들레헴에서 태어나긴 했지만 그는 절대로 그 사실을 중요하게 여기지 않았다. 그것은 마치 예수가 스스로 이름을 감추고 숨어 버리기로 한 것과 같다. 어째서 예수는 예루살렘에 가야 할 때가 될 때까지 베들레헴을 자신의 고향 즉 그가 이스라엘을 여행할 때의 본거지로 삼지 않았는가? 군중들은 베들레헴이 예수의 출생지이든 아니든 신경 쓰지 않았다. 그러나 그들은 어째서 베들레헴이 메시야 사역의 본거지가 되지 않았는지 궁금해 한다. 군중들은 풀기 어려운 문제에 직면했다. 한편으로는 하나님이 기름 부은 자가 이스라엘에 오셨다는 피할 수 없는 결론이 있다. 그러나 다른 한편으로는 예수가 자신을 초라한 갈릴리 사람으로 나타내며, 세리, 죄인들과 어울리고, 죽음을 준비하는 것에 대해 말하는 것이 도저히 사리에 맞지 않는다고 그들은 느꼈다.

이것은 어째서 예루살렘에서 예수를 다윗의 자손으로 환영하던 군중들이 나중에 예수가 십자가에 못 박히실 때 나타나지 않았는가 하는 점을 설명한다. 예수가 죄수가 되는 것이 구원자에 대한 군중들의 이해와는 들어맞지 않았다.[26] 다윗의 자손이자 주님이 사슬에 매여 있다고? 십자가상에서 예수가 "다른 이들을 구원하셨다"라는 진술은 도전을 받지 않고 지나간다. 그러나 그들이 이해할 수 없는 것은 다윗의 자손, 이스라엘의 왕이 자신을 구원할 수 없다는 사실이다. 이스라엘 지도자들은 예수가 "이스라엘의 왕"이 아니므로 자신을 구원할 수 없다고 재빨리 제안한다. 반면 실제로 예수는 자신을 구원하지 않기로 선택할 수밖에 없었다.

"그 이스라엘(유대인)의 왕"이라는 호칭은 "약속하신 다윗의 자손"을 말한다. 두 용어 모두 "메시야, 하나님의 아들"을 의미하는 데 사용된다(요 1:50; 막 15:31-32; 눅 19:38; 요 12:13). 동방박사들이 "유대인의 왕"으로 태어난 자가 어디 있는지를 물었을 때 율법 선생들은 즉시 미가서 5:1에서 언급된 베들레헴에서 태어날 약속된 통치자를 떠올렸다. 십자가에 못 박히시던 날, "유대인의 왕"이라는 명칭은 빌라도와 그의 군사들에 의해 자주 사용된다(마 27:11, 29, 37; 막 15: 9, 12; 눅 23:37; 요 19:14-15, 21). 그것은 예수가 자신을 이스라엘을 구원할 왕이라고 주장한다는 것에 대한 그들의 표현이다. "이스라엘의 왕"에 대해 말하는 유대인들이 있다(마 27:42; 막 15:31-32; 요 1:49). 그들은 하나님이 선택하신 백성들을 지칭하는, 종교적 성격을 띤 용어를 사용한다. 이방인들(Outsiders)은 "유대인의 왕"이라는 좀더 실용적이고 정치적인 명칭을 선호한다. 그러나 이 두 명칭 모두 정치적 혁명이나 군중들에게 자신이 왕인 체하는 사람을 암시하지 않는다. 그리고 우리는 또한 유대 지도자들이 로마 군사들이 시작한 조롱을 이어받아 취하는 방식에서 그것을 본다. 로마 군사들은"네가 만일 유대인의 왕이면 네가 너를 구원하라"라고 외친다(눅 23:37). 유대 지도자들은 "그가 남은 구원하였으되 자기는 구원할 수 없도다. 이스라엘의 왕 그리스도가 지금 십자가에서 내려와 우리가 보고 믿게 할지어다"라고 말한다(막 15:31-32).

다윗의 자손이 먼저 고난을 받고 죽어야 한다는 사실 때문에, 예수는 다른 사람들이 자신을 그런 명칭으로 부르는 것을 허락하기는 했지만 성금요일 전까지는 자신이 직접 그것을 강조하지는 않았다. 그러나 그리스도의 승천 이후 사도들은 사람들에게 십자가의 길은 "그 조상 다윗의 왕위를 그에게"(누가복음 1:32에서 가브리엘 천사가 마리아에게 약속한 것처럼) 주시기 위해서 하나님이 계획하신 것이라고 설명한다. 오순절날 베드로는 십자가에 못박히고 부활하신 예수는 다윗에게 한 약속을 성취한다고 설교한다(행 2:22-36). 그리고 믿음의 공동체는 기도하면서 예수가 "우리 조상 다윗"의 기름 부음을 받은 아들이라고 고백한다(행 4:25-27). 그리고 바울은 회심 이후에 예수가 약속하신 다윗의 자손이라고 전파한다(행 13:22-24, 32-39). 로마서에서 바울은 예수가 다윗 가문의 후손이라는 것을 약속의 성취로 본다(롬 1:2-3). 그것은 "다윗의 씨로 죽은 자 가운데서 다시 살아나신 예수 그리스도"(딤후 2:8)라는 복음설명의 일부이다. 마침내 복음서 기자들은 예수가 실제로 어떻게 다윗에게서 나왔는지 좀더 구체적인 정보를 제공한다. 예수의 어머니 마리아는 다윗의 혈통인 요셉과 정혼했고, 하나님은 마리아에게 아기를 주셨다(마 1:1-25; 눅 1:27, 32; 2:4; 3:23-38). 이러한 다윗과의 족보상의 관계는 피할 수 없는 실체에 대한 배경을 구성한다. 즉 예수는 약속된 자, 저항할 수 없는 성령의 기름 부음을 받은 자이다.

일부 학자들에 따르면 다윗의 자손이라는 명칭은 단지 부활에 대한 나중의 반응이었다고 한다.[27] 그러므로 버거(Burger)는 예수가 "탄생이 아니라 부활에 의해서 그리고 공동체의 신앙고백을 통해서 다윗의 계보에 들어간 것"이라고 썼다.[28] 이 이론은 복음서 기자들이 기록한 사실을 제대로 설명하지 못한다. 그러나 부활 그리고 승천의 순간은 다윗의 자손이라는 명칭의 공공연한 선포를 위해 정말로 중요한 것이었다. 예수는 세상에 있는 동안 그 명칭이 자신을 나타내는 것을 허락하신 것 같다. 그러나 자신이 직접 그 명칭으로 사용하지는 않았다. 왜냐하면 예수는 먼저 고난과 죽음을 통해 다윗의 자손으로서 자신의 하늘나라 통치를 위한 기초를 놓기를 원했기 때문이다. 예수는 자신이 "다윗의 자손"이라는 것을 부인하지 않았다. 그리고 자신의 사역과 권위를 통해 사람들을 그런 방향으로 안내했다. 반면 예수는 자신이 다윗의 후손이라는 것을 거의 활용하지 않았다. 그리고 왕좌에 오르기를 갈망하지도 않았다. 이 다윗의 자손은 진실로 세상을 심판하러 오실 것이다. 그러나 먼저 그는 어린 나귀 새끼를 타고 예루살렘으로 들어가야 했다. 이스라엘은 이 약속된 왕의 시간표를 이해해야 한다.

5.3 하나님의 기름 부음 받은 자

앞서 진술한 바와 같이 그리스도 그리고 하나님의 아들 같은 표현은 서로 불가분의 관계이며 다윗의 자손과 마찬가지로 동일한 인물을 가리킨다. 이 세 가지 표현은 모두 임마누엘(하나님이 우리와 함께 계시다)의 간접적인 번역이다. 이제 우리는 두 번째 용어 *그리스도*에 대해서 논하고자 한다.

5.3.1 예수를 그리스도로 고백하기

예수는 "기름 부음 받은 자, 살아계신 하나님의 아들"이다. 이것은 시몬 베드로를 통해서 제자들이 예수에게 준 이름이었다(마 16:16). 대부분의 이스라엘 백성들이 예수에 대해서 말할 때 절대로 그런 수준의 확신까지는 올라서지 못했다는 사실에도 불구하고, 예수의 제자들은 이 확신을 끝까지 고수한다(마 16:13-14). 이것은 제자들이 시간이 지나면서 점점 받아들이게 된 고백이 아니다.[29] 심지어 처음에 안드레와 시몬이 세례 요한의 제자였을 때에도 안드레는 이미 동생 시몬에게 다음과 같이 말했다. "우리가 메시야를 만났다!"(요 1:41). 안드레는 요한에게서 이 말을 들은 두 제자 중 하나로서 그런 말을 했다(요 1:40). 세례 요한은 제자들에게 예수를 가리키면서 "보라 하나님의 어린 양이로다"(요 1:36)라고 말했으며, 따라서 그들은 예수가 하나님의 기름 부음을 받은 자, 즉 메시야라는 것을 맨 처음부터 알고 있었던 것이다. 많은 제자들이 중간에 포기하고 예수를 배신했을 때에도(요 6:66) 이들은 믿음을 저버리지 않았다. 바로 그때 예수는 열두 제자에게 그들 또한 등을 돌리고 싶지 않은지 물었고, 시몬 베드로는 "주여 영생의 말씀이 주께 있사오니 우리가 누구에게로 가오리이까? 우리가 주는 하나님의 거룩하신 자이신 줄 믿고 알았

사옵나이다"(요 6:68-69)라고 대답했다. 예수를 사랑하는 제자들의 이런 고백은 후에 마르다가 다시 반복한다. "주는 그리스도시요 세상에 오시는 하나님의 아들이신 줄 내가 믿나이다"(요 11:27).

심지어 예수를 메시야로 인정하게 된 사마리아인들도 많이 있었다(요 4:29, 42): "이는 우리가 친히 듣고 그가 참으로 세상의 구주신 줄 앎이라 하였더라"(소수의 필사본에서는 그리스도라는 단어가 4:42에는 나오지 않고 4:29에만 나온다.)

예수가 그리스도라는 고백은 때때로 전혀 예상치 못한 곳에서 나오기도 한다. 쫓겨난 귀신들이 모두 예수를 "그리스도, 하나님의 아들"이라고 부른다(눅 4:41: 소수의 필사본에는 *ho christos*가 없지만, 모두 이 구절을 "이는 자기가 그리스도인 줄 앎이러라"라는 문장으로 끝맺고 있다).

그러므로 예수가 메시야라는 명칭을 주장하고 있다는 것은 이스라엘에서는 잘 알려진 사실이었다. 우리는 이 사실을 예수를 적대하는 사람들이 보여준 반응에서 보게 된다. 예수를 그리스도로 인정하는 분위기가 확산되자 이스라엘 지도자들은 마침내 그 흐름을 막아야겠다고 생각하게 된다. 그래서 그들은 예수를 그리스도로 고백하는 유대인은 누구든지 회당 밖으로 쫓아내겠다고 선언한다(요 9:22).

이러한 징계조치를 내린 원인은 그런 고백을 하는 사람들이 점점 늘어나고 있었기 때문이었다(요 7:26, 31, 41, 48-49). 그러므로 예수의 재판에서 가장 중요한 질문은 과연 예수가 진정으로 자신을 "그리스도, 하나님의 아들"이라고 생각했는지의 여부였다(마 26:63). 그리고 지도자들이 예수를 빌라도 앞에 데려왔을 때, 고발 내용은 예수가 자신을 "왕, 그리스도"(눅 23:2)라고 주장했다는 것이었다. 그러므로 빌라도는 예수를 "그리스도라 하는 예수"라고 지칭한다(마 27:17, 22). 나중에 십자가에서 동일한 지도자들이 그러한 가정을 조롱한다: "이스라엘의 왕 그리스도가 지금 십자가에서 내려와 우리가 보고 믿게 할지어다"(막 15:32), "저가 남을 구원하였으니 만일 하나님이 택하신 자 그리스도이면 자신도 구원할지어다"(눅 23:35; 23:39와 비교하라).

예수는 하나님의 아들, 메시야다. 예수는 사람들이 그런 고백을 한 것은 하늘에 있는 아버지께로부터 온 것이라는 사실을 받아들였다(마 16:17). 그리고 예수 자신은 산헤드린 공회 앞에서 자신이 진정 그리스도 하나님의 아들이라고 선언한다. 그들은 예수가 하나님의 우편에 앉아계시다가 구름을 타고 하늘에서 내려오는 것을 볼 것이다(마 26:64).

5.3.2 그리스도 : 사람들이 고대하는 구원자

사람들이 예수를 그리스도로 고백할 때 실제로 그 고백이 의미하는 바는 무엇인가? 사람들은 분명히 기름 부으심을 받은 자에 관한 어떤 기존의 기대에 기초하여 자신들의 고백을 했던 것 같다. 예수는 그들의 기대감을 성취하는 것처럼 보인다. 예수는 기름 부음 받은 자를 위한 새로운 계획의 형태를 알림으로써 시작한 다음 그 계획에 따라 그가 어떻게 그것을 성취할 것인지를 설명한 것이 아니다. 예수는 하나님께로부터 오실 자에 대한 계획을 사람들이 이미 알고 있다고 가정한다. 이제 문제는 단지 예수 자신이 이미 기존에 사람들이 갖고 있던 기대감을 채워줄 것인지의 여부다. 그는 "기대했던 자"로서 환영을 받을 것인가? 이 질문에 대한 대답은 제자들과 지도자들을 양분한다. 그러나 그들은 그럼에도 불구하고 장차 오실 자에 대한 동일한 종류의 기대감을 공유하고 있다.

우리는 복음서에서 "그리스도 하나님의 아들"이라는 명칭을 가리키는 기존의 틀이 있음을 알게 된다. 세례 요한은 군중들 그리고 진상조사단 앞에서 단호하게 자신이 그리스도가 아니라고 선언한다(눅 3:15-17; 요 1:20, 25; 3:28). 그러므로 그 당시에는 오실 그리스도에 대한 기대가 있었다. 사람들은 선지자를 그 그리스도를 배경으로 하여 판단한다. 예수에게도 같은 일이 발생한다; 그의 사역 역시 오실 그리스도에 대한 일반적으로 받아들여진 개념과 비교된다. 사람들이 이런 비교를 한다(요 7:27, 41-42, 52; 12:34). 신앙을 고백하는 제자들도 이런 비교를 한다. 그들은 고난 받고 죽는 것이 그리스도에게 합당치 않다고 생각한다(마 16:21-23). 심지어 감옥에 있는 세례 요한마저도 이런 비교를 한다(마 11:2-3). 정반대로 예수 자신은 지도자들에게 그리스도, 하나님의 아들 그리고 다윗의 주에 대해서 성경이 말하고 있는 모든 것과 자신의 사역을 비교하라고 초청한다(마 22:42-45).

심지어 사마리아인들도 메시야가 오실 것을 알고 있다. "그가 오시면 모든 것을 우리에게 알려 주시리이다"(요 4:25). 이러한 이유 때문에 예수는 사마리아 여인에게 매우 간결하게 대답할 수 있었다. 예수는 사마리아 여인에게 그리스도의 의미를 설명할 필요가 없었다. 단지 "네게 말하는 내가 그라"라고 말하기만 하면 되었다.

복음서는 장차 오실 거룩한 구속자에 대해 사람들이 이미 기대하고 있었다는 사실을 분명하게 보여준다. 그것은 후기의 기독교인들이 그들의 지도자가 다른 많은 거룩한 인물들 가운데 당당히 낄 수 있는 '또 한 명의' 거룩한 인물이었음을 드러내기 위해 그들의 지도자를 "한 기름 부음 받은 자"로 내세우는 그런 문제가 아니었다. 카레르(Karrer)에 따르자면 우리는 유대와 헬라의 종교적 관례라는 정황 안에서 그리스도라는 명칭을 봐야 한다: 기름 부음 받은 것은 신성하게 되었고, 부정한 것으로부터 분리되었으며, 그래서 신에게 가까워졌다.[30] 예수를 기름 부음 받은 자로 부름으로써 그리스도인들은 아마도 그들에게는 예수가 하나님께 성별된 자였다는 사실을 표현하고 있었을 것이다. 이런 것을 배경으로 하여 "그리스도"라는 명칭이 마침내 기독교 안에서 등장했다고 한다. 이 이론은 복음서 안에 있는 정보와 충돌할 뿐만 아니라 (복음서에서는 이 명칭이 이미 전제되어 있다) 또한 헬라 문화에서 기름 부음에 대한 가치를 어떻게 평가하고 있는지를 잘못 이해한 것에 기초하고 있다.[31] 게다가 예수의 제자들은 이미 매우 초기부터 크리스티아노이(*Christianoi*), 즉 '그리스도를 따르는 자들' 내지 '그리스도께 귀의한 자들'로 불리고 있었다(행 11:26). 이러한 명칭의 형성은 분파의 이름이 만들어진 것과 유사했다("그리스도의 추종자들"[followers of Christ]; '헤롯당'[*Herodianoi*]과 비교하라). 그리고 당시 헬라어를 말한 사람들은 분명 '크리스토스'(*Christos*)를 수식어("기름 부음을 받고 성별된")가 아니라 개인적인 이름으로 여겼다. 그러나 '그리스도'라는 단어가 그렇게 빨리 '개인적인 이름'이 될 수 있었던 것은 오직 그것이 이미 '호칭'이었다는 이유 때문이었다("한 기름 부음 받은 자"가 아니라 "그 기름 부음 받은 자").

5.3.3 유대교에 있어서 메시야에 대한 기대

복음서는 장차 메시야가 나타날 것에 대해서 세례 요한과 예수의 사역 기간 동안 이미 사람들 사이에 기대감이 있었다는 것을 보여준다. 성경 외 문서 자료에 기초해서 그런 기대를 발견하고 다듬어 가는 것이 가능할까?

이 경우에는 단순히 구약의 본문을 다시 참조하는 것만으로는 부족하다. 분명 우리는 이스라엘과 세상의 미래에 관한 여러 종류의 예언을 발견할 것이고 가끔씩 미래의 인물들도 또한 어떤 역할을 할 것이다. 그러나 이러한 예언들 사이의 관계는 분명하지 않다. 그 예언들은 특별한 방식으로 연관되어 있어야 하는가? 그리고 미래의 동일한 구원자를 지칭하는데 때로는 다양한 명칭들이 사용되는가? 예수 그리스도의 나중 계시에 대한 열쇠를 손에 쥔다면, 다양한 구약 자료를 일관성 있는 하나의 패턴으로 정리하는 것이 분명 가능하다. 이것은 예를 들면 구약에서의 메시야적 계시에 대한 판 흐로닝언(Van Groningen)의 연구에서 사용된 접근법이다.[32] 그러나 문제는 이러한 접근법이 구약을 후대의 관점에서 바라본다는 것이다. 그렇게 함으로써 우리는 구약은 예수 그리스도가 오기 훨씬 오래 전부터 방향과 희망을 제공해 주었지만, 미래의 구체적인 모습에 관해서는 모호한 그림을 제공할 뿐이라는 사실을 쉽게 잊게 된다(벧전 1:10-12과 비교하라).

그러므로 우리는 기독교 시대 수백 년 이전의 유대 문서들이 하나님의 미래에 대해 무엇인가를 말할 때 그 관점과 개념에 있어서 항상 일치하지는 않는다는 사실 때문에 놀랄 필요가 없다. 일부 학자들에 따르면 이런 일치의 부재는 종교 사회학적으로 설명할 수 있다고 한다. 단 하나의 유대교가 아니라 여러 종류의 유대교가 나란히 존재하고 있었고 각기 메시야에 대한 고유의 개념이 있었다는 설명이다.[33] 하지만 신약 성경은 그러한 관점을 지지하지 않는다. 신약에서 우리는 미래에 대한 다양한 개념들이 존재했음을 본다. 그러나 이런 다양성은 하나의 유대교 안에 포함되어 있었다. 이것은 진상조사위원회에서 한 제사장이 세례 요한에게 한 질문에서 분명하게 드러난다. "네가 만일 그리스도도 아니요 엘리야도 아니요 그 선지자도 아닐진대 어찌하여 세례를 베푸느냐"(요 1:19-25). 진상조사단은 곧 임할 하나님의 나라에 대한 준비라는 세례 요한의 세례가 선지자, 엘리야, 또는 그리스도 중 누구의 사역인지 확신하지 못했다. 반면 진상조사단은 그러한 세례는 성경에서 나온 이런 종류의 기대 속에서만 적법성을 지닐 뿐이라는 데 대해 이해를 같이 했다. 성경 외 문서의 관점에서 다양한 기대감의 원인을 유대 신앙 공동체의 다양성에서 찾으려는 것 또한 오류다. 그것은 이 기간 동안 존재하던 "율법과 선지자"라는 기초적이며 통일된 문헌의 가치를 평가절하한다(미래에 관해 그곳에서 발견된 진술들을 포함해서). 그러므로 예를 들어 엘리야의 오심에 대한 개념은 특정 신앙 공동체의 산물이 아니라 사람들이 서기관의 권위에 근거해서 유지하던 확신이었다(마 17:10를 보라).[34]

자료의 모호함 때문에 우리는 메시야에 대한 유대인의 기대감을 지나치게 구체적으로 만들려는 모든 노력에 대해서 의심해야 한다. 1세기 동안 유대 민족은 정치적인 구원자에 대한 기대에 집착했었다는 것이 오랫동안의 지배적인 생각이었다. 일부 학자들에 따르자면 1세기 유대인의 메시야에 대한 기대는 자신들의 종교적, 예언적 뿌리와는 동떨어졌으며 정치적 상황 안에서 세속적인 문제와 얽히게 되었다고 한다. 로마 치하에서 유대인들은 점점 자유를 잃어갔다. 이것은 메시야가 와서 자신들을 이 지배세력으로부터 해방시켜 주리라는 기대감을 고조시켰다. 모빙켈(Mowinckel)은 천년왕국설의 발흥을 기존의 하늘나라에 대한 선지자적 기대감과 나중에 생긴, 세상에서의 해방을 가져오는 동시에 천년 동안의 세상적인 통치기간을 가져오는 왕에 대한 기대감 사이의 타협점으로 본다.[35] 피클(Pickl)에 따르자면 예수 자신의 사역은 이러한 현세적인 기대감을 완전히 개조한 것으로 볼 수 있다; 유대인들은 선지자들이 약속한 거룩하고 고난 받는 메시야에게 돌아와야 한다.[36] 다른 학자들은 예수 자신의 메시야적 개념이 당시 우세했던 정치적 의미의 개념과 별반 다르지 않았다고 주장한다. 아이슬러(Eisler)는 예수가 비폭력적으로 해방을 가져다 주는 광야로의 출애굽을 선택함으로써 그러한 개념과 거리를 두었을 뿐이라고 생각한다.[37] 브랜든(Brandon)은 예수 주위에 모인 추종자들을 유사 열심당원으로 간주한다. 그러나 예수는 외세 통치자들을 비판했을 뿐만 아니라 또한 자기 민족의 지도자들도 비판했다.[38] 그러므로 결국 예수는 유대인과 로마인 모두에게 반역자로 비난을 받는다.

이러한 다양한 재구성은 예수 당시에 열심당과 편향적 성격을 지닌 정치적 메시야에 대한 개념이 둘 다 매우 중요했다는 생각에 근거한다. 그러나 이런 개념은 정확하지 않다. (열심당에 대해서는 1.2.3 을, 그리고 다윗의 자손에 대해서는 5.2.1을 보라). 1세기경 유대교가 현세적인 정치적 메시야에 대한 기대감을 키웠다는 주장은 그것을 지지할 만한 증거가 아무것도 없다.

메시야에 대한 유대인의 기대를 재구성하는 것과 관련해 일어난 혼란을 어느 정도 줄이기 위해 최근에는 분명히 선이 그어진 개념을 사용해야 한다는 요구가 반복적으로 제기되었다. "메시야에 대한 기대"라는 모호한 용어는 버려야 한다. 유대인의 기대에 있어서의 다양성과 메시야에 대한 구체적인 기대 사이를 방법론적으로 구별해야 한다. 그러면 후자는 메시야라는 단어가 구체적으로 나타나는 본문에서만 재구성할 수 있을 뿐이다.[39] 이러한 제한을 적용한 후에도 남아있는 자료들은 거의 없다. 이는 어째서 대다수 학자들이 메시야 그리고 메시야에 대한 기대감 둘 다에 관해 기록하기를 선호하는지를 말해준다. 그렇다면 후자는 하나 또는 그 이상의 마지막 때의 인물이 중심적 역할을 하는 종말론적 기대들을 포함한다.[40] 그런 출발점은 방어가 가능하긴 하자만, 만약 우리가 신약에서 "그리스도"라는 명칭을 사용한 것에 대한 유대적 배경을 살펴보고자 한다면, 우리는 그 명칭이 명백하게 사용된 본문으로 논의를 한정해야 한다. 심지어 신약에서도 우리는 다른 어떤 역할을 하는 다른 종말론적 인물들을 발견한다(그 선지자[the Prophet], 엘리야). 그러나 유대인은 그런 인물들을 그 그리스도(the Christ)와 구별했다. 사람들이 어떤 생각을 하고 있었는가라는 질문에 정확하게 대답하기 위해, 우리는 메시야에 대한 명백한 언급을 포함하는 성경 외 문서들에 집중해야 한다.

그러나 그렇게 하게 되면, 우리는 유대인들은 확실히 어떤 식으로든 하나님이 마지막 때에 최종적인 구원자(또는 구원자들)을 보내주실 것이라는 기대를 하고 있던 반면, 동시에 그런 본문이 굉장히 드물다는 이상한 사실에 직면하게 된다.

가장 중요한 자료들은 다음과 같이 정리될 수 있다.

1. 솔로몬의 시편(Psalms of Solomon). 솔로몬이 쓴 18편의 시편 묶음은 거의 확실히 기원전 1세기 동안 쓰여졌다. 열일곱 번째와 열여덟 번째 시편은 다윗의 가문에게 약속하신 구원자가 오실 것에 대한 기도문을

포함하고 있다. 그는 모든 것을 회복할 것이다. 하나님이 보낸 이 구원의 왕은 17:32에서 "기름 부음 받은 통치자"(anointed ruler)로 불린다: "그 때에는 그들 가운데 어떠한 불의도 없을 것이다. 왜냐하면 모든 사람들이 거룩할 것이며 그들의 왕은 기름 부음 받은 통치자가 될 것이기 때문이다." 미래의 왕은 "성령 안에서 강할 것"(17:37)이기 때문에 현명하고 의로울 것이다. 18번째 시에 새겨진 글은 이 찬송이 또한(*eti*) "기름 부음 받은 통치자"(*tou christou kuriou*)와 관계가 있음을 설명한다. 따라서 18편은 다시 17편을 언급한다. 18번째 찬송은 계속해서 그곳에 언급된 "기름 부음 받은 통치자"에 대해서 말한다. 약속하신 주 하나님의 왕은 이제 "그의 기름 부음 받은 자"(his anointed)로 묘사된다(18:5). 사람들은 "한 기름 부음 받은 통치자"(an anointed ruler)의 막대기에 순복할 것이다(18:7). 여기서 이 구절을 더 용어(De Jonge)의 번역처럼 "그 기름 부음 받은 통치자"(the anointed ruler)로 번역할 필요는 없다.[41] 이 구절의 목적은 약속 받은 통치자의 특성을 암시하는 것이다. 그는 (하나님의) 기름 부음 받은 자이기 때문에 그의 하나님에 대해 경외심이 있고 성령의 지혜, 의, 그리고 능력으로 행한다(18:7b). 두 시 모두 장차 다윗의 가문에서 나타날 구속의 왕에 대한 기대감을 표현한다. 그는 하나님이 성령으로 기름 부어 주실 것이며 따라서 모두에게 큰 축복이 될 것이다.

그러나 이들 시편을 고정된 용어 "메시야, 크리스토스"라는 나중의 관점에서 읽는 것은 오류일 것이다. 이들 시편은 "그 메시야"에 대한 묘사가 아니라 오히려 "하나님이 기름 부으신 자"가 미래의 왕이 될 것이라는 개념을 표현한다. 누가복음 2:11b에 나오는 천사의 말은 이러한 희망과 밀접한 관련이 있다: "오늘 다윗의 동네에 너희를 위하여 구주가 나셨으니."[42] 솔로몬의 시편은 우리에게 "메시야"라는 명칭이 발전할 수 있는 여건을 보여준다. 그러나 아직은 그 단계까지 이르지 못했다. 그리고 이것은 장차 오실 왕이 마지막 때 유일한 "기름 부음 받은 자"가 될 것인지에 대해 아직 분명한 대답은 없다는 사실과 관계가 있을지도 모른다(쿰란 문서에서는 분명하게 밝히고 있지만).

2. 쿰란(Qumran). 쿰란 문서에 나오는 메시야에 대한 기대에 대한 논문에서 가르시아 마티네즈(Garcia Martinez)는 메시야 인물을 직간접적으로 언급하는 모든 문서들(1992년까지 출간되지 않았던 것들을 포함해서)에 대해서 다룬다.[43] 그는 결과물로 나온 그림을 "단편적이고 변화무쌍하다"(fragmentary and kaleidoscopic)라고 표현한다."[44] 많은 본문들은 아주 작은 조각에 지나지 않기 때문에, 그 조각들이 한때 속했던 문서들 속의 메시야 기대들에 대해 단정적인 결론을 내릴 수 있는 가능성은 없다. 모든 문서 조각들이 전부 동일한 영적 배경을 가지고 있는지도 확실하지 않다. 가르시아 마티네즈는 "기름 부음 받은 자"(anointed one)가 명백히 언급된 단락에만 제한하지 않고 또한 메시야적 인물을 가리키는 문서 조각들을 논의에 포함시킨다. 그는 최소한 왕, 제사장, 예언자의 세 가지 메시야적 인물을 구별할 수 있다고 결론 내린다.[45] 그러나 이러한 인물들이 나란히 서있는지, 아니면 예를 들어 선지자가 아론과 이스라엘의 메시야들(messiahs from Aaron and Israel)의 선구자가 되어야 하는지는 결정할 수 없다.

우리가 "메시야"라는 명칭이 나타날 때로 제한할 때, 우리는 훨씬 더 절제된 결론을 받아들여야 한다. 여러 인물들을 "기름 부음 받은 자"로 언급할 수는 있지만 "메시야"는 오직 한 인물만을 암시할 수 있다고 가정하는 것은 옳지 않다. 우리가 "아론과 이스라엘의 기름 부음 받은 자"(1QS 9.10-11) 가 "선지자"에 추가될 것이라고 읽는다면, 우리는 쿰란의 사람들이 "두 명의 메시야"를 기대하고 있었다고 결론 내릴 수 없다. 이 말은 메시야라는 단어가 이미 마지막 때의 구원자를 의미하는 확립된 용어였다는 것을 암시할 것이다. 쿰란 문서에서 단어의 용법의 다양성은 그러나 "기름 부음 받은"이란 용어가 아직은 오직 한 사람만을 위해 예비된 것이 아니었음을 증명한다. 그러므로 "아론과 이스라엘의 기름 부음 받은 자들"이라는 형식문은 "그 메시야"에 관한 일반적인 용어에서 파생된 것이 아닌 것 같다. 그것은 오히려 스가랴 4:14에 근거한 형식문이다(두 개의 감람나무 가지는 하나님 앞에 서 있는 두 명의 기름 부음 받은 자들이다: 스룹바벨은 이스라엘을 대표하는 자로서, 그리고 여호수아는 아론 가문의 제사장으로서). 쿰란 문서의 번역에서 기름 부음 받은 자 대신 메시야라는 용어를 사용한 것은 지나치게 상상력을 사용한 것이라는 더 용어(De Jonge)의 주장은 정확하다.[46]

3. 에녹1서. 에디오피아 에녹1서의 두 번째 책에서, 우리는 "그의 기름 부음 받은 자"(his anointed)라는 이름이 두 번 나오는 것을 발견한다(48:10 과 52:4). 이것은 이 두 번째 책에서 또한 "택하심을 받은 자"라고 불리고 좀더 자주 "인자"라고 불리는 동일한 인물을 가리킨다. 에녹1서 37-71장에서 이 마지막 명칭이 기능하는 방식에 대해서는 4.2.2.b에서 논하고 있다. 거기에서는 에녹1서의 두 번째 책이 "인자"에 대해, 그것이 분명 기독교 문서가 틀림없다는 것을 암시하는 식으로 말하고 있다고 결론 내렸다. 그것은 또한 에녹1서가 "그의 기름 부음 받은 자"라는 용어가 기독교 이전에도 사용되었다는 증거로 간주될 수 없음을 의미한다.

4. 에스라4서(Ezra 4). 라틴어로 보존되어 온 에스라4서는 기독교 문서이지만, 그 책의 많은 부분은(3-14장) 시리아, 에디오피아, 아르메니아, 아랍어 번역본에 있어서 또한 독립적인 묵시문헌으로 알려져 있다. 이 묵시문헌은 일반적으로 기원후 1세기 경의 유대 문서로 간주된다. 이 책 12:32에 "기름 부음 받은 자"에 관한 언급이 있다. 7:28-29에서 우리는

"내 기름 부음 받은 아들"에 대해 읽을 수 있다(이 부분에서 각 번역본들은 일치하지 않는다: "나의 기름 부음 받은 자", "하나님의 기름 부음 받은 자", 그리고 라틴어로는 "내 아들 예수"). 다른 곳에서 우리는 하나님이 "내 아들"을 미래의 구원자로 언급하는 음성을 듣게 된다.

묵시문헌의 날짜를 고려할 때, 그 문서가 유대기독교 또는 유대교 문서로서 그것이 당시 유대 사회 내에서 유행했던 그리스도와 관련한 용어에 의해서 영향을 받았을 가능성이 없지 않다. 어떤 경우이든, 그것이 전달된 집단 내에서 그것은 언제나 예수 그리스도를 (간접적으로) 다룬 문서로 읽히게 되었다(분명한 참조를 위해서는 라틴어판 2:47를 보라: "그는 그들이 세상에서 고백한 하나님의 아들이다").

우리가 묵시문헌을 원래의 유대 용어를 사용하는 문서로 간주할 때에도, 그것을 그리스도 이전 1세기 경에 메시야라는 명칭이 존재했었다는 근거로 보기는 어렵다. 심지어 후기 문서에서도 "기름 부음 받은 자"에 대해 오직 두 번 정도의 언급밖에 나오지 않는다. 그리고 그때도 그것은 오직 미래 인물에 대한 수식어로서이지, 명칭을 말한 것은 아니다.[47]

5. **필로(Philo).** 유대 철학자이며 성경해석자인 알렉산드리아의 필로는 기독교 시대의 시작에 관해 쓰면서 한 번도 메시야라는 용어를 사용하지 않았다. 그럼에도 그는 장차 하나님이 거대한 규모로 세계 역사에 개입하실 것에 대한 기대감을 가지고 있었다. 전 세계의 유대인 노예들이 해방되고, 그들이 거룩한 땅으로 돌아오게 될 것이며, 그때는 모든 민족 가운데서 "덕스럽게 변화되는 일"(change to virtue)이 일어날 것이라는 기대였다.[48] 이런 일이 일어나면 세상의 통치자는 중심적인 역할을 할 것이다. 이것이 일반적인 유대인의 기대였다. 그리고 발람의 예언에 대한 그의 해석을 보면 필로 또한 그런 기대를 공유했음이 분명하다. 민수기 24:7의 히브리어 본문은 다음과 같다. "그 물통에서는 물이 넘치겠고, 그들의 씨

는 많은 물 가에 있으리로다."그러나 필로가 사용한 헬라어 번역은 매우 다르게 나온다. "너의 씨로부터 한 남자가 나서, 그가 열방을 다스릴 것이다." 이 본문에 대한 해석에서 필로는 하나님이 그의 백성에게 주실 도움 덕택에 이 세상의 정복자가 개인적인 호소력과 존경심을 바탕으로 무혈정복을 성취할 것임을 강조한다.[49]

6. 요세푸스. 유대 역사학자 요세푸스는 주후 1세기 말에 책을 기록했는데, '호 크리스토스'(*ho Christos*)라는 용어를 두 번 사용했다. 두 번 모두 예수를 지칭하는 것이다. 많은 학자들에게 있어서 이것은 이 단락이 원본이 아니라는 증거가 된다. 어떻게 유대인인 요세푸스가 예수에게 메시야라는 명칭을 사용할 수 있다는 말인가? 이 주제는 필자의 책 '지상의 그리스도' 1.2.2.1 장에서 좀더 상세하게 다루고 있다. 거기에서는 요세푸스가 예수를 메시야로 인정하려고 했던 것이 아니라 단지 자신이 설명하고 있는 예수가 그들이 그리스도라고 알고 있는 자와 동일 인물이라는 것을 로마 독자들에게 분명하게 설명하고자 함이었다고 결론지었다. 그리스도는 헬라어 세계에서 가장 잘 알려진 예수의 이름이다. 예수의 추종자들은 크리스티아노이(*christianoi*)라고 알려졌기 때문이다. 요세푸스 자신이 곧 오실 메시야를 어느 정도 기대했었는지는 여전히 분명하지 않다.

이는 보기보다 그리 이상한 것이 아니다. 요세푸스는 자신을 역사가로 분명하게 제시하면서 미래에 관한 한 침묵하고 있기 때문이다. 요세푸스는 다니엘서 2장에 등장하는 세상 통치자들의 동상을 파괴할 돌에 대해서 언급하기를 거부하면서 이 점을 명백히 밝힌다.[50] 그러나 요세푸스 또한 성경에 근거하여 미래에 세상을 통치할 자가 유대민족에게서 나올 것이라는 당시의 일반적인 기대를 품고 있었을 것이라는 추측에는 가능성이 있다. 그것은 유대전쟁사 6.5.4-312에 암시되어 있다. 여기서 요세푸스는 유대 전쟁의 주원인이 "그들의 신성한 성경에서 같은 방식으로 발견된, 그들 나라 출신의 한 사람이 온 세상의 통치자가 될 것이라는 내용을 지닌 모호한 신탁"이었다고 밝히고 있다. 그러므로 "이 때에"라고 구체적으로 시간을 명시하는 동시대의 신탁과 아무런 시간을 언급하지 않는 성경의 예언 사이에는 차이가 있다. 신탁은 단어 선택에 있어서 성경을 기준으로 삼고 있다.

덴 헤이어(Den Heyer)는 요세푸스가 혁명의 원인을 성경에서 찾았으며(덴 헤이어는 민수기 24:17을 언급한다.) 이것은 열심당원들이 가지고 있었던 메시야에 대한 생각을 드러낸다는 틀린 주장을 한다.[51] 요세푸스는 단지 이스라엘에서 장차 세상의 통치자가 나올 것이라고 예언하는 성경구절과 신탁을 *비교했*을 뿐이다. 신탁은 이 약속을 *이 특별한 시기*에 적용하기 위해 나타났다. 최소한 그것은 그와 동시대 사람들 대부분이 그것을 이해한 방식이다: 약속된 세상의 통치자가 유대인 중에서 곧 나타날 것이다. 그러나 신탁은 이를 많은 단어로 진술하지 않는다. 사람들은 그것을 *유대출신의* 세상 통치자에 대한 성경의 약속과 동일시했는데 그것은 잘못된 것이다. 요세푸스 자신은 신탁(이는 성경적 예언과 유사하다)을 베스파시안(Vespasian)이 황제가 되어 통치할 것에 대한 예언으로 간주해야 한다고 생각했다: 그는 팔레스타인에 있는 동안 세상의 통치자(황제)로 지명되었다. 이것은 모든 유대인이 (요세푸스를 포함해서) 성경 속에서 장차 이스라엘에서 세상을 통치할 자가 날 것이라는 약속을 보았다는 것을 간접적으로 암시한다. 그러나 요세푸스의 작품에는 그 혹은 다른 사람들이 이 기대하는 통치자를 지칭하는 데 사용했던 이름이나 명칭에 대한 암시가 전혀 없다. 요세푸스는 미래에 대한 기대를 역사가로서 자신이 연구해야 할 분야라고 생각하지 않았다. 그리고 요세푸스에게 있어서 그리스도라는 말은, 유대인 가운데서 나올, 기대되는 세상 통치자를 위해 예비된 잘 확립된 명칭이 아니었을 가능성이 높다. 예수가 그리스도라는 명칭을 가졌던 사람이었다고 요세푸스가 쉽게 기록한 것을 보면, 그는 로마 독자들 사이에서 일어나게 될 어떠한 혼란에 대해서도 별로 걱정하지 않았던 것 같다.[52)]

요약하자면 유대교 내에서 사람들은, 율법과 선지자의 예언에 근거하여, 마지막 날에 하나님의 기름 부으심을 받은 자인 한 (또는 여러 명의) 구원자가 올 것이라는 사실을 의지하고 있었다고 결론 내릴 수 있다. 그러나 용어는 아직 고정되지 않았다. 이 구원자는 "하나님에게서 오는 자"(하나님께 기름 부음 받은 자)라고 묘사되었다. 그러나 그런 묘사는 아직 완전히 정의된 명칭("그리스도")으로는 이어지지 않았다.

우리가 이 결과를 신약의 자료와 비교할 때 우리는 어느 정도 문제에 부딪힌다. 한편으로 신약 역시 기존의 기대를 반영하고 있는 것 같다. 그러나 그 기대는 이미 고정된 용어를 가지고 있었던 것처럼 보인다. - 그러나 그것은 확인된 것이 아니며 성경 외 자료들을 보면 그 가능성이 없어 보이기까지 한다. 그러므로 우리는 '그리스도'라는 명칭이 보다 확정된 형태로 사용되었다는 것을 설명하기 위해서는 예수의 사역 '직전' 시기에 어떤 발전이 이루어졌다고 결론을 내려야 한다. 그리고 바로 이 시기에 세례 요한의 사역이 등장한다(제2장을 보라). 이 선지자이자 "오실 자"를 알리는 전령은 매우 단기간에 모든 잠자고 있던 기대감을 다시 일깨웠다. 그는 또한 그러한 기대감에 방향을 제시해 주었다. "나보다 능력이 많으신 이가 오시나니 나는 그의 신발끈을 풀기도 감당하지 못하겠노라. 그는 성령과 불로 너희에게 세례를 베푸실 것이요"(눅 3:16). 세례 요한은 하나님에게서 오고, 하나님에 의해 능력을 부여 받은 어떤 이에 대해 말하고 있음이 분명하다. 그는 하나님의 나라로 우리를 인도할 것이며 따라서 그가 약속된 자임이 틀림없다. 이 말은 약속된 인물이 바로 이 한 사람(this one person)이라는 말이다. 요한의 사역은 "기름 부으심을 받은 자"에 대한 막연한 기대감을 "바로 그 기름 부음을 받은 자"에 대한 구체적인 기대감으로 변화시켰다.

요한의 사역 이전 기간 동안에 "기름 부음을 받은"이라는 용어에는 보통 다른 한정어가 따라왔다. 시므온은 "주의 그리스도"(눅 2:26)를 기대하며 살았다. 천사는 목자들에게 "오늘 다윗의 동네에 너희를 위하여 구주가 나셨으니 곧 '기름 부음을 받으신' 주시니라"(눅 2:11)라고 말한다.[53] 여기서 "기름 부음을 받은"(anointed)이라는 말은 여전히 속성을 나타내는 말이고 아직은 명칭이 아니다. 헤롯이 "그리스도가 어디서 나겠느냐"라고 묻는 부분이 나오는 마태복음 2:4은 예외인 것 같다. 그러나 이 상황에서 헤롯은 "유대인의 왕으로 나신 이"라는 동방박사들의 질문을 되받아 언급하고 있는 것 같다. 확실히 동방박사들은 선지자들이 약속한 통치자를 가리키고 있다. 이것이 바로 헤롯이 율법 선생들에게 어디서 "기름 부음을 받은 자[왕]"가 태어날지를 묻는 이유이다. 여기서 "기름 부음을 받은"은 독립적인 (명사적인, [substantival]) 형용사로서 지금 어떤 종류의 왕을 언급하고 있는지를 나타내기 위해 사용된 것이다.

세례 요한의 사역이 끼친 영향 아래서 이스라엘 백성은 그 기름 부음 받은 자에 대해 말하기 시작했던 것 같다. 사마리아 여인은 "메시야가 오실 것" (*hoti messias erchetai*)을 알고 있었다. 그러나 세례 요한의 설교를 들었던 안드레는 좀더 구체적이다: "우리가 메시야를 만났다"(*heurekamen ton messian*; 요 1:40-41).

복음서에서 "그리스도"라는 명칭이 자주 등장하는 것은, 최소한 그 내용과 관련해서는, 앞으로 오실 구원자(하나님께 기름 부음을 받은 자)에 대한, 성경에 근거한 유대교의 기대들과 그 궤를 같이 한다. 그리고 그것이 존칭으로 사용된 것은 그 단어의 보다 일반적인 의미에 초점이 맞추어진 것을 반영한다. 그것은 선지자 세례 요한의 인상적인 사역과 메시지에 의해 야기된 것이다.

요한이 좀더 명칭적인(titular) 의미로 "기름 부음 받은 자"(the Anointed

One)라는 용어를 사용했을 가능성도 있다. 요한복음 1:19-24를 자세히 읽어보면 예루살렘에서 제사장들이 진상조사단을 꾸려 방문했을 때, 요한은 묻지도 않았는데 곧바로 "나는 그리스도가 아니라" 라고 선언한다(요 1:20). 요한은 먼저 선수를 치고 그 상황을 이용해 질문자들의 관심을 자신이 전파하는 "기름 부음을 받은 자"에게 돌린다(이는 사실 세례 요한이 행한 사역의 일부였다: 요 1:23, 26-27). 그때 진상조사단은 요한이 엘리야 혹은 그 선지자인지 묻는다. 그들은 자신들이 대화를 요약할 때까지 "그리스도"라는 명칭을 쓰지 않는다: "네가 만일 그리스도도 아니요 엘리야도 아니요 그 선지자도 아닐진대 어찌하여 세례를 베푸느냐"(요 1:25). 누가복음 3:15의 형식문은 또한 얼마 후 이스라엘 백성들이 계속해서 요한에게 "그가 바로 그리스도가 아닌지" 계속해서 질문했기 때문에 세례 요한이 여러 차례 "그리스도(기름 부음 받은 자)의 오심"을 전했다는 사실을 암시한다. 그들은 단순히 "그가 기름 부음을 받은 자인지"를 묻는 게 아니라 "그 자신이(*autos*) 기름 부음을 받은 자인지"를 묻는다. 이것은 곧 오실 자에 대한 설교에서 요한이 "기름 부음을 받은 자(the Anointed One)"라는 용어를 사용했다는 사실을 간접적으로 보여주는 것 같다.

5.3.4 그리스도, 성령의 기름 부음 받은 자

유대인들이 "기름 부음 받은" 구세주를 기대한다고 할 때 그 의미는 무엇인가? 구약에서 기름 부음은 하나님이 누군가를 지명하신 것을 상징한다. 하나님의 명령으로 기름 부음 받은, 하나님이 보내신 제사장, 왕, 또는 선지자들은 어떤 불가침성을 부여 받았다. 족장들이 기름 부음을 받았다는 구절은 성경에 나오지 않지만, 시편 105:15 에서 그들을 여전히 "기름 부음 받은 자"로 언급하고 있다: "나의 기름 부은 자를 손대지 말며". 이런 비유법은 "기름 부음 받은 자"가 어떻게 하나님의 특별한 보호하심 아래 있는지를 보여준다. 기름 부음 받은 자는 인간 노력의 산물이 아니라 하나님 자신이 역사 속에서 자신을 드러내신 것이다.

그러므로 "기름 부음 받으신 주"(NIV에는 "주 그리스도"[Christ the Lord]; 눅 2:11)는 하나님에게서 온 섭정자이며 하나님의 지원을 의지할 수 있는 분이다.[54] 구약은 독특한 방식으로 하나님의 기름 부음 받은 자가 오실 것에 대한 약속을 담고 있다. 그 방식이 독특한 것은 그가 정말로 기름으로 부음을 받았기 때문이 아니라 "주 하나님의 성령"(사 61:1)이 그에게 임하여 기름 부음을 받았기 때문이다. 그러므로 기름 부으심의 가장 중요한 면은 그가 온 목적이 아니라(선지자, 제사장, 왕, 또는 그 무엇이 되기 위하여) 그가 어디로부터 오는가 하는 것이다(즉 하나님에게서 보내심을 받았는가).

그러므로 요한은 하나님에게서 온 자에 대해 선포한다. 그는 성령으로 세례를 줄 것이다. 이 사람은 세례 요한이 먼저 들었던 것처럼 위로부터 그 자격을 인정받을 것이다: "성령이 내려서 누구 위에든지 머무는 것을 보거든 그가 곧 성령으로 세례를 베푸는 이인 줄 알라"(요 1:33). 그리고 요한은 그것이 실제로 일어나는 것을 보았다고 증언할 수 있다: "내가 보매 성령이 비둘기 같이 하늘로부터 내려와서 그의 위에 머물렀더라"(요 1:32). 이것은 예수의 공적인 기름 부음이다. 그것은 예수가 "아래로부터"가 아니라 "위로부터" 난 자임을 보여준다. 이러한 배경에서 좀더 명칭에 가까운 "그 기름 부음 받은 자"라는 말을 쓰기 시작한 사람은 세례 요한이며 이 명칭의 사용이 세례 요한의 영향 아래 급속히 퍼져나갔다는 이론은 훨씬 더 신빙성이 있다(5.3.3의 결론을 보라).

갈릴리 사역 초기에 예수는 직접 자신이 이사야 61장의 예언의 성취임을 알렸다. 예수는 성령으로 기름 부으심을 받았다. 이것이 예수가 나사렛의 회당에서 전한 메시지이다.[55] 하나님의 기름 부음을 받은 자로서 예수는 "주의 은혜의 해"를 전파하기 위해 보내심을 받았다(눅 4:18).

유대인에게 있어서 예수를 "기름 부음 받은 자(그리스도)"로 부른다는 것은 바로 예수가 최근에 선지자 세례 요한이 전한, 성령의 기름 부음을 받은, 하나님이 보내신, 마지막 때의 약속된 구원자라는 것을 의미한다.

5.3.5 그리스도의 형상에 초점을 맞추다

세례 요한의 설교와 예수 자신의 사역으로 인해 하나님이 보내신 구원자에 관한 다소 모호했던 기대감은 좀더 구체적인 것이 되었다.

세례 요한은 예수가 요단강에서 세례를 받은 후에 성령의 기름 부음을 받는 것을 목격했다. 세례 요한은 이 사건에 대해 말했다. 그리고 그의 증언을 통해 이스라엘이 기대하는 구속주가 바로 성령의 기름 부음을 받은 자라는 사실이 좀더 분명해졌다(요 1:32-34). 예수가 세례를 받은 후 하늘에서 들려온 음성도 마찬가지이다. 그 음성은 예수가 누구인지를 선언했다: 그는 바로 하나님의 사랑하시는 아들이다! 위대한 선지자는 또한 이 사건의 증인이다(요 1:34; 이것을 마 3:16-17 및 막 1:9-11과 비교하라).

나중에 감옥에서 세례 요한은 망설이기 시작한다. 예수가 진정 바로 그 오실 자인가? 아니면 다른 이(예수에 덧붙여, 다른 기름 부음 받은 자[the Anointed])를 기다려야 하는가? 요한의 제자들이 가져온 답변은 요한이 처음에 가졌던 기대가 정확한 것임을 그리고 오직 한 분 메시야가 보내졌다는 사실(쿰란 공동체가 믿었던 것처럼 두세 명의 메시야가 아니라; 5.3.3의 두 번째 문단을 보라)을 증명한다. 그러나 예수의 사역에는 현재의 제사장적 단계와 이후의 왕적 단계라는 두 가지 단계가 있다.[56]

또한 이 메시야가 바로 "그 선지자"와 동일하다는 사실이 점점 분명해졌다(위의 5.1을 보라). 반면에 제자들은 선구자로서 오게 될 엘리야를 메시야와 구분해야 하며, 메시야의 나타나심에 관한 예언은 이미 세례 요한 안에서 성취되었음을 깨닫기 시작한다(마 17:13; 좀더 자세한 논의를 위해서는 2.3.4를 보라).

마지막으로 그리스도의 수난에 대한 가르침은 곧 오실 구원자에 대한 기대에다가 전혀 새로운 어떤 것을 추가한다(제6장을 보라).

5.3.6 메시야는 아무 것도 숨기지 않는다.

브레데(Wrede)의 영향으로 20세기 기독론은 예수가 세상에 머무는 동안 자신이 메시야인 것을 드러내지 않고 그것을 어느 정도 감추었음을 가정한다. 브레데 자신은 이러한 비밀스런 분위기를 예수가 한 번도 자신을 "메시야"로 간주한 적이 없다는 사실을 숨기기 위한 마가복음의 계략으로 간주했다. 브레데는 예수의 제자들이 훨씬 나중에야 뒤돌아보면서 예수를 그런 식으로 예배하기 시작했다고 생각했다. 다른 학자들은 예수가 자신이 메시야임을 숨겼다가 부활절 이후에야 모든 사람들에게 그 사실을 계시했다고 주장함으로써 마가복음에 대한 이러한 비판적인 시각을 많이 완화했다. 그렇다면 예수가 자신의 영광을 그렇게 숨긴 것은 그분의 겸손과도 관계가 있다.[57]

그러나 이러한 이론은 복음서에 제시된 실체와 들어맞지 않는다. 예수는 모든 사람에게 자신의 명칭을 선포하도록 맡기지는 않았지만, 자신이 메시야라는 사실을 숨기려고도 하지 않았다.[58]

예수가 쫓아낸 마귀들은 예수가 메시야임을 너무나 잘 알고 있었다. 마귀들은 예수가 거룩하신 분, 하나님의 아들임을 목청껏 외쳤다(막 1:24; 5:7; 눅 4:41). 예수는 마귀들이 그렇게 하도록 내버려두시다가 곧 자기를 나타내지 말라고 명령하신다(막 1:34; 3:11-12). 그러나 예수는 마귀들이 한 말이 사실이 아니라고 부인하지는 않는다. 마귀들은 예수가 누구인지 알고 있었다(막 1:34; 눅 4:41)! 분명 예수는 그러한 고백이 원수들에 의해 공포스러운(fearful) 방식으로 전파되기를 바라지 않으셨다. 예수의 목적은 하나님의 자녀인 이스라엘 백성들에게 영감을 불어넣어서 그들로 하여금 예수가 메시야임을 신뢰하며(trusting) 인정하도록 하는 것이었다. 그러므로 예수는 어떤 것을 비밀로 만들거나 은폐하겠다는 동기가 아니라 사람들이 자신을 세상의 구주로 올바르게(appropriate) 인정하도록 만들겠다는 열망에 의해서 움직인다.

가이사랴 빌립보에서 베드로와 다른 제자들이 예수를 그리스도로 새롭게 고백했을 때 예수가 잠잠하라고 한 이유는 그 순간이 부적절했기 때문이었다. 이제 예수가 고난 받아야 함에 대한 가르침이 시작된다(마 16:21). 그러나 한동안 제자들은 예수의 고난을 철저하게 거부한다(마 16:22; 막 9:32; 눅 18:34). 자신들이 메시야로 고백한 이가 고난 받고 죽어야 한다는 사실을 받아들이게 되었을 때, 제자들은 비로소 그리스도를 전파하는 자로 바로 서게 된다(눅 24:45-49; 행 3:18-19). 제자들은 훈련을 받는 동안 예수에 대해 침묵하라는 지시를 받는다. 그것은 예수가 메시야임을 비밀로 하기 위해서가 아니라 그 메시지의 순수성을 지키기 위한 것이었다. 그리스도가 고난 받기 이전의 기간 동안 제자들은 아직 메시야를 전할 준비가 되어 있지 않았다. 제자들은 자신들을 환영해주지 않는 마을에 대해 분노하며 하늘로부터 불을 내려 그것들을 다 태워버리려고 했다(눅 9:54). 또한 제자들은 하나님의 나라에서 자신들이 차지하게 될 서열에 정신이 팔려 있었다(눅 9:46; 막 10:35-37).

그러나 예수는 그리스도의 사역을 통해 계속 자신을 드러내셨다(마 11:2). 그리고 예수는 자신이 하나님의 아들이라는 사실을 한 번도 비밀로 하지 않았다(요 10:36). 예수의 사역은 승리의 입성에서 사람들이 기뻐 환호하는 것으로 그리고 대제사장의 질문으로 이어진다: "네가 하나님의 아들 그리스도인지 우리에게 말하라"(마 26:63). 자신의 사역 전체를 통해 예수는 자신을 성령으로 기름 부음 받은 자로 제시한다(눅 4:18-21). 예수는 자신이 바알세불로부터 온 것을 부인한다. 그렇게 말하는 자는 예수 안에 계셔서 역사하시는 성령에 대해 오해하고 있다(마 12:27-

32). 예수는 아무것도 숨기지 않는다.

예수는 말하자면 "내가 메시야다"라고 선언하면서 표적을 행하신 적이 없다. 그러나 그는 그 명칭을 요구하신다! 예수의 적들은 그 사실을 매우 잘 인식하고 있지만 그런 고백을 하기를 거부한다. 그것이 바로 유대인들이 화가 나서 "그리스도이면 밝히 말씀하소서"라고 말하는 이유이다(요 10:24). 그에 대한 대답은 매우 명료하다. "내가 너희에게 말하였으되 믿지 아니하는도다. 내가 내 아버지의 이름으로 행하는 일들이 나를 증거하는 것이거늘"(요 10:25). 그것은 다른 사람들이 그의 사역을 통해 자신들의 고백으로서 '그리스도'라는 단어를 말하게 하고, 그들이 아버지께 영광을 돌리도록 하기 위해 다른 이들을 초청하시는 예수의 가르침의 방법 중 일부이다.

5.4 하나님의 아들

사람들이 예수를 "다윗의 자손" 또는 "그리스도", "하나님의 아들"이라고 부르기 시작했을 때 그것은 이스라엘에 하나님이 나타나신 것(Immauel)을 인정한 것이다. 서로 밀접하게 관련된 이 명칭들은 단지 실용적인 이유 때문에 개별적으로 다루어질 뿐이다. 앞장에서 "다윗의 자손" 그리고 "그리스도"라는 명칭을 논한 후 이제 우리는 "하나님의 아들"이라는 명칭에 대해 논할 차례가 되었다.

5.4.1 그리스도, 살아계신 하나님의 아들

신약에서 메시야라는 명칭은 "하나님의 아들"("하나님의 거룩한 자")이라는 호칭을 암시한다. 마귀들은 예수가 그리스도라는 것을 알고 예수를 "하나님의 아들"이라고 불렀다(눅 4:41). 베드로는 다른 제자들과 함께 예수는 "그리스도시요 살아 계신 하나님의 아들"이시라고 고백한다

(마 16:16). 그리고 대제사장은 예수가 "하나님의 아들 그리스도" 인지 묻는다(마 26:63).

신약시대 이전 유대교에서 우리는 이 두 용어 사이의 연결점을 보지 못한다. 여기서 우리는 확실히 헬레니즘적 평행에 기초해서는 설명할 수 없는 용어의 발전이라는, 매우 새로운 현상과 마주한다.[59]

그러나 이러한 발전은 아무런 준비 없이 일어나지 않았다. 구약에서 이미 우리는 시온의 왕이 되도록 기름 부음을 받은 하나님의 아들에 대한 시편 2편의 약속을 발견한다(시 2:2, 6-7).[60] 그리고 시편 45편에서 우리는 그 역시 하나님이라고 언급되는 하나님이 기름 부으신 어떤 왕에 대해서 읽는다(시 45:2-8). 임마누엘(여인의 아들; 사 7:14)은 그의 위에 성령이 거주하시는(사 11:1) 전능하신 하나님이라고 불린다(사 9:6). 그러나 우리가 결정할 수 있는 한, 이 가운데 그 어느 것도 유대인들 사이에서 "기름 부음을 받은 자, 하나님의 아들"에 대한 고정된 용어로 발전하거나 또는 오실 "하나님의 아들"에 대한 기대의 확립으로 이어지지는 않았다.[61]

세례 요한의 설교는 거룩하신 구원자에 대한 선지자의 약속을 다시 일깨웠으며 그런 구원자에 대한 생생한 기대감을 불러일으켰다. 세례 요한은 "더 능력이 많은 자"- 인간 이상이신 분을 지칭(막 1:7)-가 오실 것을 알렸다. 그는 요한 이후에 오실 자였지만 요한보다 먼저 계셨다(요 1:15, 27). 이 위대한 선지자는 곧 오실 자의 신발 끈을 풀기도 감당치 못한다(마 3:11). 그분은 이스라엘에 성령을 가져올 것이다(막 1:8). 그분은 온 세상을 심판하러 오신다(눅 3:17). 세례 요한의 설교는 하나님 자신이 곧 나타나실 것을 언급한다: "주의 길을 준비하라"(막 1:3). 세례 요한은 하나님이 오실 것을 알리면서 동시에 '신발 끈'과 같은 인간적 요소를 언급한다는 사실이 특이하다. 하나님은 인간의 형상으로 오실 것이다(좀더 자세한 논의는 2.2.2를 보라).

예수에게 세례를 줄 때 요한은 하늘에서 "이는 내 사랑하는 아들이요 내 기뻐하는 자라"라는 음성을 듣는다(마 3:17; 요 1:34). 갈릴리 출신의 예수가 세상에 태어나셨다. 그는 신을 신으신다. 그는 인간으로 태어나셨으나 인간 이상의 존재이다. 그분은 하나님의 아들이다. 이것은 그분이 어떤 종류의 사람인지를 가리키는 문제가 아니다. 그분은 '신들의 아들'(*huios theōn*, a son of the gods)이 아니다. 오히려 그것은 예수의 기원을 나타낸다. 예수는 하나님의 아들(*huios theou*)이다: 예수는 하나님을 아버지로 두셨다. 그러므로 예수에게는 또한 신성이 있다.

누가는 예수가 세례를 받을 때 하늘에서 들리는 음성이 어떻게 예수를 하나님의 아들로 언급했는지를 알려주고 있다("너는 내 사랑하는 아들이라 내가 너를 기뻐하노라 하시니라"; 눅 3:22). 곧이어 요한은 세상 사람들이 이 예수를 (하늘의 음성이 알려준 것과는 정반대로) "요셉의 아들"로 여겼다고 언급한다. 여기에서 "하나님의 아들"이라는 명칭은 인간 예수의 아버지가 인간(요셉)이 아닌 하나님이라는 사실을 암시하고 있음을 누가는 분명히 알고 있었다. 이는 또한 예수의 탄생에 관한 이야기에서도 묘사되고 있다(눅 1:31-35, 43, 48, 69, 76; 2:11).

예수가 하나님의 아들로 불린 것은 독특하다. 하나님의 백성은 구약에서 때로 "그의 아들"로 불린다. 그리고 의인은 "하나님의 자녀들"로 불린다. 그러나 예수의 경우 그 명칭은 분명 어떤 특별한 것을 포함하고 있었다. 천사 가브리엘이 나타난 것, 하늘에서 들리는 음성 등 그 이름이 주어진 상황이 매우 예외적이다. 게다가 제자들과 예수의 대적들이 보인 반응은 그들이 이 이름 속에서 단지 하나님의 백성 또는 신자들을 지칭하는 익숙한 은유의 사용을 본 것이 아님을 분명히 드러내고 있다. 그들은 단지 입양된 "아들들" 또는 "자녀들"이었다. 그들이 보여준 경외감, 놀람, 분노, 비난 등의 반응은 예수 시대의 모든 사람들이, 예수에게 적용된 "하나님의 아들"이라는 명칭을 하나님을 아버지로 두고 하나님과 동등한 자격을 지닌 어떤 사람을 지칭하는 용어로 간주했음을 보여준다.

그리스도의 사역 그리고 곧 오실 자에 대한 세례 요한의 설교는 나사렛 예수가 누구인지 분명하게 보여준다(요 5:33-36): 그분은 하나님의 아들, 하나님 아버지의 아들이다(요 5:20-23).

예수는 세례 요한의 설교와 세례라는 관문을 통해 이스라엘에게 접근하기 때문에, 메시야로서 자신을 나타내신 것과 그가 "하나님의 아들"이신 것 사이에는 처음부터 어떤 관계가 있었다.

이스라엘 백성은 예수의 사역, 하나님의 증언, 세례 요한의 설교에 기초해서 신앙으로 나아가야 했다. 그것은 예수가 굴욕을 당하는 동안 한 번도 자신이 동정녀 마리아에게서 나신 것을 언급하지 않으신 이유이다. 그 기적적인 탄생은 분명 완전히 베일에 싸여 있었던 것은 아니다. 목자들이 유대 지방에 그 소문을 냈으며 선지자 안나도 예루살렘에서 그 사건에 대해 말했기 때문이다. 그럼에도 베들레헴은 예수를 드러내는 데 있어서 아무런 역할도 하지 않는다(요 7:41-42). 오직 갈릴리만이 배경무대이다. 마치 예수는 오직 자신의 사역에 근거해서만 인정받기를 원했던 것 같다. 사람들은 예수가 행하신 일을 보고 그가 하나님께로부터 온 자인 것을 깨달아야 한다!

나중에 예수의 탄생에 관한 이야기들은 신자들 사이에서 전해져 내려오게 된다. 그 이야기들은 인간이 하나님의 아들로 불리는 것이 가능함을 보여주었다. 성령이 마리아에게 임했다. 그래서 동정녀 마리아는 임신을 하게 되었고 아들을 낳았다(눅 1:31-35; 마 1:20).[62] 따라서 예수는 진정 임마누엘이라 불릴 수 있다(마 1:22-23). 그러나 이 이름이 예수가 지닌 지위를 상징하는 것은 아니다. 그것은 그분의 사명을 나타낸다. 이런 이유 때문에 베들레헴은 예수가 사역하시는 동안 배경에 머물러 있었으며 예수의 구원사역이 전면에 드러난다. 그분 자신이 임마누엘이다.

5.4.2 세상에 계신 하나님 자신

예수가 하나님의 아들이라면 그를 또한 하나님으로 불러야 한다. 하나님 안에 내주하시는 성령이 예수 안에도 내주하신다. 종종 "하나님의 아들"이라는 명칭은 "아들"이라는 용어로 줄여 쓰인다(마 11:27; 24:36; 요 3:35-36; 5:23; 8:35). 몇 가지 경우, 우리는 또한 "하나님"이라는 직접적인 명칭이 사용됨을 발견한다. 따라서 복음서 기자 요한은 예수를 하나님과 함께 계셨고, 지금도 계신 말씀이라고 언급한다(요 1:1, 18). 도마는 "나의 주님이시요 나의 하나님이시니이다"라고 외친다(요 20:28).[63]

유대 지도자들이 예수에 대해 적개심을 품은 가장 큰 이유는 예수가 "자기를 하나님과 동등으로" 여긴 것, 즉 "자칭 하나님이라" 한 것 때문이었다(요 5:18; 10:33). 우리는 이 사실에서 유대인들은 하나님이 인간으로 오신다는 것 자체를 상상하기가 불가능했을 것이라고 추론해서는 안 된다.[64] 인간은 하나님의 형상으로 만들어졌고, 구약에서도 하나님이 인간의 형태로 오셔서 아브라함을 만나시는 장면이 나온다(창 18:1-2). 그러나 유대인 지도자들은 예수에게서 인간 그 이상의 것을 보기를 거부했다. 그들은 예수가 단지 인간일 뿐이라고 확신했다. 그 이상은 모두 예수의 추측일 뿐이라고 일축했다. 유대인 지도자들이 합리적인 불가능성에 근거해 주장한 것이 아니라는 점이 눈에 띈다. 예수는 하나님이 어떻게 인간의 형상으로 이스라엘 백성에게 오실 수 있었는지에 대해서 질문을 받지 않았다. 유대인 지도자들의 문제는 단지 이 예수라는 자가 하나님일 수 있다는 사실을 인정하기가 어려웠던 것이다. 그런 인정은 그들에게 너무 많은 문제를 일으키게 된다. 적어도 그들이 사람들에게 자신을 자랑하고 그들의 존경을 받았던 날들은 그 인정과 더불어 완전히 끝나게 된다. 그들은 자신들을 예수로부터 완전히 차단해 버렸다. 그렇게 함으로써 그들에게는 예수를 신성모독죄로 고소하거나 그가 바알세불의 영향을 받는다고 비난하는 것 외에는 선택의 여지가 없게 되었다.

이러한 반응을 보임으로써 그들은 세례 요한의 증언과 예수의 사역이 보여준 증거들에 대해 자신들의 눈과 귀를 막는 죄를 범한다. 그러나 반면 이는 수긍할 만한 반응이었다. 하나님이 세상에 인간으로 태어나서 인간의 형태로 오신 것, 그것도 나사렛 사람 예수로 오신 것은 그것이 실제로 일어나기 전까지는 전혀 알려지지 않았던 신비였다. 도무지 상상할 수 없었던 비밀이 이제 계시된 것이다. 지혜 있고 학식 있는 자들에게 감춰진 것이 이제 아이들에게는 계시되고 있다(마 11:25).

구약에는 "하나님의 독생자"에 대한 계시가 전혀 없다. 예수가 탄생한 이후에야 이 구절은 적절한 표현이 되었다. 인간 예수의 아버지는 인간이 아니라 하나님이었다. 주의 성령이 예수의 어머니에게 임했고 그래서 예수는 기름 부음 받은 자, 하나님의 아들이다. 예수는 사람들이 인간임을 쉽게 알아볼 수 있는 존재가 되었다: 나사렛 사람! 하지만 베들레헴에서 난 이 독생자는 또한 하나님이시기에 아브라함 이전에도 존재했었다(요 8:58). 그리고 이곳 땅 위에서 나신 인간 예수는 자신이 "하늘에서 내려왔다"고 말씀하실 수 있다(요 3:13) - 그는 "위로부터 오시는"(요 3:31) 자이다. 그리스도의 영원한 신성은 마리아의 아들 예수의 아들됨(sonship) 속에 '함축되어'(implication) 있다. 그러나 "하나님의 아들"(Son of God)이라는 용어는 성육신 이전의 그의 실재(reality)를 '명백하게' 드러내는 것이 아니라 성육신의 사실성(factuality)을 언급하고 있는 것이다. 이것이 바로 복음서 기자 요한이 "아들"이 육신이 되었다고 하지 않고 "말씀"이 육신이 되었으며, 이 "말씀"이 하나님과 함께 계셨고 그가 곧 하나님이라고 한 이유이다(요 1:1-3). 그의 지상 사역이 아버지의(of the Father) 독생자에 걸맞는 광채를 가질 수 있었던 것은(요 1:14) 바로 그 베들레헴의 독생자가 성육신한 하나님의 말씀이었기 때문이고, 하나님의 영이 그 안에 계셨기 때문이다. 그리고 나중에 요한은 독생자(어떤 필사본은 "독생하신 하나님"이라고 함)가 아버지를 우리에게 알려주셨다고 쓴다; 예수는 독생자로서 아버지의 품에서 쉼을 얻으신다(요 1:18 KJV). 요한은 여기서 과거에 대해 말하고 있는 것이 아니다. 예수가 아버지의 품에 '안겼었다'(was)라고 말하는 것이 아니라 지금 그렇게 '안겨 있다'(is)라고 말하고 있다. 예수는 세상에 있는 하나님의 절친한 친구였다(참조, 마 11:25-26; 눅 6:12; 요 11:41-42). 그리고 천국에서는 하나님의 우편에 앉아계신다(요 14:28; 16:7, 27-28; 20:17). 요한은 "아들"(son)이라는 단어를 영원에서 온 말씀(Word)에 적용하는 것이 아니라, 아버지에 대한 아들(성육신한 말씀)의 관계를 지적해 주는데 사용하고 있다. 요한복음 3:16-17에 나오는, 하나님이 독생자를 세상에 보내셔서 세상이 그를 통해 구원받도록 하셨다는 말씀은 바로 독생자가 이 세상에서 반드시 성취해야 할 임무를 설명한다. 아브라함이 자신의 유일한 아들을 모리아 산에서 제물로 바칠 준비를 했듯이(히 11:17), 하나님 아버지는 독생자 예수를 베들레헴에서 골고다로 보내기 위해 세상에 태어나도록 하셨다(요일 4:9-11과 비교하라). 여기에서 아들을 "보내신 것"은 예수의 사명, 즉 그것을 위해 그가 이 땅에서의 생명을 하나님께 받은 그 사명과 관련이 있다. 마찬가지로 세례 요한은 "하나님께로부터 보내심을 받은 사람"이라고 말할 수 있다(요 1:6). "하나님의 독생자"라는 표현은 예수 그리스도라 불리는 인간을 묘사한다. 하나님이 보내신 이 독생자의 '이름'을 믿음으로써 모든 사람은 구원을 받아야 한다(요 3:18). 여기서 의미한 것은 예수 그리스도라는 이름이다. 이것은 "태초에도 계셨던" 말씀의 이름이 아니라 베들레헴에서 난 자의 이름이다. 신약에서 "하나님의 아들"이라는 표현은 성령으로 잉태되어 동정녀 마리아에게서 나신 베들레헴의 예수에게서 이끌어 낼 수 없다. 예수는 하나님께로 부터 *나신* 유일한 아들(the only ***begotten*** Son of God)이시다!

"하나님의 아들"이라는 *이름*이 성육신 이후에야 세상 속으로 왔다는 사실에 주목해야 한다. 바로 그때에야 우리는 예수와 동시대 사람들에게 "그리스도" 와 "하나님의 아들"이라는 용어가 어떻게 실제로 일치했는가 하는 것을 이해할 수 있다. 눈으로 볼 수 있고 귀로 들을 수 있도록, (수태의 순간부터) 성령으로 기름 부음을 받은 자는, 인간으로서 (아들로서), 분명 하나님에게서 난 자다. 왜냐하면 하나님이 그에게 성령을 한량없이 부어주셨고 모든 것을 그의 손에 맡기셨기 때문이다(요 3:34-35). 하나님 아버지는 제자들에게 예수에 대한 이런 고백을 허락하신다: 그는 그리스도이시며, 살아계신 하나님의 아들이시며, 바로 하나님 자신이시다(마 16:16-17). 영원한 말씀이, 동정녀 마리아를 통해, 인간과 함께 거하는"하나님의 아들"이 되었다(눅 1:35). 그것이 바로 주의 어머니가 여자 중에 영원히 복을 받게 되는 이유이다(눅 1:42-43).

5.4.3 신약에서의 하나님의 아들

앞 단락의 보충으로서 "하나님의 아들"이라는 표현이 나오는, 신약에서 가장 중요한 본문들을 간략하게 살펴본다.

히브리서 4:14에서 우리는 "하나님의 아들 예수"에 대해 읽는다. 예수는 "승천하신" 위대한 대제사장이다. 이 구절에서 "하나님의 아들"은 '바요나'가 '시몬'이라는 이름의 확장인 것처럼 예수라는 이름의 확장이다. 이는 이해할 만하다. 왜냐하면 천사 가브리엘 역시 마리아에게서 태어나게 될 아들이 예수라고 불리게 될 것이며(눅 1:31), 위대한 자, 그리고 "지극히 높으신 이의 아들"이라고 불리게 될 것이라고 알려주었기 때문이다(눅 1:32). 이러한 명칭은 지극히 높으신 이의 능력이 마리아에게 임하기 때문에 가능하다; 그러므로 곧 태어날 자는 "하나님의 아들"이라고 불리게 될 것이다(눅 1:35).

예수가 요단강에서 세례를 받을 때, 지극히 높으신 이는 하늘에서 들리는 음성을 통해 예수를 자신의 사랑하는 아들이라고 인정하신다(눅

3:22). 세례 요한은 예수가 진정 하나님의 아들이었다는 사실을 확증한다(요 1:34). 그 당시 사람들에게는 아직 이후의 교회가 가졌던 공식화된 신앙고백이 없었다. 후대의 신앙고백에 있어서 "하나님의 아들"은 주로 영원한 신성의 제2위를 나타내는 것으로 간주되며 성육신은 이차적인 것으로 여겨져 왔다. 요단강에서의 선포는 인간 예수 및 그의 기원과 관련이 있었다; 참으로 그의 아버지는 하나님이시다!

예수는 "기름 부음 받은 자, 살아계신 하나님의 아들"이라는 베드로와 다른 제자들의 고백에서 베드로는 삼위일체 교리의 어떤 일면을 예수에게 적용한 것이 아니다. "기름 부음 받은 자"라는 명칭을 사용함으로써, 베드로는 인간의 영이 아닌 하나님의 영, 즉 성령이 예수 안에 거하고 있음을 깨닫는다. 그리고 베드로는 이 예수가 인간 아버지를 두고 있는 것이 아니라 하나님이 바로 그의 아버지라는 사실을 깨닫는다. 이것이 바로 사람들이 자신을 예수에게 온전히 맡길 수 있는 이유이다(요 6:68-69).

예수는 직접 여러 번 자신이 하나님 아버지와 누리고 있는 친밀한 관계를 보여준다. 아들로서 예수는 매일 아버지 하나님과 만나고, 아버지의 말을 대언한다("아버지여, 옳소이다," 마 11:26). 그리고 예수는 사람들과 말을 하는 동안에도 계속해서 아버지와 연결되어 있다(요 12:28). 아버지가 모든 것을 맡기신 아들은 바로 인간 예수 그리스도이며, 예수는 수고하고 무거운 짐을 진 모든 이들에게 말씀하신다(마 11:27-28).

예수 주위의 사람들은 예수가 하나님 아버지에 대해 언급하는 것 그리고 자신이 그분의 아들임을 암시하는 말을 들으며, 그것을 예수의 혈통에 대한 언급으로 이해한다. 예수가 아버지에 대해 말할 때 유대인들은 "우리 아버지는 아브라함이라"라고 말한다(요 8:38-39). 아브라함을 통해 그들에게는 한 분의 아버지, 즉 하나님이 있다. 그러나 그 아버지 하나님은 이스라엘이 그분의 입양된(adopted) 백성으로서 영광을 돌려야 할 분이다(요 8:41). 이스라엘 백성의 구성원들은 음행(우상숭배)을 통해 난 자들이 아니었다; 하나님이 직접 아버지 아브라함의 백성을 취하셨고 언약을 통해 그들을 자신의 백성으로 만드셨다. 그러나 유대인들은 예수가 언약적인 의미에서 하나님을 자신의 아버지라고 하는 차원을 넘어서 그 이상의 것을 의미하고 있다는 것을 충분히 이해하고 있다. 예수는 유대인들이 아브라함을 자신의 아버지라고 부른 것과 마찬가지로 하나님을 자신의 아버지라고 부른다. 이것이 바로 유대인들이 예수에게 그가 아직 쉰 살도 안 됐으며, 분명 아브라함도 보지 못한 자이므로 예수가 자신을 아브라함보다 큰 자라고 여겨서는 안 된다고 조롱하듯 말한 이유이다. 그러나 예수는 "아브라함이 나기 전부터 내가 있느니라"라고 하신다. 세상에 계신 하나님의 아들로서 예수 자신은 또한 속성상 하나님이시며 그러므로 예수는 아브라함보다 오래된 자다. 우리가 요한복음 1장에서 말씀이 육신이 되었으나 이 말씀이 태초부터 존재했었다고 읽는 것과 마찬가지이다. 그것이 바로, 예수의 인격에 관한 한, 세상에서 (마리아를 통해) 태어난 하나님의 아들과 말씀 사이에 괴리가 존재하지 않는 이유이다. 언제나 계셨고 지금도 계시는 예수는 마리아를 통해 아들이 되었고, 그러므로 이제 또한 성육신 덕분에 하나님의 아들로 불리는 것이 가능하다. 성육신 속에서도 예수는 여전히 하나님으로 남아 계시다.

"하나님의 아들"이라는 명칭을 사용했을 때, 주 강조점은 곧 그 명칭이 암시하는 것에 놓이게 되었다: 예수를 하나님의 아들로 부르는 것은 예수 자신이 하나님임을 암시하는 것이다. 따라서 이 이름은 또한 언제나 하나님과 함께 있었고, 또한 그 자신이 하나님이신 예수를 가리키는 말로도 소급해서 사용된다(히 1:2-3과 비교하라)! 우리는 "그리스도"라는 이름에서 동일한 현상을 발견한다. 그러나 "하나님의 아들"이라는 이름은 하나님의 영이 마리아의 태 안에 수태된 인간 속에 거주했을 때, 그래서 예수가 자신을 기름 부음 받은 자, 하나님의 아들, 하나님에 의해 보내심을 받고, 인정받고, 영광 받는 자로 부를 수 있게 되었을 때에야 사용될 수 있었다(히 1:3b-13과 비교하라).

"하나님의 아들"이라는 이름이 신약에서 사용되기 시작했을 때 그것이 어떻게 들렸고 어떻게 의도되었었는지를 알기 위해서는 1세기로 되돌아가야 간다. 그래서 요한일서 4:9는 종종 그리스도의 선재성의 관점에서 읽힌다: "하나님의 사랑이 우리에게 이렇게 나타난 바 되었으니 하나님이 자기의 독생자를 세상에 보내심은 그로 말미암아 우리를 살리려 하심이라." 그러나 우리는 또한 이 단락을 하나님의 행위로서의 성육신, 그리고 그 배후에 있는 하나님의 목적을 다루는 것으로 읽을 수도 있다. 하나님은 예수를 세상에 보내사 성령으로 잉태되게 하셨고, 베들레헴에서 태어나게 하셨으며, 이스라엘이라는 세상으로 와서 십자가에 못박히게 하셨고, 그래서 우리가 그를 통해 구원을 받도록 하셨다. 아들을 보내신 이 행위는 예수의 탄생 하나로 축소되어서는 안 된다. 그것은 탄생과 골고다에서의 심판을 포함하여 예수의 사명 전체를 포괄한다. 하나님은 우리의 죄에 대한 속죄제물로 (마리아를 통해 태어난) 자신의 아들을 보내셨다(요일 4:10).

첫 번째 서신서에서 요한은 영원부터 존재했으며 우리에게 계시되었던 분에 대해 말하면서 "그의 아들 예수 그리스도"라고 언급한다. 아들이라는 신분은 예수 그리고 그리스도라는 역사적 이름과 하나로 묶인다(요일 1:3). 또한 요한일서 3:23을 보라: "그 아들 예수 그리스도의 이름을 믿고." 신자는 하나님의 아들이 "예수"가 되었다고 고백하는 것이 아니라, 예수가 바로 "하나님의 아들"이라고 고백한다(요일 4:15; 5:5). 요한일서 5:20에서 "우리가 참된 자 곧 그의 아들 예수 그리스도 안에 있는 것이니"라는 언급 다음에 "그는 참 하나님이시요 영생이시라"가 뒤따른다. 인간 예수는 하나님의 아들이고, 마리아의 자녀이기 때문에, 예수는 진정한 하나님("하나님의 아들")이시며 영생(성육신의 결과로서의 "하나님의 아들")이시다.

요한일서 2:22에서 "예수께서 그리스도이심을"이라는 고백은 하나님의 아들을 인정하는 것과 병행을 이룬다. 성령이 예수님 안에 거함을 인정하기를 거부하는 것은 아들을 부인하는 것이다. 또한 요한이서 1:9을 보라: 누구든지 "교훈 안에 거하는 그 사람은 아버지와 아들을 모시느니라."

로마서 1:3-4은 "그의 아들에 관하여 말하면 육신으로는 다윗의 혈통에서 나셨고"라고 말하고 있다. 인간의 특징이 이 아들에 추가되었다고 말하는 것이 아니라 그가 다윗의 집안으로부터 *아들*(Son)이 되었다는 말이다. 성령에 따르자면 그의 기원이 다른 곳이기 때문에 "육신으로는"이라는 수식어구가 필요하다.

"그의 아들의 복음"(롬 1:9)이라는 어구는 아들과 복음이 연결되어 있음을 암시한다. 복음의 내용은 예수가 하나님의 아들이라는 것이다.

로마서 8:3("율법이 육신으로 말미암아 연약하여 할 수 없는 그것을 하나님은 하시나니 곧 죄로 말미암아 자기 아들을 죄 있는 육신의 모양으로 보내어 육신에 죄를 정하사")은 때때로 마치 이미 존재했던 *아들*을 죄로 가득한 인간들이 사는 세상으로 보내는 것과 같은 의미로 읽힌다. 그러나 바울은 "육신(sinful man)"을 아들을 보내는 장소로 기록하고 있지 않다. 바울은 단지 아들이 영화된 몸이 아니라 타락한 죄인과 같은 육체를 가진 연약하고 죽을 수밖에 없는 자로 (en homoiomati sarkos hamartias) 우리에게 드러나는 *방식*에 대해 설명하고 있다. 여기서 아들을 보내심은 예수의 전체 지상사역의 성취와 관련이 있다. - 구절의 나머지 부분은 십자가를 다룬다. 하나님이 자신의 아들을 아끼지 않는다고 할 때 그것은 하나님이 천국에 있었던 아들을 세상에 보냈다는 사실이 아니라 세상에서 태어난 아들을 죽게 했다는 사실을 가리킨다(롬 8:32). 따라서 갈라디아서 4:4의 "하나님이 그 아들을 보내사"는 "여자에게서 나게 하시고 율법 아래에 나게 하신 것은"이라는 어절이 수식하며 우리를 구속하기 위해 세상에 오신 인간 예수를 가리킨다. 바로 그 일을 위해 예수는 세상에 보내심을 받았다(갈 4:5).

요한복음에서 하나님의 아들에 대한 진술 가운데 성육신이 암시되어 있지 않은 곳이 있는가? 요한복음 5:18에서 유대인은 예수가 하나님을 "자기 *친*(혹은 *실제*) 아버지"로 부르고 있고 따라서 자신을 하나님과 동등한 자로 취급함을 충분히 깨닫는다. 예수는 이를 확증한다. 예수는 하늘에 계신 아버지와 완전히 친밀한 관계다; 예수는 아버지가 행하시는 것을 보고, 아버지를 따라 행하신다(요 5:19-20). 여기서의 동사는 현재시제다. 그러므로 이것은 이전에 존재했던 때에 대한 기억이 아니라 아들과 아버지 사이의 현재의 관계에 대한 언급이다. 요한복음 6:46은 예수가 아버지를 본 것에 대해서 말하고 이어서 "오직 하나님에게서 온 자"라는 지칭이 따라 나온다. 따라서 하늘에 계신 아버지와 예수로 불리는 인간 사이에는 그가 베들레헴에서 태어난 이후로 확실히 지식과 사랑의 영원한 교제가 있다. 이것이 바로 교회가 그 신조 안에서 *영원하신* 하나님의 아들에 대해 올바로 말하는 이유이다. 그 신조 속에서, 고백하는 교회는 다시 육신으로 태어난 독생자의 계시된 비밀을 되돌아보며 지적한다. 그러나 우리는 신약을 읽을 때 나중의 고백에서 나타난 계시에 대한 암시를 신약의 동일한 어구들에 적용하지 않도록 조심해야 한다. 요한복음 5:26에서 우리는 아버지가 아들에게 생명을 주어 그 속에 있게 하셨음을 읽는다. "그 속에 생명"(life in himself)을 이렇게 주신 것을 성육신과 분리해서는 안 된다. 27절에서 이렇게 생명을 주신 것은, 심판할 권세와 더불어, 예수가 "인자"(huios anthrōpou)라는 사실과 연결된다. 예수는 인간의 딸 마리아의 자녀일지 모르지만 하나님의 성령이 예수 안에 거하기 때문에 예수는 자신 안에 생명을 받았다. 예수는 인간이다. 그러나 매우 독특하게 다른 인간이다: 하나님에게서 나신 하나님이 그의 아들이 되었다

(God of God, who has become son; * 네덜란드어 원문은 God uit God인데 전치사 uit는 from의 의미가 강하다. - 감수자). 요한복음 10:36에서 예수는 그가 하나님의 아들이라고 말하면서 아버지가 자신을 거룩하게 하셨고 자신을 세상에 보내셨다는 사실을 언급한다. 예수는 "하나님께로부터 나와서" 세상에 오셔서 사역하셨다. 예수가 이 세상을 떠날 때 그는 아버지께로 돌아갈 것이며, 아버지는 바로 예수의 근원이다 (요 16:27-28; 아들이 아버지에게로 가는 것에 대해, 예수는 '돌아가다'[*hypostrepheein*]라는 동사가 아니라 '떠나다'[*poreuesthai* 또는 *hypagein*]라는 동사를 사용한다. 그러므로 예수가 여기에서 이야기할 때는 그는 성육신의 관점에서 말하고 있다).

요한복음17:1-5 에서 아들은 세상이 시작되기 전 하나님과 함께 소유한 영광으로 영화롭게 되기를 기도한다. 말씀하시는 자는 하나님과 함께 있었고, 하나님이시다. 그러나 마리아의 아들(하나님을 아버지로 둔)은 아직 영화롭게 되지 않았다. 이제 하나님이 이 성육신한 아들을 영광으로 덮을 것이다. 그 영광은 예수가 이미 성육신하기 이전에 아버지와 함께 소유했던 것이다. 요한계시록 2:18에서 그 눈이 불꽃 같고 그 발이 빛난 주석과 같은 하나님의 아들은 또한 영화롭게 된 예수이다.

요한복음3:34-35은 매우 분명하게 말하고 있다. 하나님이 세상에 보내신 자는 하나님의 말씀을 말한다. 왜냐하면 하나님이 그에게 성령을 한량 없이 부어주시기 때문이다. 아버지는 자신의 아들을 사랑하며 아들의 손에 모든 것을 맡겼다. 여기서 예수는 시간 속에 존재하는 인간으로서의 자신에 대해 말하고 있다; 예수는 하나님의 말씀을 말한다. 그것은 (성령으로부터 받은) 성령의 선물의 결과이며, 성육신하신 말씀의 손 위에 모든 것들이 신뢰로써 맡겨진 결과이다. 이제 그것은 단지 하나님의 말씀일 뿐만 아니라 그의 아들의 말씀이다. 아들은 하나님의 집에 영원히 *거한다*(요 8:35). 예수는 종이 아니라 아들로서 집에서 태어났기 때문에 그곳에 영원히 거할 것이다.

마지막으로 내릴 수 있는 결론은 신약에서는 *인간이 되신* 영원한 말씀으로서의 예수를 지칭하기 위해 "하나님의 아들"이라는 명칭이 사용된다는 것이다.

제6장

거절과 고난 : 자기 희생의 길

Jesus the Son of God

Chapter 06

거절과 고난 : 자기 희생의 길

예수는 하나님의 일을 하러 이스라엘 백성에게 오셨다. 예수는 복음을 전파하고 아픈 자들을 모두 치료했다. 그러나 하나님의 영의 능력을 자신을 위해서 쓰지 않고 오직 다른 사람들을 위해 사용했다(제3장). 예수가 사용한 구체적인 용어를 볼 때, 비록 예수는 신적인 영광을 받기에 합당한 존재였지만, 그는 단지 조용히 인간 취급을 받는 것을 받아들이셨다(제4장). 예수는 다른 사람들이 자신을 그리스도, 살아계신 하나님의 아들로 인식하기를 원했지만 결코 그런 칭호를 자랑하지 않았다(제5장).

복음서를 읽으면서 우리는 이런 특별한 긴장 관계를 계속 만나게 된다. 예수는 세상에서 무슨 일이든 할 수 있었고, 모든 사람들에게 원하는 무엇이든 해줄 수 있었지만, 결코 자신을 위해 능력을 사용하지 않으셨다. 놀랄 만한 능력이 펼쳐진 모습 속에는 언제나 대중의 인기에 영합하기를 거부하는 겸손한 모습이 있었다. 그리고 예수는 자신의 그런 거절이 결국에는 사람들로 하여금 자신에게서 등을 돌리게 할 것이라는 사실을 알고 있었다.

그러한 반전은 피할 수 없었다. 예수의 인격과 사역은 도전 받지 않은 적이 없었다. 예수와 유대 지도자들 사이의 갈등의 골은 점점 깊어만 갔다. 예수의 적들이 가하는 공격과 예수 자신의 온유한 성품으로 인해 마침내 예수는 십자가에 못박히게 된다. 그것은 피할 수 없었다. 그러나 어째서 예수는 자신의 그런 태도를 통해서 일이 그렇게 되도록 허용했을까?

이러한 질문이 바로 이 6장의 초점이다. 첫째, 거절과 갈등에 관한 사실(6.1), 둘째, 예수 자신이 수용한 태도(6.2), 그리고 마지막으로 예수가 자신이 걸어온 삶의 길에 대해 부여한 의미를 고찰한다.

6.1 갈등의 길

거절과 고난의 길은 예수가 조장한 것은 아니었다 하더라도 의도한 것이었다. 예수는 자기 파괴의 계획을 갖고 오신 것이 아니라 분명 이스라엘을 구원하려는 목적으로 오셨다. 그러나 그 계획을 실행하실 때, 거절과 적대의 길이 예수 앞에 펼쳐졌다. 예수는 이 갈등의 길을 피하지 않았다. 그 길은 예수가 *가야 할* 길이었다.

6.1.1 나사렛 사람

예수를 지칭하기 위해 이스라엘에서 가장 흔하게 사용되던 *이름*이 이미 다른 사람들로부터 받을 거부와 예수 자신의 온유한 성품을 암시한다. 당시에는 아버지의 이름을 따라 이름을 짓는 것이 보통이었다(예를 들자면, 요나의 아들 시몬, 야곱의 아들 요한, 세배대의 아들들). 그러나 예수의 경우 사람들은 이 규칙을 따르지 않았다. 사람들은 예수를 나사렛 사람이라는 자라난 곳의 지명으로 불렀다. 나사렛은 갈릴리 북부에 있는 거의 알려지지 않은 마을이었다. "나사렛의"라는 수식어에는 경멸적인 의미가 수반되었다: "갈릴리 출신의 촌놈."

이런 경멸적 느낌은 "나사렛 사람"이라는 단어를 유대 지방 사람들이 갈릴리 악센트를 흉내내어 발음할 때 더 강조된다. 갈릴리 지방 아람어에서 '아'라는 모음은 자주 '우'나 '오'로 약하게 발음되었다.[1] 이를 흉내 내서 유대사람들은 '나자레노스'(*Nazarēnos*)를 '나조라이오스'(*Nazoraiōs*) 라고 발음하기도 했다. 나사렛이라는 명칭은 예수를 변방출신의 사람으로 인식시켰고, 조롱하는 투의 발음은 경멸을 드러냈다.[2)]

나사렛이라는 명칭은 예수가 예루살렘이라는 성전 도시나 다윗의 출신지인 베들레헴을 그의 근거지로 활용하지 않았다는 사실에 대한 어떤 불쾌감을 보여준다. 이는 요한복음 7장에서 초막절 동안 다양한 방식으로 드러난다. 요한의 형제들은 한편으로는 예수가 사람들의 주의를 끌기 원하면서도 한편으로는 항상 주변에만 머물러 계셨다는 사실에 놀란다(7:3-4). (갈릴리) 군중들은 예수가 어째서 베들레헴을 사역의 본거지로 삼지 않는지 궁금했다(7:42). 그리고 지도자들 또한 니고데모에게 선지자가 갈릴리에서 나올 수 있겠느냐고 말하기도 했다(7:52).

이렇게 자신을 드러내지 않는 겸손한 행동에 대한 불쾌감은 사람들이 그 분을 *나사렛* 예수라고 부른 것에 분명히 드러난다. *나조레네(Nazorene)* 라는 이름도 잘 선택한 것이다. 이 위대한 선생이자 기적을 일으키는 자에 대한 가장 놀라운 점은 바로 그의 과묵함이었다. 예수는 세상을 놀라게 할 정도의 인물이었지만 여전히 갈릴리 주변부를 맴돌기만 했다. 이것은 연약함을 드러내는 증거인가? 예수가 사람들로 하여금 자신을 그렇게 부르도록 *내버려두신* 사실은 바로 자신을 방어할 대책이 없었다는 표시였다. 모순을 느낀다거나 처벌에 대한 두려움 없이 사람들은 예수를 약간 조롱의 의미가 담긴, 그의 출신지를 암시하는 이름으로 부를 수 있었다.[3)]

6.1.2 갈등

하나님의 아들, 예수가 자신을 초라하고 연약한 인간의 아들로 드러냈기 때문에 예수의 삶은 여러 면에서 위협을 받았다.

일단 이스라엘의 통치자들이 예수의 생명을 위협했다. 예수가 태어나

자마자 헤롯 대왕은 예수가 태어난 곳, 베들레헴의 모든 아이들을 죽이라고 명령했다. 하지만 예수는 부모가 어린 예수를 데리고 애굽으로 피신했기에 가까스로 살아남았다(마 2:13-18). 돌아오는 길에 헤롯의 아들 아켈라오가 다시 유대지방에서 위협했기 때문에 예수의 가족은 갈릴리로 물러나야 했다. 나중에 헤롯의 다른 아들인 안디바는 예수를 두려워하면서도(안디바는 예수를 죽은 세례 요한이 다시 부활한 것으로 여겼다.) 동시에 예수를 죽이려고 했다(눅 13:31-32; 23:8-12). 당연히 헤롯가의 사람들은 예수를 구석에 몰아넣어 죽이려고 하는 자들에게는 반가운 동조자들이었다(막 3:6; 12:13).

비유대인들 역시 가끔 예수에 대한 적대감을 드러냈다. 사마리아인들은 예수가 세겜이 아니라 예루살렘으로 가고자 했을 때 환대하기를 거절했다(눅 9:52-53). 데가볼리 지역의 사람들은 예수에게 빨리 자기네 지역에서 떠나라고 요구했다(눅 8:37).

그러나 예수는 왕이나 이방인들에 의해 희생당한 것이 아니다. 예수가 이 세상을 떠나도록 결정적인 역할을 한 것은 바로 예루살렘의 지도자들이었다(눅 13:34-35; 마 23:37-39). 그들이 마지막에 예수를 사로잡아 산헤드린 공회 앞에서 공식적으로 그를 신성모독죄로 고발했다. 그리고 십자가에 못 박아 죽이도록 로마 총독에게 예수를 넘긴 자들이 바로 그들이다.[4)]

마지막의 사형집행은 이 오랜 갈등의 결말이다. 이런 갈등의 여러 단계들을 조망해보면 골고다에서 절정에 이른 적대감의 *본질*을 분명하게 볼 수 있다.

1. 안식일 갈등

초기에 예수는 안식일에 사역하는 것이 합당한지에 대해 유대인들과 갈등을 빚었다. 예수는 안식일에 자유롭게 행하셨고 이것이 율법과 충돌하게 되었다. 안식일임에도 불구하고 예수는 극심한 위기상황일 때 뿐만 아니라, 다급한 경우가 아닌 경우에도 치유를 행하셨다. 이에 대한 분명한 예는 38년 동안 병을 앓고 있다가 하루만 더 기다리면 안식일 다음날이었는데도 치유를 받은 남자의 경우이다(요 5:5-10). 예수는 자신이 안식일에 자유롭게 행한 것을 부인하지 않았다(마 12:2-6). 그러나 예수는 안식일의 주인(막 2:28) 그리고 이스라엘의 스승으로서(눅 13:14-16) 그런 자유가 자신에게 있다고 말했다. 예수의 아버지는 방해 받지 않고 일하신다. 예수도 마찬가지이다(요 5:17).

유대인들의 심경을 불편하게 한 것은 바로 이 주장이었다. 예수가 안식을 거부했을 뿐만 아니라, 또한 하나님을 자신의 아버지라고 칭함으로써, 자신을 하나님과 동급으로 여겼기 때문에 유대인들은 예수를 죽이고자 했다(요 5:18; 7:19-25와 비교해 보라).

그럼에도 불구하고 예수는 유대지도자들에 대해 어떠한 방어조치도 취하지 않고 그런 엄청난 주장을 계속한다. 이제 그들은 예수를 비판하며 괴롭히고, 심지어 안식일에 덫을 놓아 예수를 속이려 한다(막 3:2; 눅 14:1-6). 자신의 행동을 통해서 예수는 그들 앞에 이스라엘의 주인이자 스승으로 나타난다. 그러나 예수는 자신이 사냥될 수 있는 사슴처럼 취급되도록 내버려 두신다.

2. 바알세불 해석

종교 활동의 중심지인 예루살렘은 안식일에 베데스다에서 일어난 치유의 기적에 상당히 놀랐다(요 5장). 그래서 몇 명의 율법교사들이 예루살렘에서 예수가 사역하고 있던 갈릴리까지 직접 예수를 만나러 갔다(막 3:22).

예수의 능력과 권위는 부인할 수 없는 것이었기에, 그들은 예수가 마귀와 계약을 맺고, 마귀의 능력을 힘입었다고 선언함으로써 사람들로 하여금 존경심을 버리도록 하려 한다 (마 9:34; 12:24; 요 8:48, 52). 군중들 중 일부는 결국 이 주장을 받아들인다(눅 11:15). 정말 순수한 마음에서 사람들은 어떻게 의를 행하는 치유자가 안식일을 범할 수 있는지 궁금해 한다. 사람들은 예수가 행한 기적에 뭔가 잘못된 것이 있다는 결론을 내린다.

비록 이것은 예수 안에 거하시는 하나님의 영과 예수를 보내신 하나님 아버지를 완전히 거부하는 것이지만, 예수는 그러한 험담을 퍼뜨리는 자들에게 전혀 간섭하지 않으신다. 권능으로 충만한 예수의 사역은 공격적인 반대 세력을 불러일으켰지만, 이런 공격에 대한 예수의 인내는 예수를 연약한 모습으로 보이게 했다.

3. 예수를 넘어지게 하기 위한 질문

바알세불에 대한 암시도 사람들에게 미치는 예수의 영향력을 저지하는데 충분하지 않았다. 그래서 지도자들은 어쩔 수 없이 군중들이 보는 앞에서 예수와 직접 맞부딪혀야 했다. 우리는 이제 이들 지도자들이 예수를 덫에 걸려 넘어지게 하기 위해 자주 다양한 질문들을 던지고 또한 예수의 제자들의 행동들을 비판하면서 군중들에게 예수가 고소를 당해 죽어야만 하는 거짓 선지자임을 주장하고 있음을 보게 된다(눅 11:53-54). 예수는 그들의 행동을 결코 막지 않았다. 그것은 틀림없이 예수로 하여금 포위를 당하고, 오해를 받고 있다고 느끼도록 만들었을 것이다.

복음서에는 이러한 접근에 대한 자세한 사례들이 여럿 있다.

a. 한 무리의 율법교사들과 바리새인들은 어째서 예수의 제자들이 손을 씻지 않고 음식을 먹는지 알아보려고 예루살렘에서 갈릴리까지 왔다(마 15:1-2; 막 7:1-5). 이 경우에 예수는 군중들에게 음식에 관한 율법이 본질적으로 중요한 것은 아니라고 말한다(마 15:10-11; 막 7:14-16). 예수는 마치 *모세를 능가하는* 사람처럼 행동한다. 그럼에도 불구하고 예

수는 자신의 권위를 무너뜨리려는 사람들로부터 자신을 보호하지 않았다. 고라, 다단, 아비람이 모세의 권위에 도전했을 때 그들은 갈라진 땅 속으로 떨어져 사라진 반면, 율법교사들과 바리새인들은 무사히 예루살렘으로 돌아올 수 있었다.

b. 예수는 하늘에서 온 표적을 여러 차례 요구받았다. 먼저 바리새인과 사두개인들이 표적을 보여달라고 요구했다(막 8:11; 마 16:1). 그러나 나중에는 군중들도 같은 질문을 하게 된다(눅 11:16). 이것은 예수의 행위들이 하늘에 기반을 둔 것이라는 사실을 제대로 이해하지 못했기 때문에 생긴 질문이다. 그들은 예수가 바알세불을 통해 일한다고 추측했으며(눅 11:15), 그를 정당화시켜 줄 그 어떤 표적도 *하늘로부터* 나타나지 않는다는 것을 보여줌으로써 그 사실을 증명하려 한다(눅 11:16). 예수는 자신의 가르침을 통해 이러한 도전에 대해 언급하지만, 그때도 하나님 아버지께 어떠한 특별한 음성을 달라고 요청하지는 않는다. 또한 그렇게 함으로써 예수는 자신에 대한 원수들의 계속적인 거부와 도전을 받아들이신다.

c. 가버나움에서 성전세를 징수하는 자들은 예수와 그의 제자들을 성전 모독죄로 고소하려 한다. 분명 하나님의 아들이기에, 예수는 성전세를 내지 않으셨다.[5] 예수가 직접 만나는 대신 베드로가 자기 스승의 행위에 대해 고소한 사람들을 만난다. 예수는 자신의 논지를 주장하지 않지만, 이 문제를 제기한 사람들에게 자신이 걸림돌이 되지 않기 위해, 그럴 의무가 없는데도, 성전세를 낸다. 거절 받은 아들이 종의 자리를 취하신 것이다.

d. 예수가 죽기 전 며칠 동안 예루살렘에서 충돌할 때 율법교사과 바리새인, 사두개인들은 수많은 질문을 퍼붓는다(마 22:15-46). 예수는 그

러한 질문이 배우고자 하는 열망에서 나온 정직한 질문들이 아님을 알고 있다. 그 질문들은 예수를 덫에 걸려들게 하려는 것이다. 그렇지만 예수는 질문을 피하지 않고, 덫을 놓아 자신을 잡아가려는 이들에게 화를 내지도 않는다.

이스라엘의 지도자들이 예수에게 사형죄를 덮어 씌우기 위해 저지른 일들을 볼 때(눅 11:54), 그들이 암살이라는 불법적인 방법으로 예수를 처리하기보다 공식적인 재판을 거쳐 사형시키고 싶어했다는 사실을 알 수 있다(막 3:6; 요5:18; 7:1). 사람들이 예루살렘에 모여들 때마다 두려움의 그림자가 이스라엘의 지도자들에게 드리운다. 그들은 감히 드러내놓고 예수에 대해 말하지 못한다(요 7:13). 어느 시점에 이르러서는 바리새파 지도자들은 심지어 누구든지 예수를 기름부음 받은 자로 고백하는 자는 회당 밖으로 쫓아내겠다고 공포한다(요 9:22; 12:42). 이것은 일반인들뿐만 아니라 일부 지도자들까지도 예수를 하나님의 보내심을 받은 자라고 공개적으로 인정하지 못하도록 금지한다(요 12:42). 예루살렘은 제자들에게 위험천만한 장소가 된다(요 11:8, 16).

예수를 십자가에 못박히게 한 갈등은 어떤 오해가 감당할 수 없이 불거져 나타난 결과가 아니다. 그것은 오랜 기간에 걸쳐 면밀하게 계획되어 일어난 논란이다. 그것은 예수와 군중 사이에 이해가 부족해서 생긴 것이 아니라, 이스라엘의 지도자들이 예수를 거부한 결과이다. 그들은 예수의 주장을 충분히 이해했다. 그러나 바로 이 지점에서 그들은 예수의 주장을 거부한다.

바리새인 지도자들은 예수의 기적적인 능력을 인정하지 않을 수 없었으면서도 어째서 예수를 그렇게 특별히 적대적으로 대했을까? 예수는 바리새인들의 교만함이 그들의 눈을 가렸기 때문이라고 설명한다(요 5:41-44; 눅 18:9-14; 마 23:5-12). 하나님은 비천한 곳, 갈릴리 나사렛으로 자신의 아들을 보내셨다. 예수 앞에 절하는 것은 수치스러운 일로 보인다. 어째서 아브라함의 자녀들이 '나사렛 사람' 앞에서 자신들을 낮추어야 하는가? 그런 행동을 할 수 있는 사람들은 오직 자신들의 죄와 부족함을 깨달은 사람들뿐이다. 세리와 죄인들은 자신들의 죄에 대해 충분히 깨닫고 있으며, 예수를 겉치레로 받아들이는 태도가 전혀 없다. 그러나 바리새인들에게 예수는 참된 구원자가 되시기에는 너무나 볼품없고 하찮은 존재로 보였다.

사실 갈등은 예수가 아니라 세례 요한에게서 시작됐다. 세례 요한은 이스라엘 백성들에게 주님이 곧 오실 것이기 때문에 회개해야 한다고 가르쳤다. 바리새인과 사두개인들이 요단강에 모여들었지만 그들은 회개의 세례에 참여하려 하지 않았다. 그들은 자신들이 아브라함의 자손임을 의지했다(마 3:7-12). 그러나 요한의 초대를 거절함으로써, 그들은 오히려 예수를 받아들이기에 합당치 못한 자가 되어버렸다. 따라서 누가복음 7:29-30에 다음과 같은 말씀이 나온다. "모든 백성과 세리들은 이미 요한의 세례를 받은지라 이 말씀을 듣고 하나님을 의롭다 하되 바리새인과 율법교사들은 그의 세례를 받지 아니함으로 그들 자신을 위한 하나님의 뜻을 저버리니라." 그리고 훨씬 나중에 예루살렘에서 예수는 이렇게 말한다. "내가 진실로 너희에게 이르노니 세리들과 창녀들이 너희보다 먼저 하나님의 나라에 들어가리라. 요한이 의의 도로 너희에게 왔거늘 너희는 그를 믿지 아니하였으되 세리와 창녀는 믿었으며 너희는 이것을 보고도 끝내 뉘우쳐 믿지 아니하였도다"(마21:31-32). 예수의 권위에 대한 갈등의 뿌리에는 "요한의 세례가 어디로부터 왔느냐 하늘로부터냐 사람으로부터냐"(마 21:25)라는 질문이 놓여 있다.

6.2 예수가 받아들인 길

예수는 사람들로부터 거절과 혐오감을 받는 길을 거부하지 않으셨다. 예수는 "나사렛 사람"이라는 호칭을 참으셨다. 그리고 사람들이 적대적인 태도로 대하더라도 자신을 방어하지 않았다. 이는 놀라운 일이다. 왜냐하면 예수에게는 분명히 자신을 방어할 능력이 있었기 때문이다.

심지어 우리는 예수가 이 거절의 길을 의도적으로 택했다고 말해야 한다. 그 길은 강제로 예수에게 부과되었지만 결국 예수는 스스로 그 길을 선택했다. 예수는 단지 저항하지 않는 희생자가 아니었다: 예수는 사람들이 돌로 치려 할 때마다 여러 번 그 자리를 피했다. 예수는 자신의 때를 스스로 정했다. 그럼에도 예수는 스스로 속도를 조절하면서 자신이 체포되어 처형되는 길을 걸어가셨다. 그리고 제자들에게 그 길이 하나님이 자신을 위해 예비하신 길이라는 것을 분명히 밝혔다.

6.2.1 사람들의 적대감을 받아들임

예수가 사람들의 적대감을 받아들인 것을 실제로 보여준 예는 팔레스타인 지역을 통과할 때의 독특한 여정에서도 볼 수 있다. 예수의 여정은 한편으로는 그들을 피하려는 움직임이지만 결국은 자신을 죽이려는 이스라엘 지도자들에게로 향하는 것이라고도 할 수 있다.

한편으로 예수는 종종 자신의 적들을 피한다. 수많은 사람들이 예수를 따르기 시작하는 것을 보고 바리새인들이 예수에 대해 좀더 자세히 조사하려고 했을 때, 예수는 갈릴리로 피신했다(요 4:1-2, 43-44). 나중에 갈릴리에서 여러 번, 예수는 점점 커져가는 자신에 대한 적대감을 피하기 위해(눅 4:28-30; 마 12:14-16) 심지어 한 번은 북쪽 국경을 넘어 인접국가로 피신하기도 했다(마 15:21-28; 막 7:24-37); 그 결과 예수의 적들은 종종 예수를 찾기 위해 벽지까지 쫓아가야 하는 경우도 있었다.[6] 예수를 죽이려는 시도가 점차 구체적인 계획의 성격을 띄기 시작했을 때, 예수는 초막절을 지키기 위해 예루살렘으로 갔다. 군중들과 함께 간 것이 아니라 자신의 신분을 숨기고 그곳으로 갔다(요 10:40-42; 11:54).

반면, 그렇게 온갖 방법으로 피해 다녔음에도, 예수는 언제나 대중 앞으로 다시 돌아왔으며 언제나 자신의 적들에게로 다시 나아갔다. 예수는 충돌이 일어나는 것을 지연시켰다. 그러나 사람들이 자신에게 접근하는 것을 막지 않았다. 오히려 마지막에 예수는 환호하는 군중들 가운데서 예루살렘으로 들어갔으며, 매일 성전에 나타났고(성전은 예수에게 마치 강도의 소굴만큼 위험한 곳이었다), 그리고 마침내 예수는 산헤드린이 파송한 종들에게 자신을 내어주었다.

예전에 예수를 죽이고자 했던 헤롯 안디바의 위협에 대한 예수의 반응이 바로 전형적인 모습이다. 예수는 분봉왕의 영토인 베레아(Perea, * 이는 성경에는 나타나지 않는 지명이다. 마게도냐의 베뢰아와는 다르다. -감수자)에 계셨다. 예수는 며칠 후 그곳을 떠나지만 죽음을 피하기 위한 것은 아니었다. 예수의 목적지는 예루살렘이었다. 그곳이 바로 선지자가 죽임을 당할 곳이었기 때문이다(눅 13:31-35).

이렇게 원수들을 피하기도 하고 정면으로 대결하기도 한 모습은 예수가 적대 세력이 가져올 결과를 피하는 것이 아니라 자신의 계획과 의지에 따라 체포되고 죽임을 당하는 길을 걷는다는 사실을 의미한다. 예수는 또한 여러 번 자신의 때가 있다는 것을 암시하고 곧 다가올 "자신의 시간"과 "자신의 때"에 대해 말한다(요 7:30; 8:20; 12:23; 13:1; 17:1).

예수에 대한 몇 가지 연구는 핍박 받는 선지자 또는 억압 받는 (고통받는) 의인과 동일한 의미를 그 자신 혹은 다른 이들이 예수의 고난에 부여하고 있음을 보여준다.

*핍박 받는 선지자*라는 것은 스큡스(Schoeps)의 연구주제다.[7] 그는

이방 그리스도인들이 선지자 예수의 죽음에 대해 이스라엘 민족에게 책임을 물음으로써 반 유대감정을 표현했다고 주장한다. 이에 대한 반응으로 스텍(Steck)은 이미 구약에서도 전체로서의 이스라엘이 선지자의 죽음에 대해 책임이 있었음을 보여주고 있다; 신약 일부에서는 이런 책임이 예수 사건까지도 포함하도록 확장된 것으로 추정되고 있다. 그것은 왜 유대인들이 이방인들 사이에서의 선교사역을 막았는가 하는 것을 설명해주기 위해서이다.

E. 슈바이처(E. Schweizer)는 *억압받는 의인*이라는 주제를 다루고 있다.[9] 그는 예수를 순교적 죽음 이후에 하나님에 의해 영화롭게 되는 구약의 의인과 비교할 수 있다고 주장한다. 루퍼트(Ruppert)는 슈바이처가 억압받는 *의인*에 대한 종말론적 개념을 순교가 갖는 속죄의 능력에 대한 랍비의 개념과 잘못 연결 짓고 있다고 비판한다.[10] 루퍼트에 따르자면 예수는 (나중에 하나님에 의해 높임을 받게 될) 억압받는 의인과 자신의 백성들을 대신해 고통 받는 선지자(모세가 그렇게 준비되었던 것처럼)의 두 가지가 결합된 모습을 취한다. 클라인크네흐트(Kleinknecht) 또한 예수가 고난 받는 의인이라는 틀 안에서 자신의 메시야적 임무를 바라보았다고 생각한다.[11] 덴 헤이어(Den Heyer)에 따르자면 예수의 고난과 죽음에 대해 생각해볼 때, 고난 받는 의인이라는 모델을 고난 받는 주의 종과 결합하여 사용할 수 있었던 사람들은 바로 기독교 공동체였다.[12] 이 경우에 새로운 것은 유형이 아니라 단지 관여된 사람의 이름이다.

이러한 구약과의 비교는 한편으로는 선지자의 죽음 또는 의인에 대한 억압과 다른 한편으로는 예수의 고난 사이의 결정적인 차이를 다루는 데 실패한다[13]. 핍박 받는 선지자와 피해를 입은 의인은 하나님의 심판을 기다린다. 그러나 예수는 의식적으로 자신의 고난과 죽음을 향한 삶을 살아간다. 그것이 바로 예수가 이 땅에 온 이유이다(막 10:45). 예수는 자신이 처한 환경의 희생자가 아니다! 죽임을 당한 선지자, 억압받는 의인은 피할 수 없는 상황을 견딘다. 그러나 예수는 자신의 삶의 목적으로 여기는 그 사건의 시간을 스스로 정한다. 선지자와 의인들에 대해 이스라엘 *백성들이 종종 취한 태도*를 보면 예수를 대한 태도와 뚜렷한 차이가 있음을 보게 된다. 예수 자신의 태도는 자신을 방어할 수 없는 선지자와 무력한 의인들과는 전혀 다르다. 우리는 예수가 자신을 거절하는 사람들이 자신에게 행한 일들에 대해 하나님이 대신 원수들을 벌하시거나 복수하시는 것을 간절히 기다리지 않는다는 사실에서 이것을 알 수 있다. 오히려 예수는 그들을 구원하러 왔다고 선언하고, 십자가 위에서 자신을 핍박하는 자들을 용서해 달라고 기도한다(눅 9:52-56; 23:34). 그러므로 예수는 하나님이 직접 모든 것을 바로잡을 것이라 기대하는 힘없는 개인으로서가 아니라 자기 자신이 묶이고 죽임을 당하도록 하는 것이 필요하다고 생각하는 통치자로서 자신의 고난을 받아들인다.

6.2.2 생명을 위한 계획으로서의 죽음

공생애 초기부터 예수는 인간으로서 자신이 죽임을 당해야 한다는 것을 확신했다. 이것은 예수가 요단강에서 상징적으로 세례를 받기 위해 세례 요한 앞에 나타났을 때 분명하게 드러났다. 처음에 세례 요한은 예수에게 이런 초라한 의식을 행하기를 거절했다. 이에 대해 예수는 다음과 같이 대답했다. “우리가 이와 같이 하여 모든 의를 이루는 것이 합당하니라”(마 3:15). 물속으로 들어간 것은 자신의 생애와 사역의 방향에 대한 암시였다.

그리고 아주 초기에 예수는 제자들이 금식할 때와 신랑을 빼앗길 날이 올 것임을 알려주었다(막 2:18-20).

그리스도의 수난을 알리면서 예수는 자신을 죽음으로 이끌어갈 길을 스스로 취할 것에 대해 단호하게 그리고 체계적으로 가르친다. 이러한 선포는 마태, 마가, 누가 세 개의 복음서에서 거의 동일하게 보고된다. 제자들은 이 가르침을 이상하게 여겼지만 강한 인상을 받았고, 예수의 그 말을 매우 정확하게 기억했다. 첫 번째 공표에서는 바로 예수를 죽일 자들이 *예루살렘 지도자*들이라는 사실에 초점을 둔다(마 16:21; 막 8:31; 눅 9:22). 두 번째 공표에서는 예수가 배신을 당할 것이라는 사실을 덧붙인다(마 17:22; 막 9:31; 눅 9:44). 그리고 세 번째 공표에서는 (이는 속성상 비밀스러웠고, 오직 열두 제자만을 위한 것이었다) 예수는 제자들에게 이스라엘 지도자들이 자신을 *이방인들에게* 넘겨줄 것에 대해 말한다(마 20:18-19; 막 10:33-34; 눅 18:31-33). 마태복음 26:1-2에서 우리는 예수가 사로잡히기 이틀 전에 제자들에게 세 번째 공표가 성취되는 *시간*까지 말하는 것을 읽게 된다.

고난과 죽음에 관한 이러한 계획을 이미 사전에 그리고 점점 자세하게 제자들에게 알려줬다는 사실은 예수가 자신의 길을 받아들였고, 의식적으로 그것을 따라가려 했다는 사실을 증명한다. 겟세마네에서의 일은 이러한 수락이 내적인 갈등과 함께 일어났다는 사실을 보여준다. 예수는 기꺼이 죽음을 택한다. 그러나 아무런 감정 없이 내린 결정은 아니다. 예수는 가능하면 자신의 잔을 옮겨달라고 아버지께 기도한다. 그러나 결국 하나님이 예수에게 요구한 것에 순종한다(마 26:36-46).

6.2.3. 예수의 필연적인 죽음

예수는 자신의 고난에 대해 알리면서 더 자세한 설명을 추가한다. 예수는 제자들에게 이 일이 장차 *일어날* 뿐만 아니라 또한 반드시 *일어나야 한다*고 매우 분명하게 설명한다. 예수가 죽음으로 가는 길은 반드시 일어나게 될 하나님의 계획에 근거한다(마 16:21).

이러한 필연성은 성경에 기초를 두고 있다(마 26:54; 눅 24:44). 제자들은 하나님의 아들 메시야가 당할 고난을 자신들의 생각과 전혀 맞지 않는 것으로 여기기 때문에 분명 설명이 필요하다. 복음서는 사도들이 자신들이 나중에 전파하게 될 복음을 처음 접하게 되었을 때 그것을 받아들이기가 무척 어려웠다는 사실을 숨기지 않는다. 부활 때까지 제자들은 *메시아의 수난에 대해서*는 예수의 말을 믿기를 *거부했으며*, 그런 개념을 선선히 받아들이는 것은 아예 준비조차 되어 있지 않았다. 마음이 열려 있던 당시 유대 성경 독자들에게도 메시아의 수난이라는 것은 자명한 것이 아니었음이 확실하다.

복음서에서 우리는 예수가 제자들에게 설명하는 방식으로 성경을 가르쳤다는 암시를 전혀 찾을 수 없다. 그러나 부활 이후 사도들이 성경을 사용한 것은 부활 이전 예수가 성경을 사용했기 때문이라는 가정은 상당한 근거가 있다. 그 외에 다른 어디에서 그것이 왔겠는가? 많은 현대 성경학자들은 기독교회가, 과거를 되돌아보며 자신들의 생각에 맞추기 위해, 성경구절들에 호소함으로써 예수의 죽음과 고난을 정당화하기를 원했다는 이론을 제시한다. 그러나 제자들이 예수의 고난을 *받아들이기*를 거부했다는 사실을 주목할 때 이 이론은 신빙성이 떨어진다. 그럼에도 제자들은 오순절 이후 계속해서 율법과 선지자를 인용하며 예수의 고난을 전파할 준비가 되어 있었고 또 기꺼이 그렇게 했다. 이러한 빠른 반전 뒤에는 틀림없이 몇 가지 준비작업이 있었을 것이다. 그리스도의 죽음을 설명하기 위해 성경 구절을 사용한 것은 분명 예수 자신의 가르침에 근거한 것이다. 제자들은 처음에는 이해하지 못했기 때문에 그 가르침을 거부했지만 나중에는 받아들였다. 예수의 부활 이후 제자들은 마음이 열렸고 따라서 그들이 성경을 이해할 수 있게 되었을 때 제자들은 재빨리 예수가 자신들에게 설명하고자 한 것이 무엇이었는지를 이해했다.

복음서 가운데 단지 일부에서만 예수가 구체적인 성경 구절을 언급하는 것을 볼 수 있다. 마가복음 12:10-11에서 예수는 시편 118:22-23("건축자가 버린 돌")을 인용한다. 스가랴 13:7은 마가복음 14:27에 인용되어 있다("내가 목자를 치리니 양들이 흩어지리라"). 시편 41:10과 69:5은 유다("내 떡을 먹는 자가": 요 13:18)와 세상("그들이 이유 없이 나를 미워하였다": 요 15:25)을 지적한다. 마지막으로 우리는 누가복음 22:37에서 이사야 53:12로부터의 짧은 인용을 발견한다("그는 불법자의 동류로 여김을 받았다"). 분명 예수는 이보다 더 많이 성경을 인용했을 것이다.

그러나 성경에 대한 호소가 구체적 용어라기보다는 보다 일반적인 용어로 언급되고 있다는 사실이 눈에 띈다. 마치 예수의 죽음이 지닌 필연성에 대해 *성경 전체*가 증거를 내놓아야 하는 것 같다. 이루어져야 하는 것은 바로 "성경"이다(막 14:49). 유대인들이 공부하는 "성경"이 바로 "내게 대하여 증언하는 것"이라고 예수는 말한다(요 5:39). 엠마오 도상에서 예수는 "모세와 모든 선지자의 글로 시작하여 모든 성경에 쓴 바 자기에 관한 것을 자세히 설명"하셨다(눅 24:27). 예수는 그들에게 "성경을" *열어*(opens)주신다(눅 24:32; * 개역개정판에는 '풀어 주실 때'로 되어 있다. - 감수자). 그리고 이후에 사도들이 "성경을 깨닫도록" 그들의 마음을 *여신다*(opens) (눅 24:45; * 한글번역은 다르지만 원문에서는 32절과 45절에서 같은 헬라어 동사 dianoigō '열다, 설명하다'가 사용된다. - 감수자).

이들은 단지 메시야와 관련된 잊혀진 몇몇 구절이 아니다. 필요한 것은 성경에 대한 다른 *관점*이다. 이 말은 기존의 성경에 예수가 전혀 새로운 해석을 추가한다는 의미가 아니다. 오히려 성경을 읽는 자들의 눈을 가리고 있는 꺼풀을 벗겨내야 한다. 그것이 바로 예수가 그들을 "미련하고 선지자들이 말한 모든 것을 마음에 더디 믿는 자들이여"라고 책망할 수 있는 이유이다(눅 24:25).

예수의 제자들을 비롯하여 당시의 믿는 자들은 성경이 궁극적으로 무엇에 대한 내용을 담고 있는지 전혀 이해하지 못했다. 장차 오실 구원자에 대한 약속이 즉시로 성취되지 않을 수도 있다는 사실을 그들은 전혀 생각지 못했다. 이것이 바로 세례 요한이 와서 이야기해야 했던 것이다.

회개 없이는 그 나라에 들어가는 것이 불가능하다. 요단강에 들어가지 않고서는 용서란 없다. 주님이 자신의 백성에게 오시기 전에 무엇인가가 반드시 해결되어야 한다. 길을 예비하고 평탄케 해야 하며, 광야에서의 길을 곧게 만들어야 한다.

이스라엘 백성들이 약속의 땅에서 하나님을 만나기에 얼마나 부적합한 자들인가 하는 것이 출애굽 이후 광야 기간 동안에 분명하게 드러났다. 사사 시대에 우리는 이스라엘 민족의 무력함과 완고함에 대해 목도한다. 왕들의 시대를 기록한 역대기는 죄와 배교의 역사로 점철되어 있으며 결국 포로시대로 이어진다. 그리고 성전 재건축 이후 학개에서 말라기로 이어지는 선지자들이 이스라엘 백성들을 향해 회심하라고 다시 한 번 외치기 시작한다. 고대 성경은 이스라엘의 자부심이다. 그러나 실제로 이들 성경은 이스라엘 백성의 추한 모습을 드러낸다. 그런 역사와 하늘나라 사이에는 어떠한 연결도 불가능하다. 그것이 바로 요한이 장차 오실 이가 사면을 베풀 것에 대해 예언한 이유이다. 그러나 그의 설교는 유대인들이나 예수의 제자들에게 그 의미가 제대로 전달되지 못했다. 그들은 자신의 죄를 깨닫고 회개의 세례에 순종했지만 그러한 상징적인 세례가 자신을 구원할 수 없다는 사실을 온전하게 깨닫지 못했다. 오직 다른 누군가가 실제로 죽어야만 자신들을 구원할 수 있었다.

예수가 "반드시" 받아야 할 고난은 마치 성경이라는 회계장부가 보여주는 부족액 또는 차변과 같다. 스데반은 산헤드린 공회 앞에서 연설할 때 그 부족액의 실체에 대해 설명했으며(행 7) 바울은 비시디아 안디옥 회당에서 그것을 증명해 보였다(행 13:13-49). 이스라엘에서 구세주가 받을 고난에 대해 반대하는 사람은 누구든 성경의 역사를 다시 공부해야 한다.

구체적인 성경구절이 제자리를 찾을 수 있는 것은 오직 이렇게 성경 *전체*에 호소할 때에만 가능하다. 그러면 (종종 주변적인 것으로 다루어지지만) 실제로는 길 잃은 양 대신 죽임을 당하는 목자(슥 13:7), 주춧돌이 될 버려진 돌(시 118:22-23), 그리고 범죄자 중 하나로 헤아림을 받게 될 주님의 사랑하는 종(사 53:12) 등을 다루는 본문들이 눈에 들어오게 된다. 성경 구절들에 대한 이런 식의 사용은 전체로서의 이스라엘 역사의 궁극적 결과에 대한 개방성을 전제로 한다. 예수는 율법교사와 바리새인들에게 "그러면 너희가 선지자를 죽인 자의 자손임을 스스로 증명함이로다"라고 말하면서 성경 역사에 대한 교만한 마음을 고치신다(마23:31). 율법과 선지자의 역사는 "의인 아벨의 피로부터 성전과 제단 사이에서 너희가 죽인 바라갸의 아들 사가랴의 피까지" 오랜 피의 역사였다(마 23:35).

이러한 역사관에 대해 눈을 감는 자들은 예수가 고난 받아야 하는 *필연성*을 보지 못한다. 그들은 구약 곳곳에서 발견할 수 있는 이 고난에 대한 단서들을 놓칠 것이다. 죄인의 역사와 희생제사는 서로 맞물려 있다! 하나님의 백성은 메시야의 시대로 바로 들어가지 못한다. 요단강이 하나님과 그들을 갈라 놓고 있다. 하나님의 백성에게는 회개의 세례가 필요하다. 예수는 요한의 세례가 세상에서 자신의 운명을 상징한다는 사실을 분명히 밝힌다(막 10:38).[14)]

예수의 고난에 대한 글에서 복음서 기자들이 사용하거나 암시한 구약 본문에 대한 개관은 무우(Moo)와 브라운(Brown)의 글에서 볼 수 있다.[15)] 무우에 따르자면 예수와 복음서 기자들은 주의 종과 관련해 이사야의 예언을 가장 많이 언급한다(스가랴 9-14장에 대한 언급, 시편 그리고 희생제사에 대한 본문을 제외하고). 브라운에 따르자면 복음서에 있는 대부분의 암시들은 시편, 특히 22편에서 나온다. 사도들이 그들의 마음이 열린 후에, 자신들에게 주어진 성령의 지시하심에 따라 이러한 언급들을 직접 발견했는지, 아니면 예수의 부활과 승천 사이에 예수 자신의 가르침을 통해 그들에게 주어졌는지는 확실하지 않다. 그러나 예수의 고난과 구약 사이의 이러한 상세한 연결점들은 예수가 *반드시* 고난을 받아야

할 확실성의 근거는 아니다. 오히려 확실성이 양자를 연결시킨 공들인 수고를 위한 기초이다.[16]

6.3 사면, 용서로 가는 길

어떻게 예수는, 하나님의 교만한 백성을 위한 자발적인 희생자로서, 죄 많은 인간과 곧 도래할 하늘나라 사이의 간격을 이어주는가? 예수는 자신보다 앞서 보내심을 받은 많은 종들이 매맞고 죽임을 당한 이후에 그들과 마찬가지로 보내심을 받고 죽임을 당한 하나님의 아들이다(마 21:33-46). 하나님에 대한 이런 불순종의 과정은 궁극적인 결론에 이르렀다(마 23:32). 그러나 어떻게 이러한 결론이 장차 수많은 사람들에게 긍정적인 가치를 가질 수 있었을까?

거절과 고난의 길은 결국에는 선하고 위대한 목적을 이루는 데 도움이 될 것이 분명하다. 예수는 그 일이 일어나기 전에 이에 대해 말한다. 예수가 죽은 후 사흘 째 되는 날, 예수는 다시 부활하셔서 제자들보다 먼저 갈릴리로 가실 것이다(마 26:31-32). 자신의 고난을 통해, 예수는 적극적인 의미로 성경을 성취하실 것이다(마 26:54).

복음서에서는 속죄라는 언어로 예수의 죽음을 암시하고 있다: 이 죽음은 믿는 모든 자에게 용서를 베푼다! 그 사건이 갖는 속죄의 성격이 예수가 죽기 바로 직전에 제자들과 함께한 마지막 유월절 축제에서 분명하게 드러난다. 그 모든 세월 동안 감춰졌던 계획에는 예수 자신의 이름이 있었다("그가 자기 백성을 그들의 죄에서 구원할 자이심이라"마1:21). 이 주제들이 다음 네 단락에 걸쳐서 살펴볼 것들이다.

6.3.1 하나님의 어린 양

예수가 요단강에서 세례를 받은 후에 세례 요한은 예수를 가리켜 "세상 죄를 지고 가는 하나님의 어린 양"이라고 했다(요 1:29, 36; 이 명칭은 2.4.2에서 논하고 있다). 세례 요한은 자기보다 더 능력이 크신 이가 "모든 의를 이루기" 위해 요단강에 들어가고자 했을 때 분명 놀랐을 것이다(마 3:15). 바로 그 순간 세례 요한은 다른 죄인들처럼 자기의 사역을 낮은 곳에서 시작하려는 예수의 의도와 직접 대면했다. 세례 요한의 설교처럼 예수는 "죄에 대한 용서를 가져올" 것이다. 이스라엘 백성들이 일반적으로 속죄제물로 바치던 어린양으로는 충분하지 않았다. 이제 겸손하고 자신을 내세우지 않는 예수(사자가 아닌 어린양)가 *하나님의* 어린양이 될 것이며 그를 통해 이러한 용서가 *성취될* 것이다.

고난과 죽음의 필요성에 대해 요한이 이미 얼마나 알고 있었는지는 우리가 알지 못한다. 그러나 여기서 그가 사용하고 있는 예수의 이미지는 '굴욕을 당하면서,' '스스로 자진하여' 하나님의 속죄의 도구가 될 자의 모습이다. 세례 요한이, 제사장들이 매일 성전에서 바쳤던 양을 생각하고 있었는지 아니면 이스라엘 가정에서 해마다 죽이던 유월절 양을 생각하고 있었는지는 그다지 중요하지 않다. 중요한 것은 예수 안에서 하나님 자신이 *속죄를 위해* 어린 양이 되신다는 사실이다.[17]

또한 이러한 형상의 사용은 예수가 세례를 받은 후 성령이 그에게 임한 방식과 일치한다. 성령은 예수에게 "비둘기 같이" 임했다(마 3:16). 이스라엘에서 *비둘기*는 특히 성전에서 가장 자주 사용되는 희생제물로 알려졌다. 비둘기의 시각화는 위에서 성령이 내려 임하는 모습을 적절히 표현한다(눅 3:22). 요한은 이 희생제물의 이미지를 "해석하여" 자신에게 걸어오는 예수에게 적용한다. 그리고 그를 "하나님의 어린양"이라고 부른다.

여기서 창세기 22장에 대한 어떤 특별한 암시를 보아야 할 이유는 없다. 이삭을 죽이지 않아도 되었을 때, 하나님은 아브라함에게 수풀에 걸려 있는 *숫양(krios)*을 보여주신다. 그러나 세례 요한은 "숫양"이 아니라 "어린양"에 대해 말하고 있다. 당연히 이후 그리스도인들은 창세기 22장을 그리스도의 희생에 대한 전조로 해석했다. "번제할 어린 양은 하나님이 자기를 위하여 친히 준비하시리라"(창 22:8). 그러나 창세기 22장에서의 동물은 원래 의미의 숫양으로 간주해야지(창 22:14) 이후 하늘에서 내려올 희생제물로 여겨서는 안 된다. 세례 요한은 창세기 22장을 이미 예표론적으로 이해하고 있었으며, 그가 예수에게 요단강에서 세례를 준 후 그를 "하나님의 어린양"이라고 불렀을 때, 창세기 22장을 생각했다고 추정할 만한 근거는 전혀 없다.

20세기에 들어서 창세기 22장은 매우 다른 방식으로, 즉 예수의 고난과 죽음을 '속죄'로서 이해하기 위한 배경으로 사용되어 왔다. 그렇다면 초점은 유대 전승 속에서 이삭을 묶는 것(the *Aqeda*)과 관련하여 창세기 22장이 얻은 해석에 맞춰진다. 창세기 22장에서 강조점은 아브라함이 자신의 아들을 아끼지 않고, 하나님께 아들을 드릴 준비가 되어 있었다는 사실에 있다(창 22:16). 그러나 나중의 탈굼(아람어[Aramaic]로 번역된 구약 성서)에서는 *이삭*의 헌신에 대해서도 주의를 기울인다. 이삭은 자신을 묶도록 허락했으며 기꺼이 *희생제물*이 되고자 했고, 심지어 몸을 묶는 동안 희생의 피를 흘렸을지도 모른다. 이러한 유대 전승에 영향을 받았다면, 나중에 예수를 이삭과 유사한 *희생제물*로 여겼을지도 모른다.[18]

예수는 "하나님의 어린양"이다. 세례 요한은 이미 그와 같은 표현으로 예수가 용서의 수단을 구현한 분임을 언급한다. 그러나 이 용어 자체는 우리에게 예수가 이런 사면을 가져오기 위해서 걸어갈 길에 대해 그다지 자세히 말해주지 않는다. 예수가 직접 나중에 한 말이 이에 대해 더 많은 것을 알려준다.

6.3.2 많은 사람들을 위한 몸값

세례 요한은 예수를 만나자마자 그의 겸손하고 섬기는 태도에 충격을 받았다. 나중에 예수가 직접 고백하듯 -"인자가 온 것은 섬김을 받으려

함이 아니라 도리어 섬기려 하고"(막 10:45) - 이는 앞으로도 계속 인자의 삶의 태도가 된다. 그리고 나서 예수는 무엇인가를 덧붙인다. 예수의 섬김의 정도는 진실로 엄청난 것이다. 그는 심지어 "*자기 목숨*을 많은 사람의 *대속물로 주려*"한다. 이러한 표현들은 요단강에서 예수가 세례를 받은 것과 밀접한 관련이 있다. 앞서 예수는 "내가 받는 세례" - 이것은 놀라운 표현이다. - 에 대해 언급했다(막 10:38-39). 그런데 요단강에서 겸손하게 받은 세례만으로는 부족했는가? 그것은 단지 또 다른 "세례"에 대한 암시였는가? 아마도 그런 것 같다. 섬김의 정신으로 요단강에서 세례를 받는 일에 순종했던 예수는 결국에는 죽음의 강에서 많은 사람들을 섬기기 위해 자신의 목숨을 포기할 것이다. 예수의 섬기는 삶은 최후까지 계속될 것이다!

죽음으로까지 이어지는 이런 자기 희생의 삶은 많은 사람들을 위한 대속물이었음이 밝혀진다. 헬라어 '뤼트론'(*lutron*)은 속건제(guilt offering; 사 53:10에서 *ʾāšām*)의 통상적인 번역이 아니다. 그럼에도 불구하고 "대속물"이라는 용어는 "많은 사람들"의 생명에 대한 어떤 요구나 주장이 있음을 암시한다. 그 요구는 오직 예수만이 해결해 주실 수 있다. 대속물은 죄, 노예상태, 또는 속박으로부터의 자유에 대한 대가이다.[19] 그러므로 예수는 하나님을 위해 "많은 사람들"을 자유롭게 해주신다. 그래서 예수의 섬김과 죽음은 다른 사람들에게 곧 자유, 해방을 의미한다. 예수 한 분의 죽음으로 인해 다른 많은 사람들이 죽을 필요가 없어진다.

여기서 "많은 사람들"이라는 말은 "전부는 아니라는" 의미에서의 제한적 표현이 아니다. 오히려 이는 대속물로 죽으신 한 분과 그분의 죽음으로 자유롭게 된 수많은 사람들을 극명하게 대조시킨다.[20]

마가복음 10:45에서 예수는 직접 자신이 걸어갈 거절과 고난의 길을 *다른 사람*들을 사망에서 건지고, 그들에게 생명을 주기 위해 필요한 수단으로 정의한다. 예수의 말씀은 하나님과 그 많은 사람들 사이에 채무관계가 있음을 전제로 한다. 이것은 바로 회개의 선지자 세례 요한이 전했던 것이다. 예수는 약속하신 대사면을 통해 직접 그 빚을 변제할 계획을 세운다. 그것은 자신의 죽음을 통한 것이다. 요단강에서 겸손한 마음으로 요한이 주는 세례에 순종한 모든 사람들은 그들의 희망을 바로 이 대사면에 두었다.

예레미아스(Jeremias)는 예수가 이사야서 후반부에 나오듯이 자신을 "주의 종"으로 보았다고 생각한다.[21] "야훼의 종"과 자신을 동일시함으로써, 고난 그리고 대속물이라는 개념(사 53장)이 둘 다 예수의 계획 안에 자리를 잡았을 것이다.[22] 처음에 예레미아스는 기독교 이전 유대 공동체에도 고난 받는 구원자, 고난 받는 "인자"에 대한 개념이 이미 존재했다고 생각했다. 그가 이런 결론에 도달한 주된 이유는 이디오피아 에녹서에서의 "인자"(son of man)를 영광을 받으신 "주의 아들"(son of the Lord)로 보았기 때문이다. 쇠베르크(Sjöberg)에 의해 반박을 받은 후, 예레미아스는 이러한 고난 받는 종과 영광을 받은 인자와의 동일시를 포기한다. '베냐민의 유언서'(Testament of Benjamin) 3.8를 근거로 하여 기독교 이전에 이사야 53장을 고난 받는 메시야에 적용한 예가 있다고 할 수도 없다; 이것은 분명히 기독교인이 쓴 책이다.[23]

그러므로 기독교 이전의 유대교에서 이사야 53장을 고난 받는 *구원자*에 적용한 흔적이 없기 때문에 예레미아스는 이제 예수가 직접 이런 해석을 자신의 제자들에게만 소개했다는 생각으로 자신을 제한해야 한다. 예레미아스는 이 부분에 있어서도 특별히 후커(Hooker)의 도전을 받는다.[24] 후커는 예수가 자신의 고난과 죽음의 필연성에 대해서는 일반적으로 이야기하고 있지만, 예수가 근거 본문들을 직접 인용할 때 이사야 53장을 이용하지는 않았다고 결론 내린다(막 12:10-11; 14:27). 후커의 주장에는 한편 일리가 있지만, 그녀의 결론은 너무 지나친 것이다. 누가복음 22:37에서 예수는 직접 이사야 53장을 인용한다. 이 경우의 인용은 대신하여 당하는 죽음을 지칭하는 것은 아니다. 그러나 예수가 자신이 걷는 특별한 고난의 길을 이사야 53장과 같은 선상에 있다고 본 것을 부인할 수는 없다는 후커(Hooker)의 관찰은 정확하다.[25] 게다가 복음서 기자들은 모두 주의 겸손한 종에 대한 예언이 예수의 삶을 통해 성취되었다는 사실에 주목한다(마 8:17; 12:17-21; 요 12:37-38). 사도들의 설교 또한 그리스도에 대해 언급할 때마다 이사야 53장을 분명히 참조한다(예를 들면, 행 8:32-35; 벧전 2:24). 또한 복음서 기자들과 사도들이 이사야 53장을 인용한 것은 예수의 가르침에 기초한 것이라는 가정은 충분한 근거가 있다. 선지자로서 세례 요한은 자신을 이사야 40장의 관점에서 보았기 때문에(요 1:22-23), 특별히 이사야의 예언이 곧 뒤이을 예수의 사역에 대한 조명으로 읽힐 수 있었다고 추측하는 것이 자연스러울 것이다.

그러나 후커(Hooker)가 예레미아스의 의견에 맞서 예수가 겪은 고난의 전체적인 의미는 단지 예수가 자신을 이사야서의 "종" 과 동일시한 결과가 아니라고 지적한 점은 정확하다. 물론 예수는 종의 형체로 오시지만 자신을 "주의 종"으로 부르지 않고 하나님의 아들로 드러낸다. 예수는 이사야 53장에 대한 분명한 언급이 없이 자신이 받을 고난의 신적 필연성에 대해서 단언한다. 비록 이사야 53장은 종이 받게 될 고난의 필연성에 대해서 먼저 지적하고 있지만 예수는 이사야 53장을 읽었기 때문에 고난을 받는 것이 아니다. 이사야 53장은 예수의 고난이 새로운 개념이 아니라 오래된 예언의 성취임을 깨닫게 해준다. 반면 이사야 53장을 고난 받는 *메시야*라는 개념의 *기원과 근원*으로 특징지어서는 안 된다. 주의 종과 관련한 예언들은 보통 기독교 시대보다 훨씬 이전에 고난 받는 하나님의 백성이나 의인들이 받는 박해와 해방에 적용되었다.[26] 기름부음 받은 자를 염두에 두고 이사야 53장을 읽었을 때, 실제적인 관심의 초점이 고난이라는 주제에 맞추어진 적은 없었다. 또한 그들이 이런 '메시야-종'의 개념을 개인적인 것으로 이해했었는지 혹은 집단적인 것으로 이해했었는지도 분명하지 않다.[27] 그런 "열린" 관점에서 이사야 53장을 읽는 것은 놀랍지 않다(행 8:34과 비교). 종에 관한 예언에서 "종"은 누구인지 확인되지 않으며, 그것은 여러 번 "야곱" 또는 "이스라엘"을 지칭하기 때문이다.[28] 세례요한이 (예외 없이) 모든 백성들에게 회개하라고 전했을 때 이 본문을 고난 받는 *민족* 또는 이스라엘 *민족의 개개인*에게 직접 적용하는 것이 불가능해졌을 뿐이다. 분명 이스라엘 백성 가운데 아직은 주님이 기뻐하실 만한 그리고 성령이 거하실 만한 새로운 종이 없다. 또 다른 더 능력이 크신 자가 대사면을 실행하러 와야 한다. 그러나 예수가 세례를 받을 때, 하늘에 계신 하나님은 그분의 아들을 가리켜 자신이 기뻐하고 사랑하시는 자라고 말씀하신다(막 1:11). 이미 예언된 이스라엘 백성의 거절 그리고 아들에 대한 하늘의 승인은 주의 종에 관한 예언이 궁극적으로 이 유일한 아브라함의 아들을 통해서만 성취될 수 있음을 분명하게 보여준다.

일부 저자들에 따르자면 마가복음 10:45의 배경을 이사야 53장("많은 사람") 이 아니라 이사야 43장("대속물"에 대한 개념이 있는 곳)에서 찾아야 한다고 한다. 이사야 43:3-4에서 주님은 "내가 애굽을 너의 속량물로, 구스와 스바를 너를 대신하여 주었노라. 네가 내 눈에 보배롭고 존귀하며 내가 너를 사랑하였은즉 내가 네 대신 사람들을 내어 주며 백성들이 네 생명을 대신하리니"라고 말씀하신다. 나중에 랍비 문서에서는 이방민족이 선택 받은 이스라엘을 대신하여 대속물이 되는 마지막 심판에 이 본문을 적용한다. 그림(Grimm)에 따르자면 예수는 일반적으로 받아들여진 그런 개념을 해결해야 했다.[29] 그때 예수는 이스라엘을 대신할 대속물이 어떤 다른 민족이 아니며, 바로 자기 자신이 이스라엘 내에서는 물론 모든 열방 가운데서 많은 자들을 대신하여 대속물이 될 자임을 말한다.[30] 이러한 해석에는 다음의 반론들이 가능하다. (1) 이사야 43:3-4은 마지막 심판이나 모든 이방 민족에 대해서 말하는 것이 아니라 힘의 균형에 있어서 어떤 변화를 말하는 것이다. 여기에서 구체적으로 언급한 몇몇 나라들이 무너질 것이다. (2) 이사야서에서 우리는 열방(또는 그 가운데 많은 사람들)의 궁극적인 구원에 대한 많은 약속들을 발견한다. (3) 랍비 문서들은 신약시대 이후의 기간 동안 생겨났다. (4) 마가복음 10:45의 정황은 예수가 여기서 이방인들에 대한 유대인들의 일반적 견해와 자기 자신의 사역을 대조하고 있다는 이론을 지지하지 않는다; 여기서의 배경은 메시야의 길에 대해 부정확한 견해를 가지고 있는 제자들 사이에 존재하는 긴장이다.

6.3.3 하나님의 속죄 만찬

세례 요한은 이미 예수의 *겸손*이 긍정적인 가치를 지닌다고 언급했다. 예수는 약속된 대사면을 위해 보내심을 받은 하나님의 어린양이다. 예수는 많은 이들을 위해 자신의 생명을 기꺼이 대속물로 줄 수 있다는 관점에서 자신의 사역을 제시했다. 용서는 바로 예수의 죽음을 통해 성취되는 것이다. 이제 제자들은 이 거절 당하고 죽게 되는 스승을 자신들의 생명을 위해 지불된 값으로 *받아들이는* 법을 배워야 한다. 이것은 예수가 배신당하기 전날 밤 자신의 몸과 피의 만찬을 제정하신 것으로 설명된다.

예수는 자신의 "육체"를 세상을 위한 양식으로 주기 위해 하늘에서 왔음을 강한 어조로 이미 제자들에게 가르쳤다(요 6:51). 오병이어의 기적 이후 예수는 제자들에게 "인자의 살을 먹고 인자의 피를" 마시라고 초대한다. 오직 그렇게 함으로써만 제자들은 영생을 얻을 수 있다(요 6:53). 이러한 극단적인 공식은 이미 어떤 사실을 가리킨다. 즉 예수가 *죽으심으로써* 인류를 위한 양식이 될 것이며 따라서 사람들은 예수를 거절 당하고, 죽임을 당한 분으로 받아들이고 사랑해야 한다는 사실이다. 예수가 이런 말을 한 것은 방관자들이 *자신을 믿도록* 하기 위한 시도였던 것이 사실이지만, 그러나 이 믿음이 *희생당한 자*에 대한 믿음이 되어야 했다는 것 또한 분명하다(요 10:15-18와 비교하라).[31]

제자들과 함께 한 마지막 유월절 만찬에서 예수는 제자들에게 자신의 살과 피를 상징하는 빵과 포도주를 나눠주었다. 이제 임박한 배신과 십자가형은 긍정적인 가치를 지니게 된다. 제자들은 예수가 자신의 생명을 그들의 삶을 위한 양식으로 주었다는 사실을 받아들여야 한다. 예수는 많은 사람들이 죄를 용서받도록 하기 위해 피를 흘릴 것이다(마 26:28). 빵을 먹을 때는 예수를 생각해야 하며("나를 기념하라," 눅 22:19), 포도주를 마실 때는 예수의 죽음을 기리며 감격해야 한다. 이 행사는 하나님과 함께 하는 속죄의 만찬이 된다.[32)]

예수는 자신을 믿는 제자들에게 바로 자신의 죽음이 갖는 용서의 권능을 부여함으로써 역사 속에서 신념 또는 나라를 위해 자신의 목숨을 바친 다른 사람들과 자신을 분명하게 구별했다. 자신의 죽음을 다른 사람들에게 양식으로 주기 위해 만찬을 시작한 영웅이나 순교자는 아무도 없다. 나중에 다른 사람들이 감사한 마음으로 그들의 고난과 죽음을 기억하며 그 결과로부터 혜택을 받았을지도 모른다. 그러나 예수는 제자들에게 단지 앞으로 자신을 기억해 달라고 부탁한 것이 아니다. 예수는 미리 자신의 죽음을 제자들을 위한 *양식*과 *기쁨의 포도주*로 만든다. 예수는 다른 사람들의 이익을 위해 자신의 목숨을 포기할 준비가 된 영웅이나 순교자가 아니다. 예수는 자신의 죽음을 긍정적인 사실로서 전해준다. 예수는 *잡힌* 것도 아니며 잡히도록 *허락한* 것도 아니다; 오히려 예수는 자신의 피와 살을 *준다*. 예수의 죽음이 다른 사람들을 위해 새로운 기회를 만들어 내는 것이 아니라 예수의 희생 '그 자체가' 바로 새로운 기회이자 영생이다. 제자들은 성금요일 이후에 일어난 긍정적인 결말에 대해 축하하지 않는다. 오히려 그들은 '성금요일의' 식사를 축하한다. 유월절에 기념하는 출애굽이 하나님의 구원의 행위였던 것처럼 지금 십자가로 향하는 출애굽(exodus to the cross)도 하나님의 아들이 행하신 결정적인 구원의 행위가 될 것이다. 하나님의 어린양은 *믿는 자들에게* 자신을 대속물로 주신다.

그 사실 이전에 행해진 이 독특한 만찬은 후대의 기독교인들에게는 그 사실 이후에 기념하는 만찬이 된다(고전 11:20-29). 그러나 교회의 성만찬이 갖는 특별한 중요성은 예수가 자신의 살과 피를 상징하는 의미로 제자들에게 빵과 포도주를 나눠준 *그 순간*에 기인한다. 그 사건은 바로 예수가 *배신을 당하던 날 밤에* 일어났다! 그러므로 죄를 위한 대속으로서의 그의 생명의 희생은 예수 자신이 선택한 최우선의 목적이었다!

그러므로 이 죽음의 의미는 단지 중요한 갈등상황으로부터만 이끌어낼 수는 없다. 그런 갈등은 단지 천상적 사건의 지상적 배경을 구성할 뿐이다. 궁극적으로는 예수만이 모든 사건을 홀로 주도하는 주인공이다. 반면 대제사장, 율법교사, 바리새인들은 단지 단역배우들일 뿐이다. 그들이 등장하는 전체 목적은 단지 예수를 넘겨주는 것이다. 그 목적이 성취되면 그들은 자유로이 자신들의 적대감을 버리고 예수를 하나님의 아들이자 기름부음 받은 자로 믿을 수 있다(행 2:22-40). 여기에서도 역시 예수의 죽음은 신념이나 나라를 위해 생명을 바친 다른 사람들의 죽음과 다르다. 그들의 죽음은 억압받는 자들을 위한 것이지 억압하는 자들을 위한 것은 아니다. 그들의 죽음은 교착상태를 해결할 수 있지만, 그 저변의 갈등은 완전히 제거하지 못한다.

예수가 배신당하던 날 밤에 나누던 빵과 포도주를 제사음식으로 설명하는 것이 가능하다. 만찬에 있던 자들은 그 희생이 지닌 구속의 능력에 참예한다. 그러나 다른 점이 있다. 제사 잔치에서 사람들은 *자신들이* 직접 가져와 바친 동물을 먹었다. 그러나 예수가 준비한 최후의 만찬에서 초점은 참가자들이 직접 가져오지 않은, 그리고 바로 그 순간 *그들이 전혀 원하지 않았던* 희생제물에 맞춰져 있다.

바로 이 만찬에서 예수의 죽음이 지닌 의미가 독특한 것이며 이 세상의 다른 어떤 죽음과도 다르다는 사실이 계시된다. 장차 일어날 일을 받아들이기를 거부하는 제자들에게 아직 그들이 기꺼이 부둥켜 안으려 하지 않는 일의 상징들이 제공된다.

포기(surrender)라는 용어는 일면 복음에만 있는 독특한 것인 것 같지만 국가, 가족, 또는 친구들을 위해 자신의 목숨을 바치는 사람들과 관련하여 헬라 세계에서도 또한 볼 수 있다. 이것은 우리가 독특하게 여겨야 하는 것이 *타인의 유익을 위한 예수의 포기* 자체가 *아니라는* 사실을 암시한다. 첫째, 예수는 이 목적을 위해 *삶 전체*를 드렸다는 사실이 매우 특별하다. 포기는 단지 그에게 강제된 것이고 그가 그것을 받아들인 것이 아니다. 오히려 포기는 바로 예수의 삶의 목적의 일부이며, 그것은 인자가 세상에 있는 동안 보여준 겸손을 잘 설명한다. 둘째, 포기는 재앙을 피하고, 그럼으로써 더 나은 상황을 만들어가는 데 필요한 수단이 아니라는 사실이 독특하다. 구체적으로 예수의 경우, 재앙이나 마귀를 물리치는 수단으로서 꼭 죽어야 할 필요는 없었다.[33] 예수는 살아계신 동안 다른 모든 사람들의 질병과 마귀에 대해 승리하실 수 있었고, 따라서 질병과 죽음을 정복할 수 있었다. 예수의 죽음은 마귀를 물리치기 위한 속죄염소(*pharmakos*)가 아니다. 대신 예수의 포기는 *그 자체*로 긍정적인 가치를 지닌다. 헬라인들에게 있어서 복음의 어리석음은 누군가가 자신의 생명을 타인의 유익을 위해 내놓았다는 사실에 있는 것이 아니었다(롬 5:7). 그들에게 있어서 복음의 어리석음은 십자가로 인한 이 죽음 '자체가' 사람들이 신뢰해야 할 구원의 방편이라는 사실, 그리고 이 십자가의 죽음이 원수들과 낯선 자들을 위한 희생의 역할을 - 그런데 그들은 이런 희생을 요구한 적이 없다. - 한다는 사실에 있었다.

구약이 하나님 앞에서의 개개인의 책임을 강조한다는 점에서 어떤 사람의 *속죄적*(다른 사람을 대신하는) 죽음이라는 개념은 구약과 맞지 않는다(출 32:31-33; 신 24:16). 심지어 그런 죽음에는 특별히 이교적인 요소가 있다. 성난 파도에 요나를 제물로 던져서 신들을 달래고자 했던 자들은 우상숭배자들이다(욘 1:15) 모압의 통치자가 자기 아들을 희생제물로 바친 것을 보고 이스라엘 백성은 두려워했다(왕하 3:27). 다른 사람들을 위한 희생적 죽음이라는 개념을 긍정적 의미로 언급한 곳은 주의 종에 대해 묘사하고 있는 이사야 53:4-12뿐이다. 이런 이유 때문에 많은 학자들은 이사야 53장을 구약과 눈에 띄게 어울리지 않는다고 간주한다. 이 본문에 영향을 받았건 안 받았건, 인간에 의한 속죄적 죽음이라는 개념이 마침내 등장한 것은 기원전 2세기 혹은 훨씬 이후의 시기였다. 그 때의 경우는 유대인 순교자에 관한 것이었을 것이다.[34] 일부에 따르면 유대 "순교 신학"에서 "속죄적" 죽음이라는 개념은 헬레니즘 문화의 영향을 강하게 받았다고 한다.[35] 다른 이들은 이러한 개념의 발전이 팔레스타인 유대교와 들어맞는다고 생각한다.[36] 그러나 이런 딜레마는 다소 비생산적이다. 왜냐하면 헬레니즘 시기 동안 두 문화는 서로 지대한 영향을 주고 받았기 때문에 유대 문화와 그리스 문화 사이에 분명한 경계선을 긋는 것은 불가능하기 때문이다.[37]

마카비(Maccabees)2서(기원전 2세기)와 4서(기원후1세기 후반)가 순교자들의 죽음에 특별한 중요성을 부여한 것은 분명하다. 이것은 그들의 죽음이 화해 그리고 대속의 중요성을 갖는다는 뜻인가? 마카비 2서에 관한 한 이는 의심스럽다. "화해하다"라는 동사는 마카비 2서 7:33에서만 사용된다. 사형을 선고 받은 칠 형제 중에 막내는 안티오쿠스 왕에게 이렇게 말한다(7:30b-33):

> "무엇을 기다립니까? 나는 왕의 명령에 순종하지 않을 것이며, 모세를 통해 우리 조상들에게 주신 율법에 순종할 것입니다. 그러나 히브리인들에 대해 온갖 악을 저지른 당신은 분명 하나님의 심판을 면하지 못할 것입니다. 우리가 고난 받는 것은 우리들 자신의 죄 때문입니다. 우리의 살아계신 주께서는 우리를 꾸짖고 훈육하시기 위해 잠시 분을 내실 수 있지만, 그분은 다시 자신의 종들과 '화해하실' 것입니다."

이런 말은 하나님에 대한 신뢰를 증거하지만, 그 자체로서는 화해에 대한 기대와 순교자의 죽음과의 어떤 관계를 암시하지는 않는다. 그러나 판 헨텐(Van Henten)은 전체 상황에 근거해서, 여기서 의도된 바는 분명 화해의 죽음이었을 것이라고 주장한다.[38] 판 헨텐은 이 일곱째 아들이 한 마지막 발언을 언급한다(7:38): "내가 하나님께 호소하오니, 나와 내 형제들을 통해서 우리 온 나라에 당연히 내리셨던 전능자의 분노를 그치소서." 그는 "나와 내 형제들을 *통해서*(through)"라는 구절이 중요하다고 본다. 즉 "나와 내 형제의 죽음에 *의해서*(by means of)"라는 의미이다. 그는 이들의 순교 이후 흐름이 실로 역전되었음을 지적한다(마카비2서 8:1ff). 그러나 이런 관점에는 "화해를 위한 순교자의 기도" 그리고 "하나님이 공표하시는 화해" 두 가지가 융합될 위험이 있다. *기도에*는 분명히 효과가 있다.[39] 왜냐하면 기도 이면에 있는 믿음의 힘이 순교자가 자신의 목숨을 포기하는 데서 분명하게 드러나기 때문이다. 그의 죽음은 기도를 강화하고, 그리고 하나님은 그의 기도를 들으신다. 이는 또한 유다(Judas)가 일곱 형제가 순교했다는 사실에 호소하지 않고 하나님께 "피의 외치는 소리를 들어달라고" 요청했다는 사실에서 분명하게 드러난다(마카비2서 8:3). 이는 그런 죽음 *자체에* 마귀를 내쫓고 정결케 하는 능력이 있다는 헬라식 개념과 본질적으로 다르다.

이러한 헬라식 개념에 훨씬 더 가까운 것은 마카비4서이다. 이것은 일곱 형제의 죽음에 대해 훨씬 상세히 기술한 일종의 추도연설이다. 엘르아살은 이렇게 기도한다: "당신의 백성에게 자비를 베푸소서. 우리가 그들 대신 받는 벌이 충분하게 하시고, 나의 피로 그들을 정결케 하소서. 그리고 그들 대신(*antipsychon autōn*) 나의 생명을 취하소서"(마카비4서 6:28-29). 그러나 그렇다 하더라도 긍휼을 끌어내는 것이 그의 죽음은 아니다. 엘르아살은 자신의 죽음에 희생의 의미를 *부여해* 달라고 하나님께 애원한다. 책 마지막에 저자는 순교자들이 영광을 받았다고 쓴다. "그들 때문에" 원수들이 더 이상 승리하지 못했기 때문이다. "고향에서 원수들이 제거되고 정화되었다." 왜냐하면 순교자들이 "조국의 죄에 대한 대속물(*antipsychon*)이 되었기 때문이다." 그리고 그들 독실한 자들의 피 그리고 속죄제로서의 그들의 죽음을 통해 하나님의 섭리가 이전에 대우받지 못했던 이스라엘을 보존했다(마카비4서 17:20-22). 이러한 구절들은 다른 이들을 대신해 속죄제물로 죽는 사람이라는 헬라식 사고가 끼친 강한 영향을 암시한다. 그러나 여기에서도 "거룩한 계시"는 결정적인 요소로 남는다. 희생은 구속의 능력(redemptive power)을 *얻는다*(acquires). 그 능력은 하나님에 의해 그 희생에 *부여된*(ascribed) 것이다. 우리는 이것을 마카비4서18:3-4에서 본다. 여기에서 순교자들은 그들의 신실함으로 인해 존경을 받을 뿐만 아니라 하나님 역시 백성들에게 평화를 허락하심으로써 그들을 높이신다. 바울 등의 사람들이 예수의 죽음을 바라보는 관점을 마카비4서에서 취했다는 윌리엄의 주장은 그다지 설득력이 없다. 마카비서가 바울에게 영향을 주었다는 자신의 주장을 뒷받침하기 위해, 그는 마카비 4서의 시기를 매우 일찍 잡고(A.D. 35-40) 그 장소를 안디옥으로 볼 수밖에 없었다.[40]

또 한 가지 고려할 사항이 있다. 마카비 4서는 자신의 욕구와 갈망을 통제하는 신실한 성찰의 능력에 대한 문학적인 연설문이다(마카비4서 1:1-8; 18:1-2). 마카비4서에서는 그 당시의 은유들과 관용구들이 다양한 방식으로 교차되어 나타난다. 이러한 문학적 형식과 문체는 그 은유들과 관용구들의 신학적 무게를 결정하기 어렵게 만든다. 저자는 진정으로 순교자들이 구속적 희생제물이었다고 생각하는가? 아니면 저자는 이 구절을 단지 은유로 사용하고 있는가?

결국 예수의 죽음을 유대인 순교자들과 전체적으로 비교해 볼 때, 우리는 예수의 죽음은 마카비2서, 4서에 나오는 유대 순교자들의 죽음과는 큰 차이가 있다고 결론 내릴 수 있다. (1) 예수는 자기 백성의 유익을 위해 죽을 뿐만 아니라, 그의 죽음을 어떤 유익한 것으로서 제자들에게 미리 나누어 주신다. (2) 예수의 죽음은 하나님에 대한 자신의 신실함과 이스라엘 민족의 유익에 관한 것일 뿐만 아니라 또한 자기 원수들의 구원까지도 목적으로 한 것이다. (3) 예수는 강력한 원수들에 맞설 능력이 없었던 것이 아니라, 자진해서 그들에게 자신을 내주었다. (4) 예수의 대속은 제자들이 바라던 것이 아니었다. 예수의 제자들은 도망쳤다. 반면 엘르아살(Eleazar)의 일곱 아들의 어머니는 아들들을 격려하며 심지어 그들의 목숨을 포기하기까지 한다.

유대인과 헬라인들의 반응은, 그 어떤 비교할 만한 용어나 평행구들이 존재한다 하더라도, 그들이 예수의 죽음의 독특한 면에 의해 큰 충격을 받았음을 보여준다. 예수의 죽음은 유대인에게는 걸림돌이요, 헬라인에게는 어리석은 행위로 보이기 때문이다. 그토록 존경 받았던 순교자들이나 동료 시민 혹은 친구들의 죽음과 예수의 죽음 이야기를 쉽게 연결시킬 수 있었더라면 예수의 죽음은 결코 걸림돌이나 어리석음이 되지 않았을 것이다.

예수의 죽음에 대한 복음은 오래된 신화나 신학에서 점차 발전하여 존재하게 된 것이 아니다. 그것은 하늘로부터 갑자기 이 세상에 나타난 어떤 기적에 대한 메시지이다. 그러나 그럼에도 불구하고 대속적 희생이라는 수수께끼와 같은 사고를 신화나 신학에서 발견하는 것이 전혀 불가능한 것은 아니다. 우리는 다른 문화들(예를 들면 히타이트 문화) 속에서 인간 제물이 갖는 의미에 대해 생각해 볼 수 있다. 또 다른 예로서는 대신 죽는 것(특히 유리피데스[Euripides]) 그리고 헌신과 관련된 헬라인들의 더 오랜 문학적 전통을 들 수 있다. 초기 기독교 시대에 살았던 사람들은 어떤 장군이나 황제를 위해 기꺼이 자신의 목숨을 바치고자 했다.[41] 그러나 그런 모호한 비유는 매우 제한적인 범위 내에서만 예수의 대속적 죽음과 비교될 수 있을 뿐이다.[42] 예수의 삶이 지닌 총체성과 이들 신화적 인물들 또는 희생정신을 가진 시민들의 삶의 총체성을 비교할 때 그 차이는 유사점보다 몇 배나 더 많다. 게다가 이러한 유사점은 예수의 죽음이 가져온 속죄의 결과라는 개념에 대해서는 어떠한 설명도 하지 못한다. 반면 이들 유사점은 하나님의 진리에 대한 기억을 나타낼지 모른다. 세상에 인자가 나타나기까지 오랜 세월 동안 감춰져 있었던 진리 말이다. 복음서는 신화나 동시대 역사에서 생겨나지 않았지만 그렇다고 해서 신화나 역사가 복음서를 암시하고 있을 가능성을 완전히 배제하지는 않는다. 태양이 여명 속에서 태어난 것은 아니지만 분명 이른 아침에 산 너머 비치는 빛을 볼 수 있다면 일출이 가깝다는 것을 유추할 수 있다.

6.3.4 예수-죄에서 해방시켜 주신 자

마리아의 아들은 세상에 있는 동안 예수라는 이름이 있었다. 그 자체로는 이 이름에 아무런 특별한 것이 없었다; 예수라는 이름은 당시 꽤 흔한 이름이었다. 그러나 다윗의 가문에서 그 이름은 흔하지 않은 이름이었다. 그래서 요셉은 꿈에서 마리아가 낳을 아이에게 그 이름을 지어주라는 특별한 명령을 받는다(마 1:21). 마리아는 이미 천사 가브리엘이 아이의 임신과 탄생에 대해서 알려주었을 때 그 이름에 대해서 들었다(눅 1:31). 그러므로 할례를 받던 날, 아이는 "잉태하기 전에 천사가 일컬은"이름을 받았다 (눅 2:21). 이런 특별한 이전의 역사 때문에 예수의 이름은 감춰진 그리고 계획된 의미를 띄게 된다. 그 이름은 이스라엘에서 눈에 띄는 이름이 아니었기에 '감춰진' 것이다. 하지만 그 이름에서 아이의 사명을 알 수 있기에 또한 '계획된' 것이다. 그리고 최소한 그 이름은 요셉과 마리아에게는 방향을 제시하는 이정표였다. 이것은 예수 자신에게도 마찬가지였다. 그리고 나중에 그 이름의 기원에 대해 들은 그리스도인들에게 있어서, 그 이름은 세상에서의 예수의 삶의 방향을 다시 확인해 주는 역할을 했다. 예수는 많은 사람들을 대신해 자신의 생명을 대속물로 희생하는 것에 대해 직접 언급했다. 예수는 자신의 사람들의 유익을 위한 그의 살과 피를 상징하는 것들을 자신이 배신 당하던 날 밤에 나눠주었다. 예수는 하늘로부터 구름을 타고 돌아와서 모든 믿는 자들을 하늘 나라로 데리고 갈 것을 약속했다. 뒤돌아 보면, *예수*라는 이름이 이 모든 것들 속에서 성취되었다. 하늘은 이 이름을 통해 그의 삶의 모습을 미리 소리 높이 들려주었다.

천사는 요셉에게 말한다. "그가 자기 백성을 그들의 죄에서 구원할 자이심이라"(마 1:21). 분명 예수에게는 자기 백성이 있다! 예수는 그들에게 용서를 가져올 뿐만 아니라 그들을 죄의 저주로부터 구원할(*sōsei*)것이다. 그들은 용서받을 뿐만 아니라 다시는 고소당할 수 없다. 그들은 완전히 자유롭게 되었고, 하나님께 받아들여졌다. 그러므로 이것은 속죄의 제사뿐만 아니라 성령의 부으심 그리고 모든 피조물의 회복을 가리킨다. 예수는 세상에 오심, 육신이 되심, 그리고 인간으로서 행하실 일들을 통해 이 모든 것들을 자신의 백성들에게 가져올 것이다. 예수는 *임마누엘*이라 불릴 것이다(마 1:23). - 하나님이 인간과 함께 하신다! 초라하고 눈에 띄지 않는 인간의 이름으로 시작한 예수는 하나님과 인간이 다시 하나가 되게 하실 것이다. 결국 예수는 임마누엘로 인정받으실 것이다.

*예수*라는 이름과 *죄로부터의 구원* 사이의 관계는 사가랴의 예언을 떠올린다. 이 예언에서 약속된 죄로부터의 해방은 대제사장인 예수라는 인물과 두 차례에 걸쳐 상징적으로 연결된다('예수'는 여호사닥의 아들 여호수아라는 이름의 헬라어 형태다). 이 대제사장의 이름이 미래에 대한 실마리가 되었다. 그리고 천사 가브리엘은 그런 약속들과 관계된 대제사장의 이름(*예수*, 히브리어로 여호수아)을 사용함으로써 사가랴에게 했던 약속을 요셉에게 간접적으로 상기시킨다.[43]

그 이름에 대한 설명에서 우리는 예수가 인간을 죄로부터 *어떤 식으로* 구원할지에 대해서는 듣지 못한다. 초점은 예수 *자신이* 이를 성취할 것이라는 데 맞춰져 있다. 예수는 무대 중앙에 서 있다(예수, 임마누엘). 천사는 죄로부터 해방시키는 사건 뿐만 아니라 그 일을 행하실 분 즉 해방시켜 주시는 분에 대해서 알려준다! 인간을 해방시켜 주실 이 분은 자신의 목적을 위해 생명을 바칠 것이다. 그러나 심지어 그의 죽음과 부활 후에도 그 *자신*은 해방자(Liberator)로 남을 것이다. 예수는 자신의 죽음을 통해 구원하시지만 궁극적으로 *자신이* 직접 구원하신다. 예수는 인격체의 이름이다! 그리고 그분은 자신의 죽음과 생명을 통해 구원하신다. 예수의 죽음은 인간이 지닌 완악함의 최종적 결과물임과 동시에, 하나님의 사랑의 절정으로서 필요하다. 그것은 그의 죽음이기 때문에(하나님의 아들의 죽음) 결코 마지막이 아니다. 그분은 다시 살아나셔서, 전쟁터에 침묵이 흐른 후에, 성령과 그의 이름으로 죽은 자들을 다시 살리러 오신다. 하나님이 그것을 허용하신다. 하나님은 예수에게 모든 것을 허락하신다. 왜냐하면 예수는 죽기까지 순종하신 분이기 때문이다. 하나님에 대한 예수의 신실함은 바로 죽음이라는 핵심에 이르기까지 시험을 받는다. 죽었다가 다시 살아난 구원자는 자신의 이름으로 우리를 구원할 수 있는 분이다. 복음은 죄의 용서를 포함하고 있다. 복음을 전파하는 자가 바로 죄로부터의 해방자(Liberator)이기 때문이다.

구원론은 기독론 때문에 가능할 뿐이다! 안셀무스(Anselm)는 "왜 하나님은 인간이 되셨는가?"(Cur Deus homo?)라는 자신의 책에서 중요한 질문은 어째서 예수가 죽어야 했느냐가 아니라 어째서 하나님은 *인간*이 되어야만 했는가(이는 죽음에 이르기까지의 굴욕을 포함한다)라고 분명하게 지적한다. 합리적 필연성과 하나님의 만족을 위한 성육신의 불가피성에 관한 안셀무스의 이론은 복음의 요소들을 특별한 방식으로 조직화한 것이다. 그러나 안셀무스의 개념이 절대적인 것으로 비춰질 때, 그것은 문제를 일으킨다. 즉 측정할 수 없는 빛에 대한 대가라는 성육신에 대한 합리적 설명이, 불가해하고, 인간 이성을 뛰어넘으며, 그 이성을 초월하는 하나님의 *선한 의지*를 대체하게 된다는 문제 말이다. 안셀무스는 일이 다른 식으로 발생할 수도 있지 않았겠는가 하는 질문을 위한 여지를 남기기를 원하지 않았지만, 이 질문은 이성적으로 억압될 수 없다. 그 질문은 주어진 것에 대한 더 높은 온도(higher temperatures)의 감사와 겸손 속에서 다만 녹아 없어질 뿐이다. 그리고 예수의 죽음은 바로 제자들과 나중의 추종자들 안에 성령의 더 높은 온도를 가져오기 위해 필요한 것이었다.

예수가 자신을 희생제물(*thysia*)로 묘사하지 않는다는 사실이 눈에 띈다. 이는 이스라엘 백성은 물론 제자들도 예수를 제물로 드리지 않기 때문이다. 게다가 예수는 제단에서 불에 타지 않았다. 예수는 분해되지 않았으며 사흘 째 되는 날 다시 부활하셨다. 예수는 자신을 하나님께 올려드리고, 하나님은 자신의 아들을 세상을 위한 희생제물로 가져온다. 그러나 우리의 관점에서 예수는 대속 제물이 아니다. 우리가 예수를 드리지는 않는다. 우리는 밖에 서서 하나님이 하시는 일을 지켜본다. 그리고 나서 우리는 이 겸손한 삶의 총체를 받아들인다. 그러나 이러한 받아들임은 언제나 하늘에 있는 살아계신 구세주를 받아들이는 것 속에 동화된다.

그러므로 성육신을 겸손의 행위로 수용하고, 나사렛 예수, 그리고 그분의 희생의 십자가 앞에서 무릎을 꿇는 자는 하나님과 화해된다. 이것이 바로 하나님이 말씀하시는 것이다; 왜 그 일이 그런 식으로 발생했는지, 혹은 그것이 다른 식으로 발생할 수는 없었는지를 먼저 알지 못한다 해도, 우리는 그것을 분명하게 받아들여야만 한다. 실체(존재)를 경험하는 것은 그것에 대해 숙고하는 것보다 선행한다! 분명 이것이 하나님이 우리와 화평케 되시고자 하는 방법이다. 즉 그 화평을 이루는데 있어서 우리가 어떤 적극적인 역할을 하는 것을 영원히 거부하시며(하나님은 우리로 하여금 아들을 죽이고 거부하고 버리는 쓰디쓴 궁극에까지 가도록 허락하셨다), 하나님이 영원토록 궁극적 사랑으로 드러나도록 하는 그런 방법 말이다.

우리는 *예수*, 자신을 내세우지 않는 구세주에 의해서 하나님과 화평케 되었다. 이것이 바로 하나님이 모든 것을 제 위치로 돌려놓기 위해 선택하신 방법이다. 이것은 안셀무스가 말했던, 빚을 탕감하기 위한 공식적 요구라는 개념을 훨씬 뛰어넘는 것이다. 게다가 우리는 예수가 죽기 전에 이미 우리 죄를 용서하셨다는 사실을 잊지 말아야 한다.[44] 그는 용서하시는 자로 나타나신다.[45] 그분은 진실로 용서하실 수 있다. 그러나 필요한 것은 완전한 죄의 용서와, 죄의 *제거*, 그리고 하늘과 땅을 새롭게 하는 것이다. 자신을 드림으로써 예수는 - 인간으로서 - 영광스럽게 됨(glorification)이라는 보상 그리고 그것과 함께 모든 인류를 새롭게 하는 성령을 받았다. 그리고 인간으로서 예수는 하나님 우편의 자리를 받았으며 그곳에서 그는 인류의 일을 돌보신다. 따라서 예수는 치유하고 용서하시는 분일 뿐만 아니라 또한 우리를 해방시키는 분이시다. - 영원히!

제7장
하나님의 백성이 맞은 새로운 국면

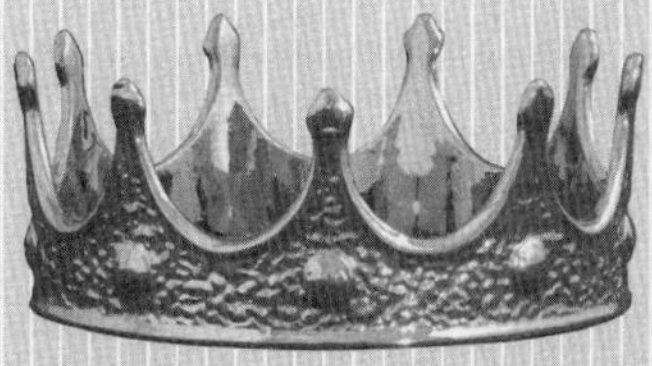

Jesus the Son of God

Chapter 07

하나님의 백성이 맞은 새로운 국면

예수는 이스라엘에서 사역하는 동안 자신을 기름부음 받은 자, 권능을 지닌 하나님의 아들로 제시하면서 진리를 전했고 수많은 기적을 행했다. 그러나 이렇게 자신을 드러낸 것에는 조건이 있었다. 예수는 이스라엘 백성들에 대한 소유권을 주장했다. 그의 사역의 나머지는 이것이 의도적으로 이루어졌음을 보여준다. 예수는 분명히 외톨이가 아니라 지도자가 되기를 원하셨다. 예수는 청중을 찾은 것이 아니라 자신을 따를 제자들을 찾으셨다.

이런 이유 때문에 예수의 생애와 가르침에 대한 연구는 예수의 인격과 그의 삶의 여정에 대한 설명만으로 제한될 수 없다. 예수가 어떤 식으로 단체 즉 공동체를 만들고자 했는지에 대해서도 주의를 기울여야 한다. 기독교 공동체는 나중에 인간 예수에 대해 기억하며 그분을 기리기 위해 함께 모인 사람들이 아니다. 예수 자신이 이 세상에 있는 동안 몸소 그 공동체의 초석을 놓았다. 예수는 동시대 사람들을 위한 외로운 희생자가 아니라 자신의 백성을 위해 생명을 내어놓은 이스라엘의 새로운 조직자이다.

이 장에서 우리는 이 사실과 관련하여 분명하게 드러난 몇 가지 측면들에 대해 설명할 것이다. 첫째, 예수는 죄인을 포함한 모든 이스라엘 백성들을 향해 말씀하셨다. 둘째, 예수는 자신을 새로운 중심, 사람들이 집중해야 할 새로운 초점으로 제시하셨다. 셋째, 예수는 이렇게 새로 조직된 이스라엘을 앞으로 세례 받은 수많은 이방민족들을 데려올 초석으로 간주하셨다.

7.1 모든 이스라엘 백성

선지자 세례 요한은 모든 이스라엘 백성에게 단호하게 말했다: 모든 사람들은 그에 의해 세례를 받도록 초청을 받았다(2.2.3을 보라). 그렇게 함으로써 요한은 하나님이 이 세상에 오셨을 때, *온 이스라엘*이 회개하고, 기대하는 마음으로 준비되어 있기를 원하신다는 사실을 알렸다.

예수의 접근 또한 동일하다. 예수는 온 이스라엘에 하나님의 기적을 행하기 위해 요한의 뒤를 이어 오시는 자다. 그리고 예수는 모든 이를 위해 오셨다. 예수는 모든 이스라엘 백성을 대상으로 말씀하신다.

7.1.1 모든 회당

예수가 이스라엘 나라 전체를 찾기 위해 오셨다는 사실은 모든 회당에서 전한 예수의 설교에서도 분명하게 드러난다. 회당은 바로 예수가 사역을 처음 시작한 곳이다. 예수는 모든 이스라엘 사람들이 안식일마다 공식적으로 모이는 장소에서 하나님의 공동체에게 말씀을 전했다.

복음주의자들은 예수가 회당들을 돌아다닌 것이, 그것에 자신의 말과 기적들을 구슬처럼 꿰어간, 말하자면 실과 같은 역할을 했음을 반복해서 지적한다. 따라서 예수가 행한 모든 것은 그가 어떤 사람들을 향해 갔었는가에 의해 결정된다.

예수가 예루살렘을 방문할 때마다 - 처음부터(요 2:13-25) 끝까지(눅 21:37:38) - 성전 뜰에서 공개적으로 말씀을 전한 것도 이런 관점에서 설명될 수 있다. 그곳에서 예수는 모여든 모든 이스라엘 백성들에게 말했다.

또한 거기에서 예수는 디아스포라 출신의 많은 유대인들에게 다가갔다.

마태는 예수가 "온 갈릴리에 두루 다니사 그들의 회당에서 가르치시며 천국 복음을 전파하시며 백성 중의 모든 병과 모든 약한 것을 고치셨다"라고 기록했다(마 4:23; 막 1:39와 눅 4:15, 44을 비교하라). 이후 마태는 이것이 일반적인 접근방식이라는 것을 표현하기 위해 이 진술을 반복한다. 그리고 더 자세한 사항을 제공한다. 예수는 성 안에 있는 회당뿐만 아니라 마을에 있는 회당들도 방문했다(마 9:35). 따라서 회당에서 많은 치유들이 일어났다(막 1:21; 마 12:9; 눅 13:10 등등). 예수는 공개적으로 드러내놓고 사역했고, 나중에 전 대제사장 안나스 앞에 섰을 때, 이 사실을 근거로 들면서 말한다. "내가 드러내 놓고 세상에 말하였노라. 모든 유대인들이 모이는 회당과 성전에서 항상 가르쳤고 은밀하게는 아무 것도 말하지 아니하였거늘"(요 18:20).

우리는 복음서에서 예수가 또한 열린 광장에서 군중들과 자주 만났다는 사실을 알 수 있다. 그러나 그렇다고 해도 우리는 예수를 통상적 경로를 통하지 않고 특별 집회를 통해 사람들에게 영향력을 행사하기를 원했던 천막집회 설교자 등의 부류로 여겨서는 안 된다. 넓은 들이나 갈릴리 해변에서 사역한 것은 그가 먼저 선택한 일이 아니었다. 예수는 안식일에 회당에서 사역을 시작했다. 하지만 너무나 많은 사람들이 몰려들었기 때문에 그는 시장(막 6:53-56), 혹은 성밖으로 나가서(막 1:45) 치료사역을 행해야 했다. 그런 경우가 한두 번이 아니었다. 군중이 예수를 좇아서 몰려들었고, 예수는 전혀 쉴 틈이 없었다(마 13:2). 이러한 때가 바로 예수의 긍휼하심이 나타난 때이다. 예수는 사람들에게 계속 말씀하시고 그들의 질병을 치유할 준비가 되어 있으셨다(마 9:36; 14:13). 그러나 "성문 밖에서의" 이러한 사역은 이스라엘 백성을 향한 회당에서의 말씀 사역의 확장으로 보아야 한다(예수가 군중으로부터 떠나신 시기에 대해서는 7.2.2를 보라).

7.1.2 모든 백성

이스라엘은 여러 면에서 분열된 나라였다. 빈부간의 사회적 경계선이 있었지만 또한 한편으로는 율법을 지키는 바리새인들과 그 반대편에 창녀, 세리 그리고 그 외 다른 죄인들이 있었다. 예수는 공생애 기간 동안 자신을 어떤 특정한 사회계층이나 종교집단과 단 한 번도 동일시한 적이 없는데 이것은 놀라운 일이다. 사회적 지위나 종교적 성향과는 상관 없이 예수는 모든 사람들을 환영했고 그들과 어울렸다. 모든 사람들을 향해 이렇게 자신을 열어 둔 것 때문에 예수는 때로는 그가 다른 사람들과는 거리를 두기를 원했던 특정한 그룹 혹은 계층의 사람들로부터 의심의 눈초리를 받을 수밖에 없었다; 예수가 상대편에 대해 거리를 두지 않았을 때 사람들은 예수가 상대편을 택했다고 간주했다. 그러나 주의 깊게 생각해 보면, 예수는 *예외 없이* 모든 사람들을 위해 오셨다는 사실이 분명해진다. 그리고 그것은 (분열된) 이스라엘 전체를 의미한다.

20세기에 이르러 예수는 여러 차례 가난하고 억압받는 자들과 함께한 자로 묘사되어 왔다.[1] 예수가 가난하고 어려움에 처한 자들에게 기울인 관심은 매우 놀랍다. 예수는 "맹인이 보며 못 걷는 사람이 걸으며 나병환자가 깨끗함을 받으며 못 듣는 자가 들으며 죽은 자가 살아나며 가난한 자에게 복음이 전파된다"라는 예언을 성취한다(마 11:4-5). 다른 많은 치유자들과는 달리 예수는 그 어떤 대가도 받지 않고 치유를 행하셨다. 또한 과부가 자신이 가진 모든 것, 동전 몇 개를 성전 헌금함에 넣는 것과 부자이면서도 상대적으로 적게 내는 것을 지적하셨다(막 12:41-44). 고아와 과부들이 바리새인과 율법교사들의 희생자가 될 때 예수는 침묵하지 않으셨다(막 12:38-40). 예수는 나인성 과부에게 긍휼한 마음을 가지셨고, 그녀의 외아들을 다시 살리셨다(눅 7:12-15).

그러나 반면 예수가 부유한 자들의 적으로 보이지는 않는다. 예수는 부자가 하늘 나라에 들어가는 것이 매우 힘들다고 경고한다. 그러나 동시에 우리에게는 불가능한 것이 하나님에게는 가능하다고 강조한다. 심지어 부자에게도 가능성이 있다(마 19:23-26)! 우리는 예수가 부자 청년을 사랑했다는 구절(막 10:21) 그리고 또한 예수가 부자 세리인 삭개오의 집에서 거하기로 하신 것을 본다(눅 19:2, 5). 예수의 장례는 부자였던 아리마대 요셉이 주관했다(마 27:57). 가난한 자에 대한 예수의 관심은 부에 대한 혐오에 근거한 것이 아니다. 예수는 어떤 특정한 사회계급의 편을 들지 않는다. 부자든 가난한 자든 모든 이들에게 하나님의 가르침과 긍휼을 보여준다. 부자들은 하늘나라를 무시하고 자신들의 지위를 악용하는 경향이 더 많기 때문에 부자는 상대적으로 더 많은 책망과 경고를 받는다. 그리고 가난한 자들은 의존적 성향으로 인해 때로 예수 안에서 더 안식처를 구하려고 하기 때문에 우리는 예수가 어떻게 가난한 자들을 받아들이고 격려하는지를 보게 된다. 예수가 가난한 자들이건 부자이건 그들의 필요와 상황에 따라 관심의 초점을 맞추었다는 사실은 예수의 관심의 대상이 '모든 이들'이었다는 것을 보여준다.

사람들은 예수가 또한 죄인, 세리, 그리고 죄 많은 여인들을 일방적으로 편애하신다고 여겼다. 바리새인들은 예수가 그런 사람들을 간단히 무시해버리지 않는다는 사실 때문에 자주 충격을 받았다. 그리고 이런 반응은 후에 역반응을 야기했다. 즉 사람들은 사회에서 잘 받아들여지지 않던 자들을 향해 예수가 열린 태도를 보인 것 때문에 그를 존경하게 되었다.[2)]

이스라엘 사회의 정황 속에서 예수 같은 교사가 종종 세리가 베푼 저녁 식사에 초대되었다는 것 그리고 예수를 존경하고 따르는 자들 가운데 일부는 창녀들이었다는 사실은 분명 충격적인 사실이었다. 그렇다면 이런 사실은 율법교사와 바리새인들이 확립한 종교 질서에 대한 경멸을 의미하는 것이 아니었겠는가?

분명히 말하지만 그것은 아니다. 말씀을 전하고 기적을 행하기 시작하실 때, 예수는 전혀 경계선을 긋지 않으신다. 예수는 바리새인을 거절하지 않으신다. 천국에 대한 기본적인 설교에서 우리는 바리새인에 대한 비판을 전혀 들을 수 없다. 오히려 예수는 심지어 바리새인들과 저녁 식사를 함께 했다(눅 7:36; 11:37; 14:1). 그리고 마지막까지 예수는 율법을 지키는 데 있어서 바리새인들의 세심함과 그들이 지니고 있는 좋은 계명들을 사람들 앞에서 칭찬했다(마 23:2-3a). 예수의 가르침에는 반바리새인적 감정이 전혀 없다. 단지 나중에 율법교사와 바리새인들이 예수에 대해 적대적인 태도를 취하고 그로부터 사람들을 떼어내려고 했을 때, 둘 사이에는 긴장관계가 발전했다. 그리고 나서 그들의 행위에 대한 심각하고 거친 말들이 나온다. 이것은 그들이 바리새인이기 때문이 아니라 바리새인으로서 그들이 *예수에게 대적하는* 태도를 취했기 때문이다. 성 금요일에 그를 따랐던 두 사람, 즉 어떤 부자와 바리새인(니고데모, 요 3:1; 19:39)이 예수의 몸을 무덤에 장사지냈다는 사실은 특기할 만하다. 예수는 바리새인을 적대적으로 대하지 않으신다. 다만 바리새인 중 다수가 예수를 적대했다! 따라서 예수가 죄인들과 자주 접촉한 사실은 분명 바리새인들에게 업신여김을 받았던 사람들에 대한 반동적인 편애를 근거로 하여서는 설명될 수 없다.

또한 예수가 죄인들과 세리들을 만나면서 적극적으로 그들을 회개로 부르고 있다는 사실을 고려하지 못하면 편향적인 시각이 되고 만다. 예수는 죄인, 창녀 그리고 세리들과 함께 그저 시간을 보낸 것이 아니다. 그것은 바로 예수를 반대하는 자들 사이에서 돌고 있던 비방이었다: "[그는] 세리와 죄인의 친구로다"(마 11:19; 이를 눅 15:2와 비교하라). 그러나 실제로 예수는 세례 요한이 설교한 회개에 대한 말씀을 믿는 세리와 죄인들(마 21:32) 그리고 이제는 예수의 추종자로 부르심을 받은 사람들과 어울린다. 예수를 따르는 데 있어서 요구사항은 더 이상 죄를 짓지 않으며 하나님의 긍휼하심 안에서 기뻐하는 것이다.

마태의 집에서 베푼 잔치는 세리인 마태가 예수에게 부르심을 받고 그를 따르기로 한 이후에 열렸다(마 9:9). 손님이기도 한 세리들과 죄인들을 언급하면서 예수는 그들이 의사가 필요한 "병든 자"라고 말한다(마 9:12). 예수에게는 그들에 대한 긍휼함이 있다. 예수는 죄인들을 회개하라고 부르기 위해 왔기 때문이다(마 9:13). 예수를 따르는 세리와 죄인들은 "그의 말을 듣기 위해"(눅 15:1) 예수께 왔다. 그들은 바리새인들과 율법교사들을 그토록 성가시게 했던 자들이다. 그리고 이어지는 비유에서 예수는 "죄인 한 사람이 회개하면" 천국에서 기뻐한다는 것을 분명하게 설명하고 있다(눅 15:7, 10). 예수의 발에 기름을 부은 회개한 여인은 그녀가 보여준 크나 큰 사랑 때문에 죄 사함을 받는다(눅 7:44-50). 그리고 간음한 여인에게 예수는 "가서 다시는 죄를 범하지 말라"라고 말씀하신다(요 8:11). 세리 삭개오가 자신의 죄를 회개하고 자기가 속인 사람들에게 몇 배나 갚겠다고 약속했을 때, 예수는 "오늘 구원이 이 집에 이르렀으니"라고 말씀하신다(눅 19:9). 삭개오가 회개하기 전, 예수는 그를 "친구"로 여기지 않고 "잃어버린" 자로 여겼다(눅 19:10). 따라서 바리새인과 세리의 비유에서 예수는 세리가 자신을 낮추고 가슴을 치며 자신의 죄를 고백했기 때문에 하나님께 의롭다 함을 받았다고 설명한다(눅 18:13-14).

예수가 세리와 죄인들에게 관심을 기울인 것은 그가 이스라엘 백성들을 대할 때 어떤 편애를 가졌다는 의미가 아니다. 그들에 대한 예수의 관심과 사랑은 단 한 명의 죄인도 예외 없이 모든 이스라엘 백성을 구원하고자 하는 예수의 열망을 드러낸다. 그들은 모두 아브라함의 자손이다(눅 13:16; 19:9). 일부 이스라엘 백성은 자신이 아브라함의 자손이라는 사실을 하나님 앞에서의 자기확신을 정당화하기 위해 잘못 사용했다(눅 3:8; 16:24-30; 요 8:33, 39). 세례 요한은 이미 이 점을 강하게 지적한 바 있다(마 3:9). 회개를 강조한 위대한 선지자는 (율법교사와 바리새인들을 포함해서) 이스라엘의 *모든 자*들에게 곧 오실 주님 앞에 나아가 겸손히 자신을 낮추라고 말했다. 세례 받은 자들 가운데는 세리들과 죄인들이 많이 있었다. 그러나 율법교사들과 바리새인들은 세례 받기를 거부했다(눅 7:29-30; 마 3:7-10; 이를 마 21:24-26, 32; 요 1:19, 24와 비교해 보라). 그들은 자신들이 "건강하다고" 생각했다. 바로 이러한 맥락에서 우리는 의사가 건강한 자가 아니라 환자를 위해서 왔고(마 9:12), 의인이 아니라 죄인을 부르기 위해 왔다는 예수의 말씀을 읽어야 한다(마 9:13; 눅 15:7과 비교하라). 이러한 진술은 마치 예수가 이스라엘의 특정 부류의 사람을 위해 왔다는 말처럼 들릴지도 모른다. 그러나 예수는 지금 약간 역설적인 표현을 사용하고 있다. 율법교사와 바리새인들은 자신들이 건강하고 의롭다고 *생각한다*(눅 18:9; 20:20). 겉으로 보기에 그들은 회개와 용서가 필요 없을 것 같다. 그렇다면 그들은 자신들이 '참으로' "병들고", "불의한"자라고 여기는 사람들을 예수가 치료해 주기로 결정한 것에 대해 비난할 수 있을까? 그것은 결국 예수가 세상에 오신 목적이지 않은가? 물론 예수는 율법교사와 바리새인들을 멀리하기 위해서 그런 말을 하신 것이 아니다. 오히려 그 말은 그들에게도 다가가기 위한 예수의 노력의 일부이다. 예수가 회당에서 말씀을 전할 때, 그분의 메시지는 온 이스라엘 백성을 향한 것이었다는 사실, 그리고 또한 이스라엘 지도자들도 염두에 두었다는 사실이 분명하다. 그들은 자신들이 "의사가 필요 없는 건강한 사람"인 척하며 무관심하게 거리를 둘 수 있다. 그러나 치료를 받기 위해 의사가 있는 병원 대기실에 앉아 있는 편이 자신들에게 훨씬 더 나을 것이다(마 21:32). 이런 면에서 죄인들과 세리들은 그들에게 모범이 된다! 예수가 자신을 의지하는 죄인들과 함께한 것은 온 이스라엘을 향한 예수의 계획이 무엇인지를 보여준다. 예수는 새로운 언약의 식탁을 준비하기 위해 그러한 사람들 가운데로 오신다. 그 식탁에서 포도주는 바로 예수의 피를 상징한다. 즉 "죄 사함을 얻게 하려고 많은 사람을 위하여 흘리는"(마 26:28) 피이다.

7.1.3 모든 곳

이스라엘을 돌아다니는 동안 예수는 많은 도시와 마을들을 방문했다. 광야에 있는 세례 요한을 만나기 위해 사람들이 그곳으로 몰려간 것과는 달리 예수는 사람들이 사는 곳이면 어디든 복음을 들고 직접 그들을 찾아갔다. 이것은 시간과 노력이 들었다. 팔레스타인이 큰 나라는 아니지만 모든 거리를 직접 걸어 다녀야 했기 때문이다. 그리고 또 예루살렘으로 가는 도중에서 그랬던 것처럼 수많은 사람들이 병든 자들을 데리고 예수를 만나기 위해 몰려들었다. 게다가 가버나움이나 산위에서 잠깐 동안 휴식도 취해야 했다. 이런 식으로 팔레스타인의 모든 유대 도시와 마을들을 돌아다녔다면 여러 해가 걸렸을 것이다. 그러나 예수님의 시간은 제한되어 있었다. 죽으실 때가 이미 정해져 있었기 때문이다.

그러나 예수는 이스라엘 일부 지역에서만 사역하는 데 만족하지 않았다. 사람들이 병든 자들을 데리고 오는 것은 시간이 많이 걸렸기 때문에 예수는 열두 제자를 뽑아서 자신의 사역을 보강하기로 했다. 예수는 제자들을 둘씩 짝지어 보내면서 그들에게 병을 고치고 마귀를 쫓아내는 능력을 사용할 수 있게 했다(마 9:35-10:10). 이런 식으로 하늘나라의 위엄이 예수의 이름 아래 온 이스라엘의 성과 마을로 퍼져 갔다(마 10:11, 23). 그래서 팔레스타인의 벽지까지 빛이 침투해 들어갔다.

여기서 칠십 인을 보낸 것(또는 칠십이 인; 눅1 0:1-20)을 언급해야겠다. 그러나 이 경우 제자들은 예수가 죽고 부활하기 위해 예루살렘으로 가실 때 통과하려고 계획하고 계셨던 지역으로 보내졌다(눅 10:1). 제자들의 관여는 우리로 하여금 이 마지막 여정에 대해 좀 더 주의를 기울이게 하는 역할을 한다. 예수가 이스라엘에서의 자신의 결정적 행위를 성취하기 위해 남에 눈에 띄지 않은 채 성전 도시를 향해 여행하는 불가능하게 되었다.

열두 제자의 사명은 복음을 이스라엘 모든 지역, 심지어 예수가 직접 방문하지 못한 곳까지 전파하는 것과 관련이 있었다. 하지만 칠십 인(또는 칠십이 인)의 사명은 다르다. 그들이 가는 곳은 이후 예수가 직접 뒤따라 갈 곳이었다.[3]

7.1.4 이스라엘의 우선권

이스라엘 모든 지역을 향한 이러한 방향성은 실제로는 *이스라엘*을 향한 방향성을 말한다. 우리는 예수가 자신의 사역에 경계선을 긋는 방식에서 이 점을 보게 된다. 이스라엘의 이웃 나라에서도 많은 사람들이 예수를 보러 오지만(마 4:24) 예수는 비이스라엘 사람들과 어울릴 때 언제나 자신이 이스라엘을 위해 왔다는 사실을 분명히 한다. 예수는 두로와 시돈 지역에서 이방 여인의 딸을 치유한다. 그것은 여인의 고집과 믿음 때문이었지만, 예수가 맨 처음 한 말은 "나는 이스라엘 집의 잃어버린 양 외에는 다른 데로 보내심을 받지 아니하였노라"였다(마 15:24). 사마리아에서 예수는 수많은 사람들의 필요가 응답 받지 못하고 넘어가는 일이 없도록 하시지만, 예수는 그들에게 먼저 분명히 이렇게 말했다: "너희는 알지 못하는 것을 예배하고 우리는 아는 것을 예배하노니 이는 구원이 유대인에게서 남이라"(요 4:22). 그리고 열두 사도들은 예수에게 단단히 지시를 받는다: "이방인의 길로도 가지 말고 사마리아인의 고을에도 들어가지 말고 오히려 이스라엘 집의 잃어버린 양에게로 가라"(마 10:5-6). 이렇게 이스라엘에 초점을 두는 것은 예수가 다음과 같이 반복해서 소리치는 장면에서 감정적으로 최고조에 이른다: "예루살렘아 예루살렘아 선지자들을 죽이고 네게 파송된 자들을 돌로 치는 자여 암탉이 제 새끼를 날개 아래에 모음 같이 내가 너희의 자녀를 모으려 한 일이 몇 번이냐 그러나 너희가 원하지 아니하였도다"(눅 13:34-35; 마 23:37).

동시에 예수는 비이스라엘 사람들의 믿음에 대해서도 긍정적인 언급을 했다. 그리고 장차 열방으로부터 믿는 자들이 밀려들어 올 것임을 여러 번 암시했다. 이것은 예수의 사역에 보편성과 특수성이라는 두 가지 측면이 있다는 것을 의미하는가? 아니면 우리는 어떤 이들이 결론내리듯이 이 두 사상의 가지가 편집자/복음주의자들의 다양한 관점들로 환원될 수 있다고 해야 하는가? 그러나 이런 딜레마의 존재를 뒷받침할 만한 증거는 사실 거의 없다.

예수의 사역은 분명하게 이스라엘의 모든 백성을 지향하고 있다. 비이스라엘 사람을 위해 예수가 행하는 모든 것들은 전체로서의 이스라엘 역사(history)의 한계 내에서이다. 구약은 어느 나라 출신이든지 이스라엘의 하나님을 인정하고 섬기고자 하는 모든 사람들에 대해 개방성을 드러낸다. 그리고 가버나움에서 로마인 백부장을 예수에게 천거한 자들은 바로 유대인 자신들이다: "이 일을 하시는 것이 이 사람에게는 합당하니이다. 그가 우리 민족을 사랑하고 또한 우리를 위하여 회당을 지었나이다"(눅 7:4-5). 그러므로 예수를 비판하는 지도자들도 예수가 이스라엘 백성을 무시하고 이방인들을 상대로 사역을 한다는 비난은 하지 않는다. 일부 사람들은 예수를 사마리아 사람이라고 부르기도 한다(요8:48). 그러나 이것은 이스라엘 사람인 예수가 유대 전통에 대해 사마리아인들 만큼이나 개의치 않는 것 같다는 의미로 한 말이다. 예수가 이스라엘 밖에서 사람들을 치유하는 것은 오직 사람들이 그를 이스라엘의 선지자로 받아들인 경우만이다(마 15:26-28). 그리고 데가볼리에서 예수는 분명히 갈릴리 호수의 이스라엘 쪽 출신 사람처럼 행동한다. - 예수는 마귀들이 *부정한* 돼지들 속으로 들어가 그들을 죽이는 것을 허락한다(막 5:11-13).

때때로 예수는 장차 열방으로부터 사람들이 몰려들 것에 대해서 이야기한다: "동서로부터 많은 사람이 이르러 아브라함과 이삭과 야곱과 함께 천국에 앉으려니와"(마 8:11). 그러나 열방에서 이스라엘로 사람들이 들어오는 것에 대해서는 이미 이사야가 예언했고, 유대인들은 이미 마음속으로 이를 생각하며 미래에 대한 기대를 품었다. 예수가 "복음이 먼저 만국에 전파되어야 할 것이니라"(막 13:10)라고 했을 때, 이 말은 많은 개종자들이 있던 유대교의 상황에 부적절한 것이 아니었다. 이들 개종자들은 다른 여러 나라들로부터 와서 할례를 받았다. 심지어 유대인들은 이스라엘의 하나님을 믿는 신앙을 다른 나라에까지 전하기 위해 노력했다(마 23:15; 다음과 비교하라. 행 19:13-17; 롬 2:17-20).

특이한 것은 예수가 자신을 이스라엘로 가는 문으로 간주한다는 사실이다. 예수 자신은 *세상*의 빛이다(요 8:12). 사마리아인들은 *그가 세상*의 구원자임을 깨닫는다(요 4:42). 선지자들이 예언한 바와 같이 예수로 인하여 열방에서 사람들이 몰려오는 일이 일어날 것이다. 시므온이 예언했듯이 하나님은 모든 백성을 구원할 자로 그를 보내셨다(눅 2:30-31). 결정적인 것은 예수를 믿는 믿음이다. 예수가 죽기 직전 헬라인들이 예수를 만나러 왔을 때 예수는 그들이 온 것과, 이제 곧 자신이 영화롭게 될 것을 관련지어 말씀하신다(요 12:20-36).

그 이면에 있는 것은 이스라엘이 예수를 믿지 않는 한 멸망을 자초할 것이라는 사실이다. 예수는 그들을 꾸짖는다: "그러나 너희가 원하지 아니하였도다"(마 11:16-24; 23:37b). 온 이스라엘 앞에서 예수가 나타나심으로 이제 이스라엘 안에서 중요한 분열이 생기게 된다(마 10:11-15; 11:25-30; 13:18-23). 궁극적으로 믿지 않는 지도자들은 하나님의 나라를 빼앗길 것이며, 열매 맺는 나라가 하나님의 나라를 기업으로 받을 것이다; 이것은 지금 이스라엘 *내부에* 존재하는 두 개의 "나라"를 지칭한다.[4] 지도자든 일반 백성이든 예수를 거절하는 자들은 성전 건축자들이 버린 돌에 걸려 넘어진다. 하지만 거기에는 또 하나의 *나라가* 남아 있다. 그것은 메시아를 받아들이고 그분을 따르기로 한 이스라엘의 모든 믿는 자들로 이루어진 나라이다.

예수는 지상에서의 전 생애 동안 이스라엘에 대한 이런 관점을 견지했다. 예수의 영역의 이런 경계선은 나중에 열방들이 예수를 향해 몰려들 때, 예수가 이스라엘의 *옆이* 아니라 이스라엘 *한 가운데* 서 계실 것이라는 점과, 예수는 아브라함의 믿음의 자손들과 함께, 그곳을 중심으로 열방들과 이스라엘이 하나가 되는 중심점이 될 것이라는 사실을 보여준다.

7.2 중심이 되신 예수

예수는 *모든* 이스라엘 백성에게 말씀하실 때, 자신을 이스라엘의 중심, 미래의 초점으로 제시한다. 이스라엘은 자신을 "맹인의 길을 인도하는 자요 어둠에 있는 자의 빛"으로 보았다(롬 2;19). 그러나 예수가 *자신*을 "세상의 빛"이라고 지칭할 때, 그는 그러한 기능을 자신 안에 집중시킨다(요 8:12). 예수의 모든 사역은 이스라엘과 열방에 대해 예수가 가지고 있는 이런 중요성을 지지해 준다. (1) 예수는 이스라엘의 교사다. (2) 예수는 점점 더 큰 지도자가 된다. (3) 예수는 율법의 입법자로 행동한다. (4) 그는 열두 명으로 구성된 자기 자신의 고문단을 거느린 왕처럼 여행을 하게 된다. (5) 예수는 이스라엘과 열방을 위한 선한 목자이다.

7.2.1 세례 받은 "학생들"의 교사

의심할 여지없이 예수는 교사였다. 예수에게는 여러 명의 "학생" 즉 "제자들"을 갖춘 자신의 "학교"가 있었다. 헬라어 mathètès 는 보통 '제자'로 번역되며, '학생', '문하생' 등을 의미한다. 이들은 예수를 교사로 인정하고 하늘나라와 예수 자신의 사명에 대한 가르침을 받아들인다. 그들은 예수가 "그리스도요 살아계신 하나님의 아들"임을 고백한다(요 6:60-71; 마 16:16). 그리고 나서 그들은 예수의 고난과 죽음, 부활의 필요성에 대해 더 깊은 가르침을 받는다(마 16:21-23).

어떻게 '제자'가 되는가? 예수는 그에게 관심을 보였거나, 치유를 받으러 온 이스라엘 사람을 모두 곧바로 제자로 부르지는 않았다. 그 반면 그들이 어떻게 제자로 뽑혔는지에 대해서는 아무런 기록이 없지만 애초부터 제자였던 자들도 있었다. 복음서의 이야기들 속에서 "제자들"의 존재는 단지 사실이다. 그들의 기원과 배경에 대해서는 더 이상 아는 바가 없다.

오직 사역의 좀더 이른 시기에 대해 훨씬 더 자세하게 기록하고 있는 요한복음에서만 우리는 제자가 되는 과정에 대한 간략한 본문을 보게 된다. 요한복음 4:1은 "예수께서 제자를 삼고 세례를 베푸시는 것이 요한보다 많다"라고 말한다. 이 구절은 예수가 세례를 받은 사건과 세례 요한이 사로잡힌 사건 그리고 이후에 예수가 갈릴리 지방으로 다니기 시작하던 시기에 관한 것이다. 이 시기에 세례 요한은 세례주기와 설교를 계속했지만, 또한 예수의 제자들도 세례를 주기 시작했다. 그들은 자신을 *예수의* 제자로 밝히 드러내면서 이런 사역을 했다. 사람들은 이것을 오로지 예수와만 연관된 새로운 세례운동으로 간주했다. 그러므로 사실을 명확히 하기 위해서, 복음서 기자 요한은 이러한 세례가 예수가 직접 준 것이 아니라 그분의 제자들이 준 것임을 언급해야 했다(요 4:2). 물론 그렇다고 해서 세례 요한에 이어서, 그리고 세례 요한과는 구별되는 세례의 두 번째 중심이 형성되었다는 사실이 바뀌지는 않는다(요 3:22-24). 그것은 두 장소에서 행해진 동일한 세례가 아니었다. 심지어 두 세례 사이에는 모종의 경쟁이 있는 것처럼 보이기도 했다. 세례 요한의 제자들은 그들의 스승에게 가서 "랍비여 선생님과 함께 요단 강 저편에 있던 이 곧 선생님이 증언하시던 이가 세례를 베풀매 사람이 다 그에게로 가더이다"라고 보고했다. 이에 대해 요한은 "그는 흥하여야 하겠고 나는 쇠하여야 하리라 하니라"(요 3:30)라고 대답했다. 예수와 그의 제자들이 준 세례는 요한의 세례의 복사판이 아니다. 그것은 고유한 본질을 지닌 새로운 세례이다(또한 본 장 마지막에 있는 '특주'c 항목을 참조하라). 요한의 제자가 되고 그에게 세례를 받을 수도 있지만, 또한 예수의 제자가 되고 *거기에서* 세례를 받을 수도 있었다(요 4:1).

요한의 제자들은 "정결예식"(*katharismou*; purification)에 대해 한 유대인과 변론을 하다가 질문을 제기한다(요 3:25). 명사 *katharismou*에는 정관사가 없기에 이 구절이 요한복음 2:6에서와 같이 유대인의 *일반적인 정결예식*에 관한 것은 아닌 것 같다.[5] 변론의 주제는 참가자들에 의해서 결정된다. 그러므로 그것은 요한의 세례와 관련이 있었음이 분명하다.[6] 그러나 변론의 주제는 또한 이어지는 구절에 의해서도 결정된다. 이것은 예수의 세례에 관한 내용이다. 그렇지 않다면 요한의 제자들은 그런 의견차이에 대해 요한에게로 가서 예수의 세례에 관한 질문을 하지는 않았을 것이다.[7] 그러므로 요한의 제자들이 *정결예식*에 대한 유대인과의 변론에 끌려 들어갔다는 주장이 믿을 만하다("어떻게 이스라엘은 곧 오실 자를 기대하는 가운데 정결함을 얻을 것인가?"). 요한의 제자들은 자기 스승의 세례(회개의 세례)를 언급하면서 그것이 바로 정결의 수단이라고 대답했을 것이다. 그러나 그 유대인은 예수의 제자가 되기 위한 세례에 대해 언급하면서 세례 요한의 제자들의 독점적인 세례 주장에 도전을 가했을 것이다. 이 예수는 가나에서 엄청난 기적을 행했고, 동물 희생제사 없이 정결의 표식을 시행해 보임으로써 큰 주목을 받았다(요 2:13-22; 성전 청결사건). 예수는 진실로 (성전에서 드리는 희생제사에 대한 대안이 될 수 있는) 새롭게 나타난 정결케 하는 분인가? 만약 정결함에 대한 주장이 성전에서의 사건의 반향이라면, 그리고 만약 요한의 제자들이 이제 자신들의 스승보다 예수가 주는 세례에 사람들의 관심이 더 쏠리고 있다는 사실을 인정해야만 한다면, 이런 대화의 결말은 예수가 지금 무슨 '권리'를 가지고 그런 일을 행하고 있는가 하는 질문이 되어야 할 것이다.

요한의 답변은 이 토론이 바로 이러한 권리에 관한 것임을 확인해준다. 위대한 회개의 선지자는 자신이 증언한 바를 계속 인정하고 있고, 요한의 제자들도 그 증언을 그에게 상기시켜준다. 그들은 또한 그것을 진지하게 여기고 그 결과를 기쁨으로 받아들이는 법을 배워야 한다. 먼저 요한은 하늘에서 주신 바 아니면 사람이 아무 것도 받을 수 없다고 말한다(요 3:27). 이는 두 방향으로 적용된다. 요한 자신이 실제보다 큰 자인 체 해서는 안 된다. 그리고 예수 자신의 주장을 주제넘은 것으로 무시해서도 안 된다. 이것이 바로 요한이 단호한 어조로 자신을 메시아로 여기는 것을 거부하고, 자신은 오직 곧 오실 메시아의 길을 예비할 뿐이라고 말한 이유이다(요 3:28). 요한은 이스라엘의 "주인"이 아니다. 요한 이후에 오실 이가 "신부"에 대해 참으로 권리를 주장할 수 있으며 따라서 그분이 신랑이다. 요한은 자신을 신랑의 옆에 서서 그 목소리를 듣는 친구로 묘사한다. 요한은 신랑의 목소리를 듣고 기뻐한다(3:29). 이 신랑은 점점 커져야 하고 세례 요한은 점점 작아져야 한다(3:30). 이 말을 하면서 세례 요한은 만약 예수가 자신보다 더 잘 알려지고, 사람들이 이 새로운 세례자를 통해 깨끗하게 되고 그의 제자가 된다면, 그것은 좋은 일이라고 제자들에게 분명히 말한다.

요한복음 3:31-36에서 요한은 예수에 관한 자신의 말에 대해 좀더 자세하게 설명한다. 예수는 위로부터 오시는 분이며 모든 이름 위에 뛰어난 자이다. 그러나 요한은 세상으로부터 난 자이고, 세상에서 난 자로서 말한다. 예수는 자신이 듣고 본 것에 대해서 말한다. 많은 사람들이 예수의 증언을 받아들이지 않는다. 그러나 일단 받아들이면, 그들은 하나님이 참으로 예수 안에 계시다는 사실을 그들 자신의 신실한 받아들임을 통해 "확인"하게 된다. 동사 "확인하다"(*esphragisen*, 요 3:33)는 세례를 통한 고백을 지칭할 수도 있다. 그들은 오신 이에 대한 믿음을 증명하기 위해 세례를 받았다. 그들은 오신 분의 설교가 진리임을 자신들의 믿음을 통해 확증한다. 그분은 하나님의 영을 - 한량없이 충만하게 - 가진 분이시다. 하나님의 충만하신 영이 예수 안에 살아 계시다. 그가 바로 이스라엘 내에서 하나님이 거하시는 곳이다. 그는 성전 그 이상이다. 아들을 믿는 자, 즉 예수 앞에 나와 그의 제자들에게 그가 주시는 영으로 세례를 받는 자는 누구든지 영생을 얻을 것이다.

이것이 바로 요한(회개의 세례를 베푸는 선구자)이 그의 뒤에 오신 이와 그분이 베푸는 세례를 인정한 방식이다. 이 세례로 인해 사람들은 예수의 제자가 되고 예수를 전능하신 아버지께서 보내신 자로 인정한다.

여기서 가려진 휘장이 걷힌다. 예수는 처음에는 어느 정도 세례 요한의 그늘에 가려 있었지만, 이후 예수는 독립적으로 행동했고, 예수를 진리를 가르치는 자로 인정한 자들은 모두 세례를 받았다. 수많은 사람들이 처음에는 세례 요한에게 세례를 받고, 나중에 예수께 와서 그분을 주로 고백하고 다시 또 예수에게 (제자들을 통해) 세례를 받았을 확률이 크다. 어떤 경우이든 예수의 제자들은 *새로운 세례*를 받았다. 프랜스(France)는 심지어 "세례자 예수"라고 칭한다.[8)]

예수는 분명 세례 요한이 이미 설교했던 그분처럼 행동했기 때문에, 예수의 가르침과 세례를 받아들인다는 것은 또한 예수를 이 땅에 오신 구원자, 하늘에서 오신 하나님의 약속된 아들로 인정함을 의미했다(요 3:27-36과 비교하라). 그러므로 처음부터 예수는 자신에 대한 요한의 증언을 자신의 고유한 방식으로 변형시켜 제시했다. 그리고 앞서 전파된 요한의 설교에 근거해서 사람들은 이제 예수를 자신의 백성을 위해 이 땅에 오신 주로 영접했고, 동시에 그가 주는 세례를 받았다. 이 세례를 통해 사람들은 예수에게 결속되고, 예수의 제자로서 인정되었다. 그것이 바로 예수가 직접 세례를 베풀지 않은 이유이다. 요한은 증인이었다. 요한은 곧 오실 자를 예견하고 사람들에게 세례를 주었다. 예수 자신이 바로 그 오실 자였다. 예수 자신이 바로 세례 때 하는 고백의 *내용*이며, 예수의 세례를 예수가 직접 베풀지 않고 제자들이 대신 준 것은 아마도 이런 이유 때문일 것이다. 반면 사람들은 자신들이 예수에 의해 세례를 받았다고 생각했는데 이것은 이해할 만하다. 왜냐하면 그 세례에 있어서 중요한 요소는 (세례 요한의 세례와는 달리) 어떤 사람에 의해 세례를 받았느냐 하는 것이 아니라, 그들이 세례를 통해 이제 결속되게 된 그 인물에 대한 자신들의 믿음이었기 때문이다.

처음 세 복음서에서 장막이 걷어 올려질 때, (세례 요한이 잡힌 후 예수가 갈릴리에서 사역을 하실 때) 거기에는 이미 제자의 무리가 있었다. 그들이 어떻게 형성되었는지에 대해서는 더 이상 언급이 없다. 그러나 네 번째 복음서는 이들 제자들의 무리가 형성되기까지 중요한 예비단계가 있었음을 분명히 보여주고 있다. 제자들은 예수를 하늘에서 오신 자, 그리스도, 하나님의 아들로 고백하는 것으로 그들의 일을 *시작했다*. 이것이 바로 세례를 통한 고백이었다. 처음 세 복음서에는 착시를 일으킬 만한 위험의 소지가 있다. 우리가 가이사랴 빌립보 또는 갈릴리 해변에서 고백을 들을 때, 그것은 마치 이런 고백이 처음인 것처럼 보인다. 그러나 이것은 사실 반대와 외적인 상황에 직면하여 만들어진 반복과 재확인일 뿐이다. 제자들 중 일부가 다시 그런 고백을 한 것은 다만 자신들이 제자가 되었을 때 했던 고백과 세례 요한의 증언으로부터 멀어지지 않기 위해서였을 것이다.[9)]

결론적으로 우리는 두 가지를 말할 수 있다. (1) 예수의 가르침은 예수 자신 그리고 예수의 사역에 대한 것이었다. 제자는 하나님으로부터 온 자로서의 예수의 인격과 권위에 자신을 결속시켰다. (2) 예수 사역 초기에 세례를 받았던 점점 더 많은 수의 신자들은, 예수가 세례 요한의 적극적 증언이라는 조명을 받으며 등장했을 때, 이 믿음에 근거하여 예수의 첫 제자들에게 세례를 받았다. 이 두 결론은 맨 처음부터 예수가 신앙과 세례를 특징으로 하는 신자 공동체의 중심으로서 활동했다는 사실을 분명히 해준다.

"제자들을 모집하고 *세례를 주는*" 이 단계는 예수가 갈릴리로 피신하셨을 때 잠시 중단되었다. 분명 세례는 오순절날까지 다시 시행되지 않았던 것 같다. 후대의 정규적인 세례에 익숙한 자들에게 이것은 낯설어 보인다. 그러나 우리는 출애굽기에서 비교할 만한 어떤 것을 본다. 애굽에서 어린 아이들은 할례를 받았다. 그러나 광야 여행 도중에는 분명 할례를 전혀 행하지 않았다. 이스라엘 백성이 가나안에 들어가기까지 할례의 관습은 시행되지 않았다(출 4:24-26; 수 5:2-9). 여기서 우리는 추측밖에는 할 수 없지만, 아마도 제자들을 (세례와 함께) 적극적으로 모집하는 일은, 적절한 때에 예수에 의해서 중단되었을 것이다. 왜냐하면 예수는 자발적인 낮아짐의 기간으로 들어가고 있었고, 유대인 지도자들을 자극하고 싶지 않았기 때문이다. "예수께서 제자를 삼고 세례를 베푸시는 것이 요한보다 많다 하는 말을 바리새인들이 들었다." 그리고 바로 *그때*가 예수가 유대 지역을 떠나 갈릴리로 가신 때이다(요 4:1, 3). 당분간 *세례 주기*를 중단한 것은 예수가 굴욕을 당하는 기간 동안의 사역 단계와 관련이 있을 것이다. 예수가 영광을 받으신 후에, 말하자면 일종의 보충적인 세례가 오순절날 시행된다. 그 때 하나님께서는 하루에 삼천 명의 이스라엘 백성을 예수의 세례로 이끄셨다(행 2:41).

7.2.2 추종하는 군중들의 지도자

예수는 모든 이스라엘 백성들에게 중요한 존재가 되기를 원하신다. 우리는 예수의 말씀을 듣고 또 병을 치료 받기 위하여 전국에서 모여든 군중들에게 보여주신 예수의 긍정적인 태도에서 이를 본다(마 4:24-25). 긍휼하심으로 인해, 예수는 언제나 그들을 위해 시간을 내셨다(마 9:36; 막 8:1-3). 심지어 예수와 제자들에게 휴식이 필요할 때에도, 군중들이 예수를 따라오면 예수는 그들을 내쫓지 않고 사람들에게 긍휼을 베푸셨고,

매우 놀라운 방법으로 그들을 먹이셨다(마 14:13-21). 그러므로 예수가 예루살렘에 입성하셨을 때, 거의 온 나라 사람들이 예수 주위로 몰려들었던 일은 전혀 낯설지 않다. 예수를 따라다녔던 군중들과 이제 예수를 맞으러 성밖으로 나온 일반 대중들은 서로 만나 함께 연합하여 성전 뜰이 울리도록 "호산나"를 외친다(요 12:12-18; 마 21:8-11, 14-16). 바리새인들은 자신들에게 특히 고통스러운 결론을 내린다. "볼지어다 너희 하는 일이 쓸 데 없다. 보라, 온 세상이 그를 따르는도다"(요 12:19).

이렇게 사람들이 갑작스럽게 모여든 것은 예수가 자신을 선동가나 민중의 지도자로 자처했다는 것을 암시할 지도 모른다. 그러나 사실은 정반대이다. 예수가 회당에 있는 사람들에게 가셨던 것은 사실이지만, 대부분의 군중들은 들판이나 성전 뜰에 있는 예수를 보기 위해 먼저 스스로 찾아와야 했다. 그리고 때때로 그들은 예수를 오래도록 힘들게 찾아 다녀야 했다. 예수는 군중들이 오기를 기다렸다기보다는 오히려 정기적으로 군중들에게서 물러나 계셨던 것 같다. 이른 새벽에 일어나 혼자 기도할 만한 장소로 가서 시간을 보내던 예수로 인해 시몬은 때로 애가 타는 목소리로 말하곤 했다. "모든 사람이 주를 찾나이다."그러나 예수의 대답은 이를 회피하는 듯하다. "우리가 다른 가까운 마을들로 가자. 거기서도 전도하리니 내가 이를 위하여 왔노라"(막 1:35-38). 때로 예수는 마치 군중들과 숨바꼭질을 하고 있는 것 같다. 반복해서 예수는 군중들을 피하고, 그들이 예수를 애써 찾게 만들기도 한다(막 2:13; 3:7; 4:35-36; 6:31-34, 45-46, 54-56).

때로 예수는 국경을 넘어 피하기도 하신다(막 7:24, 31; 8:27). 또 다른 때는 사람들로 하여금 자신이 어떤 길을 통해 갈지 알지 못하게 하신다(막 9:30; 요 7:10). 우리는 군중들이 예루살렘에서 예수를 *찾아 다녔다*는 사실을 여러 번 읽는다(요 7:11; 11:56-57). 또한 예수는 군중들로부터 *숨기*도 한다(요 8:59; 11:54). 이런 태도는 예수 자신의 형제들도 놀라게 했다. 그들은 예수에게 이렇게 말한다. "당신이 행하는 일을 제자들도 보게 여기를 떠나 유대로 가소서. 스스로 나타나기를 구하면서 묻혀서 일하는 사람이 없나니 이 일을 행하려 하거든 자신을 세상에 나타내소서"(요 7:3-4).

그러나 예수가 반복적으로 한적한 곳으로 피하심으로써, 긴급한 필요에 처한 군중들의 지도자가 되기를 진정으로 원하지 않았다고 결론 내려서는 안 된다. 자신에게 데려온 모든 사람들을 치유하고자 한 예수의 결정은 분명 예수가 자신을 *사람들의* 구원자로 보고 있음을 보여준다. 게다가 예수는 의식적으로 이스라엘 백성들의 지도자의 위치를 맡았다. 반복해서 예수는 사람들에게 가르치며 자신이 단지 치유자 이상의 존재라는 것을 분명하게 암시한다. 예수의 가르침은 치유와 동시에 주어진다(마 13:1-23; 요 6:26-29). 때로 예수는 군중들의 *지도자*로서 단호하게 행동한다.

이것은 예수가 "모인 무리들을 보시고 산에 올라갈" 때 매우 계획적으로 발생한다(마 5:1).[10] 이 특별한 경우에 있어서, 예수는 예루살렘이 아니라 자신이 선택한 곳으로 가서 (문자적으로는 "그 산") 그곳에서 군중들에게 자신의 가르침과 계명을 베풀었다. 이런 산으로의 탈출은 매우 의미심장하다. 그 일은 예수가 무리들을 보셨을 때 그것에 대한 반응으로 나타난다. "예수께서 무리를 보시고 산에 올라가 앉으시니." 산상수훈을 설교하던 같은 날에 예수는 또한 열두 제자를 지명하시고, 군중들에게 열두 제자 및 자기 자신을 제시한다. 우리는 여기서 새로운 방향을 엿볼 수 있다: 그것은 성전으로 올라가는 것으로부터 한 인간 예수 주위로 모이는 것으로의 이동이다.

나중에 비교할 만한 어떤 일이 이 산에서 일어난다. 유월절 즈음에 예수는 이곳에서 음식을 제공한다. 그것은 광야에서의 만나를 떠올리게 하는 음식이었다. 새로운 방향은 사람들의 관심을 조상들이 먹던 만나에서 예수가 가져오고, 바로 예수 *자신*인, 영원한 생명의 양식으로 이동시킨다(요 6:1-6, 32-35, 49-51).

다음에 우리는 (초막절에 예루살렘으로 가는 동안 계속 숨어 있던) 예수가 초막절 마지막 날 마침내 성전 뜰에 나타나 기뻐하는 군중들에게 소리치는 것을 본다. "누구든지 목마르거든 내게로 와서 마시라. 나를 믿는 자는 성경에 이름과 같이 그 배에서 생수의 강이 흘러나오리라"(요 7:37-38). 방향은 제단에서 실로암 샘물의 물을 붓는 대제사장으로부터 하나님의 풍성함의 근원이신 예수에게로 옮겨간다.

한편으로 예수는 군중들을 종종 피하기도 하는 반면 또 다른 한편으로 그가 자신을 매우 강한 어조로 그들의 지도자로 나타낸다는 사실을 어떻게 설명할 것인가? 분명 예수가 원하지 않는 것이 하나 있다. 바로 왕이 되는 것이다. 예수는 군중들이 무력을 사용해서라도 자신을 왕으로 옹립하려는 것을 보았을 때, 산으로 혼자 피하신다(요 6:15). 그러나 예수는 여전히 왕관은 쓰지 않은 채 지도자로 남는다. 예수가 예루살렘에 영광스럽게 입성하실 때 볼품없는 새끼 당나귀를 타기로 선택했던 것과 마찬가지로, 군중들이 보기에 이는 매우 곤혹스러운 문제였을 것이다. 그럼에도 불구하고 이스라엘 백성들은 이 모든 것이 무엇을 의미했는지 알았을 수도 있다. 예수가 고난을 받을 것이라는 알림은 제자들을 향한 것이었다. 그러나 그럼에도 불구하고 그 소식은 공개적으로 알려진다. 오직 예수가 로마인들에게 잡혀 사형을 당할 것이라는(십자가형) "세 번째 알림"만이 대외비로 보존된다(마 20:17-19). 지도자들은 예수의 수난에 대해, 이를테면 사흘 후에 부활하실 것에 대한 예언 등에 대해, 예수가 가르친 내용을 충분히 알고 있었다(마 27:63). 예수는 또한 "그들 모두에게" 이렇게 말씀하셨다: "아무든지 나를 따라오려거든 자기를 부인하고 날마다 제 십자가를 지고 나를 따를 것이니라. 누구든지 제 목숨을 구원하고자 하면 잃을 것이요"(눅 9:23-24; 또한 14:25-27을 보라). 왕관이 없는 왕, 고난 받는 지도자라는 개념은 이제 많은 사람들에게 알려졌다. 로마 병사들은 심지어 그것을 조롱 삼아 풍자하는 데 사용하기도 했다 (가시면류관 등).[11]

결론적으로 예수는 군중들에게 두 가지 메시지를 전달하고자 한 것이 분명하다. (1) 예수가 바로 그들의 *궁극적인 치유자*이자 *권위를 가진 지도자*라는 것. 이것이 바로 예수가 언제나 치유 받고자 하는 자들에게 자신의 가르침에 대한 순종과 믿음을 요구한 이유이다. 예수에게 오는 자들은 "따르는 자"가 되는 법을 배워야 한다. (2) 예수는 *곧장 왕관과 보좌로 이어지지 않는 길*을 걸으신다. 이것은 예수가 자신을 내세우지 않으며 심지어 그들을 피하면서, 사람들에게도 이런 길을 통해 자신을 따르라고 요구하는 이유이다.

예수가 죽고 나서 부활한 후에, - 그리고 승천해서 하늘의 보좌에 앉을 때에 - 이 단계가 끝이 난다. 그러나 예수를 나타내는 자들, 사도들에게는, 세상에서 예수가 굴욕을 받는 기간 동안 적용된 것들이 또한 그들에게도 적용된다. 비록 이제 예수의 복음은 영광을 받으신 자에 대한 메시지이지만, 세상에 있는 사람들에게 그것은 이 왕을 섬기는 고난 받는 사도들을 무시하지 말고 오히려 기꺼이 그 사도들을 따라 잠시 동안의 고난에 참여하라는 부르심으로 남는다.[12]

7.2.3 이스라엘의 입법자

군중의 지도자로서 예수의 행동에는 권위가 있다. 군중에게 말할 때의 어조는 예수가 그들에게 하나님 자신으로서 왔다는 것을 암시한다. 다음의 것들은 예수의 전형적인 언어형식이다: "나는 너희에게 이르노니," "진실로 진실로 너희에게 이르노니," "…를 위하여 내가 왔나니," "…보다 더 큰 이가 여기 있느니라!"[13]

그러나 예수의 권위는 그 어조에만 국한된 것이 아니다. 예수가 말하는 내용 또한 엄청난 주장을 내포한다. 예수는 더 나은 율법을 주는 새로운 자로서 자신을 모세와 동등하게 혹은 그보다 더 높게 자리매김 한다. 이스라엘 백성에게 이는 매우 충격적이었다. 이 사람이 누구인데 감히 모세를 대신한다고 하는가? 모세는 하나님이 직접 지명하신 종이었다. 오로지 하나님만이 모세라는 선지자가 준 율법을 변경하거나 폐할 수 있었다. 그러므로 예수가 몇 가지 점에서 율법을 한 켠으로 치워놓았을 때, 예수는 또한 자신이 모세보다 큰 자이며 자신이 개인적으로 하나님의 권위를 대신하고 있다는 것을 분명히 하고 있는 것이다. 예수는 새로운 계시에 호소하는 것이 아니라 *자신의* 권위를 바탕으로 새로운 율법을 주고 있는 것이다. 예수는 하나님의 종으로서 모세의 자리를 차지하는 것이 아니라 자신을 여호와 옆에 두고 율법을 주시는 거룩한 자의 권위를 가지고 이스라엘 백성을 대하는 것이다. 이스라엘 지도자들은 이 점을 너무나 잘 알고 있었다: "하나님이 모세에게는 말씀하신 줄을 우리가 알거니와 이 사람은 어디서 왔는지 알지 못하노라"(요 9:29).

눈에 띄는 예가 바로 논란을 불러일으킨 이혼에 대한 예수의 가르침이다. 예수가 음행한 연고 이외에 그 어떤 이유로도 이혼을 반대했다는 것은 잘 알려졌다(마 5:31-32; 눅 16:18). 그러나 이것은 이혼을 허락했던 모세와 완전히 다르다(마 19:7). 그러므로 바리새인들은 모세보다 자신이 높다고 한 예수를 잡아들일 덫으로 이것을 사용한다(마 19:3).

또 다른 예는 정결한 음식과 정결치 못한 음식의 의미에 대한 예수의 가르침이다. 예수는 음식에 관한 율법이 더 이상 유효하지 않다고 말한다: "무엇이든지 밖에서 사람에게로 들어가는 것은 능히 사람을 더럽게 하지 못하되"(막 7:15). 예수는 제자들에게 음식은 배로 들어가지 마음으로 들어가는 것이 아니라고 설명한다(막 7:18-19a). 그리고 나서 비유대인 독자들에게 마가는 이 말이 지닌 엄청난 의미를 설명한다: "이러므로 모든 음식물을 깨끗하다 하시니라"(막 7:19b). 이러한 배경에서 우리는 엄격한 음식규정에 따라 준비된 것인지를 전혀 확인할 수 없는 음식들을 세리들과 함께 먹는 것에 대해 예수가 어째서 아무런 거리낌이 없었는지를 이해할 수 있다.

성전(이는 원칙적으로 모세의 장막이었다)에 대한 예수의 태도 역시 충격적이다. 심지어 사역 초기에도 예수는 담대히 "너희가 이 성전을 헐라 내가 사흘 동안에 일으키리라"라고 말했다(요 2:19). 세상에서의 예수의 사역이 끝날 때쯤에도 일부 사람들은 여전히 그 말을 기억했다. 그리고 거짓 증인들이 그 말을 왜곡된 형태로 반복했다: "이 성전을 *내가* 헐고"(막 14:58). 그러나 성전에 대해 이런 논란을 불러일으킨 말을 한 지 얼마 되지 않아서 예수는 사마리아 여인에게 자신은 성전을 허물러 온 것이 아니라 예배를 새롭게 하러 왔다고 설명한다: "이 산에서도 말고 예루살렘에서도 말고 너희가 아버지께 예배할 때가 이르리라 … 아버지께 참되게 예배하는 자들은 영과 진리로 예배할 때가 오나니"(요 4:21-26).

이러한 것들은 모세의 율법에 대한 우발적 수정이나 성전을 향한 태도의 우연한 변화가 아니다. 예수는 전반적으로 새롭게 율법을 주시는 분이다. 우리는 산상수훈에서 이 점을 보게 된다. 여기에서 예수는 자신이 선지자와 율법을 완성시키기 위해 세상에 왔노라고 설명한다. 그는 자신을 율법보다 큰 자로 제시한다. 모세의 율법은 옛 사람들에게 주어진 것이다. 예수는 이에 대해 "나는 너희에게 이르노니"라는 말로 대안을 제시한다. 이 대조는 분명하다.[14] 우리는 그것이 실제 율법의 내용에 반영되는 것을 본다. 모세의 이혼증서가 폐기될 뿐만 아니라 또한 살인, 맹세하는 것, 그리고 이웃 사랑에 대한 율법도 다시 쓰여진다(마 5:21-48). 이제부터 예수의 계명은 하나님의 백성의 새로운 단계를 위한 기초의 역할을 한다(마 7:24-29).

우리는 복음서에서 완전히 새로운 율법체계를 발견하지 못한다. 예수는 이전의 단계, 모세의 율법을 보증하지만, 그리고 나서 그것을 넘어선다. 예수가 전한 메시지의 핵심은 새로운 율법 조항이 아니라 바로 예수 자신이 지닌 권위이다. 여기서 중요한 것은 비인격적인 어떤 새로운 율법의 소개가 아니라 율법의 새로운 수여자이다.[15] 그의 인격, 예수 자신이 믿음의 법이다: 그의 계명을 지키는 자는 *그분*을 사랑하는 자이다(요 14:15, 21; 15:10). 자신의 자녀들을 향한 예수의 사랑은 그를 따르는 자들간의 관계에 있어서 규범적인 명령이 된다. 이것이 예수가 그들에게 주는 새로운 계명이다. 그리고 이것이 바로 그들을 예수의 제자로 구별되게 해 줄 것이다(요 13:34-35).

이스라엘은 모세의 율법으로부터 모세가 약속한 위대한 선지자에게로 인도되고 있다. 이제부터 사람들은 그의 음성과 계명을 들을 수 있다. 변화산에서 모세는 말하자면 바통을 예수에게 넘겨준다. 그리고 그 때 하늘에서 음성이 들린다:"이는 나의 아들 곧 택함을 받은 자니 너희는 *그의 말을 들으라*"(눅 9:30-31, 35). 그러므로 예수는 하나님 앞에서 모세가 그들을 고소할 것이라고 적대적인 지도자들에게 경고한다(요 5:45-47).

그리스도께 나아오는 모든 이방인들에게 할례와 그 외 모세의 율법을 지키는 것을 면제해 준 사도들의 결정은 율법수여자로서의 예수의 역할에 근거를 둔 것이다(행 15:6-29). 1세기 유대 그리스도인들에게 이 결정은 - 그것이 할례와 음식에 대한 규례들에게 분명히 영향을 미쳤을 것이기 때문에 - 대단히 급진적인 것이었으며, 그들은 그것을 쉽게 받아들이지 못했다(행 11:1-18; 15:1-5). 바울 서신에서 우리는 기독교회가 이 새로운 단계로 넘어가는 것이 얼마나 어려웠는지를 알게 된다. 그러나 그것을 수용하는 데 있어서의 어려움은 지난 200여 년 동안에 학자들이 시도했던 것처럼, 기원후1세기에 일어난 점진적인 발전 과정의 결과로는 설명할 수 없다. 오히려 그 반대의 경우가 사실이다. 그리스도인들은 예수가 자신의 생애 동안 이끌어간 어떤 단계의 온전한 의미를 깨닫는 데 시간이 필요했다. 그들은 각 나라에서 수많은 회심자들이 믿음과 세례를 통해 이스라엘로 들어오고 나서야 그 중요성을 온전하게 이해하기 시작했다. 바리새파의 전통과 함께 성장한 사람들은 점진적인 발전 과정만으로는 의무적인 할례를 폐지할 수 없었을 것이다. 분명 예수가 직접 행한 사역이 그 이후 오랜 세월 동안 사람들이 피할 수 없었던 갈등을 유발시킨 촉발제가 되었을 것이다.

7.2.4 왕과 열두 사도

세례를 받은 제자들 그리고 예수를 존경하는 추종자들 가운데 예수를 중심으로 "열두 제자"라고 불리는 핵심 그룹이 형성되었다. 이들은 "제자"라고 불리는 좀더 넓은 범위의 사람들보다 더 좁혀진 열두 명의 그룹이다. 이들이 바로 우리에게 친숙한 그 열두 제자이다(마 10:1; 11:1; 유다가 죽은 후 마 28:16에서 "열한 제자"라고 한 것과 비교하라). 그러나 가장 중요한 점은 그들이 "제자"라는 점이 아니다(제자들은 많았다. 열두 명은 제자들이라는 좀더 넓은 범위에서 선택된 자들이었다. 눅 6:13). 특별한 점은 그들 가운데 열둘이 있었다는 점이다. 이것은 그들이 종종 단지 "열둘"(the Twelve)이라고 지칭된 이유이다(마 10:5; 26:14; 등; 막 3:14; 4:10; 등; 눅 8:1; 18:31; 등; 요 6:71; 20:24).

이 그룹은 언제나 예수와 함께 있는 그리고 예수가 특별한 과제를 맡길 수 있는 일종의 궁정 참모들(court council)과 같은 존재였다(막 3:14). 이 그룹 안에 심지어 셋으로 이루어진 더 작은 규모의 그룹이 있다. 그들은 세베대의 아들 야고보와 요한 그리고 시몬 베드로다. 이 셋 그리고 열두 제자 가운데 가장 중심적 인물은 분명 일찍이 예수가 게바(헬라어 *Petros*, 반석의 사람[Man of Stone]; 요 1:42)라는 이름을 붙여준 바요나 시몬이다.

이 궁정 참모들의 기능은 구성원의 수를 통해 알 수 있다. 열둘이라는 숫자는 열두 지파로 구성된 이스라엘을 상징한다. 자신에게 정확하게 열두 명의 선택된 제자들이라는 수행원들을 영구적으로 둠으로써, 예수는 자신이 하나님의 백성의 새 단계를 위해 새롭게 초석을 놓는다는 사실을 알리게 된다. 야곱의 열두 아들이라는 좀더 폭넓은 기초 위에 이제 열두 제자로 구성된 대형구조물이 세워질 것이다. 따라서 이스라엘이라는 나라는 예수를 받아들이는 자 그리고 예수의 개인적인 열두 종들 주위에 모이는 자들의 모임에 그 초점이 모아진다.[16] 여기서 형성되는 것은 신하들을 거느린 왕이다. 예수는 이전의 선지자들이나 세례 요한처럼 이스라엘에 홀로 개인적으로 존재하는 인물이 아니다. 그는 새로운 배치의 시작이다. 이스라엘의 이런 재배치를 위한 기초는 바로 시몬 베드로를 초석으로 하는 열두 제자이다.[17] 우리는 이것이 바로 예수가 의도한 바였음을 예수가 열두 제자를 보내실 때 분명하게 알게 된다. 그들은 이스라엘에서 예수의 권위를 대표하며, 그들이 열두 제자를 받아들이는가 아니면 거부하는가 하는 것은 그들의 미래의 삶과 죽음을 결정하는 문제가 되었다. 이스라엘은 예수 그리고 그분이 보낸 열두 종들을 통해 하나님의 미래 안으로 들어가야 한다(마 10:5-14). 이것이 얼마나 결정적인 문제인가 하는 것은 미래의 관점을 통해 볼 수 있다.

한 번은 베드로가 자신과 다른 열두 제자가 예수를 섬기기 위해 모든 것을 버렸다는 사실에 대해 말한다(마 19:27). 이에 대해 예수는 다음과 같이 응답한다. "너희는 나의 모든 시험 중에 항상 나와 함께 한 자들인즉, 내 아버지께서 나라를 내게 맡기신 것 같이 나도 너희에게 맡겨 너희로 내 나라에 있어 내 상에서 먹고 마시며 또는 보좌에 앉아 이스라엘 열두 지파를 다스리게 하려 하노라"(눅 22:28-30).

한편으로 예수는 종종 밀려드는 군중들을 피하고, 그들이 자신을 왕으로 추대하려는 시도를 거절한 반면, 다른 한편으로는 또한 하늘 나라의 권위를 부여한 열두 사도를 지명함으로써 자신에게 왕에 대한 포부가 있음을 분명히 드러낸다. 분명 예수는 이스라엘의 미래를 바라보면서 이 열두 제자들을 세웠을 것이다. 열두 제자들도 그 사실을 잘 인식하고 있었다. 이것은 그들이 여러 번 하늘 나라에서 누가 가장 중요한 자리를 차지할 것인가를 놓고 다퉜던 이유이다. 이스라엘 백성들도 그것을 잘 알고 있었다. 가야바의 뜰에 있던 여러 사람들이 베드로에게 이렇게 말한다. "이 사람은 그들 중 하나이라"(막 14:69-70). 나사렛 사람 예수가 그들의 중심이라는 것은 잘 알려져 있다(막 14:67). 그러나 또한 예수를 끝까지 따르는 추종자들로 이루어진 예수 그룹이 있다는 것도 알려져 있다. 밤에 예수를 사로잡으러 온 사람들은 무장을 했다. 왜냐하면 그들은 열두 제자를 목숨을 걸고 예수를 지키는 개인 경호원으로 생각했기 때문이다(요 18:3-11). 그리고 예수를 장사 지낸 후, 이스라엘 지도자들은 이 제자들이 부활에 대한 예수의 말을 사실처럼 보이게 하기 위해 그들의 스승의 시체를 훔쳐갈 지도 모른다고 우려했다(마 27:64).

열두 제자는 독특한 그룹이며, 하나님 백성의 새로운 단계를 이루는 초석이었다. 여기서 열둘이라는 숫자는 온 이스라엘에게 호소하기 위한 필수적인 요소였다(행 2:36; 3:20-26). 이러한 이유 때문에 시몬 베드로는 가룟 유다를 대신할 자를 승천의 날과 성령강림의 날 사이에 믿는 자들 중에서 뽑도록 만들었다(행 1:15-26). 이렇게 해서 베드로와 다른 열한 명의 제자들은(행 2:14) 오순절 날 열두 명의 그룹으로 함께 있을 수 있었으며 이스라엘 전역에 왕이신 그리스도의 복음을 전파했다(행 2:9-11).

7.2.5이스라엘과 열방을 위한 선한 목자

이스라엘에서 매우 논란이 된 사역의 막바지에, 예수는 예루살렘에서 공개적으로 자신을 "양의 문"(요 10:7) 그리고 "선한 목자"(요 10:14)라고 불렀다. 양들은 그를 통해 들어오고 나가며 그렇게 함으로써 풍성한 목초지를 발견한다(요 10:9). 예수는 심지어 이 양들을 위해 자신의 목숨을 내어준다(요 10:11, 17). 그리고 그는 이 모든 것을 하늘 아버지를 섬기는 차원에서 행한다(요 10:15, 17).

예수는 여기서 "절도 그리고 강도"(요 10:8)와 자신을 대비시킨다(요 10:10,12). 그들은 양들을 안전한 초장으로 인도하는 문이 아니라, 그들을 죽음으로 내모는, 그래서 그들을 죽이거나 늑대의 먹이가 되게 하는 이들이다. 절도와 강도가 실제로는 이스라엘의 지도자들을 지칭한다는 생각은 거부되어야 한다.[18] 예수는 양무리를 우리 밖으로 몰고 가려는 다른 이들과 자신을 *양무리에 앞서 감*을 통해 비교한다. 이러한 비교를 하는 데에는 특별한 역사적 이유가 있다. 유대인들은 최근에 예수를 메시아로 고백하는 자는 누구든지 회당에서 쫓겨날 것이라고 경고했다(요 9:22). 그러므로 예수가 치유하신, 날 때부터 맹인이었던 사람은 예수를 주로 고백했을 때 출교를 당했다(요 9:34). 그래서 많은 사람들이 (장로들을 포함하여) 예수에 대한 믿음을 공개적으로 드러내기를 두려워했다(요 12:42). 이로 인해 예수는 율법과 회당이라는 안전한 우리에서 양들을 도적질하여 길을 잃게 만드는 자라는 낙인이 찍히게 되었다. 양무리들의 도둑 또는 강도라는 말이다! 오랜 세월 동안 많은 유대인들은 이스라엘에서 잃어버린 바 되었다. 그들이 바알 선지자들이나 다른 헬라 철학자들의 꾀임에 빠지도록 자신들을 내주었기 때문이다. 예수 역시 이스라엘이라는 양무리에게 그와 같은 종류의 함정이 된다는 말인가?

이를 제안한 이스라엘 지도자들에게 예수는 대답한다(요 9:35). 비유를 사용하면서(요 10:6) 예수는 실제 상황은 근본적으로 다르다고 설명한다. 양들이 예수의 뒤를 따른다. 예수는 죽음에까지 이르는 자기부인을 통해 양들을 인도하며, 자기부인을 통해 양들에게 자신의 생명을 내어준다. 그리고 사람들은 왜 예수와 함께 있을 때 안정감을 느끼며 담대하게 그를 따라가는가? 애초부터 예수는 다른 자들과는 구별되기 때문이다: 그의 목소리는 친숙하다! 양들은 그의 음성을 *안다*! 목자 그리고 구원자로서 예수의 역할은 새롭지만 그의 음성은 바로 아버지의 음성이다. 그 음성은 아브라함, 이삭 그리고 야곱의 하나님의 음성이다. 그렇기 때문에 양들은 그 음성을 알며 아버지가 보낸 자의 인도하심에 자신을 맡기는 것이다. 예수의 계획은 이스라엘 밖의 다른 이들도 부르는 것이다(요 10:16).

친숙한 음성을 가진 이러한 새로운 - 그러나 선한 - 목자의 모습으로, 예수는 자신을 도적 또는 강도로 낙인 찍는 이스라엘 지도자들에 대항해 자신을 하나님의 백성의 구원의 중심으로 드러낸다. 예수 때문에 회당에서 쫓겨나는 자는 (날 때부터 맹인이었던 사람처럼) 누구든지 결코 멸망하지 않을 것이며, 그 사람은 예수의 아버지가 소유한 무리 가운데 속하게 될 것이다. 나중에 예수는 시몬 베드로(그리스도 공동체의 초석: 마 16:18)에게 이 양들을 돌보라는 명령을 주신다(요 21:15-17).

7.3 그리스도 안의 하나님의 백성

예수는 이스라엘이 하나님께로 나아가는 문이기 때문에 다른 모든 나라들도 또한 이 하나의 문을 통해 하나님께 나아가야 한다. 지금까지 그들이 하나님 아버지께 나아가는 유일한 길은 간접적인 방법, 즉 아브라함의 백성에 포함되어서 가는 길뿐이었다. 이방인들은 할례를 통해 그곳으로 들어왔으며, 아브라함 백성의 일원으로서 그들은 이스라엘의 종교적 율법(모세의 율법)을 따라야 했다. 구원은 유대인에게서 나왔다. 그러나 이제 이스라엘 백성에게 하나님 아버지께 나아가는 새로운 문이 생겼기 때문에, 다른 나라들도 그 동일한 문을 통해서 자신들이 하나님께 나아갈 수 있음을 알게 되었다. 예수는 이 사실을 직접 암시했다. (1) 그는 모든 열방으로 사도들을 보내면서 그들에게 새로운 가르침을 주었다. (2) 예수는 개인적인 세례를 하나님의 백성이 되는 상징으로 만들었다.

7.3.1 열방을 위한 사도들

예수는 세상에 있는 동안 사도들을 지명해 그들을 열방으로 보냈다. 그들을 통해 예수는 하나님의 백성을 하늘나라의 복음을 중심으로 한데 모으고자 했다. 사도들은 지상의 하나님의 백성의 새로운 단계에 참여하도록 모든 사람들을 초대한 자들이다. 사도들은 사람들을 하나님의 아들, 세상과 죄인들의 구원자에게로 데려온다.

열두 제자는 이 사도 그룹의 핵심을 형성한다. 그들도 제자들에 속한다. 그러나 그들이 열두 제자 중 하나로 택하심을 받았을 때, 그들에게는 사도로서의 임무가 또한 주어졌다. 누가는 예수가 제자들 가운데서 열둘을 선택했다고 기록한다. "그 중에서 열둘을 택하여 사도라 칭하셨으니"(눅 6:13). 사도(*apostolos*)라는 단어는 전달자 또는 특사를 의미한다; 이것은 그리스어에 있는 명칭이 아니다. 열두 제자가 "사도들"로 불리는 것은 그들이 둘씩 짝지어 이스라엘에 보내심을 받았기 때문이다(눅 9:2, 10; 막 6:7, 30; 마10:1-5, 16; 비교, 눅 11:49). 예수는 그들에게 사명(mission)을 주어 보낸다. 그러므로 그들은 "선교사들"(missionaries)이다(요 13:16과 비교하라). 이 이름은 온 이스라엘을 향해 열두 명을 실제로 보내는 것과 관련해서 사용된다. 그러나 이 열두 제자가 일종의 궁정 참모들(court council)로 활동하며 항상 예수와 함께 있을 기간 동안에는 그들은 열두 "사도"라고 불리지 않고 그냥 "열둘" 혹은 "열두 제자들"이라고만 불렸다.[19)]

열두 명 이외에도 사도로 간주되는 또 다른 칠십 명의 제자들이 있는데 이들은 나중에 죽음과 부활을 위한 예수의 예루살렘 여행을 준비하기 위해 보내심을 받았다. 누가는 예수가 어떻게 열두 제자를 보내셨는지에 대해 상세히 보고한 후에(눅 9:1), 예수가 칠십 인(혹은 칠십이 인)의 *다른 이들*을 지명하고 파송하신 일을 설명한다(눅 10:1). 이들 칠십 인(칠십이

인)은 먼저 보내심을 받은 열두 제자와 한데 묶인다. 누가는 그들 또한 사도로 간주한다. 마찬가지로 터툴리안(Tertullian), 이레네우스(Irenaeus), 그리고 오리겐(Origen)은 칠십 인(칠십이 인)을 또한 "사도"라고 부른다.[20]

열두 제자라는 궁정 참모들(court council)은 특별히 신뢰를 받는 위치에 있었다. 그리고 그 숫자는 이스라엘의 미래를 위한 계획과 관련되어 있었다. 동시에 이 열두 제자는 이스라엘에서 사도들이라는 좀더 큰 서클의 중심부를 이루었다. 그들은 모두 자신들을 보내신 자를 대표하며, 그분의 메시지를 사람들에게 전하는 대사들이다. 그들을 받아들이는 것은 또한 그리스도를 받아들이는 것이다.[21]

그러나 이미 예수가 세상에 계신 동안에 이 사도들에게는 또 다른 임무가 있다는 것이 분명해졌다. 그들은 또한 이 복음을 열방에 전해야 한다. 먼저 복음을 팔레스타인 외부에 거주하는, 그러나 여전히 이스라엘에 속한, 당시 디아스포라를 형성했던 모든 유대인들에게 전해야 한다. 가야바가 한 사람이 죽는 것이 온 나라가 멸망하는 것보다 낫다고 말했을 때, 요한은 다음과 같이 자세히 설명한다. "또 그 민족만 위할 뿐 아니라 흩어진 하나님의 자녀를 모아 하나가 되게 하기 위하여 죽으실 것을 미리 말함이러라"(요 11:52). 그러나 그 후에는 복음이 온 열방에 전파되어야 한다. 열두 제자에게 전한 마지막 당부에서 예수는 복음이 온 열방에 *전파될* 것을 예언한다(마 24:14). 그 일은 세상을 향한 하나님의 계획의 일부이기 때문에 분명 발생할 것이다. 그것은 *반드시* 실현되어야 하는 일들에 속한다(막 13:10).[22] 따라서 예수가 부활한 이후 우리는 다음과 같은 분명한 명령을 읽게 된다. "그러므로 너희는 가서 모든 민족을 제자로 삼아"(마 28:19). 이제 피조된 세계 전체가 거기 포함된다: "너희는 온 천하(all the world)에 다니며 만민에게(to all creation) 복음을 전파하라"(막 16:15). 그리고 바로 그 일이 발생했다: "제자들이 나가 두루 전파할 새"(막 16:20). 그러므로 "그리스도가 고난을 받고 제 삼일에 죽은 자 가운데서 살아날 것과 또 그의 이름으로 죄 사함을 받게 하는 회개가 예루살렘에서 시작하여 모든 족속에게 전파될 것이 기록되었"다(눅 24:46-47).

사도들은 바로 이 일을 위해 예비되었다. 그들은 항상 예수와 함께 있어서 그들이 본 것과 들은 것을 증거할 수 있었기 때문에 그들은 예수의 *증인*이라고 불렸다(눅 24:48, "너희는 이 모든 일의 증인이라").

사도들은 또한 자신들이 전하는 메시지를 정당화하기 위해 예수의 이름으로 표적과 기적을 행할 수 있는 권위를 부여 받았다. 그들이 앞으로 나아갈 때, 표적들도 함께 따라간다: "믿는 자들에게는 이런 표적이 *따르리니* 곧 그들이 내 이름으로 귀신을 쫓아내며 새 방언을 말하며, 뱀을 집어올리며 무슨 독을 마실지라도 해를 받지 아니하며 병든 사람에게 손을 얹은즉 나으리라 하시더라"(막 16:17-18). 칠십(칠십이) 인의 제자들이 돌아왔을 때 예수는 이미 이러한 약속을 하셨다. "내가 너희에게 뱀과 전갈을 밟으며 원수의 모든 능력을 제어할 권능을 주었으니 너희를 해칠 자가 결코 없으리라"(눅 10:19). 사도들은 위로부터 주시는 권능으로 능력을 받게 될 것이다(눅 24:49).

비록 여기에서 자세히 논하지는 않겠지만, 다음의 것들도 역시 사도들의 권위의 일부로 간주되어야 한다.[23] 모든 제자들은 목격자로서 독특한 위치에 서 있다. 그리고 사도들은 그 가운데 가장 눈에 띄는 자들이다. 그들은 여행하는 사도들로서의 특수한 사역을 위해 특별한 권위를 부여 받았다:

1. 그리스도는 고난 받고 영광 받으신 그리스도의 복음을 천국의 열쇠로서 그들에게 맡기셨다. 그리고 이 열쇠로 그들은 유대인과 헬라인 모두를 위해 그 문을 열 수 있다(마 16:17-21).

2. 그리스도는 제자들에게 하나님의 백성 전체를 위해 묶고 풀 수 있는 권세를 주셨다. 그들의 모든 설교는 최후 심판의 판결문에서 결정적인 역할을 한다(마 16:17-21; 18:15-20).
3. 시몬은 사도들 가운데 첫째이다. 그는 그리스도가 교회를 세울 초석이다 (마 16:17-21).

비록 복음서는 세상에서 예수가 살아온 삶의 행적을 그 주된 내용으로 하지만, 거기에는 또한 하나님의 백성의 미래에 대해 예수가 하신 말씀들이 정리되어 있다. 예수는 새로운 단계를 위한 기초를 놓았다. 예수는 전도자를 지명했으며 그들을 임무에 맞게 준비시켰다. 그리고 예수는 그들의 목적에 대해 말씀하셨다: 그것은 온 열방을 향해 가는 것이다!

이러한 사명이 이스라엘의 디아스포라와 모든 열방에 의미하는 바는 무엇인가? 그것은 이방 민족을 유대 국가에 편입시키려는 오랜 시도를 다시 부흥시키려는 새로운 자극제인가? 이 설교의 중심 초점이 유대 국가가 아니라 바로 유대 국가에서 오신 *메시아*라는 점은 분명하다. 하나님 나라 그리고 그분의 아들에 대한 복음은 부르심을 받은 모든 자들을 하나로 통합하는 것이다. 예수는 사도들에게 모든 열방을 *그의 제자*로 삼으라고 명령한다. “내가 너희에게 분부한 모든 것을 가르쳐 지키게 하라”(마 28:20). 여기서 예수는 모세의 율법을 언급하고 있지 않다. 이것은 곧 이제부터 율법을 주시는 자로서 예수가 하나님 백성의 율법을 정할 것이라는 사실을 의미한다(7.2.3을 보라). 예수는 모세보다 큰 자이며, *예수가* 바로 중심 인물이다. 열방은 그분의 제자가 될 것이다.

이것은 이제 하나님의 백성들이 더 이상 *모세*가 아니라 *그리스도* 안에서 하나로 모이게 되는 그 길을 닦는다. 이 새로운 단계는 태어난 지 팔 일째에 할례를 받았던, 인간 예수의 이전 시기와 연관되어 있다. 그러나 율법수여자 모세에서, 사람들을 하나로 묶는 구원자이자 교사이신 예수에로의 변화는 유대인으로 하여금 율법과 할례 의식을 새로운 관점에서 보도록 만든다. 반면 다른 나라들에게 있어서 이제 하나님께 나아가는 길은 더 이상 이스라엘 *백성*을 통한 길이 아니라 그 백성 가운데에서 난 *한 사람*, 예수를 통한 길이다. 오순절 이후, 예수 그리스도는 베드로와 바울에게 이를 깨닫게 하기 위해 하늘에서 온 특별한 계시를 주었다. 그 계시를 받아들임으로써 유대인과 헬라인들로 구성된 교회 공동체는 엄청난 갈등을 겪게 되었다. 그러나 예수 자신은 바로 그 갈등을 해결하는 길을 열었다!

7.3.2 개인적 세례를 통한 연합

사도들이 열방으로 보내심을 받았을 때, 유대의 할례의식은 폐지되지 않았지만 그렇다고 할례를 이방인들이 하나님 나라 안으로 들어오는 조건으로 언급하지도 않았다. 예수는 제자가 되려는 모든 사람은 반드시 *세례를 받아야* 한다고 명령하신다: "그러므로 너희는 가서 모든 민족을 제자로 삼아 아버지와 아들과 성령의 이름으로 *세례를 베풀고* 내가 너희에게 분부한 모든 것을 가르쳐 지키게 하라"(마 28:19-20). 이렇게 신자에게 베푸는 세례는 또한 마가복음 16:16에서도 언급되고 있다: "믿고 세례를 받는 사람은 구원을 얻을 것이요 믿지 않는 사람은 정죄를 받으리라."

종종 모든 열방에게 세례를 주라는 이 계명은 기독교 세례 제도가 *확립된*(instituted) 시점으로 이해된다. 이러한 세례의 발단(inception)은 그렇다면 부활 이후의 기간 동안 발생했을 것이다. 오직 그때가 되어서야 예수는 미래의 제자들을 위해 이러한 의식을 고안해 냈을 것이다. 그러나 이것이 사실이라면 마태복음 28장이나 마가복음 16장 중 그 어느 것도 세례라는 제도(institution)에 대해 분명하게 설명하고 있지 않다는 사실이 놀랍다. 마태복음 28장은 마치 세례가 그들 모두가 이미 잘 알고 있는 사실인 것처럼, 다소 지나가는 식으로 언급하고 있다. 심지어 세례를 별도의 명령으로 지목조차 하지 않고 있는 마가복음 16:16도 마찬가지이다. 유일한 것은 "믿고 세례를 받는 사람"은 구원을 받을 것이라는 언급뿐이다. "믿음"에 대한 요구를 어떤 새로운 것으로 진술하고 있지 않으며 "세례"에 대한 요구도 마찬가지이다.

이것은 부분적으로는 예수가 이미 잘 알려진 요한의 세례를 취해 그것을 미래로 확장시켰다고 가정함으로써 설명할 수 있다. 이제 사도들은 요한이 행했던 것처럼 세례를 베풀어야 한다. 그리고 회개할 때 요단강에서 세례를 받는 것이 필요했던 것처럼 이제부터 예수를 믿기 위해서는 세례를 받아야 한다.[24]

그러나 그럴 경우 우리는 기독교 세례를 요한의 세례와 동등하게 취급함으로써 둘 사이에 존재하는 차이점을 깨닫지 못하게 된다. 예수는 세례 요한이 시작한 *의식*(ceremony; 물에 한 번 완전히 담그는 것)을 차용한 것이 아니라 그 의식을 *새로운 맥락*(new context) 속에 둔 것이다: 사람들은 더 이상 요단강으로 갈 필요가 없다. 세례 의식의 특징도 역시 변화되었다. 곧 오실 주님을 기대하는 마음으로 행했던 회개의 세례는 이제 이미 오신 하나님의 아들을 믿음으로 고백하는 세례가 되었다. 예수의 이름으로 행한 세례는 요한의 세례와 같은 선상에 있기는 하지만 이제는 그 자체로 새로운 특징을 갖게 되었다.

세례라는 *제도*에 대한 분명한 설명이 없이 어떻게 부활절 이후에 열방으로 나아가 세례를 베풀라는 명령이 주어질 수 있었는지를 설명하기 위해서는, 우리는 예수가 사역을 시작한 때와 요한이 감옥에 갇힌 때 사이의 기간으로 되돌아가야 한다. 예수의 제자들은 그 당시 세례를 주고 있었고 심지어 그들이 주는 세례는 요한 및 요한의 제자들이 주는 세례와 달랐다. 이스라엘에서 예수가 사역하는 동안 그를 그리스도로 고백한 예수의 *제자*들은 초기 단계에서 직접 예수의 이름으로 세례를 받았다.[25] 이것은 우리가 부활 이후 기독교 세례의 제도화(institution)를 보지 못하는 이유를 설명한다. 오히려 모든 열방을 향해 동일한 의식이 *재개되어 계속되는*(resumption and continuation) 모습을 본다. 제자들의 모집은 중단되었던 것으로 보이며, 많은 사람들이 심지어 예수를 버리기도 했다. 그러나 부활 이후 예수는 다시 적극적으로 제자들을 모으는 일을 시작한다. 세상 전체가 예수의 이름으로 하나님께 초대받는다. 그리고 모든 사람은 예수의 이름으로 세례를 받음으로써 공개적으로 자신의 믿음을 고백해야 한다.

예수가 소속 *예식*(ceremony of belonging)을 복음 전파에 연결시킨 사실은 모든 사람이 자신을 믿을 뿐만 아니라 또한 모든 신자들이 연합하여 하나의 공동체가 되기를 바라는 예수 자신의 열망을 강조한다. 세례는 제자들의 "나라"(nation)를 세운다. 이 나라가 하나가 되는 것이 어떤 의식을 통해서가 아니라 믿음을 통해서라는 사실은 모든 민족을 "제자로 삼아" "내가 너희에게 분부한 모든 것을 [가르쳐] 지키게 하라"라는 명령에서 분명히 드러난다(마 28:19-20). 이것은 "믿고 세례를 받는" 모든 자는 구원을 받을 것이라는 사실을 암시한다. 모든 것을 결정하는 것은 바로 믿음이다. 그래서 예수는 세례를 받지 않는 모든 자는 구원을 받지 못할 것이라고 말하지 않고, "믿지 않는 사람은 정죄를 받으리라"라고 말한다(막 16:16). 세례는 구원의 문제를 결정하는 믿음 위에 하나님에게서 온 확증의 의식으로서 첨부되는 것이다. (믿음의 고백과 세례는 한데 속하지만 이 둘은 서로 구별된다.) 이삭의 후손을 통하여 연합된 이스라엘 백성이 할례에 의해서 타민족과 구별된 것처럼 예수 그리스도의 백성은 하나님 아들에 대한 믿음으로 하나가 되었고, 그의 이름으로 받은 세례에 의해서 다른 이들과 구별된다. 믿는 자들은 반드시 자신의 색깔을 보여주어야 하며 하나님이 예수의 이름으로 주신 세례라는 인치심을 기꺼이 받아야 한다.

마태복음 28:19b의("아버지와 아들과 성령의 이름") 어구는 엄밀하게 *세례의 공식*으로 의도된 것이 아니다. 세례의 초점은 예수의 이름이다. 하나님 아버지께로 나아감은 그 아들 예수를 통해서 주어지며, 약속된 성령의 선물 또한 예수를 통해 온다.[26)]

❖ 특주 ❖

기독교 세례의 기원

a. 인증된 의식으로서의 세례

비록 많은 학자들은 마태복음 28:19을 원래 예수가 하신 말씀으로 간주하지 않지만, 거의 초기부터 세례 의식이 기독교 공동체의 규범으로 간주되었다는 사실을 부인하는 사람은 거의 없다. 하트먼(Hartman)은 바울이 자신은 세례 받은 자 가운데 속한다는 사실을 당연하게 여겼음을 지적한다(고전 12:13).[27)] 따라서 바울의 회심 이전에도, *세례를 주는* 기독교 시대가 있었음이 틀림없다. 이는 기껏해야 부활 이후 1년도 안 되던 때로 우리를 인도한다.[28)]

하트먼은 열두 제자의 파송 기사에서 세례가 언급되지 않은 이유는(마10; 눅 10) 기독교 공동체가 세례를 부활 이후에 생긴 제도로 간주했으며 따라서 세례를 열두 제자의 임무로 역투사(project back)하지 않았기 때문이라고 주장한다. 좀더 확실한 설명에 따르자면 복음서 기자들은 부활절 이전과 이후의 행해진 말씀과 사역을 구별하는 데 매우 능했으며, 세례 문제도 거기에 포함된다는 것이다.

그러나 세례의식의 기원은 과연 무엇일까? 만일 세례가 권위 있는 것이었다면, 그 이면에는 모든 사람들이 받아들였고, 세례 의식의 발단과 그것이 빠르게 전파된 상황 모두를 설명해 줄 어떤 계시적 권위가 틀림없이 있었을 것이다. 그러나 세례의 기원에 대한 기초로서 어떤 계시적 권위를 거절한다면, 세례의 출현을 설명해 줄 또 다른 기초를 찾아야 한다. 그러므로 19세기 말에 많은 학자들이 계시의 자료로서 신약을 거부했을 때, 그 시기의 종교 역사적 상황을 기초로 하여 교회, 세례, 그리고 최후의 만찬의 존재를 설명하려고 했던 학파들이 나타났다.

b. 종교 역사적(Religio-Historical) 설명

그들은 세례에 관하여는 이교에서 시작한 것을 수용했다거나, 유대교의 정결예식, 또는 유대교 개종자 세례와 관련하여 이를 설명하려고 했다.

1. 오토 플라이더러(Otto Pfleiderer)는 세례의 기원을 엘레우시스(Eleusinian) 비밀종교의식에서 찾으려고 했다.[29] 이러한 비밀종교에의 가입은 일종의 재탄생으로 간주되었다. 새로운 가입자에게는 목욕과 더불어 새로운 이름이 주어졌다. 알베르트 아이히호른(Albert Eichhorn)과 빌헬름 하이트뮐러(Wilhelm Heitmüller)는 이러한 관점을 공개적으로 지지했다.[30] 하이트뮐러에 따르자면 당시 세계는 복음을 순전하게 영적으로 받아들일 준비가 되어있지 않았다. 그러므로 사람들은 물질(물, 음식)을 통해 신성(神性)과 신비적으로 연합하는 것에 의존해야 했다. 그렇게 되면 "믿음"은 제외되고, 마법을 인정하게 된다. 라이첸슈타인(Reitzenstein)에 따르자면 바울은 영지주의자의 아버지이다.[31] 성만찬은 세상의 인간과 더 높은 세계 사이를 중재한다. 더 오래된 바울 이전의 영지주의 자료에 관한 이어진 연구에서 학자들은 기독교 이전에 있었던 한 영지주의 종파인 만다이파(Mandeans)에 도달했다. 구원자에 대한 그들의 신화와 세례는 후에 기독교에 대해 요람의 역할을 했다.

그러나 좀더 깊이 있는 종교 역사적 연구는 당시의 학자들이 기독교의 기원에만 관심이 쏠려 있었기 때문에 시기에 대해서는 어느 정도 선별적이고 무관심했다는 사실을 보여주었다. 이를테면 "영원을 위한 재탄생"(*renatus in aeternum*, "born again for eternity")이라는 형식은 오직 소아시아의 아티스 제의(Attis cult)에서의 황소 희생제사(*taurobolium*)와 관련해서만 나타난다. 그런데 이러한 의식에 관한 가장 오래된 문서는 기원후 143년경의 것이다. 게다가 "영원을 위한 재탄생"이라는 형식은 단지 세 번 등장하며 세 번 모두 기원후 4세기 경의 것들이다! 만다이파의 세례 예식은 (리츠만[Lietzmann]이 보여준 것처럼)[32] 시리아 기독교의 세례 예식에서 파생된 것 같다. 20세기 중반 이후 기독교 세례의 이교도적 뿌리에 대해서는 별로 들리는 소식이 없다.

2. 반면 세례에 대한 유대적 기원은 적극적으로 연구되고 있다. 기독교 세례와 유대교의 정결의식 사이의 일반적인 관계는 그 동안 자주 고려의 대상이었다. 쿰란 문서의 발견 이후 여러 학자들은 그곳에서 발견된 정결의식과 기독교 세례 사이의 (요한을 통한) 직접적인 관계를 보게 되었다. 그러나 에리히 딩클러(Erich Dinkler)는 자제를 당부한다.[33] 거기에는 유사점(회개와 정결의식의 연결, 속죄적 성격, 신성한 분위기)도 있지만 사실은 차이점(반복적인 정결의식 vs. 단 한 번의 세례, 쿰란에서는 어떠한 선지자도 세례를 주지 않았고 다만 사람들이 직접 정결의식을 행했다. 또한 쿰란에서는 정결의식과 주님이 오실 것에 대한 기대 사이에 아무런 관계가 없었다)이 더 많다. 요한의 세례와 쿰란에서의 정결의식 사이의 관계에 대해서는 또한 2.2.3을 보라.

3. 유대교 개종자를 위한 세례가 기독교 세례를 낳았다는 개념이 꽤 일반적으로 받아들여졌다(또한 2.2.3을 보라). 그러나 여기에서도 역시 딩클러는 조심스럽다(1세기 말 이전에는 개종자 세례에 대한 아무런 증거가 없다. 개종자 세례와 종말론 사이에는 아무런 관계가 없다). 반면 예레미아스(Jeremias)는 개종자 세례의 기원에 대한 연구에 많은 노력을 기울였다.[34] 그는 유아 세례에 대한 자신의 주장을 이 사실의 근거로 삼는다(알란트[Aland]는 이에 대해 강하게 반대한다).[35] 예레미아스에 따르자면,[36] '레위의 유언서'(the Testament of Levi, 14.6)는 기독교 이전 시대의 개종자 세례에 대한 개념을 정당화하는 데 충분하다("너는 이방인의 딸들을 아내로 삼아라. 그리고 그

들을 불법적인(unlawful) 정결례로써 정결케 하라."; *katharizontes autas katharismō paranomō*). 그러나 도커리(Dockery)에 따르자면 예레미아스의 주장은 부적절하며 기원후 70년 이전의 개종자 세례에 대한 증거는 존재하지 않는다(구약은 물론 필로[Philo]나 요세푸스[Josephus]의 글에서도).[37] 게다가 G. 바르트(G. Barth)에 이어서 하트먼은 개종자 세례가 선지자적 권위를 부여 받은 세례자의 개입 없이 개인이 행하는 목욕재계와 닮았다는 사실을 옳게 지적한다.[38] '레위의 유언서'(The Testament of Levi)는 가입 예식이라는 개념에 대한 강력한 증거가 아니다. 왜냐하면 그것은 이방 여인뿐만 아니라 창녀와의 관계 및 간음과도 관계가 있기 때문이다. 그들과 섞이는 것은 마치 소돔과 고모라 같은 일일 것이다. 본문은 이방 여인들에게 어떤 정결례적 목욕을 강요함으로써 경건한 삶의 외양이 유지되게 한 '이방 민족과의' 결혼에 대한 것이다. 그 목욕은 유대인 남자가 여인과 성관계를 맺기 전에 여인에게 요구되는 것이었다. 따라서 유대인 남자는 결국 자기 *자신의* 순수함은 지켰지만, 그것은 전혀 유대인이 된 적이 없는 여인들에게 일종의 정결예식을 집행함으로써 그렇게 한 것이었다. 이러한 위선은 비난 받는다. 그러한 관습을 유대교로 들어가는 입회 활동으로 볼 아무런 이유가 없다. 왜냐하면 그들은 계속해서 이방 여인들이었기 때문이다.

4. 구약에 나타나는 물로 씻는 일반적인 행위와 관련해서도 우리는 간략히 언급할 수 있다. 이 씻는 행위는 언제나 반복적이고 절대로 한 번만 발생하지 않는다. 페르스테이크(Versteeg)는 에베소서 5:26 과 디도서 3:5의 씻는 은유를 지적하면서, 세례와 구약의 목욕재계 사이에는 어떤 관계가 있다고 주장한다.[39] 그러나 이는 굉장한 비약이다. 먼저 '씻다'라는 용어는 오로지 *예식적인* 목욕에만 쓰이지는 않는다. 게다가 단 *한 번*의 씻음과 구약에서의 여러 번의 씻음을 비교하는 것이 여전히 문제로 남는다. 마지막으로 목욕은 세례에 대한 은유이지만, 구약에서의 씻음에 해당하는 단어는 은유가 아니라 설명이다. 디도서 3장은 성령의 부으심에 관해 말한다. 거듭남 그리고 갱신으

로서의 목욕의 이미지는 '부어주다'라는 동사로부터 매우 자연스럽게 파생된다. 그러므로 이 본문은 *정화하*는 물의 능력보다는 사람을 씻는 물(샤워하는 목욕)과 더 관계가 있다. 에베소서 5:26과 마찬가지로 이 상황은 먼지를 깨끗이 씻어내는 것에 대해 언급한다(신부는 깨끗이 씻겨진다. 겔16:9-14과 비교하라). 이런 목욕재계는 "말씀을 통해서" 일어났다. 바울은 믿음 및 세례와 관련된 설교에서 깨끗이 하는 행위를 암시하기 위해 "목욕, 씻는다"라는 말을 사용한다. 여기에 쓰인 "목욕"이라는 말이 세례가 구약의 씻음의 새로운 형태임을 시사하고 있다고 이해할 이유가 전혀 없다. 구약의 씻음이란 성전 제사에 참여하기 위해 의식적인 순결함을 부여해 주던 씻는 행위를 말한다.

최근의 신약학 연구를 살펴보면 세례의 역사적 배경에 대한 섹션이 (더 이상) 없다는 사실이 놀랄 만하다.[40] 그리고 물에 완전히 담그는 침례를 요한이 최초로 도입했다는 생각에 대한 반론은 과거보다 덜하다.[41] 19세기 말과 20세기 초에 세례를 종교 역사적 관점에서 설명하려던 시도는 막다른 골목에 부딪혔으며 결국 실패했다.

여기서 우리는 기독교 탄생을 뒷받침하는 자료들(신약, 특히 복음서)의 신뢰성을 지지해 주는 간접증거를 만나게 된다. 20세기 성경학 분야에 있어서 신약의 글들은 대부분의 경우 여러 다른 종류의 기독교 운동들을 시간를 거슬러 역투사(retroactive projections)하는 방식으로 쓰여졌다는 데 대해 거의 일반적인 동의가 이루어졌다. 연구의 초점은, 이 운동들의 발전을 설명할 수 있을 지도 모르는, 예수라는 카리스마적 인물의 능력에 맞춰진다. 그런데 그들은 예수가 세례의식의 확립에 전혀 관여하지 않았다는 주장한다. 그러나 만일 세례가 쿰란 공동체와 같이 잘 알려지지 않은 종교에서 차용된 것이 아니라면, 그리고 유대의 개종자 세례를 모방한 것이 아니라면, 우리는 세례가 (그들의 주장에 따르자면 그때까지도 여전히 다양한 모습으로 존재하던) 초기 기독교 전체에 의해 그렇게 빨리 *보편적으로* 받아들여진 이유를 어떻게 설명할 것인가? 우리는 이 질문을 뒤집어 생각할 수 있다. 기독교의 가장 초기에 원래부터 세례 의식이 존재했다는 사실은 거기에 반드시 어떤 중심적 권위가 있었으며, 모든 사람들이 그 권위에 순종했다는 사실을 암시한다. 그러므로 예수는 선지자나 기적을 행하는 자 이상이었다. 예수는 또한 처음부터 *교회의 설립자*였다. 그리고 예수는 사람들로 하여금 자신이 보여준 모범이나 가르침뿐만 아니라, 무엇보다도 *자신의 인격*(his person)을 따르도록 했다. 사람들에게 *자신*을 따르도록 하는 이러한 *권위를 지닌 교회 설립자*의 모습은 예수의 현대적 이미지와 맞지 않는다. 그것은 오직 신약이 옳을 때에만, 그리고 신약이 그리고 있는 예수의 이미지가 나중에 역사적 문학적 비평의 결과로 재구성한 이미지보다 실체에 더 가까울 때에만 들어맞는다. 일반적으로 받아들여진 세례가 있었다는 사실은 보편적 기독론(catholic Christology)의 시대를 간접적으로 증거해 준다!

c. 기독교의 세례가 시작된 것은 언제인가?

기독교 세례는 부활 이후 시작된 것이 아니다. 세례는 요한이 투옥되기 전에도 이미 예수의 제자들이 행하고 있었다(요 3:22-24). 복음서 기자 요한은 심지어 점점 더 많은 사람들이 예수에게 세례를 받으러 가고 있었기 때문에 세례 요한의 제자들과 예수의 제자들 사이에 어떤 긴장이 있었다고 말하고 있다(요 3:25-36). 바리새인들 또한 예수가 더 많은 제자들을 끌어 모았으며, 제자들을 통해 세례 요한보다 더 많은 자들에게 세례를 주고 있다는 사실을 알아차렸다(요 4:1-2). 이러한 사실을 기초로 7.2.1 과 7.3.2에서는 어떻게 예수의 제자들이 예수의 낮아짐의 기간 중에 이미 기독교 세례를 받았으며, 또 부활 이후 즉 그리스도께서 영화롭게 된 후에 주어진, 만민에게 세례를 베풀라는 명령이 어떻게 다시 *새롭게* 주어진 것으로 간주될 수 있는지에 대해 논했다.

예수의 제자들이 행한 세례(요 3장)와 나중의 기독교 세례를 동일시 하는 것은 기독교 초기에도 이미 알려진 일이었다. 아우구스티누스는 도나투스파와 논쟁할 때, 비록 예수의 제자들은 그럴 자격이 없었더라도 (가룟 유다를 생각해보라!) 제자들이 세례를 베풀 때 실제로는 *그리스도*가 세례를 베풀고 있었다는 사실을 보여주기 위해 바로 그러한 동일시에 호소했다. 아우구스티누스는 요한복음 3:22(예수가 세례를 주었다)를 4:2(제자들이 세례를 주었다)과 비교함을 통해 그렇게 했다. '서간'(*Epistula*) 44:10에서 아우구스티누스는 신랑이 세례를 베풀 때는 그의 친구나 노예가 베푸는 세례로 세례를 베풀지 않았다고 말한다.[42] 그리고 제자들이 세례를 줄 때, 그들 자신 역시 먼저 세례를 받았어야 했다고 말한다. '서간'(Epistula) 265. 5에서[43] 아우구스티누스는 그들이 요한에게 세례를 받았거나 또는, 어떤 이들이 믿듯이, 그리스도의 세례를 받았다고 덧붙인다. 아우구스티누스는 후자가 더 가능성이 있음을 시사한다("*quod magis credibile est*". 그것이 더 신빙성이 있다). 아우구스티누스는 베드로가 세례를 받았다는 결론을 내리기 위해 두 서신들 모두에서 요한복음 13:10을 언급한다("이미 목욕한 자는 … 온 몸이 깨끗하니라 너희가 깨끗하나 다는 아니니라"). 그러나 이 주장은 유다가 그리스도를 거절함(배신함)으로써 그의 세례로 인한 정결함을 박탈당했다고 가정할 때에만 유지될 수 있다. 말도나투스(Maldonatus)는 예수가 직접 제자들에게 세례를 준 것이 틀림없다는 생각을 지지했다. 토마스 아퀴나스는 예수의 제자들이 베푼 세례를 기독교 세례로 본다.[44]

여러 현대 주석에서는 예수의 제자들이 초기에 행한 세례가 (나중의) 기독교 세례와 동일시 될 수 *없다*고 단호하게 말한다. 이것은 우리에게 두 가지 가능성을 남긴다: 예수의 제자들이 초기에 행한 세례가 세례 요한의 세례와 같은 것이거나 혹은 이 초기 세례는 단지 일시적이며 과도기적인 형태라는 것이다.

1. *예수의 제자들이 행한 세례 (요 3장)는 세례 요한이 행한 세례와 같지만*

나중의 기독교 기독교 세례와는 다르다. 이 이론은 다양한 현대주석에서 발견할 수 있다. 브라운(Brown)은 이 이론을 지지한다. 신약에서의 기독교 세례는 십자가와 부활에서 그 능력을 얻기 때문이다.[45] 그렇다면 예수는 단지 세례 요한의 회개의 세례에만 제한적으로 참여한 것이다.[46] 그러므로 이 세례 의식은 요한의 회개의 설교 속에 내포되어 있었다.[47] 그리고 예수의 회개의 설교 역시 요한으로부터 차용해 온 것이다. 그런데 하트먼(Hartman)에 따르자면 예수는 비교적 일찍 이 세례로부터 자신을 멀리했다. 이것은 어째서 우리가 복음서에서 나중에 요한의 세례에 대한 언급을 보지 못하는지를 설명한다.[48] 마이어(Maier)에 따르자면 예수는 단지 자신의 제자들이 요한의 세례를 이렇게 계속 시행하는 것을 "관용했을"(tolerated) 뿐이었다.[49] 예수는 직접 세례를 주지 않았고 다만 제자들이 세례를 주는 것을 허용했을 뿐이다. 이 세례는 요한이 주는 세례의 연장이었다(삼위일체 하나님의 이름으로 주는 세례는 오로지 부활 이후에야 가능했다). 라그랑주(Lagrange)와 헨켄(Haenchen)은 자신들의 주장의 근거를 성령이 아직 주어지지 않았다는 사실에서 찾는다(요 7:39).[50] 심지어 호스킨스(Hoskyns)는 복음서 기자 요한이 예수의 제자들이 세례 요한의 물세례에 참여한 것에 대해 기록한 이유는 다음과 같은 사실을 강조하기 위해서라고 주장한다: 모든 물세례는 그리스도가 보이지 않는 성령을 주시지 않는 한 불충분한 것이다.[51]

2. *예수의 제자들이 베푼 세례(요3장)는 세례 요한이 준 세례와 동일하지 않지만, 이는 또한 나중의 기독교 세례와도 달랐다.* 어떤 주석가들은 기독교 세례라는 쪽으로 좀더 움직인다. 따라서 레옹 뒤프르(Léon-Dufour)는 이 초기의 세례가 많은 비평가들이 주장한 대로 세례 요한의 세례와 동일하지 않았다고 주장한다.[52] 비록 성령이 아직 부어지지 않았지만, 사람들이 이 세례를 통해 예수에게 기꺼이 결속되고자 한 것은 성령에 대한 그들의 열린 자세를 말해준다.[53] 비즐리 머레이(Beasley-Murray)는 예수의 제자들이 베푼 초기의 세례를 구원의 나라를 세우기에 바빴던 예수에 대한 그들의 순종적인 응답의

표시로 간주한다.[54)]

사람들이 예수의 제자들이 행한 초기의 세례 행위와 기독교 세례 간의 차이점을 자주 구별한 데에는 두 가지 주요한 동기가 있는 것 같다.

먼저 성령이 아직 계시지 않았기 때문에 그 세례 의식들은 동일하지 않다는 주장이 있다. 그러나 이것은 물로 주는 세례를 (약속하신) 성령으로 주는 세례와 잘못 동일시한 것에 기초한 것이다. 예수의 이름으로 물로 주는 세례와 약속된 성령의 부어주심 사이의 시간적인 간격은 오순절 이후보다 요한복음 3장의 때에 더 크다. 그러나 오순절 이후에도 믿음 안에서 받는 물세례와 성령의 은사 사이에는 여전히 차이가 있었다. (예를 들면 사도행전 8장과 10장을 보라).

초기의 세례를 나중의 기독교 세례와 동일한 것으로 볼 수 없다고 주장하는 두 번째 이유는 그러한 세례의식이 성금요일과 부활 역사의 완성 없이는 불가능했을 것이라는 것이다. 그러나 이것은 그리스도의 인격과 사역을 구분하는 오류에 근거한 것이다. 부활 *이전에도*, 예수는 생명을 주고 죄를 용서하시는 그리스도이며 살아계신 하나님의 아들이시다. 만일 사람들이 그때 이러한 말로 예수를 주로 시인하고 고백했다면, 그들 또한, 아직 부활 이전이었지만, 동일하게 예수의 이름으로 세례를 받을 수 있었다. 기독교 세례는 십자가와 부활의 관점에서만 이해될 수 있으며 '앞으로 오실 자로서의 예수의 신성'의 관점에서는 이해될 수 없다는 생각은 '하나님의 아들'의 '성육신'이 갖는 중요한 본질을 인정하지 못하는 것이다. 십자가와 부활은 *예수의 이름*에 의미를 더한다. 그러나 더 중요한 것은 예수에게 있는 하늘의 능력과 위엄을 인정하는 것이다! 심지어 부활 이전에도 그의 이름을 믿으면 많은 사람들이 치유를 받았고, 귀신들을 모두 내쫓을 수 있었다. 이러한 이유 때문에 예수를 주로 고백하고 세례를 받은 제자들이 예수의 이름으로 모이게 되었고, 거기에서 그 믿음과 세례를 열방에 전파할 사도들이 지명을 받았던 것이다.

제8장

성령과 불 – 하나님의 아들이 보여줄 미래

Jesus the Son of God

Chapter 08

성령과 불 - 하나님의 아들이 보여줄 미래

8.1 약속된 미래

세례 요한과 예수의 설교는 미래에 초점을 두었다. 그들은 이 세상에 하나님의 때가 왔다고 선포한다. - 하늘 나라가 가까이 왔다! - 그리고 회개의 세례가 필요하다고 강조한다. 예수에 대한 믿음이 특별히 긴급하게 요구된다.

미래에 대한 이런 초점은 다소 급격하게 냉각된 것 같다. 세례 요한은 감옥에서 죽고 예수는 십자가에 못박혀 죽는다. 이것이 마지막 대단원이며 세상은 아무것도 변하지 않은 채 그대로 남게 되는가?

일부 사람들에 따르자면 미래에 대한 예수의 기대는 완전히 실패로 끝난 것처럼 보인다. 오직 예수의 급진적 헌신만이 우리에게 본보기로 제시될 뿐이다. 슈바이처(A. Schweitzer)와 바이쓰(J. Weiss)를 주축으로 하는 소위 급진적 종말론(radical-eschatological; 또는 필연적-종말론 [consequent-eschatological])학파는 예수를 유대교 종말론 운동에 자극을 받아 움직이는 사람으로 본다.[1] 예수 안에서 종말에 대한 기대는 전례 없이 높아진다. 그러나 예수 자신은 하나님에 대한 이러한 뜨거운 희망 속으로 들어가기를 거부하는 환경 속에서 희생자가 된다. 20세기 말에 약간 덜 로맨틱하고 덜 감정적인 형태로 동일한 평가가 내려졌다. 따라서 더 용어(H. J. de Jonge)는 "냉정하게 본다면, 사람의 아들에 대한 기대는 오해나 막연한 환상의 수준을 절대로 넘지 못한다. 그렇다면 그리스도가 다시 오시는 것에 대한 기대도 그것과 무엇이 다르겠는가?"[2)]

"실현된 종말론"에 대해 말하는 사람들 가운데서 이와 같은 "미래에 대한 기대"를 어느 정도 좀더 긍정적으로 바라보는 관점을 발견할 수 있다. 이 개념에 따르자면 예수는 우리 앞에 놓인 미래와 우리가 지금 살고 있는 현재 사이에 놓인 모든 구분을 철폐했다. 미래는 이미 시작되었다. 하나님의 실체가 세상에 나타남으로써 인간은 마지막 결정을 앞에 두게 되었다. 도드(Dodd)는 실현된 종말론에 대해 말하며[3)] 예레미아스는 나중에 "실현되는 과정 가운데 있는 종말론"에 대해서 언급함으로써 이런 개념을 약간 수정한다.[4)] 두 경우 모두에 있어서 '예상하고 있는 미래는 나타나지 않는다'라는 사실이 실패가 아니라 미래가 바로 지금 *현재 속에서* 현실화되고 있다는 증거로 간주되고 있다.

미래에 대한 그리스도의 기대가 환상으로 간주될 때 거기에는 언제나 예수가 아버지 하나님을 우리에게 알리기 위해 열망과 능력을 가지고 천국에서 오셨다는 사실을 거부하려는 경향이 나타난다. 그러나 앞선 문단에서 언급한 그런 경우와 같이 미래에 대한 예수의 설교를 좀더 긍정적으로 바라보는 경우에서는 미래에 대한 역사적 실체가 영적인 실체로 변하면서 증발되어 사라지게 된다.

그러므로 여러 신약학자들은 중간 입장을 선택한다. 그들에 따르면 예수는 진정 하늘과 땅에 임박한 미래를 기대했다(Naherwartung). 그리고 나서 나중에 그가 그렇게 빨리 돌아오지 못할 것이라는 사실이 분명해졌을 때 교회 공동체는 이러한 재림지연(Parusieverzögerung)에 따른 문제에 대해 답변을 준비할 수 밖에 없었다. 그렇다면 예수의 사역과 재림 사이의 기간은 예수 자신의 관점에서 볼 때는 독특하고 새로운 의미를 가질 수 없었을 것이다. 예수의 설교의 목적은 결정의 순간이 이르렀다는 사실을 분명하게 만드는 것이었다. 시간은 이미 종말론적이고, 다가오는 마지막을 통해 결정된다. 그리고 그렇기 때문에 시간은 발전이라든가 계속되는 구원 역사로서의 의미를 더 이상 갖지 않게 된다. 이제 사람들은 말하자면 "이미"(already)와 "아직 아니"(not yet) 사이에서 균형을 잡으면서, 즉 "시대 사이에서"(between the times) 살고 있다. 그러므로 예수의 가르침에서는 부활과 재림 사이의 좀더 긴 기간을 위한 어떤 대비책도 제공되지 않고 있다. 성금요일의 결정적인 순간 그리고 인자의 나타나심 이후의 시간은 진정 종말론적 기능을 수행한다. 그러나 거기에 역사적 중요성은 없다.[5)]

하지만 제자들에게 그토록 많은 것을 가르쳤던 예수가 상당히 길고 중요한 미래를 전혀 고려하지 않았다는 것이 정말로 사실일까? 그렇다면 어째서 그는 그렇게 제자들을 훈련했으며(마 10장) 그들이 온 세상 끝까지 가서 복음을 전하도록 준비시켰겠는가 (마 24:14; 28:19)? 열방을 향한 미래 사역을 위해 사도들을 훈련시키셨다는 사실, 그 사실 자체가 예수 자신이 독립적인 중요성을 지닌 사도 시대를 염두에 두었음을 증명하는 것이다. 그러므로 비판적인 라이마루스(Reimarus)가 18세기에 글을 쓰면서, 예수의 삶이 십자가 상의 죽음이라는 실패로 끝난 후에 사도들이 자신들을 완전히 다른 복음의 설교자로 임명했다는 가설을 세운 것은 우연이 아니다. 그러나 만일 12명의 갈릴리 남자들의 속임수가 박해와 논란, 심지어 셀수스(Celsus)와 라이마루스 같은 이들의 공격에도 불구하고 수세기가 지나도록 굳건히 존재하는 세계 교회의 확립으로 이어졌다면, 거기에는 세계 역사에 있어서 유례를 찾아볼 수 없는 전혀 독특한 무엇인가가 분명히 있었을 것이다!

세례 요한이 전한 설교의 핵심을 조심스럽게 들어보면, 이 이야기는 십자가로 끝날 수 없다는 것을 알게 된다. 회개의 선지자는 "성령과 불로"

세례를 줄 자가 오심을 알렸다. 예수가 행한 기적과 치유가 아무리 대단하더라도 예수의 사역 자체가 세례 요한의 예언의 성취는 아니라는 것이 분명하다. 심판도 없고, 분명 이스라엘은 아직 성령으로 세례를 받지 않았다. 많은 이들이 메시야를 거부하기 때문이다. 그러므로 요한은 자신의 감옥에서 예수 이후 새로 오실 다른 자를 기다려야 하는지 물었다(마 11:3). 심지어 예수의 제자들은 부활 이후에도 가장 중요한 것은 아직 오지 않았다고 느끼고 있다. 예수의 승천 바로 직전에 제자들은 묻는다. "주께서 이스라엘 나라를 회복하심이 이 때니이까"(행 1:6). 바로 그날 예수 자신은 여전히 약속된 미래를 예견하고 있는 것처럼 보인다. 예수는 성령과 불로 세례를 주는 것에 대한 요한의 설교를 다시 언급하면서 이 약속이 며칠 후 오순절 축제 기간 중에 성취되기 시작할 것이라고 말한다(행 1:5).

제자들은 자신들 앞에 더 많은 시간이 놓여 있음을 알아야만 했던 때가 여러 번 있었다. 최후의 만찬 때에 예수는 제자들에게 자신을 기억하며 이 만찬을 기념하라고 가르쳤다(눅 22:19). 예수 자신은 "내가 포도나무에서 난 것을 하나님 나라에서 새 것으로 마시는 날까지"(막 14:25) 그곳에 없을 것이다.

예수는 또한 밤에 아무도 모르게 오는 도둑이나 집에 늦게 오는 신랑의 비유를 자주 사용했다. 그런 개념들은 날과 시간은 알려져 있지 않기 때문에 항상 깨어있고, 인내하라는 교훈을 상기시켜 준다(예를 들어, 눅 12:35-48; 막 13:28-37).

쿨만에 따르면[6] 예수는 자신이 한 세대 내에 속히 돌아올 것에 대해 확신하고 있음을 보여주는 세 가지 언급을 했다고 한다(마 10:23, 막 9:1, 그리고 막 13:30). 그러나 이것은 이들 본문이 말하거나 암시하고 있는 바가 아니다.[7] 마태복음 10:23에서 예수는 인자가 오기 전에 그들이 이스라엘의 모든 동네를 "다 다닐" 것이라는 착각 속에서 살아서는 안 된다고 말한다. 여기서 문제는 시간 또는 기간의 문제가 아니라 기대의 유형이다. 마가복음 9:1에서 예수는 일부 구경꾼(신자)들은 그가 오기 전에 죽음을 "맛보지" 않을 것이라고 말한다. 이 말은 예수가 마르다에게 죽었지만 다시 살게 될 신자들에 대해 언급한 것과 일관성이 있다. 마가복음 13:30에서 예수는 "이 일"이 한 세대 안에 일어날 것이지만 여기서 "이 일"이란 재림 그 자체가 아니라 재림 전에 일어날 그 시대의 특별한 표적들과 관계가 있다.

예수는 자신의 가르침에서 회심 그리고 믿음과 관련해 현재에 대해서뿐만 아니라 자신이 세상에 있는 동안 아직 현실이 되지 않은 미래에 대해서도 말한다: 성령과 불의 약속된 미래. 분명 예수의 죽음, 부활 그리고 승천은 그 미래가 실체가 되기 위해서 필요했다. 마지막 대단원의 막은 골고다에서 내리는 것이 아니다. 그 이후에도 막은 계속 완전히 올려진 채로 있었다.

이 마지막 장에서 우리는 예수의 가르침과 사역의 미래적 관점을 설명하고자 한다. 그 미래는 예수 자신과 불가분의 관계에 있다. 이런 이유 때문에 이 장은 두 부분으로 나뉜다. 전반부는 예수 자신의 미래를 다룬다: 부활, 승천 그리고 재림(8.2). 예수는 적극적으로 그러나 다른 방식으로 자신의 사역을 계속하는 것 같다: 더 이상 세상에서의 싸움에 직접 참여하지 않고 하늘의 권능 가운데 있다가 하늘 구름을 타고 다시 오시는 것. 후반부는 예수가 이 세상을 위해 한 사역을 다룬다: 성령과 불로 세례를 준 것. 이 부분을 좀더 명확히 하기 위해서 후반부는 두 개의 단원으로 나뉜다(성령으로 8.3, 불로 8.4).

이 장에서 우리는 이 모든 것에 대해 이전에 예수가 직접 말한 것에 한정하여 논한다. 사도행전과 사도들의 서신들은 이 미래가 현실이 되는 과정 중에 쓰여진 것이다. 이러한 사도들의 후기 사역과 그들의 가르침은 이 책의 범위에서 벗어난다.

8.2 오실 이

8.2.1 미래에 대한 예수의 공표

성금요일날 이전에도 예수는 이미 자신의 미래에 대해 제자들에게 가르쳤다. 예수는 앞으로 이스라엘 지도자들에 의해 십자가 형을 선고 받은 후에 임하게 될 시기에 대해 말씀하신다.

죽은 자 가운데서의 *부활*은 처음부터 이 가르침의 주제였다: "인자가 많은 고난을 받고 장로들과 대제사장들과 서기관들에게 버린 바 되어 죽임을 당하고 사흘 만에 살아나야 할 것을 비로소 그들에게 가르치시되"(막 8:31). 마태복음 16:21의 설명에서 "제삼일에 살아나야 할 것을" 이라는 말씀이 있다(눅 9:22와 비교하라). 변화산에서 내려오면서 예수는 이 가르침에 대해 암시한다. 그곳에서 예수는 베드로, 야고보, 그리고 요한에게 모세와 엘리야가 나타난 것에 대해서 "인자가 죽은 자 가운데서 살아날 때까지는" 절대로 입밖에 내서는 안 된다고 말씀한다 (막 9:9). 그때 제자들은 그 가르침을 제대로 이해하지 못한 것 같다. 그들은 예수가 하신 말씀이 무슨 의미인지 자문한다. "그들이 이 말씀을 마음에 두며 서로 문의하되 죽은 자 가운데서 살아나는 것이 무엇일까 하고"(막 9:10). 예수는 심지어 제자들이 그가 말하는 것을 이해하지 못하더라도, 계속해서 자신의 부활에 대해 이야기한다. 예수가 자신의 죽음에 대해 언급할 때마다 제자들은 너무나 당황해서 그 다음에 이어지는 말을 듣지 못한다(막 9:31; 10:34). 열두 제자라는 친밀한 집단 속에서 예수는 심지어 구체적인 행동계획에 대해서도 덧붙인다: "그러나 내가 살아난 후에 너희보다 먼저 갈릴리로 가리라"(마 26:32).

부활에 대한 이 말씀은 꽤 널리 알려졌다. 이스라엘 지도자들도 그 소식을 들었다. 그리고 그들은 무덤을 봉인함으로써 그런 부활에 대한 소문을 잠재우려고 했다. "저 속이던 자가 살아 있을 때에 말하되 '내가 사흘 후에 다시 살아나리라' 한 것을 우리가 기억하노니"(마 27:63). 무덤 앞에 나타난 천사들은 예수가 여인들을 통해서 사도들에게 했던 말을 상기시켜 준다: "갈릴리에 계실 때에 너희에게 어떻게 말씀하셨는지를 기억하라. 이르시기를 '인자가 죄인의 손에 넘겨져 십자가에 못 박히고 제삼일에 다시 살아나야 하리라' 하셨느니라"(눅 24:6-7). (며칠 전에 사적으로 하신) 갈릴리에 대한 언급은 진정성의 증거로서 여인들에게 주어졌다: "가서 그의 제자들과 베드로에게 이르기를 예수께서 너희보다 먼저 갈릴리로 가시나니 전에 너희에게 말씀하신 대로 너희가 거기서 뵈오리라 하라"(막 16:7; 마 28:6-7과 비교하라).

사흘 만에 부활한다는 사실을 알리는 것은 예수가 자신이 받을 고난에 대해 가르치고 있는 상황에서 주어진다. 그렇게 함으로써 예수는 자신의 죽음이 지닌 성격을 설명한다: 소멸해 버리는 것이 아니라 일시적인 과제일 뿐이다. 예수의 사역은 끝나지 않고 계속된다. 절기 이후에 갈릴리를 향해 가는 여행은 다시 시작될 것이다. 부활이라는 주제가 자신의 죽음을 분명하게 설명하는 과정에서 등장하기 때문에, 예수는 이 상황에서 부활 *이후에* 어떤 일이 일어날지는 언급하지 않는다. 그러나 예수가 하늘의 미래에 대해 설명하는 가르침 가운데 어떤 시기와 부활을 연관시키는 것은 어렵지 않았을 것이다.

*하늘로 승천하는 것*에 대해서는 이별에 대한 이야기에서 자주 언급되고 있다. 예수는 아버지에게로(요 14:1-3, 28; 16:5, 17) 그리고 자신이 세상에 오기 전에 있던 곳으로 돌아갈 것임을 분명하게 말씀한다(요 16:28). 사람들은 그를 찾을 것이지만 예수가 가시는 곳으로는 아무도 따라갈 수 없다(요 13:33, 36). 이 주제는 새로운 것이 아니었다. 예수는 이미 자신이 하늘로 올라가서 영광을 받을 것에 대해서 언급했다. 예수가 땅에서 들리면 모든 사람이 예수에게로 이끌릴 것이다(요 12:32). "예수

께서 자기가 세상을 떠나 아버지께로 돌아가실 때가 이른 줄"(요 13:1) 아셨으며, 또한 "자기가 하나님께로부터 오셨다가 하나님께로 돌아가실 것을" 아셨다(요 13:3b). 마지막으로 우리는 이 주제가 바로 처음부터 개인적인 대화에서도 있었음을 본다. 공생애를 시작한 지 몇 달이 되지 않았을 때, 예수는 이미 밤에 니고데모와 만나서 그에게 말씀하셨다: "하늘에서 내려온 자 곧 인자 외에는 하늘에 올라간 자가 없느니라"(요 3:13). 그리고 떡에 대한 자신의 어려운 말 때문에 난감해 하고 있는 제자들에게도 예수는 "그러면 너희는 인자가 이전에 있던 곳으로 올라가는 것을 본다면 어떻게 하겠느냐?"라고 말씀한다(요 6:62).

마태, 마가, 누가복음에서 예수의 가르침의 이런 측면은 보존된 것이 거의 없다. 그러나 그렇다 하더라도 이들 세 복음서와 요한복음 사이에는 어떠한 긴장도 존재하지 않는다. 공관복음서는 예수의 승천에 대해 다소 묘사적인 언급으로 끝나고 있을 뿐만 아니라 이들 복음서에 보존된 예수의 가르침에서 승천에 대한 것은 또한 암시적으로 드러난다. 특히 마지막 심판 때에 예수가 하늘에서 차지할 위치에 대한 다양한 언급들 속에서 그러하다.

예수는 산헤드린 공회 앞에서 자신이 하늘에 계신 전능자의 우편에 앉으실 것이라고 선언하신다(마 26:64). 이 말은 예수가 제자들을 위해 아버지 앞에 서게 될 때에 대해 제자들에게 가르친 것과 일관된다. "누구든지 사람 앞에서 나를 시인하면 나도 하늘에 계신 내 아버지 앞에서 그를 시인할 것이요 누구든지 사람 앞에서 나를 부인하면 나도 하늘에 계신 내 아버지 앞에서 그를 부인하리라"(마 10:32-33). 좋은 씨와 나쁜 씨에 대한 비유에서 인자는 "천사들을 보내게" 될 심판자이다(마 13:41). 그리고 예수가 베드로의 반석 위에 자신의 공동체를 세울 것이며, 제자들에게 하늘나라의 열쇠를 줄 것이라는 약속은 예수가 제자들과 함께 있지 못하게 될 기간을 암시한다: "네가 땅에서 무엇이든지 매면 하늘에서도 매일 것이요 네가 땅에서 무엇이든지 풀면 하늘에서도 풀리리라"(마 16:19). 그들은 적절한 때가 되면 인자가 "그 왕권을 가지고 오는 것"을 보게 될 것이다(마 16:28).

세상에서 예수의 사역이 끝나갈 때, 예수는 자신을 곤혹스럽게 하려는 율법교사들에게 자신이 바로 주께서 말씀한 다윗의 아들이라고 분명하게 알려준다: "내가 네 원수를 네 발 아래에 둘 때까지 내 우편에 앉아 있으라"(마 22:44). 마지막 날에 대한 논의에서 예수는 자신이 세상에 있지 않을 것을 전제하고 있다. 예수는 사람들이 "보라 그리스도가 여기 있다 혹은 저기 있다"라고 말할 때 혼란에 빠지지 말 것을 경고한다(마 24:5, 23). 마지막 때에 사람들이 먼저 "인자의 날 하루를 보고자"한 이후에 인자가 "계시될"(revealed) 것이다(눅 17:22-37). 열 명의 처녀, 달란트, 양과 염소 등의 비유들은 모두 주인이 다른 어딘가에 가 있는 시기가 올 것임을 가정하고 있다(마 25). 그리고 누가는 그의 복음서에서 다음과 같이 기록하고 있다: "예수께서 승천하실 기약이 차가매 …"(눅 9:51). 요한복음은 예수의 승천에 대해 좀더 분명하게 언급하는 반면 다른 복음서는 좀더 간접적으로 언급하고 있다는 사실은 그다지 놀랍지 않다. 요한은 훨씬 더 자세하게 설명을 하고 있으며 예수가 사적으로 한 수많은 일들을 기록하고 있다. 다른 세 복음서 기자들은 예수의 공적인 가르침에 대해 더 자주 보고하고 있는데 그 강조점은 하늘로부터 임하는 심판의 날에 있다. 예수가 잠시 동안 지상에 계시지 않는다는 것은, 비록 암시는 되고 있지만, 예수가 군중들과 직접적으로 논의한 주제는 아니다.

예수가 세상에서 전한 가르침 속에서, 그는 자신이 *하늘에서 구름을 타고 올 것*에 대해 여러 번 언급했다. 예수는 자신이 고난을 받을 것에 대해 가이사랴 빌립보에서 가르친 후에 곧 영광 중에 오실 것에 대해 언급한다: "인자가 아버지의 영광으로 그 천사들과 함께 오리니 그 때에 각 사람이 행한 대로 갚으리라"(마 16:27). 마지막 날에 대한 논의에서는 구름을 타고 내려오는 것에 대해 언급한다: "그들이 인자가 구름을 타고 능력과 큰 영광으로 오는 것을 보리라. 그가 큰 나팔소리와 함께 천사들을 보내리니 그들이 그의 택하신 자들을 하늘 이 끝에서 저 끝까지 사방에서 모으리라"(마 24:30-31). 예수는 또한 산헤드린 공회 앞에서 그들은 인자가 "하늘 구름을 타고 오는 것"을 보게 될 것이라고 말한다(마 26:64). 이는 "인자의 임함(*parousia*)"이다(마 24:3, 27, 37, 39). 그것은 만물의 재탄생의 시작을 의미한다. 그리고 그 때에 열두 제자는 상을 받게 될 것이다: "내가 진실로 너희에게 이르노니 세상이 새롭게 되어 인자가 자기 영광의 보좌에 앉을 때에 나를 따르는 너희도 열두 보좌에 앉아 이스라엘 열두 지파를 심판하리라"(마 19:28). 예수가 돌아오시는 때는 마지막 심판의 순간이 될 것이다. "인자가 자기 영광으로 모든 천사와 함께 올 때에 자기 영광의 보좌에 앉으리니 모든 민족을 그 앞에 모으고 각각 구분하기를"(마 25:31-32).

율법교사들과 논쟁할 때 예수는 마지막에(마 22:46) 시편 110편을 자신에게 적용함으로써, 자신이 미래에 하늘의 영광을 받을 것에 대해 언급한다. 그리스도는 다윗의 아들일 뿐만 아니라 또한 다윗의 *주님*이다. 그에 대해 하나님은 이렇게 말씀하셨다: "내가 네 원수들로 네 발판이 되게 하기까지 너는 내 오른쪽에 앉아 있으라"(시 110:1; 막 12:36).[8)]

요약하자면 예수의 가르침에는 자신의 죽음 이후 미래에 대한 분명한 관점이 있다고 말할 수 있다. 그것은 사흘 째 되는 날 죽음의 영역으로부터 벗어나 부활하고, 아버지께로 돌아가며, 열방을 심판하는 자로서 구름을 타고 다시 오시는 미래이다. 제자들은 예수의 죽음에 대한 공표를 받아들일 수 없었다. 그래서 처음에 제자들은 예수가 죽은 *이후의* 미래라는 관점을, 혹시 부분적으로라면 모를까, 이해하는 데 실패했다. 예를 들어, 우리는 제자들이 하늘나라에서 누가 가장 큰 자가 될 것인지를 놓고 계속 싸웠던 것에서 그것을 볼 수 있다. 또한 세베대의 아들들(또는 그의 어머니)이 자신들이 "주의 영광 중에서" 주의 좌편이나 우편에 앉게 해 달라고 요구한 것에서도 그것을 볼 수 있다(막 10:37).

8.2.2 부활 이후의 삶

예수의 죽음 이후의 미래는 지상에서의 그의 삶과는 다르다. 그것은 인자가 영광을 받게 되는 미래이다(요 12:23-24). 천국이 땅 위 하늘에 있듯이, 이러한 미래 또한 갈릴리와 예루살렘에서 살았던 삶보다 높임을 받을 것이다. 모세와 엘리야가 변화산에 나타났을 때, 그들 주위에서 밝은 빛이 발하고 있는 것을 볼 수 있었다. - 하지만 제자들 주변에는 빛이 없었다. 이것은 표적이다. 예수는 하늘 나라의 영광 중에 올려질 것이다. 예수의 모습은 변화될 것이며, 그분의 얼굴은 태양과 같이 빛나고 그분의 옷은 빛처럼 희게 될 것이다(마17:2). 예수가 아버지께로 돌아갈 때, 그것은 더 높은 곳으로 옮겨감을 의미한다. "아버지는 나보다 크시기" 때문이다(요 14:28). 그러므로 세상에 매인 인간으로서 우리가 현재 예수가 살아가고 계신 실체에 대해 구체적이고도 자세하게 설명하는 것은 어렵다.

예수의 미래는 세상에서의 삶보다 더 위대하며 동시에 다르다. 그러나 그렇다고 해서 조금이라도 비현실적인 것은 아니다. 낮아짐에서 영광으로 옮겨가는 동안 일어나는 어떤 변화가 분명히 있다. 그러나 인간으로서의 삶이라는 연속성 또한 존재한다. 이 연결고리가 바로 육체의 부활이다. 부활 이후 예수가 갑작스럽게 나타난 것이 얼마나 기적적이고 불가해한 일인가 하는 것과는 별도로, 복음서 기자들은 진정한 부활에 대해 분명하게 언급하고 있다. 가장 중요한 것은 빈 무덤이 아니다. 빈 무덤은 단지 도굴을 시사할 수도 있다. 더 중요한 것은 향유를 발라 굳어진 수의가 비어 있었다는 사실이다. 예수는 자신을 감싸고 있던 수의 껍데기를 남기고 사라지셨다![9] 부활하신 예수를 본 제자들은 또한 자신들이 유령을 보고 있는 것은 아닌가 하고 생각했다. 그러나 예수는 무엇인가를 먹음으로써 이러한 생각에 응답한다. - 예를 들어 구운 고기와 꿀을 조금 드셨다.[10] 예수는 또한 도마로 하여금 그의 손가락으로 자신의 손에 나 있는 상처를 만져보라고 하셨고 그의 손으로 옆구리에 있는 창으로 난 상처를 만져보게 하셨다(요 20:27).

예수가 진정으로 죽음의 영역에서 다시 일어났다면, 그의 승천과 재림에 대한 말들은 영적 실체에 대한 은유로 해석될 수 없다. 예수의 미래가 가진 특성은 바로 그의 육신의 부활과 관련되어 있다. 그가 영광스럽게 됨은 그가 증발되어 사라진다는 것을 의미하지 않는다!

오랜 세월 동안 예수의 육체적 부활은 여러 가지 방식으로 도전을 받아 왔다.[11] 이러한 도전들은 자주 "부활 신앙"을 유지하려는 시도와 결합되었다. 부활 신앙이란 베드로가 인식하게 된,[12] 혹은 예수가 죽은 이후 제자들이 경험한 환상을 통해 계시된 영적 부활을 포함하고 있다.[13] 최근에는 예수의 부활이 십자가 이후 천국에서 일어났다는 개념이 전파되고 있다. 예수가 죽었을 때, 제자들은 분명 하나님이 예수를 순교자처럼 받아주실 것이며 그가 천국에서 의롭다 하심을 받을 것을 확신했다. 천국에서 예수의 자리가 주어졌다는 것이 바로 그가 의도했던 "부활"이다. 나중에야 죽음과 부활 사이에 사흘의 기간이 들어갔다. 예수님의 나타나심에 대한 이야기들은, 헬레니즘 문화에 있어서의 현현에 대한 이야기들처럼, 예수를 따르는 자들의 믿음에 따라 예수가 진정 하나님의 임재 안에서 부활하셨음을 증명할 것이다. 그리고 그때가 되어서야 육체의 지상적인 부활에 대한 개념이 제안되었을 것이다. 왜냐하면 헬라 그리스도인들은 (유대인들과는 달리) 무덤에서 육체가 사라지지 않은 채 인간이 부활해서 천국에 들어간다는 것을 상상할 수 없었기 때문이다.

얼핏 보면 이런 개념은 단지 부활의 자세한 사항들을 설명하고 있는 것처럼 보이지만, 사실 그것은 예수의 미래 전체를 부인하는 것이다. 하늘나라에서의 부활이라는 개념은 진정 개념일 뿐이지 실체가 아니다. 그러므로 세상에서의 부활을 부인한다면 천국에서 다시 세상으로 되돌아 오는 것도 부인할 것이라는 것을 이해할 수 있다.[14] 그런데 하늘에서의 순교자의 의롭게 됨이라는 유대교 '믿음'에 호소하는 것의 결과가 그 어떤 종류의 하늘의 미래에 대해서도 '불신'하는 것이 되어야 한다는 사실은 참으로 역설적이다!

순교자들이 죽으면 곧장 하늘나라로 가게 된다는 유대인들의 믿음에 대해 더 용어(De Jonge)는 마카비2서 7장을 언급한다.[15] 하늘나라에서의 부활이라는 이 개념의 구체적인 뿌리는 켈러만(Kellermann)[16], 판 헨텐(Van Henten)[17] 그리고 그 외 다른 이들이 유대 순교학(Jewish martyrology)에 대해 펴낸 간행물에서 발견할 수 있다. 더 용어(H. J. de Jonge)는 이 모든 것들을 고대 교회의 부활신앙의 발전이라는 포괄적인 개념 속에 통합해 넣는다. 이 관점에 따르면 '부활하다'라는 동사는 마카비2서 7장에 나오는 일곱 명의 고문 받는 형제들의 경우에서와 같이 처음에는 하나님께 들려지는 것(being lifted up)에 사용되었을 것이다. 그러나 이 장 전체를 읽어보면 그것은 미래의 부활에 대한 언급이라는 것이 분명하게 드러난다. 일곱 아들의 어머니는 막내에게 순교의 순간에 격려의 말을 한다. "박해하는 자를 두려워 말고, 다른 형들에게 너의 가치를 증명해 보여라. 그리고 죽음을 기꺼이 받아들여 *긍휼의 날에* 내가 형들과 함께 너를 받아들일 수 있게 하라"(7:29). 셋째 아들은 침착하게 자신의 손을 자르며 말한다. "내게 이 수족을 준 것은 하늘이다. 하늘의 법을 위해 나는 이를 경멸한다. 나는 그것을 하늘로부터 다시 받을 것을 *희망한다.*"(7:11) 이것은 *미래에* 육신이 들려 올려질 것에 대한 표현이다(7:14과 비교하라: "우리가 그분에 의해 다시 들어올려질 것이라는 하나님의 약속"). 우리는 신약에 나오는 나사로의 누이의 말에서 정확하게 동일한 유대인의 기대를 발견한다. "마지막 날 부활 때에는 다시 살아날 줄을 내가 아나이다"(요 11:24). 그러나 마카비2서와 다른 글들을 전체적으로 읽어

보면 많은 혼란과 오해를 피할 수 있다. 예를 들면, 마카비2서의 저자와 그 시대 일반적인 다른 유대인들에게 *다시 올라가는 것* 또는 *다시 올려지는 것*이 순교에 대한 하늘나라의 보상을 의미했다는 것을 어떻게 주장할 수 있는가? 마카비2서의 저자가 갈릴리 사람 유다에 대해 12:43-44에서 말하는 것을 들어보라. (그리고 이것은 당시 유대인의 신앙에 대한 *일반적인* 설명이다!): "이 일 후에 그는 그들에게 개별적으로 돈을 거두었다. 약 2천 드라크마에 이르는 돈을 거둔 후 그것을 속죄제 비용으로 드리기 위해 예루살렘으로 보냈다. 이것은 완전히 선하고 고상한 행동이었다. 거기에서 그는 부활에 대해 충분히 생각했다. 만약 그가 죽은 자가 다시 *살아날 것을 기대하지* 않았다면, 죽은 자들을 위해서 기도하는 것은 필요치 않은 어리석은 일이었을 것이기 때문이다."

이것은 우리가 또한 히브리서에서 발견한 것과 동일한 개념이다: 순교자들은 미래에 육체가 부활할 것을 소망한다(히 11:32-40).

예수가 부활했다는 소식을 들었을 때 당시 유대인들에게는 그가 육체를 입고 다시 돌아왔다는 것 말고는 다른 것을 의미할 수 없었다.

유대적 상황에서 *부활*에 대해 말할 때 만약 그것이 사람들로 하여금 곧 육체의 부활을 생각하게 하지 않았다면, 헤롯이나 다른 많은 유대인들이 실제로 예수가 죽은 자 가운데서 다시 살아 돌아온 세례요한이었다고 생각했던 사실을 어떻게 설명할 수 있을까? '부활하다(rise; * 네덜란드어 원서에는 opstaan이라는 단어가 사용되었기 때문에 '일어나다'가 아니라 '부활하다'로 번역했다. - 감수자)'라는 단어는 어떤 특별한 이미지를 떠올린다. 세례 요한의 경우에 (그가 참수를 당했을 때) 지하 감옥에서 취하여져서 (유대인 순교자처럼) 천국으로 들려 올려졌을 수도 있다. 아마도 사람들은 요한에 대해 그렇게 믿었을 것이다. 그러나 그것을 *부활*이라고 부르지는 않았다. 사람들은 예수를 바라봤을 때에야 부활의 가능성이라는 주제를 떠올릴 수 있었다: 그는 부활 이후에도 피와 살을 가지고 지상에서 육체적으로 살고 있다. 사람들은 요한이 다시 한 번 살아있는 *육체를 가진* 사람이 될 것을 기대했을까? 분명히 이것은 부활에 대한 일반적인 유대적 개념의 일부였다. 그러나 그렇다면 '예수가 부활했다'라는 말을 들었을 때 그들이 유사한 어떤 것을 떠올렸을 것이다! 그리고 또한 나사로가 다시 *부활했다*는 이야기를 들었을 때, 사람들이 어떤 다른 것을 상상할 수 있었겠는가? 그 소식을 들은 군중들은 하늘을 바라본 것이 아니라 나사로를 직접 보려고 베다니로 몰려갔다. 이러한 유대적 상황을 고려해 볼 때, 불과 몇 주 후에 사람들이 예수의 '부활'에 대한 소식을 들었을 때 그것을 십자가에 못 박힌 예수가 성금요일에 (그의 몸이 무덤에 안장되었을 때) 하늘에서 받아들여진 것으로, 아주 잠깐이라도, 이해했을 가능성은 거의 없어 보인다.

8.2.3 승천과 재림 사이

아버지의 영광 가운데 있는 예수의 미래와 그 이전의 세상에서의 삶과 사역 사이의 관계는 무엇일까? 이 문제는 쉽게 잘못된 관점을 갖게 만든다. 기독교 세계는 세상에서의 예수의 삶에 대해 꽤 잘 알고 있다. 우리에게는 예수의 삶을 여러 각도에서 비춰주는 네 개의 복음서가 있다. 그것은 "다 이루었다"라고 외치며 십자가에서 돌아가신 것처럼 어떤 확실한 마침이 있는 삶이다. 그러나 우리가 보듯이, 예수는 이 세상에 계신 동안에도 죽음 이후 미래의 삶을 바라보고 계셨던 것이 분명하다. 그렇다면 그 미래와 그 이전의 삶 사이에는 어떤 관계가 있는가? 우리는 하늘나라에서의 그리스도의 삶과 사역을 추적할 수 없고 그것에 대해서는 어떤 복음서도 기록하지 않고 있기 때문에, 영광 중에 있는 이 시기가 마치 우리가 복음서를 통해서 잘 알고 있는 가장 중요한 시기 뒤에, 일종의 부록처럼 추가되어 있는 것처럼 보인다. 예수의 죽음 이후에 놓인 이 미래는 마치 예수의 고난과 죽음의 목적이 이 땅 위에서 하나님의 기뻐하심을 입은 자들을 위해 달성되기 이전에 반드시 거쳐야 하는 중간과정처럼 보인다. 이 중간 시기의 주요한 목적은 그렇다면 *기다리는 것*인 것 같다: 복음이 모든 열방에 전파되어야 하며 그렇게 되기까지는 시간이 걸린다.

이 복음전파가 완성되기 전까지는 종말이 오지 않을 것이라고 예수가 말씀하신 것이 사실이다: "이 천국 복음이 모든 민족에게 증언되기 위하여 온 세상에 전파되리니 그제야 끝이 오리라"(마 24:14). 부활 이후에 예수가 사도들을 위임하여 파송하신 것은 바로 그 목적을 위해서였다: "모든 민족을 제자로 삼아 … 내가 세상 끝날까지 너희와 항상 함께 있으리라"(마 28:19-20; 막 16:15과 비교하라).

예수가 이 말씀을 하셨을 때 그것은 믿을 수 없는 말로 들렸을 것이다. 복음은 이스라엘에서 세력을 상실해 가고 있었고 며칠 후면 예수는 죽을 예정이었다. 하늘나라의 절정(apotheosis)이 남아 있는 청중들도 별로 없는 지금 이루어질 것인가? 예수는 이를 부인한다. 그 순간에 사람들이 가지고 있던 예상과는 정반대로 복음은 엄청난 확장을 보게 될 것이다. 절정은 아무도 눈치채지 못하게 오지 않는다. 그것이 전 세계에 알려진 다음에야, 세상이 구원 받는 날이 올 것이다. 이것은 종말이 오는 *방식*에 대한 말이다. 하지만 그것은 다가오고 있는 시기의 *목적*에 대한 완전한 설명은 아니다.

예수는 자신이 하늘에 있는 시기에 발생하게 될 많은 다른 일들에 대해 언급했는데 그것은 종말이 오기 전에 발생할 것이다.

1. 열방에 복음을 전파하는 것

이 명령을 확실히 맨 먼저 거론해야 한다. 모든 것이 이 전하는 행위로부터 시작되기 때문이다. 세례 요한의 설교와 회당에서의 예수 자신의 설교를 통해 예수 주위에 많은 일들이 일어나기 시작했던 것처럼, 사도들의 전 세계에 걸친 증거로 인하여 수많은 일들이 시작될 것이다.

열방에 복음을 전하는 것에 대한 예수 자신의 가르침의 관점에서 보면, 이 계명은 마치 한 세대 안에 그리고 예수의 사역을 목격한 사람들에 의해 성취될 것처럼 보인다. 사도들은 열방으로 가는 이러한 여정을 시작하라는 말을 듣지 않았다; 그들은 *자신들이* 직접 열방을 제자로 삼아야 한다는 말을 들었다. 바울 역시 이러한 관점으로 사역했다. (골 1:6: "이 복음이 … 온 천하에서도 열매를 맺어 자라는도다"). 1세기 교회 역시 복음이 사도들에 의해 열방에 전파되었으며 그 일은 그들이 도달했던 지역을 보다 더 기독교화하고 로마제국 외부의 야만인들에게도 복음을 전함으로써 계속 유지되어야 한다고 생각했다.[18] 사도들의 전세계적 복음 전파에 의해 그 초석이 놓여진 교회들은 다른 이들에게도 복음을 전해 주어야 할 책임에 대해 잘 인식하고 있었다. 그러나 이 후대의 비사도적 사역을 모든 나라들에게 복음을 전하라는 사도들의 특별한 사역과 동일시하는 것은 예수의 가르침과 일치하지 않는 일일 것이다.

2. 성전 파괴 이후 유대백성들이 겪게 될 극심한 고통

성전이 무너질 것이라는 충격적인 주제에 관해서 예수는 예루살렘의 하나님의 이 집이 완전히 파괴될 것을 선언했을 뿐만 아니라, 또한 그것을 그 사건 이후 유대백성들의 역사에 대한 예언과도 연관지었다. 전례 없이 엄청난 고통의 기간이 유대인들에게 닥칠 것이다. 이는 그리스도인과 비그리스도인 유대인 모두에게 똑같이 영향을 줄 것이다.[19] 그러므로 이는 불신앙에 대한 벌이 아니다. 이스라엘 백성들 대다수는 잘못된 방향으로 이끌려 가게 될 것이다. 그러나 택하심을 입은 자들은 자신들의 기독교 신앙 안에서 이를 견뎌낼 것이다. 이러한 고난은 예수가 재림하실 때까지 끝나지 않을 것이다. 그리고 그때가 되어서야 남은 믿는 자들이 세상 각처에서 모여 하나로 연합할 것이다(마 24:29-31).

3. 유대민족 중의 거짓 선지자와 속이는 메시야 그리고 그리스도인들 중의 거짓 그리스도의 출현

큰 고통의 기간 동안 유대 백성은 또 거짓 메시야와 거짓 선지자들의 문제를 가지고 씨름해야 할 것이다. 많은 사람들이 그들에게 속아 메시야 예수를 믿는 믿음에서 떨어져 나갈 것이다(막 13:21-23). 많은 디아스포라 유대인들 중에 오직 택하심을 입은 자들만이 이 메시야를 끝까지 믿을 것이다. 그리스도인들 역시 예수의 이름으로 와서 자기를 내세우는 자들에 의해 서로 나뉘게 될 것이다(막 13:5-6). 이 모든 말씀은 긴급한 호소로 이어진다. "너희가 사람의 미혹을 받지 않도록 주의하라"(막 13:5, 22b-23).

4. 그리스도의 계명을 따라 살기

예수의 미래가 지닌 특징은 그가 세상에 계명을 남기고 떠날 것이며, 그것이 바로 인간의 행동을 결정할 것이고 반드시 그렇게 되어야 한다는 사실에 있다. 하늘나라에 들어가는 것은 예수의 하늘 아버지의 뜻을 그분이 기록하신 계명대로 행하였는지에 달려 있다. (이것은 다른 어느 곳보다도 산상수훈 중 마태복음 7:21-27 에 자세히 기록되어 있다.) 사도들의 사명 가운데 일부는 세례를 받은 모든 자들에게 "내가 너희에게 분부한 모든 것을 가르쳐 지키도록" 가르치는 것이다(마 28:20). 이 마지막 고별 강화에서 예수는 반복적으로 자신이 준 계명이 중요하다는 것을 지적한다. 그 계명을 지키는 자들이 바로 예수에 대한 사랑을 보여주는 자들이다(요 14:15, 21, 24; 15:10). 이들은 그를 위해 열매를 맺는 자들이다(요 15:5). 가장 중요한 계명은 서로 사랑하라는 것이다(요 15:12, 17).

5. 위대한 일을 행하기

예수가 보여준 위대한 미래의 전형적 특징은 그의 제자들이 세상에서 믿음으로 행할 위대한 일들이 될 것이다: "너희가 내 안에 거하고 내 말이 너희 안에 거하면 무엇이든지 원하는 대로 구하라 그리하면 이루리라"(요 15:7). 그 이후에 곧바로 예수는 말한다. "내가 진실로 진실로 너희에게 이르노니 너희가 무엇이든지 아버지께 구하는 것을 내 이름으로 주시리라"(요 16:23; 이를 마 21:22와 비교하라).

믿음의 힘은 산을 옮기는 일도 가능케 한다(마 17:20; 21:21). 이러한 은유는 필요하다면 불가능하거나 상상할 수 없는 일도 우리가 성취할 수 있다는 것을 암시한다. 예수의 제자는 절대로 극복할 수 없는 장애물을 만나지 않을 것이다. 이러한 약속들은 특별히 사도들과 열두 제자들에게 주어진다. 모든 곳에 복음을 전파하기 위해서 그들은 기도를 통해 큰 장애물들을 극복해야 할 것이다. 사탄의 저항이 아무리 극심하다 하더라도 말이다. 예수는 직접 사도들과 함께 일했고 따르는 표적들을 통해 자신의 말을 확증했다(막 16:20). 사도행전은 예수가 진정으로 사도들에게 "원수의 모든 능력"에 대항해서 "뱀과 전갈을 밟으며 … [그들을] 제어할 권능"을 주었다는 것을 증명할 것이다(눅 10:19).

예수가 또한 사도 이후의 교회들에게도 복음을 위해 필요할 때마다 이러한 역사를 행할 수 있는 권능을 주었다는 것도 불가능하지 않다. 반면에 이미 행해진 (그리고 사도행전에 기록되어 있는) 역사들은 설교, 찬양, 신앙고백 속에서 계속 살아있을 것이다(마치 광야 기간 동안 일어난 사건들이 그것들을 노래하는 시편을 통해 사람들의 기억 속에 남아있는 것처럼 말이다). 그러나 이러한 역사들이 미래에 대한 결정적인 요소들은 아니다. 예수는 말했다. "그러나 귀신들이 너희에게 항복하는 것으로 기뻐하지 말고 너희 이름이 하늘에 기록된 것으로 기뻐하라"(눅 10:20).

6. 점점 증가하는 불신앙과 세상적인 삶

예수의 천국 기간에 대한 일반적인 증표는 세상에 불법이 늘어나는 것이 될 것이다. "불법이 성하므로 많은 사람의 사랑이 식어지리라"(마 24:12). 사람들은 먹고 마시고 결혼하고, 노아와 소돔성의 때처럼 그런 삶을 계속 살아갈 것이다(눅 17:26-29).

7. 성도들의 보존

예수는 택하심을 받은 자들의 보존에 대해 확신있게 말씀하신다. 이는 당연한 일이 아니다: 이를 이루기 위해서는 환난의 날수가 줄어들어야 할 것이고(마 24:22), 예수는 이를 위하여 마지막 고별기도에서 아버지께 간절한 기도를 드리신다(요 17:12-26). 그러나 마지막에는 구세주를 기다리는 신실한 사람들이 남아있는 것이 증명될 것이다. 이들은 "포기하지 않고 언제나 기도하는" 사람들이며, 인자가 세상에 오셨을 때 그들로 인해 "세상에서 믿음"을 보게 될 것이다(눅 18:1, 8). 이는 또한 예수가 세상에 오신 이유이다. 선한 목자로서 예수는 자신의 양들을 위해 생명을 포기한다. 그것은 한 목자가 이끄는 같은 양떼 속에 있는 많은 양들을 구하기 위한 것이다(요 10:11-18). 이제 우리는 예수가 미리 바라봤던 결과에 도달한다. 예수는 사람들에게 여러 번 자신이 잃어버린 자들을 찾아 구원하러 왔다고 분명하게 말했다(마 18:11; 눅 9:56; 눅 19:10). 이 소식에 하늘에 있는 천사들이 기뻐했다(눅 15:7, 10, 32).

이 모든 것의 핵심은 죄인들이 믿음으로 구원을 받는다는 것이다. 복음 전파와 엄청난 기적들은 모두 이 구출 작전을 위해 행해진 것이다. 불법과 속이는 자들이 늘어날 것에 대한 경고는 바로 이러한 구원 사역을 보호하기 위한 것이다. 택하심을 입은 자들을 보존할 것이라는 약속은 그들에게 참고 견디기 위한 용기를 준다. 예수는 도마에게 말씀할 때 이를 간결하고 적확하게 표현한다. "보지 못하고 믿는 자들은 복되도다"(요 20:29).

그리스도가 하나님 아버지와 함께 머무시는 목적은 온 세상에서 택하심을 받은 백성을 한데 모으는 것이다. 이는 예수가 성령으로 세례를 주기 위해 천국에서 왔다는 것을 의미한다. 예수가 세상에서 자신의 사역을 마치고 하나님 우편에 앉아계실 때는 세례 요한이 시작한 약속이 성취될 때이다: "내 뒤에 오시는 이는 … 성령과 불로 너희에게 세례를 베푸실 것이요!"(마3:11).

이런 식으로, 즉 그의 승천을 통해, 그리고 하나님의 보좌의 영광 속에서 자리를 취하심을 통해, 예수는 "성령과 불로 오시는 자"가 될 것이다. 하늘에 계신 기간은 세상에서 계신 기간의 부록이 아니다. 오히려 세상에 계셨던 기간은 천국에 있는 기간의 도입부였다. 십자가에서 하신 말씀 "다 이루었다"는 이제 실제적인 사역이 시작되기 위해 필요한 조건들이 다 채워졌음을 의미한다. 이제 성령과 불로 주는 세례를 방해하는 것은 아무것도 없다. 세상에 머무시는 동안 분명 예수는 하나님의 아들이었다. 예수는 이스라엘에서 하나님 자신으로 행동한다. 반면 예수와 하나님 사이에 가로놓인 무엇인가가 항상 있는 것 같아 보인다. 그것은 예수를 조롱하는 자들에게 비방거리를 제공한다. 그리고 예수는 세례 요한과의 대화에서 그것을 우리가 받아들여야만 하는 장애물이라고 말씀하신다. 예수는 자신의 신적 권능을 사용하는 것을 싫어하신다. 예수는 오직 다른 사람들을 위해서만 그 능력을 사용하지 자신을 위해서는 사용하지 않는다(3.4를 보라). 그러나 예수가 세상에서의 삶을 마칠 때 그것도 끝나게 된다. 장애물은 제거된다. 그 순간부터 예수는 영광 가운데 있는 하나님의 아들이다. 그는 이제 더 이상 침묵하시지 않는다. 복음서에 나와 있는 이 기간은 그의 영광의 기간 앞에 꼭 있어야만 하는 고통스러운 예외이다. 예수의 세상에서의 삶은 우리가 끝없는 경이를 느끼고 찬양을 돌려야 하는 그런 시기이다. 그러나 동정녀 마리아에게서 난 인간 예수의 천국에서의 삶은 그에게는 늘 그래 왔던 당연한 삶이다. 가장 중요하고 변치 않는 것은 바로 하나님의 아들의 미래이다.

8.3 성령의 때

8.3.1 성령 세례

위대한 선지자 세례 요한은 이스라엘 백성에게 미래를 보는 독특한 관점을 제시했다. 요한은 "성령으로 세례를 줄" 더 크신 이가 오실 것이라고 전했다(막 1:8). 요한은 자신의 사역과 자신 뒤에 오실 이의 사역을 비교하기 위해 *세례를 주다(물에 담그다)*라는 동사를 사용한다. 사람들은 회개와 기대를 상징하는 세례를 받기 위해 요단강가로 몰려들었다. 요한은 곧 *세례 요한*으로 알려졌다. 그러나 요한의 사역은 제한적이었다. 요한은 사람들을 강물에 잠기게 했다가 그들이 완전히 젖은 채 도로 강둑으로 나올 수 있도록 하는 것 이상은 하지 못했다. 몸을 적셨던 강물은 결국에는 마를 것이다. 요한은 이스라엘 백성을 대격변에 대비해 준비하도록 했다. 그러나 요한 자신이 이런 변화를 가져오지는 않았다. 더 능력이 많은 자가 그 일을 하실 것이다. 그분은 사람들을 성령에 잠기게 할 것이다. 사람들은 성령에 푹 잠길 것이고 그 성령은 다시는 마르지 않을 것이다!

나중에 기독교 용어에서 한 명사가 이러한 약속의 전형이 되어 널리 사용되었다. 사람들은 *성령 세례*(the ***baptism*** in the Spirit)에 대해 말했다. 이 명사는 이것이 (물로 주는 세례처럼) 단회적 사건임을 쉽게 암시한다. 그것이 오순절에 보편교회가 행했던 집단적 *세례*이건,[20] 혹은 신자 개인이 받는 개별적인 *성령 세례*(소위 말하는 *두 번째 축복*[second blessing])이건 말이다.[21] 그러나 *밥티스마(baptisma)*라는 명사가 신약에서 오직 물로 주는 세례(요한의 세례 혹은 기독교의 물 세례)를 지칭할 때만 사용된다는 사실은 중요하다. 성령의 *밥티스마*라는 언급은 전혀 등장하지 않는다. 이것은 놀라운 일이 아니다. 요한은 자신과 곧 오실 더 능력이 크신 이의 사역을 비교하기 위해 성령의 역사를 묘사할 때만 '담그다(immerse)'라는 동사를 사용했다. 그러므로 신약에서 '밥티제인'(*baptizein*)이라는 동사는 오로지 세례 요한과 예수를 비교할 때 성령을 부어주는 것을 지칭하기 위해서만 사용된다(마 3:11; 막 1:8; 눅 3:16; 요 1:33; 행 1:5; 11:16). 다른 모든 경우에는 (고전 12:13은 제외하고) 다른 동사들이 사용된다(성령을 *부어준다*[to pour out]라고 말할 때는 요엘의 예언을 염두에 둔 것이다. 그러나 성령을 *주다*[give] 혹은 *받다*[receive]라고 했을 때는 요엘서에 대한 언급이 없다).

세례 요한은 두 *세례*(물로 주는 세례와 성령으로 주는 세례)를 비교하지 않는다. 요한은 자신의 능력 없음과 예수의 권능을 비교한다. 요한이 할 수 있는 것이라고는 단지 물 속에 담그는 것 뿐이다. 그러나 예수는 성령 충만을 주시려고 오신다. 역사는 물로 주는 세례를 예수가 대체한 것이 아니라 오히려 그것을 인정하고 있음을 보여주었다(마 28:19). 그러나 이 물로 주는 세례에 더해 이제는 그가 성령 충만을 줄 것이라는 약속이 성취 되었다(행 2:38; 19:1-6).

성령을 주시는 것은 하나님의 사역이다. 세례 요한은 자기 뒤에 오실 자가 하나님 자신의 권능을 입고 있음을 알린다. 그분은 사람들에게 성령 충만을 가져다 주실 수 있다. 그 성령은 또한 구약시대에도 세상에 왔었다. 성령은 선지자들을 통해 말씀하셨고 (삼상 10:10-11; 왕상 22:24-25), 선지자이자 왕인 다윗에게도 임했다(시 51:13). 성령은 광야에서 사람들과 함께 있었지만 그곳에서 성령은 오히려 사람들의 적이 되었다. 왜냐하면 사람들이 성령에 저항했기 때문이다(시 106:33; 사 63:10). 그러나 그 기간 중에 세상에는 성령을 불러서 사람들에게 나눠줄 수 있는 자가 한 사람도 없었다. 세례 요한은 이제 다른 사람들을 대신해 이 성령님을 "중재"할 수 있는 자가 오실 것임을 알린다. 이것은 뭔가 새로운 것이다.

구약 언약의 선지자들은 하나님의 성령이 우리를 구원하시기 위해 세상에 충만하실 것이라는 약속을 이미 한 바 있다. 하나님의 백성의 회복에는 주의 성령을 부어주시는 일이 수반된다(겔 37:14). 그러므로 모든 세대들이 함께 하나님을 찬양할 것이며 그들은 심판의 때에 구원을 받을 것이다(욜 2:28-32). 이제 더 이상 성령은 잠시 오셨다가 사람을 감동시키고 가버리는 외부인이 아니다. 성령은 오셔서 인간의 마음 속에 내주하신다. 그리고 성령은 새로운 언약을 통해 사람을 속사람부터 새롭게 하실 것이다(렘 31:31-34). 따라서 하나님의 성령이 다시 한 번 사람들의 마음을 채우고, 하나님의 의가 마치 물이 바다를 덮음같이 세상에 흘러 넘치는 새로운 세상이 생겨나게 될 것이다(사 32:14-20; 44:1-5).

우리는 위대한 선지자 세례 요한의 설교에서 더 능력이 크신 이, 요한 이후에 오실 이가 이 약속을 성취하실 것이라는 사실을 배운다. 이스라엘의 역사는 실패했어도 아브라함에게 주신 하나님의 약속은 결국 성취될 것이다. 그의 씨, 그리스도 안에서 세상의 온 열방이 축복을 받을 것이다.

8.3.2 보혜사의 오심

세례 요한이 약속한 성령 충만을 받는 이러한 미래는 예수가 세상에 계시는 동안에는 실현되지 않았다. 예수가 승천하셨을 때에야 그 약속의 성취가 시작되었다. 그때 예수께서 제자들에게 말씀하셨다: "요한은 물로 세례를 베풀었으나 너희는 몇 날이 못되어 성령으로 세례를 받으리라 하셨느니라"(행 1:5). 세례 요한은 아마도 자신이 예언한 이 미래가 처음에는 구체화되지 못한 것에 놀랐을 것이다. 감옥에서 요한은 자신이 다른 오실 자를 기다려야 하는지 예수에게 물었다(마 11:3).

그러나 세상에 계시는 동안 예수는 자신이 요한 뒤에 올 바로 그 사람이며, 자신이 바로 요한이 예언한 바가 성취된 것이라고 반복해서 말했다. 이는 곧 자신이 성령과 불로써 세례를 줄 것임을 의미한다. 예수는 자신이 세상에 있는 동안 그렇게 할 권능이 있음을 분명하게 보여주었다. 예수는 자신이 성령의 기름 부으심을 받은 자(눅 4:17-21)라고 설교했으며 수많은 치유의 기적과 직접 행한 표적들을 통해 그 사실을 보여주었다(눅 4:14-15; 마 12:28, 31-32). 세례 요한은 이 사실을 인식하고 있었다. 그는 성령이 내려와서 예수 위에 *머물고 있음*을 보았으며, 이 예수가 성령으로 세례를 주실 것을 깨달았다(요 1:32-33). 왜냐하면 하나님이 예수에게 성령을 *한량 없이* 부어주셨기 때문이다(요 3:34). 비록 이와 같은 성령세례가 처음에는 일어나지 않았지만 예수는 성령을 다른 사람들에게 나누어줄 권세가 자신에게 있음을 사람들이 알도록 했다. 이는 전혀 새로운 것이었다. 구약에서는 장기간 또는 단기간 동안 성령에 사로잡힌 사람들이 있었지만, 아무도 성령을 개인적으로 통제하지 못했으며 아무도 성령을 다른 사람들에게 전해주지 못했다. 모세의 경우 *주 하나님*이 단 한 번 자신의 영의 일부를 모세에게 주었으며 성령을 다른 칠십 인에게도 임하게 하셨다(민 11:25). 그러나 모세는 그 일이 일어났을 때 단지 옆에서서 다음과 같이 말할 수 있었을 뿐이다. "여호와께서 그의 영을 그의 모든 백성에게 주사 다 선지자가 되게 하시기를 원하노라!"(민11:29). 그러나 예수는 모세보다 큰 자다. 예수는 직접 하나님의 영의 권능을 나눠주신다. 예수는 자신의 열두 제자들에게 그리고 나중에는 칠십 인의 제자들에게 그렇게 하신다. 그들은 갑자기 예수가 직접 하신 일들을 할 수 있게 된다. 그들은 예수의 이름으로 복음을 전하고, 사람들을 치유하며, 악한 영들을 내쫓는다(마 10:1, 20; 눅 9:1; 10:17). 예수는 하나님의 영을 마음대로 사용할 수 있었다.

그러나 예수가 세상에 있는 동안 성령 세례는 미래의 일로 남았다. 그것은 여전히 약속이지만, 사람들에게 계속해서 상기시키는 약속이다. 미래에 대한 세례 요한의 예언에 대해 예수 자신이 직접 책임을 지신다.

이런 일은 초막절 동안 가장 강력하고도 공개적으로 일어났다. 예수가 이미 유대인들 사이에서 논란의 대상이 되는 인물이었을 때, 그는 초막절 마지막 날 성전에 서서 군중들에게 소리 높여 외쳤다. "누구든지 목마르거든 내게로 와서 마시라. 나를 믿는 자는 성경에 이름과 같이 그 배에서 생수의 강이 흘러나오리라"(요 7:37-38). 이러한 외침은 이 초막절이라는 특별한 절기 동안 성전에서 행해진 물을 붓는 예식을 암시할지도 모른다. 그러나 사람의 속에서부터 물이 흘러 넘치는 이미지는 세례 요한이 주는 요단강에서의 세례를 연상케 한다. 이러한 세례는 그 사람의 외부를 완전히 젖게 한다. 그것은 미래에 하나님의 영이 안에서부터 흘러 넘칠 것에 대한 상징이다. 예수는 이 약속을 성취하실 분이시다!

또 다른 때 우리는 예수가 성령을 주시려고 의도하셨음을 행간을 통해 다소나마 알게 된다. 예수는 제자들에게 하늘에 계신 아버지께 확신을 갖고 기도하라고 가르치신다. "너희가 악할지라도 좋은 것을 자식에게 줄 줄 알거든 하물며 너희 하늘 아버지께서 구하는 자에게 성령을 주시지 않겠느냐 하시니라"(눅 11:13).

마지막으로 제자들과의 고별대화에서, 성령의 때가 가까웠을 때, 예수는 이 보혜사 또는 하늘의 돕는 자(heavenly Helper)가 오실 것에 대해 길게 말씀하신다(요 14:17).[22] 그리고 부활하신 후에 예수는 그들에게 숨을 내쉬시며 "성령을 받으라"라고 말씀하심으로써, 성령을 부어주심이 임박했음을 상징적으로 보여주신다.[23]

그러므로 예수는 세례 요한의 약속에 대해 책임을 지신다. 예수는 또한 이렇게 성령을 부어주는 것이 어떤 결과를 가져올지를 암시하신다.

1. *예수의 육신이 우리와 함께 있지 않는 동안, 성령이 사도들의 말씀을 받아들인 모든 자들과 사도들에게 안내자이자 교사가 될 것이다.* 박해를 받을 때, 성령께서 영감으로 우리의 입을 열어주실 것이며 할 말을 주실 것이다(마 10:20; 막 13:11; 눅 12:12). 따라서 사도들은 굳건히 설

것이며 겟세마네에서 그랬던 것처럼 더 이상 도망가지 않을 것이다. 교회의 반석이 놓여질 것이며 그 위에 공동체가 세워질 것이다. 그리고 음부의 권세가 이기지 못할 것이다(마 16:18).

성령은 또한 사도들을 진리로 인도할 것이다. 이는 예수가 온전한 진리를 전하지 않았다는 의미가 아니다. 예수는 모든 것을 계시했다. 그러나 제자들은 단지 부분적으로만 그것을 이해하거나 받아들일 수 있었다. 그러나 성령은 예수의 사역을 마무리 할 것이며 그것을 사도들의 입과 마음 속에 굳건히 할 것이다. 성령은 그들에게 예수가 말한 모든 것들을 생각나게 할 것이다(요 14:26). 성령은 예수의 증언자이며(요 15:26-27) 또한 예수가 제자들 사이에서 받기에 합당한 것들을 모두 받으시도록 할 것이다. 따라서 성령은 우리를 "모든 진리 가운데로 인도"하실 것이다(요 16:13). 이는 성령의 추가적인 계시 없이 예수의 계시만으로는 불충분하다는 의미가 아니다. 이 말의 문맥은 성령이 *이미 알려진* 진리의 길을 따라 안내한다는 것을 보여준다. 예수는 "아직도 너희에게 이를 것이 많으나"(요 16:12a)라고 하지만, 그것은 많은 것을 아직 혼자 비밀로 하기 때문에 그런 것이 아니다. 예수는 하나님 아버지를 완전하게 알려주셨다(요 17:6). 그러나 슬프게도 여전히 하나님 아버지는 제자들 사이에서는 그다지 잘 알려지지 않았다. 제자들은 이 마지막 밤 기간 동안 하나님 아버지에 대해 매우 이상한 질문들을 한다(요 14:8-9). 그러므로 예수는 진정으로 그들을 계속 가르쳐야 한다. 예수는 명백하게 드러내셨지만, 아직 다 끝낸 것은 아니다. 그러나 그런 때에 말씀을 계속하시는 것은 별로 의미가 없는 일이다. "내가 아직도 너희에게 이를 것이 많으나 지금은 너희가 감당하지 못하리라"(요 16:12). 제자들은 예수가 가르치는 내용을 완전히 이해하지 못하고 있다. 그것이 바로 성령이 오시는 이유이다. 성령은 제자들을 온전한 진리로 안내할(*hodēgēsei*) 것이다. 지금 제자들은 단지 부분적으로만 진리 속으로 들어가기를 원하고 있다(요 16:13a). 이렇게 함으로써, 성령은 계속해서 예수가 이미 계시한 것을 언급할 것이다. "그가 내 영광을 나타내리니 내 것을 가지고 너희에게 알리시겠음이라"(요 16:14).

제자들 사이에서의 성령의 특별한 사역은 모든 신자들에게 유익을 줄 것이다. 사도들은 올바른 길에 놓여져 계속 그 길로 가고 있기 때문에 그들의 말을 받아들이는 모든 자들은 또한 자신들도 올바른 길 안에 있음을 발견할 것이다. 성령은 사도들과 선지자들의 계명을 통해 그들을 돌볼 것이다. 마지막 날 밤 예수는 남아있는 제자들뿐만 아니라 또한 모든 자들을 위해서도 기도하신다: "그들의 말로 말미암아 나를 믿는 사람들도 위함이니 … 그들도 다 하나가 되어"(요 17:20). 심지어 여기에서도 성령은 미래의 신자들이 복음을 붙들 수 있도록 그들을 자극한다. 그 복음은 그들에게는 이상한 것이고, 따라서 그들은 그것에 대해, 사도들이 그랬던 것처럼, 상당한 거부감을 느낄 것이다. 성령은 그들에게 유대인에게는 걸림돌이 되며 이방인들에게는 어리석게 보이는 복음의 세계 속으로 깊이 들어가도록 가르친다. 이 성령은 그들에게 박해를 견디라고 가르치며 재판정에 들어갈 때 그들의 입에 할 말을 주신다.

2. *성령은 엄청난 하늘의 은사와 함께 신자들의 마음 속에서 거하기 위해 오신다. 그 은사들은 신자들의 삶에 심오한 변화를 가져오며 그들로 하여금 하나님과 이웃에 대해 완전히 다른 태도를 갖게 한다.* 그들 안에서 흘러 넘치는 생수의 강은(요 7:37-38) 예수가 영광을 받을 때 신자들이 받게 될 성령의 이미지이다(요 7:39). 이 성령은 신자들의 삶을 변화시킨다. 여기서는 믿음을 주는 것이 아니라 믿음의 열매들에 대해 말하는 것이다. 그리스도의 이름을 고백하는 자들은 그에게서 성령의 은사를 받고 그로 인해 그들은 변화되고, 하나님의 영의 나라 즉 천국으로 인도하심을 받는다.

그리스도는 "물과 성령"으로 거듭나게 한다. 이를 통해 사람들은 하나님의 나라를 눈으로 보고 그곳으로 가게 될 것이다(요 3:3, 5). 예수는 니고데모와의 대화에서 이에 대해 많이 언급하신다. 예수는 분명 요단 강물로 인을 치게(sealed) 되는 회개와 믿음으로의 부르심을 암시한다. 성령 충만에 대한 약속은 바로 이 세례와 관련이 있었다. 만일 니고데모가 요한의 뒤를 이은 자의 믿음의 부름에 응답했다면(즉 세례를 받았다면), 그는 성령의 이어지는 사역들을 경험했을 것이다: 성령은 믿는 자를 변화시키며, 그를 하나님의 나라로 인도한다. 예수가 바리새인 니고데모와 나눈 대화에서 강조점은 *물*에 있다. 율법교사인 니고데모는 하나님의 영이 인간에게 필요하다는 것은 알았지만, 이제 그는 바로 그 성령으로 가는 길이 새로운 세례, 즉 오실 예수님을 고대하는 세례의 물을 통해 온다는 사실을 받아들여야 한다. 요단강 물에 몸을 담그는 것은 죄인이 죽었다는 것을 상징했다. 오직 거듭남 만이 그의 생명을 구할 수 있다.

복음서 기자 요한은 이러한 가르침을 자신이 쓴 복음서 서문에 넣었다. 요한은 다음과 같이 기록하고 있다. "영접하는 자 곧 그 이름을 믿는 자들에게는 하나님의 자녀가 되는 권세를 주셨으니 이는 혈통으로나 육정으로나 사람의 뜻으로 나지 아니하고 오직 하나님께로부터 난 자들이니라"(요 1:12-13).

8.3.3 성령은 경계를 허문다.

예수가 (천국으로 승천하신 후에) 성령을 부어주심으로써 새로운 시기가 시작된다. 이는 사도행전과 사도들의 서신을 통해 더욱 명백해진다 (그러나 이 주제는 이 책의 범위를 벗어난다). 그러나 이런 급진적인 새로움이 갖는 주요 특징은 예수가 세상에서 하셨던 말씀들 속에서 이미 찾아볼 수 있다.

1. 경계가 허물어졌다. 예수가 승천하신 후에 제자들은 온 세상에 부활하신 자를 증거하는 증인의 역할을 해야 한다. 그들은 온 세상으로 나아가서 열방을 제자로 삼고 하나님 아버지와 그 아들 그리고 성령의 이름으로 세례를 주어야 한다. 여기에는 할례에 대한 언급이 전혀 없다(마 28:19). 이렇게 경계가 허물어진 것은 성령이 부으신 바 된 것과 관계가 있다. 예수는 승천하기 바로 직전에, 사람들에게 사마리아와 땅끝까지 가기 전에 예루살렘에 머물면서 하늘로부터 오는 능력을 기다리라고 말한다. 그들은"오직 성령이 너희에게 임하시면" 이 능력을 받게 될 것이다(행 1:8).

2. 예배의 패턴이 변화된다. 사마리아 여인과의 대화에서 예수는 성령세례를 받으면 그것이 예배를 드리는 데 변화를 가져올 것이라고 암시한다. 유대인들은 예루살렘에서 하나님께 예배를 드렸고 사마리아인들은 그리심 산에서 예배를 드렸다. 그러나 이제 예수는 "이 산에서도 말고 예루살렘에서도 말고 너희가 아버지께 예배할 때가 이르리라"라고 말씀한다(요 4:21). 예수가 오심으로써 "아버지께 참되게 예배하는 자들은 영과 진리로 예배할"때가 왔다(요 4:23). 이것이 바로 올바른 예배의 형태이다. 왜냐하면 하나님 자신이 성령이시기 때문이다(요 4:24). 일정한 장소와 시간, 그리고 음식과 외적 요소들의 규례로 이루어진 모자이크 형태의 예배는 진정한 예배를 돕는 수단일 뿐이다. 그러나 예수가 성령을 부어주실 때, 그러한 돕는 수단들은 이제는 쓸모 없는 것이 될 것이다. 이는 예수가 다른 곳에서 암시한 바와 같이 율법과 관습의 변화를 의미한다(예를 들면, 막 7:18-19에서의 음식 규례에 대한 언급; 또한 7.2.3를 보라). 곧 다가올 이런 변화는 그리스도의 이름을 고백하는 자들에게 직접 부어주시는 성령에 의해서 가능하게 된 언약 즉 새로운 언약으로의 옮겨감을 의미한다.

8.4 불의 날

8.4.1 불로 주는 세례

세례 요한은 성령 세례에 대해서뿐만 아니라 "불로 주는 세례"에 대해서도 언급했다(마 3:11; 눅 3:16). 일부 주석가들에 따르면 그 둘은 모두 동일한 세례를 지칭한다. 불은 이전에 언급한 하나님의 영에 대한 은유이다. 오순절날 본 불길 또한 이러한 개념을 지지하는 것 같다(행 2:3). 그러나 전체적으로 보면 요한의 설교는 또 다른 설명이 필요하다. 요한에게 "불"은 임박한 하나님의 심판을 가리킨다. "불로 주는 세례"에 대해서 언급하기 직전에 요한은 열매 맺지 못한 모든 나무는 "찍혀 불에 던져"질 것이라는 심판에 대해 말한다(마 3:10). 그리고 "불로 주는 세례"를 언급한 직후에 요한은 "손에 키를 들고 자기의 타작 마당을 정하게 하사 알곡은 모아 곳간에 들이고 쭉정이는 꺼지지 않는 불에 태우시리라"라고 말한다(마 3:12; 이를 눅 3:17와 비교하라).[24)]

회개의 선지자로서 요한은 사람들에게 "임박한 진노"에 대해 경고한다"(마 3:7). 요한 뒤에 오실 이가 심판을 행할 것이며 하나님의 말씀에 거역하는 자들은 모두 강한 불로 파괴될 것이다. 그 결과 대정화가 일어날 것이다. 가치 없는 겨들은 모두 태워질 것이며 오직 알곡만이 남을 것이다. 이미 구약에서 불은 정결케 하시는 하나님의 활동을 상징한다. 이 불은 소중한 것들을 엄청나게 파괴하는 통제할 수 없는 비이성적인 자연의 재앙이 아니라, 하나님의 세상이라는 환경을 보존하고 깨끗하게 하려는 면밀하게 계획된 쓰레기 소각 프로젝트이다.

요한은 이 불에 대해서 순전히 정보적인 차원에서만 이야기하지 않는다. 요한은 경고한다. 그가 온 이유는 사람들을 심판의 날에 대비해 준비시키기 위해 그들에게 회개의 세례를 주는 것, 그래서 그들이 불이 아니라 성령에 잠길 수 있도록 하는 것이다. 불에 대한 요한의 언급은 예방 차원에서 주어진 것이다. 하나님은 사람들이 불을 피하길 원하신다! 요한의 아버지 사가랴가 이미 예언한 것처럼 하나님께서는 "우리 발을 평강의 길로 인도하시"기 위해 불의 선지자를 보내셨다(눅 1:79). 불에 대한 경고는 사람들이 이 하나님의 선지자와 그의 뒤를 이을 선지자를 얼마나 진지하게 여겨야 하는지를 강조한다.

8.4.2 세상에 불을 주러 오신 예수

예수는 세례 요한의 설교의 이러한 면을 자신의 설교에 반영한다. 심지어 예수는 산상설교에서 요한의 말을 인용하기도 했다. "아름다운 열매를 맺지 아니하는 나무마다 찍혀 불에 던져지느니라"(마 7:19; 마 3:10와 비교하라). 곧이어 예수는 "꺼지지 않는 불"에 대해 언급할 때 요한의 어법과 연결시켜 말한다(막 9:43, 45, 47; 이를 마 3:12와 비교하라). 예수는 또한 알곡 가운데서 자라는 가라지의 비유에서 불에 태우는 쭉정이의 모습(마 3:12)에 대해 자세히 설명한다(마 13:40, 42, 50; 요 15:6). 예수는 여러 번 자신의 말로 "지옥 불"(마 5:22; 18:9) 또는 "영원한 불"(마 18:8; 25:41)에 태워져 멸망할 위험에 대해서 경고한다.

세례 요한의 기대와는 정반대로 예수는 이 불의 시대로 곧바로 인도하지 않는다. 그러나 예수가 한 말을 통해 우리는 예수가 미래에 대한 요한의 관점을 완전히 버리지는 않았다는 것을 깨닫는다. 오히려 예수는 요한의 관점을 긍정하고 그의 경고를 자신의 말로 다시 되풀이한다.

예수의 제자들은 비록 그것이 실행되는 때에 대해서는 분명히 알지 못했지만 그의 가르침의 이런 면은 잘 이해했다. 사마리아 마을 사람들이 예수가 예루살렘으로 여행하는 동안 그곳에 머무는 것을 거절했을 때 "우뢰의 아들들" 즉 야고보와 요한은 그들이 "불을 명하여 하늘로부터 내려 저들을 멸해야" 하는지를 예수에게 묻는다(눅 9:54). 많은 사본들에 따르자면 그들은 여기서 엘리야의 예를 지적했다고 한다. 그러나 그들이 곧바로 불을 떠올렸다는 사실은 분명 또한 세례 요한과 예수 자신의 설교와도 관계가 있다. (대부분의 사본에서 발견되는) 예수의 대답은 흥미로운 사실을 드러낸다. 인자는 멸망시키러 세상에 온 것이 아니라 구원하러 오셨다(눅 9:56). 예수가 세상에 온 것은 죄인을 구원하기 위한 것이지 불로 멸망시키러 온 것이 아니다. 예수가 모든 거룩한 천사들과 함께 아버지의 영광 중에 돌아오실 때에야 세상을 깨끗케 하는 마지막 심판이 임하게 된다(막 8:38).

또 다른 경우, 마치 예수는 불을 가져오기 위해 세상에 오신 것처럼 보인다. 한 번은 예수께서 이렇게 한탄하신다. "내가 불을 땅에 던지러 왔노니 이 불이 이미 붙었으면 내가 무엇을 원하리요"(눅 12:49). 이 말은 두 가지를 암시한다. (1) 예수는 불로 정화시키는 것을 자신의 오심의 필수적 요소로 간주하신다. (2) 예수는 이 정화가 당장 일어날 수 없다는 것을 아신다. 예수 자신이 먼저 죽음에 이르러야 하며(눅 12:50), 그 후에야 알곡과 쭉정이의 차이가 매우 명확해지는 시기가 온다(눅 12:51-53). 미래가 오려면 시간이 필요하다.[25] 그러나 예수는 불로 정결케 되는 날을 갈망한다. 그때 의인들은 하나님 아버지의 나라에서 태양처럼 빛나게 될 것이다(마 13:43).

8.4.3 마지막 때와 위대한 날

하나님의 아들에 대한 복음에서, 위대한 심판의 날은 '선언'(announcement)으로서 언급된다. 이야기를 듣는 자들은 경고와 격려를 동시에 받는다. 불심판에 관한 설교에 따르자면, 많은 사람들이 구원을 받을지 아니면 소수만이 구원을 받을지 확실하게 말하는 것은 불가능하다. 복음은 미래에 대한 대차대조표가 아니다. 그것은 준비이다. 이익 또는 손실에 관한 질문은 예수가 개인적인 호소로 언급하신다: "좁은 문으로 들어가기를 힘쓰라 내가 너희에게 이르노니 들어가기를 구하여도 못하는 자가 많으리라 … 사람들이 동서남북으로부터 와서 하나님의 나라 잔치에 참여하리니 보라 나중 된 자로서 먼저 될 자도 있고 먼저 된 자로서 나중 될 자도 있느니라"(눅 13:24, 29-30).

미래에 대한 결정은 오늘 이루어진다. 하나님의 아들을 믿는 자들은 심판을 받지 않을 것이다. 믿지 않는 자들은 이미 저주를 받았다(요 3:18). 이러한 말들은 또한 *모든 사람*들을 향한 것이다. 복음이 사람들에게 전해졌을 때, 그 때가 바로 결정의 때이다. 예수 그리스도를 믿을지 믿지 않을지에 대한 결정은 오직 복음을 들은 이후에야 가능하다. 그리스도에 대해서 한 번도 들어보지 못한 사람들을 하나님이 어떻게 하실 지에 대해서 우리 인간은 어떠한 확정적인 언급도 하기 어렵다. 예수의 제자들에게 진리였던 것이 여기서 훨씬 더 진리가 된다. 그때 그들은 이렇게 물었다: "주님 이 사람은 어떻게 되겠사옵나이까"(요 21:21). 예수께서는 이렇게 대답하셨다. "내가 올 때까지 그를 머물게 하고자 할지라도 네게 무슨 상관이냐 너는 나를 따르라"(요 21:22).

예수가 한 말씀의 대부분은 그러므로 깨어있으라는 것과 관련이 있다. 예수는 제자들에게 준비되어 있으라고 말씀하신다(마 24:44; 눅 12:47). 이러한 호소들은 세례 요한이 전한 설교와 연속선상에 있다. 요한의 목적은 주님 앞에 가서 "사람들을 준비"시키는(*hetoimazein*; 눅 1:17) 것이었다. 예수의 관심은 복음을 모든 사람들에게 전함으로써 그 수를 증가시키는 것이다. 예수의 말씀의 목적은 또한 자신이 돌아왔을 때 믿음으로 주를 영접할 준비가 되어 있는 사람들이 있도록 하는 것이다(눅 18:8).

이러한 해방의 날이 언제일지는 알려지지 않았다. 심지어 아들도 그것을 알지 못하고 오직 아버지만 아신다(막 13:32). 우리가 아는 것이라고는 추수의 때보다 먼저 올 "마지막 때"의 전형적인 특징뿐이다. 예수는 이러한 특징들을 설명하면서 한 세대 안에 그 특징들을 알아볼 수 있게 될 것이라고 말씀하신다(막 13:23, 28-30). 그리스도의 공동체는 "인자가 가까이 곧 문 앞에 이른 줄 알라"라고 말씀하신 그 마지막 때를 살고 있다(막 13:29). 그리고 그것은 공동체가 깨어 있으면서 하나님의 아들이 가져올 위대한 미래를 기대하도록 격려한다(막 13:32-37): "깨어 있으라 내가 너희에게 하는 이 말은 모든 사람에게 하는 말이니라".

Appendix

부 록

Jesus the Son of God

Appendix 1

바리새인

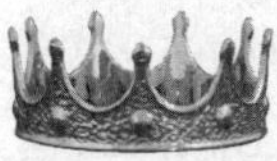

바리새인은 예수가 세상에 계신 동안 가장 노골적인 적대자였다. 복음서는 바리새인과 예수 사이에 일어난 충돌로 가득하다. 그리고 바로 이런 이유 때문에 실제로 바리새인들이 어떤 사람들이었는지에 대한 통찰을 얻기가 쉽지 않다. 그럼에도 불구하고 이 질문에 대한 대답은 중요하다. 의식적이든 무의식적이든 우리에게 있는 바리새인에 대한 개념이 예수의 사역을 이해하는 데 영향을 주기 때문이다.

또한 바울서신서에도 유대인의 한 분파였던 바리새인들에 대한 상당히 많은 자료가 있다. 사도 바울의 사역은 바리새인으로서 살았던 그의 초기 삶과 어떠한 관계가 있을까?

이 책의 첫 장에서 다룬 다양한 유대인 그룹들에 대한 일반적인 개관은 만일 그 중 어느 한 그룹만을 지나치게 자세하게 논했다면 왜곡되었을 가능성이 있다. 바리새파는 당시 존재하던 모든 운동들이라는 커다란 정황에서 본다면 비교적 별로 중요하지 않았을지도 모른다. 그러나 바리새파는 좀더 특별히 주의해 관찰해야 한다. 근거자료에 대한 문제가 복잡하기 때문만이 아니라 바리새파의 모습을 재구성하는 일은 최근 논란의 대상이 되었고, 다양한 관점들이 나타났기 때문이다. 이러한 이유 때문에 바리새파에 대한 별도의 부록을 추가했다.

1. 역사적 재구성이라는 문제

1.1 바리새파라는 이름과 편견

"바리새파"라는 이름은 가치중립적인 당파 명칭에 불과하다. - 너무 중립적이기 때문에 나중에는 종종 부정적인 특징으로 작용하기까지 했다. 하지만 대다수 사람들에게는 그 이름 자체가 바리새인이 어떤 사람들인가를 말하고 있다. 바리새인이라는 이름은 "위선자" 또는 "독실한 척하는 사기꾼"이라는 의미를 띠게 되었다. 그리하여 몇 세기 후에 서로를 '바리새인'이라고 비난했던 사람들은 유대교 내에서 예전에 존재했던 바리새파에 대한 비판적 의견을 자신도 모르는 사이에 겉으로 드러내게 되었다. 그들에게 있어서 바리새인이라는 이름은 매우 부정적인 개념을 담고 있었다.

심지어 바리새인이라는 이름은 교부들에게도 부정적인 암시를 주었으며 회당에 있는 완고한 유대인들을 묘사하는 데 사용되기도 했다. 종교개혁가들 사이에서 바리새인이라는 명칭은 노력에 의한 구원을 믿는 로마 카톨릭 신자들을 지칭하는 선입관이 담긴 이름이었으며 20세기에 이르러서는 기독교 윤리를 주장하는 사람들을 "바리새주의"라고 비난하는 것이 일반적인 일이 되었다.

진짜 바리새인들 - 기독교 시대가 시작되던 수백 년 동안 활동했던 유대교의 종파 - 과 우리 사이에 2천 년이라는 세월이 가로놓여 있는 지금, 기독교인들이 바리새인이라는 단어를 어떤 식으로든 긍정적인 관점에서 보는 일은 거의 불가능해졌다. 바리새인에 대해 아무런 편견 없이 공정하게 논하는 일이 매우 어려워진 것이다.

어떤 용어를 가치중립화하는 연습을 하기 위해 가끔씩 어떤 낙인도 새겨져 있지 않은 매우 색다른 "임시 명칭"(working title)을 사용해 보는 것도 도움이 된다. 편의를 위해 또 균형을 추구하기 위해 우리는 문제의 유대인 당파의 이름을 이색적인 발음을 가진 "파르세이츠"(Pharseets)와 같은 용어로 부르는 것을 시도해 볼 수 있다. 파르세이츠는 사실 아무런 의미가 없는 이름이다. 하지만 바로 그것이 요점이다. 역사적으로 말하자면 헬라어 "파리사이오이"(바리새인들, Pharisaioi) 역시 아무런 의미가 없다.[1]

1.2 바리새파의 시대

바리새인이라는 *분파*(party)의 기원에 대해서는 아무것도 알려진 바가 없다. 요세푸스의 기록에서 우리는 사두개파 및 에센파와 마찬가지로 바리새파 역시 이미 기원전 2세기 후반에 존재했었다는 것을 알 수 있다. 당시에 이미 바리새파는 영향력이 있었기 때문에 그 생성 기원은 최소한 기원전 2세기 전반부로 거슬러 올라가야 한다.

바리새파라는 *이름*의 기원을 더 이상 검증할 수 없다는 사실은 역사적으로 말해 그 시대에 대해 거의 아무것도 알려진 것이 없는 시기에 그 분파가 존재하게 되었다는 것을 암시한다. 마카비 항쟁으로 시작된 시대는 유대 역사에 있어서 매우 중요한 위치를 차지하고 있었기 때문에, 세 유대 분파들은 그 시기 이전에 존재하게 되었다고 추측할 수 있다. 아마도 세 분파들은 기원전 3세기 유대 지역이 여전히 이집트의 톨레미 왕조(Ptolemies) 치하에 있던 때에 형성된 것 같다.

바리새파를 설명하는 데 있어서 우리는 그 이름과 기원에 대해서 잘 알지 못하기 때문에 그 집단의 특징을 나중에 기록된 묘사와 기능으로부터 추론해야 한다.[2]

1.3 우리의 지식의 출처

지난 수백 년 동안 바리새파에 대한 매우 다양한 개념들이 생겨났다. 이들을 재구성함에 있어서 상당한 편견이 있었음이 분명하다.[3]

유대 연구가들은 바리새파 안에서 후기 유대교의 뿌리 중 하나를 발견하는데, 이들은 바리새파를 균형 잡힌 시각에서 볼 때 긍정적으로 평가해야 한다고 본다. 율법에 대한 지속적인 해석을 통해 바리새인들은 조상들의 유산을 사용 가능한 형태로 다음 세대에게 물려주었다.

기독교 연구가들은 바리새파를 부정적인 관점에서 보는 경향이 강하다. 그들은 구약 신앙이 바리새인에 의해 율법주의 그리고 노력의 종교로 왜곡되었다고 추측한다.

이러한 사상들이 기초한 근거자료는 무엇인가? 그것은 바리새인들이 명백하게 언급되어 있는 문헌뿐만이 아니다. 이름을 언급하고 있지는 않지만 동일한 정신 아래 쓰인 것으로 여겨지는 기록들도 포함된다. '솔로몬의 시편'(the Psalms of Solomon)이 잘 알려진 예이다; 최근까지 거의 모든 사람들이 그것을 바리새파 안에서 쓰여진 것으로 받아들였었다.

1909년 쉬러(Schürer)는 주저 없이 말했다. "시편에 가득 차 있는 정신은 전적으로 바리새적 유대교의 정신이다."[4] 그러나 1986년에 쉬러의 책에서 이 부분을 인용한 사람들은(G. Vermes, F. Millar, 그리고 M. Goodman) 다음과 같이 기록했다. "율법에 대한 순종을 강조한 것, 자유의지의 교리, 사후세계에 대한 믿음 등을 많은 학자들은 시편의 바리새적 기원을 시사하는 것으로 본다. 그러나 최근 이들 시편들을 바리새인의 것으로 보는 지나친 확신에 대해 의심의 목소리가 나왔다. 거기에 열거된 교리나, 강렬한 메시야주의 모두 오직 바리새인들에게만 속한 것으로 볼 수는 없기 때문이다."[5]

이들 솔로몬의 시편이 배타적으로 바리새파적 배경을 가지고 있다는 것을 지지하기 위해 다음의 주장들이 제시되었다. (a) 반대세력은 하스모니안(Hasmoneans) 가문이다; (b) 시편 안에 나타난 신앙이 바리새적이다(메시야에 대한 희망, 정치적 정적주의[quietism], 예정설과 자유의지의 결합); (c) 들어맞는 날짜(기원전 1세기 중엽). 그러나 다음의 반론은 이런 주장을 반박했다. (1) 이들 시편에 표현되어 있는 종교적 확신은 바리새파 밖에서도 또한 발견할 수 있다.[6] 그러므로 찰스워스(Charlesworth) 자신은 시편의 기원을 어느 특정 분파에 돌리는 것은 현명하지 못하다고 생각한다. 왜냐하면 시편이 쓰여질 때 우리에게 알려진 세 분파 말고도 훨씬 더 많은 분파들이 존재했기 때문이고, 또한 알려진 분파에 대해서도 우리가 아는 바가 충분하지 않기 때문이다.[7] (2) 더욱이 메이슨(Mason)은 바리새인들이 하스몬가와 적대관계에 있었는지 또는 그들이 그러한 적대관계에 있던 유일한 분파이었는지는 의심의 여지가 있다고 지적한다.[8]

최근 수십 년 동안 시도한 바리새파에 대한 재구성에 있어서 모호한 부분과 모순되는 영역들은 연구를 새로 시작해야 할 필요성을 일깨워 주었다. 그것은 기원후 70년 이전까지의 자료들, 그 시기와 직접 연관되어 있는 자료들, 그리고 바리새파라는 명칭이 분명히 언급되어 있는 자료들에 기초한 연구였다. 이는 우리의 지식의 자료를 신약, 요세푸스 그리고 랍비 문헌으로 제한함을 의미한다.

1.4 자료에 대한 연구

일차적인 자료를 이렇게 제한하는 것에 덧붙여서 방법론적인 고려를 해야 한다. 바리새파의 모습을 재구성하는 데 있어서 문헌에서 발췌한 자료들이 문맥을 벗어나 해석되지 않도록 해야 한다는 우려의 목소리가 다양한 방향에서 들려왔다. 어떤 특정한 자료를 논할 때 그것이 바리새인에 대해 언급하는 *이유*와 목적이 무엇인지 먼저 묻는 것이 필요하다. 자료들이 말하고자 하는 바를 인내심을 가지고 들은 후에야 역사적 상황에 대한 조심스런 설명이 가능하다. 그것은 각 자료들은 자신이 연구하고 있는 집단에 대해 독특한 관계를 가지고 있기 때문이며, 또한 어떠한 자료도 사견이 개입되지 않은, 현실에 대한 객관적인 기록으로만 구성되지는 않기 때문이다.

엘리스 리프킨(Ellis Rivkin)은 각각의 자료에서 전체적인 모습을 추려내는 데 다소 서두른 감이 없지 않지만, 이렇게 자료를 개별적으로 다루는 방법으로 자신의 책을 시작한다.[9] 야콥 노이스너(Jacob Neusner)는[10] 랍비 문헌에 집중하는데, 그러한 통합을 전개하는 데 있어서 좀더 조심스럽다(그는 '정치학에서 경건으로'[*From Politics to Piety*]라는 책에서만 요세푸스와 신약의 자료에 대해서 간략하게 논의한다).[11] 스티브 메이슨(Steve Mason)은 요세푸스와 바리새인에 대해 광범위한 연구를 했다.[12] 이런 출판물 덕택에 신약 이외의 자료들이 면밀하게 검토되어 왔다. 하지만 그렇더라도 한편으로는 랍비 문헌에 대한 노이스너와 리프킨의 차이에서, 그리고 다른 한편으로는 요세푸스 해석에 대한 메이슨과 노이스너의 차이에서 분명하게 드러나듯이, 해석상의 차이는 여전히 가능하다.[13]

a. 리프킨은 바리새인을 이중적 율법(성문율법과 구전율법)을 전파한 자로 본다. 바리새인은 유대교를 영성의 내면화로 이끈 비정치적인 운동을 조직한다. 기독교 시대 최초 1세기 동안 사람들 사이에서 바리새인들의 영향력은 지배적이었다. 노이스너에 따르자면 바리새인들은 주후 1세기 이전에 정치에 참여했으며 그리고 기원후 70년 이후에 또 다시 정치적 성향을 띠었다. 그러나 그 중간 기간 동안 바리새인들은 힐렐(Hillel)의 영향 아래서 영적 지도에만 전념했다.

b. 노이스너는 그의 스승 스미스(M. Smith, 1956)를 따라서 요세푸스가 *유대전쟁사(Jewish War)*와 *유대고대사(Jewish Antiquities)*를 쓰는 사이에 바리새인에 대한 태도에 반전이 일어났다고 생각한다. 그 이전에는 요세푸스는 (적어도 1세기에 있어서는) 바리새인의

역할과 지위를 강조하지 않았다. 그러나 *유대고대사*에서 요세푸스는 바리새인이 이스라엘 백성들 사이에서 행사하는 막강한 영향력을 정치적으로 이용하도록 암묵적으로 로마인들에게 충고한다. 이 이론에 대해서는 논쟁이 있는데 굿블라트(Goodblatt)는 위의 생각에 동의한다.[14] 그러나 메이슨은 유대전쟁사와 유대고대사 두 책에 있어서 바리새인에 대한 요세푸스의 의견에는 근본적인 차이점이 없다고 결론을 내린다.

2. 바리새파에 관한 요세푸스의 생각

2.1 요세푸스는 바리새파의 추종자였는가?

최근까지 대다수 학자들은 요세푸스 자신이 바리새파에 속했다고 생각했다. 이러한 믿음은 바리새인에 관해 기록한 요세푸스의 자료를 어떻게 해석할 것인지를 결정한다. 이 자료들 속에는 바리새인에게 다소 친밀한 묘사와 그렇지 않은 묘사가 부분적으로 공존한다. 일부 학자들은 불친절한 단락은 요세푸스보다 바리새인에 대해 좀더 비판적이었던 자료들을 비교적 수정을 거치지 않고 그대로 빌려온 것이라고 주장한다. 다른 이들은 요세푸스 자신의 태도에 있어서의 모종의 변화로 인해 *유대전쟁사*를 저술할 때 *유대고대사*에서보다 바리새파에 대해 좀더 부정적으로 기록했다는 가설을 내세운다.

메이슨은 이런 가설을 반대한다.[15] 그의 주요 논점은 요세푸스 자신이 바리새파의 일원이었던 적이 없다는 것이다. 요세푸스가 이들 세 집단을 유대교 내의 세 가지 "학파"(schools)로 묘사한 부분에서 좀더 우호적인 설명을 발견할 수 있다. 이 묘사에서 에센파를 가장 우호적으로 설명하고 있지만, 바리새파를 부정적으로 묘사하고 있지는 않다. 요세푸스 자신의 종교적 신념이 사두개파보다는 바리새파의 신념에 더 가까웠기 때문이다. 그러나 다른 곳에서 나타나는 비우호적인 묘사들은 바리새파의 종교적 신념과는 무관하게 그들의 행동과 관련이 있다. 요세푸스에 따르자면 그 행동들이 종종 정치적 질서를 혼란케 했다고 한다.

요세푸스 자신이 바리새파의 추종자였다는 생각은 '자서전'(*Life*) 2:12에 근거한 것으로 추정된다.[16] 그러나 메이슨은 요세푸스가 다음과 같은 사항을 말했음을 설득력 있게 보여주었다.

1. 열여섯 살 때까지, 요세푸스는 세 개의 학파에 대해 공부했다.
2. 거기에 만족하지 못한 요세푸스는 열여섯 살 때 스스로 은둔자인 반누스(Bannus)를 따라 3년 간을 광야에서 지냈다.
3. 그의 갈망이 채워지자 요세푸스는 도시로 돌아와서 공적인 삶, 즉 정치에 참여(*politeuesthai*)하기 시작한다.
4. 그렇게 함으로써 요세푸스는 바리새파의 율법 해석과 관습을 따르게 된다. 그것은 그가 바리새파의 추종자였기 때문이 아니라, 공인으로서 성공하기 위해서는 누구나 바리새파의 관습을 따라야 했기 때문이다(이는 사두개파의 경우도 마찬가지였다. 사두개파는 자신들의 관습은 공적인 삶에 도입할 수 없었고, 사람들의 이목 때문에 바리새인들의 관습을 채용했다.)

2.2 바리새파에 대한 요세푸스의 생각 (메이슨의 의견)

메이슨은 바리새파에 대한 포괄적인 그림을 그리지 않기로 했다. 우선 방법론적으로 그것은 자신의 책에 맞지 않았을 것이다. 메이슨의 책은 바리새파에 대한 역사적 재구성 보다는 요세푸스의 기술 방식에 더 많은 부분을 할애하고 있다. 그럼에도 불구하고, 메이슨의 책은 결과적으로 바리새파의 모습을 그리고 있다.

a. 바리새파는 나머지 다른 두 분파들만큼이나 오래되었지만, 일반인들의 엄청난 지지를 누리는 유일한 당이었다.
b. 바리새파는 율법 *그리고* 조상들의 전통, 두 가지 모두에 헌신되어 있었다.
c. 바리새파 내에서도 미래에 대한 예언을 발견할 수 있다.
d. 바리새인들은 율법을 준수하는 데 있어서 매우 세심한 것처럼 보이지만 사실 그들은 권력에 관심이 있었고, 권력을 추구하는 데 있어서 가혹한 조치나 뇌물도 서슴지 않았다. 비록 바리새파는 훨씬 이후에 등장한 매우 엄격한 네 번째 분파(갈릴리 사람 유다를 앞세운 열심당)와 구분되어야 하지만, 열심당과 마찬가지로 자주 정치적 균형을 뒤흔들었다. 물론 그것이 그들의 의도는 아니었더라도 말이다. 이는 다음의 순간에 특별히 분명해졌다. (1) 요세푸스에 따르자면 하스몬가 왕족의 몰락은 상당 부분 바리새파가 요한 히르카누스(John Hyrcanus)에 대한 지지를 철회했으며, 그들이 권력을 추구하면서 알렉산드라(Alexandra)를 이용했다는 사실에 기인한다. (2) 헤롯왕 때에 그들은 "반대파(야당)"였으며, 궁정 안에서 음모를 꾸민 죄가 있다. (3) 유대전쟁 동안 일부 바리새인들은 야비한 수단을 사용해 요세푸스를 갈릴리의 지휘관 자리에서 물러나게 하려고 했다.

몇 가지 사안에서 메이슨은 지나친 과장을 하거나 잘못된 결론에 이른다: (1) 바리새파 당원들을 "독실한 체 하는 이들"로 묘사한 것. (2) 바리새파가 권력을 추구했으며 따라서 정치적인 골칫거리가 되었다는 개념을 주장한 것. (3) 요세푸스는 바리새파가 스스로 분파를 잘못된 길로 이끌었다고 믿었다는 주장. 이어서 이들 세가지 점에 대해서 좀더 자세하게 논의할 것이다.

2.2.1 독실한 척하기?

메이슨은 요세푸스에 따르면 바리새인들이 독실한 것처럼 *보이지만* 실제로는 아니었다고 결론을 내린다. 여러 번 바리새인들은 경건의 "이름"을 갖고 있다고 묘사된다. 이러한 표현은 중립적으로 해석할 수도 있다. - 바리새인들은 당시 그렇게 알려졌다. 그러나 그것은 또한 실제로는 그 평판과 다르다는 것을 암시할 수도 있다. - 그들은 "(오직) 명목상으로만" 독실했을 수도 있다. 메이슨은 이러한 암시가 그 표현 속에 존재한다고 생각한다. 왜냐하면 *유대전쟁사* 1.5.2 §§110ff.에서 알렉산드라(Alexandra)의 때에 바리새인들이 얼마나 무자비했는가에 대한 설명이 이어지기 때문이다.

그러나 요세푸스는 바리새인들이 실제로는 의롭지 *않은데*, 의롭다고 *간주되었다고* 말하지 않는다. 요세푸스는 바리새인들이 다른 사람들보다 율법을 이해하고 적용하는 데 있어서 훨씬 더 꼼꼼했다는 평판이 있었다고 말한다. 바리새인들이 실제로 그러한 주장이나 평판에 따라 살았는지에 대한 질문은 언급하지 않고 있다. 거기에는 "겉으로 그렇게 보이는 것"(seeming) 과 "실제로 그런 것"(being) 사이의 비교 대조는 없다.

메이슨은 헬레니즘의 도덕철학의 한 표준적 주제에 대해 자세히 설명한다: 그것은 "그렇게 보이는 것"(to seem; *dokein*) 과 "실제로 그런 것"(to be; *einai*) 사이의 대조이다.[17] 본문에서 메이슨은 dokein 이 언제나 einai와 명백한 대조의 의미로 사용된다고 주장한다. 그러나 요세푸스의 책에서는 바리새인에 관한 본문에서 *dokein*과 *einai*가 대조적인 의미로 나타나지 않는다. 갈라디아서 2:6에서 *dokein*이 *einai*(*hoi dokountes einai ti*)와 정반대는 아니면서도 부정적인 의미로 사용되고 있다는 메이슨의 주장은 정확하지 않다. 바울은 예루살렘의 지도자들에 대해 그들은 "대단한 사람들"(to be something)로 주장되었거나 아니면 그런 평판이 있는 사람들이라고 언급한다. 그리고 나서 바울은 예루살렘 지도자들이 *이전에*는 별로 중요하지 않았다는 사실은 자신에게 아무런 상관이 없다고 말한다; 하나님은 사람을 가리시는 분이 아니다("본래 어떤 이들이었든지 내게 상관이 없으며"). 바울 자신은 예루살렘의 뛰어난 인물들(the *dokountes*)을 참으로 교회 안에 포함될 자격이 있는 사람들로 간주한다. 그리고 알렉산드라의 이야기는 율법을 실행하는 데 있어서 바리새인들의 엄격성에 대한 명성을 반박하기보다는 오히려 그것을 확증한다(아래를 보라).

유대전쟁사 1.5.2 §§110에서 우리는 바리새인에 대한 첫 번째 언급을 발견한다. "다른 이들보다 자신들이 훨씬 더 경건하다고 여겼으며[*dokoun eusebesteron einai tōn allōn*] 율법을 더 정확하게 해석한 유대인들의 한 부류." 이는 바리새인 자신들의 주장인가 아니면 그들에 대한 평판인가? 이는 말하기도 어렵지만 실제로 그리 중요하지도 않다. 그것은 동일한 문제의 서로 다른 두 면일 뿐이다. 그러한 주장이나 평판을 정말로 문제 삼으려면 한편으로는 "그렇게 생각하는지/그렇게 보이는 것인지"(to think/to seem)에 대해 그리고 다른 한편으로는 "실제로 정말 그런지"(to really be) 사이에서 비교 대조가 필요하다. 그러나 유대전쟁사에서 그런 대조는 전혀 문제가 아니었으며, 또한 요세푸스가 바리새인에 대해 묘사하면서 *dokein*이라는 단어를 사용한 다른 모든 곳에서도 마찬가지였다(*Jewish War* 2.8.14 §162; *Life* 38 §191).

메이슨은 *유대고대사* 17.2.4 §41 (*kai nomōn … prospoioumenon*)도 유사한 방식으로 해석한다.[18] 추측하건대 요세푸스는 이 본문에서 자신들이 율법을 준수하는 자들이라는 바리새인들의 주관적인 주장에 대해 거리를 두고 있는 듯하다. 메이슨이 언급한 본문에서는(유대고대사 18.3.4 §81) "나쁘다"(*to be* bad)와 "율법 해석가인 체 하다"(to pose as an interpreter of the law) 사이를 *명백히* 구분하고 있다. 그러나 *유대고대사* 17.2.4 §41의 바리새인에 관한 언급에서는 그러한 대조를 하지 않고 있다. 추가적으로 *유대고대사* 17.2.4 §41은 바리새인들이 율법을 해석하는 사람인 체한다고 말하지 않고, "율법을 주장하거나 또는 맡은 자들"(*claim* the law or *take it on themselves*)이라고 말한다. 아마도 이 본문은 율법을 해석하는 데 있어서 자신들만이 철저하다는 일종의 독점적 위치를 주장하는 바리새인들에 대한 요세푸스의 불편한 심기를 은근히 드러내는 것인지도 모른다. 그러나 그것은 바리새인들이 독실한 체 하는 것이라고 비난하는 것과는 완전히 다른 것이다.

2.2.2 정치적 골칫덩이?

메이슨에 따르자면, 요세푸스는 바리새인들이 자신들의 주장이나 평판과는 정반대로 정치적 영역에 있어서 정당한 방법은 물론 비열한 수단까지 일삼아 권력을 추구했음을 여러 번 암시했다. 그러나 요한 히르카누스, 알렉산드라, 그리고 헤롯 통치 시절 바리새인들에 관한 요세푸스의 묘사를 메이슨은 지나치게 부정적으로 설명한다. 메이슨은 바리새파를 소외시켰던 자가 존 히르카누스였다는 사실을 간과한다. 게다가 알렉산드라의 경우 바리새파는 *어떤 개인들에 대한 고려 없이 율법에 따라* 사형을 주장했다는 사실을 메이슨은 언급하지 않는다. 문제는 복수나 권력이 아니라 무조건적인 정의의 구현이다. 마지막으로 메이슨은 바리새파가 규모가 큰 집단이었기 때문에 비록 바리새파는 헤롯왕이 권력을 쥐는 것을 비관적으로 바라보고 있었음에도 불구하고 헤롯왕의 호의 아래 있었다는 사실을 무시한다. (바리새파에 대한 헤롯왕의 핍박은 바리새파들 중 오직 일부에 대한 것이었다.) 이들 세 가지 주장에 대해 좀더 자세히 살펴 보기로 하자.

2.2.2.1. *유대고대사* 13.10.5 §288에서, 요세푸스는 특별히 바리새인들이 요한 히르카누스(John Hyrcanus)에게 적대적이었다고 기술하고

있다. 그러나 여기서 문제는 전반적인 특징이 아니라 *점차 커지*는 적대감에 대한 묘사다. 이는 정황을 볼 때 분명하게 드러난다. 이것은 당시 유대인들의 번영(*eupragia*)이라는 주제와 관련이 있다. 그들은 예루살렘뿐만 아니라 애굽에서도 번영하고 있었다(13.10.4 §§284ff). 그러나 히르카누스는(13.10.5 §288) 이집트의 클레오파트라 치하에서 성공한 유대인 장군들과는 달리, 그 자신뿐만 아니라 아들들의 부유한 삶에 대해 동료 유대인들로부터 '질시'를 받았다. 히르카누스와 바리새인들 사이의 관계는 특히 껄끄러웠다. 이러한 긴장은 히르카누스의 행정 전체의 전형적 문제는 아니었지만, 그런 일은 그에게 있어서 (그리고 이집트에 있는 유대인들에게 있어서) 번영의 시기가 막 시작되려고 할 때 일어났다. 그들이 누린 부와 재산은 이스라엘 백성에게 질투의 감정을 불러일으켰다(*phthonon ekinēse … hē … eupragia*). 그러한 감정은 히르카누스 안에서 어떤 변화가 일어났기 때문에 훨씬 더 쉽게 불붙었다. 처음에 그는 바리새파의 제자였고 그들에게 매우 소중한 존재였다(13.289)! 그러나 바리새인 친구들과 오붓한 저녁 식사를 하는 중에 악의를 품은 한 바리새인이 히르카누스의 어머니가 전쟁포로였다는 소문 때문에 히르카누스 스스로 대제사장직을 내려놓아야 한다고 제안하는 바람에 분위기를 깨버렸다. 이는 잘못된 소문이었고 모든 바리새인들은 분노했다. 그러나 히르카누스의 사두개파 친구가 모든 바리새인들이 이 악의적인 말에 동의했다고 암시하는 듯한 잘못된 말을 했을 때, 그것은 히르카누스로서는 궁극적으로 바리새파와 관계를 *끊고* 사두개파로 전향하는 계기가 되었다(13.10.6 §296). 그 때부터 계속 히르카누스는 (오로지 토라에만 기초하여) 사두개파의 규례를 따랐으며, 바리새인들의 스타일에 따라 조상들의 유전을 준수하는 것, 즉 이중적인 율법(* 성문율법과 구전율법 - 감수자)을 준수하는 것에 대항하여 싸웠다. 이것이 바로 이스라엘 사람들이 히르카누스와 그의 아들들을 미워하기 시작한 이유였다. 이스라엘 백성은 바리새파를 존경했다. 여기서 우리는 도입 부분에서 시작해서(13.10.5 §288) "*이러한 이유 때문에* 이스라엘 백성은 히르카누스와 그의 아들들을 증오하게 되었다"라는 진술로(13.10.6 §296) 완전한 원을 그리면서 한 바퀴 돌아온다. 그러므로 바리새인이었던 요한 히르카누스는 부를 누리는 기간 동안 (그를 화나게 했던 사건을 빌미 삼아) 사두개파(부자들의 분파)로 바꾸었으며, 그가 조상들의 전통을 버렸기 때문에 바리새인들과 소원해졌다는 사실이 반드시 언급되어야 한다. 이는 요한 히르카누스가 더 이상 일반 백성의 편이 아니라 *부자*들의 편을 들었음을 의미한다(이것이 바로 요세푸스가 13.10.6 §298에서 사두개파는 부유한 자들[*euporoi*] 가운데 추종자들이 있었다고 언급한 이유이다). 이러한 갑작스러운 태도의 돌변 때문에 그는 대중적인 바리새인들의 호의를 잃게 되고 말았다. 그와 동시에 점점 쌓여가는 부로 인해 일반인들에게는 더 많은 시기심이 생겨났다. 점점 증가하는 갈등은 분명히 또한 사회적 배경을 가지고 있었다. 그리고 사회적 배경은 많은 이들의 경험에 있어서 실제로 지배적인 역할을 했을 것이다. 분명히 사회적 요소는 일반인들의 태도에 있어서 어떤 역할을 담당했을 것이다. 그러나 13.10.5 §288에서 요세푸스는 부에 대한 점점 더해가는 *질시*(envy)를 일반적인 유대인들의 탓으로 돌리는 데 있어서 대단히 신중하다. 그리고 바리새인들에 대해서는 그들이 더 이상 요한 히르카누스와 좋은 관계에 있지 않다는 사실 말고는 아무것도 말하지 않는다.

2.2.2.2. 메이슨에 따르자면, 알렉산드라 때에 요세푸스가 바리새인들을 비판한 것은 전횡을 일삼는 그들의 독단적인 태도와 관계가 있다. 바리새인들은 자신들의 주장, 윤리, 도덕과 정반대로 행동했다. 그러나 이는 실제로 일어난 사건에 대한 올바른 해석이 아니다. 바리새인들은 어째서 그런 유력한 시민들의 사형을 요구했는가? 그들이 죄를 지었기 때문이다! 그들은 알렉산더 얀네우스(Alexander Jannaeus) 때 800여 명의

동족 유대인들을 부당하게 사형시킨 일에 가담한 공범들이었다. 이들 800여 명은 처음부터 바리새인이 아니었다. 알렉산더 얀네우스의 공격은 *정의의 실천*(the administration of justice)에 대한 것이었다! 유대전쟁사 1.4.6 §97에서 요세푸스는 이 통치자가 분노심에 이들 800여 명과 그 가족들에게 가혹성(*ōmotēs*: 사법적 정확성의 부재)의 죄(*asebeia*)를 저질렀다고 직접 기록하고 있다. 바리새인들은 여왕을 꾀어, 그들이 지은 죄에 대해 율법에 따라 소급해서 벌을 내리도록 했다. 요세푸스가 반대한 것은 다른 *사람들과 관련된*(regarding others) 율법을 해석하는 데 있어서 그들이 결과를 고려하지 못했다는 사실 때문이다(알렉산드라는 재정적, 정치적 결과들로 인한 짐을 지고 있었다). 아리스토불루스(Aristobulus)가 자신의 어머니에게 "거기에 유명한 인물들이 포함되어 있기 때문에"(*dia to axiōma tōn andrōn; 유대전쟁사*1.5.3 §114) 바리새인들이 요구한 사형을 진행하지 말라고 조언했다는 사실이 또한 충격적이다. 다른 말로 하면, 그들이 율법적으로는 죄를 지었지만, 그들의 *위치* 때문에 그들을 사형시키지 않는 것이 현명할 것이라는 말이다! 대신 그들은 추방당한다. 그러므로 이에 대해 요세푸스는 정말로 비판적이다. 그러나 그가 비판적인 더 큰 이유는 바리새파가 편파적이었고 그렇기 때문에 백성들의 이익을 제대로 고려하지 못했기 때문이다. 그것은 마치 경건하지만 현실적인 한 사람과, 단순히 열정에 따라 움직이는 경건한 사람들의 그룹 사이의 충돌처럼 보인다.

2.2.2.3. *유대전쟁사* 1.29.2 §571에서 우리는 헤롯이 제수가 자신에게 맞서기 위해 바리새인에게 재정적인 지원을 한 것을 두고 그녀를 고소한 것에 대해 듣는다. 이 사실로부터 메이슨은 바리새인들이 헤롯왕에게 *보편적으로 그리고 매우 적극적으로 적대적 태도를 취했다*는 추론을 끄집어 낸다. 하지만 여기서 정황을 고려해야 한다. 헤롯은 자신의 제수(동생

페로라스[Pheroras]의 아내)에 대해 편파적이고 비합리적인 혐오감을 지녔으며 제수를 고발하기 위해 모든 수단을 다 동원했다. 그녀는 헤롯을 고립시키기 원했다. 그리고 그녀가 헤롯에게 등을 돌리게 만들고자 했던 세 부류가 있었다. (1) 헤롯의 딸들, (2) 바리새인, 그리고 (3) 헤롯의 남동생이다. 헤롯의 딸들에게는 협박했고, 바리새인에게는 보조금(*misthoi*)을 통해 헤롯왕에게 등을 돌리게 했으며, 헤롯의 남동생에게는 약물을 사용했다. 모든 암시를 통해서 볼 때 헤롯이 이들 세 부류를 자신의 가장 가까운 친구나 친지로 여겼음이 분명하다. 그러므로 그 가운데 끼어들려는 사람은 아마도 정신이 나간 사람이었을 것이다. 이러한 정황에서 바리새인이 처음부터 헤롯을 적대했다고 결론내리는 것은 옳지 않다. 분명 헤롯 자신도 그런 사건이 있기 전까지는 바리새인들을 자신의 편으로 간주하고 있었을 것이다.

게다가 보조금(*misthoi*)으로 인한 고소는 일차적으로 헤롯의 제수를 향한 것이었지 바리새인을 향한 것이 아니었다. 바리새인들이 헤롯에게 맹세하기를 거절한 것으로 인해 부과된 벌금을 그녀가 대신 지불했다는 사실을 떠올려 볼 때, 우리는 여기서 격분한 헤롯이 자신이 우호적으로 대하고 배려했던 사람들에게 보낸 제수의 재정적 지원을 자신을 소외시키고, 적대하도록 선동하기 위해 지불한 돈으로 *해석하는* 상황을 접하게 된다. 메이슨은 마치 헤롯이 그녀가 자신에게 반대하도록 준 지원금을 받은 바리새인들을 욕한 것처럼 주장한다. 그러나 여기서는 그런 경우가 아니다. 본문에서 우리가 접하는 것은 단지 헤롯이 그 사건을 그런 식으로 해석했다는 것뿐이다. 그러나 우리는 거기에서 바리새인 자신들이 보조금을 정치적인 성격으로 간주했는지 아니면 단지 자선의 행위로 자신들을 돕는 보조금으로 여기고 받았는지 알 수가 없다. 바리새인들이 자신에게 충성의 맹세를 하기를 거부했음에도 불구하고 헤롯이 그들에게 *단지* 벌금만을 부과했다는 사실은 여전히 헤롯이 바리새인들에게 호의를 가졌던 것임을 보여준다. 그런 거부는 실제로 정치적인 지도자에 대한 적대의 의미라기보다는 맹세하는 것 자체를 종교적인 이유에서 반대하는 것과 더 관련이 있었다.

언뜻 보면, *유대고대사* 17.2.4 §41-45은 좀더 우울한 상황을 보여준다. 바리새인들은 헤롯왕을 도와줄 수도 있었다. 그러나 그들은 헤롯에게 저항하고 해를 끼치려 했다(17.2.4 §41). 요세푸스는 율법을 엄격하게 해석하는 바리새인들이 어떻게 헤롯 궁정에 있는 *여인*들의 신임을 얻었으며, 어떤 식으로 그것을 궁정 안의 음모에 가담하는 발판으로 삼았는지 묘사한다. 그러나 이 본문을 균형 있는 시각으로 평가하려면 이전에 바리새인과 헤롯에 대해 요세푸스가 어떻게 기록했는지를 주목할 필요가 있다.

먼저 처음부터 헤롯은 산헤드린 공회원인 *바리새인* 사마이아스(Samaias)에게 유독 약했다. 예전 히르카누스 때, 헤롯이 살인 혐의로 산헤드린 공회에 소환되었을 때, 헤롯은 공회원들을 위협하기 위해 무장을 한 군사들을 이끌고 나타났다. 그때 단 한 사람, 사마이아스만이 그러한 위협에 대해 용기 있게 공개적으로 반박했다. 그 자리에서 사마이아스는 지금 헤롯을 제대로 처리하지 않으면, 이후 헤롯은 자신이 보호해야 할 히르카누스와 산헤드린 공회원들을 죽일 것이라고 예언했다. 이후 그 예언은 현실이 된다(*유대고대사* 14.9.4 §172-76). 나중에 예루살렘 포위 기간 중, 바리새인 폴리온(Pollion)과 그 제자 사마이아스는 그 도시를 헤롯에게 내어줄 것을 사람들에게 권유했다. 헤롯이 예루살렘을 차지하게 되었을 때 이 바리새인과 그 제자는 헤롯의 호의를 입게 되었다(*유대고대사* 15.1.1 §§ 2-4).[19]

일반적으로 바리새인들은 이러한 호의적인 태도로 인해 실질적인 도움을 얻었다. *유대고대사* 15.10.4 §§368-72에서 우리는 충성의 맹세를 거부한 이들이 어떤 박해를 받았는지를 본다. 그러나 바리새인 폴리온, 사마이아스 그리고 그 제자들은 대부분 계속해서 맹세를 거부했지만, 자비롭게도 벌금을 면제받았다(에센파처럼)! 17. 2. 4 §42에서 우리는 면제받은 사람이 약 6,000여 명이 넘는다는 사실을 보게 된다. 따라서 폴리온과 사마이아스의 태도는 (대다수의) 바리새인들을 대표한다고 볼 수 있다.

이러한 이유 때문에 적대적이냐 우호적이냐라는 주제는 바리새인과 헤롯과의 관계를 설명하는 데 적절하지 않다. 한편으로 바리새인은 미래에 대한 자신들의 예언과 비혁명적인 태도 때문에 헤롯의 호의를 누렸지만, 반면 하나님이 이스라엘에게 벌을 주시는 수단으로 활용하신 헤롯 왕과 친구가 되지는 못했다. 헤롯은 그 차이를 느낄 수 있었다. 미래를 예언하는 자들로서 바리새인은 헤롯에게 큰 공헌을 할 수 있었지만, 그들은 헤롯왕보다는 율법에 헌신된 자들이었기 때문에 헤롯은 항상 배신의 가능성을 의심했다. 이는 자신의 제수가 바리새인 대신 벌금을 내주었기 때문에 더욱 그러했다. 그에 대한 대가로 바리새인은 그녀에게 헤롯의 통치가 오래가지 않을 것이라고 예언했다.

17. 2. 4 §44에 따르자면 단지 몇 명의 바리새인만이 죽었다는 사실이 놀랍다. 분명 이들은 왕궁 내에서 음모죄를 저지른 바리새인들이었다. 그들의 내부 연결자는 내시 바고아스(Bagoas)였다(*ho pharisaios* in 17. 2. 4§44). 그러나 이 사건이 한 집단으로서의 바리새인에 대한 태도에 긍정적인 영향을 끼칠 수는 없었음이 분명하다.

그러므로 바리새인들은 헤롯을 방해하지 않았으며 아마도 헤롯이 권력을 행사하는 데 동조하고 있다는 인상을 그에게 주었을 것이다. 그러나 바리새인들의 동기는 종교적인 것이었다(하나님이 예루살렘의 죄를 벌하신다). 이런 이유 때문에 헤롯은 바리새인들이 사실상 자신을 받아들여 주긴 했지만, 진정한 동맹은 아니라는 생각이 들었을 것이다. 자신의 제수가 바리새인들이 낼 벌금을 대신 내주고 있다는 사실이 (궁정 내의 다른 의심스런 일들과 함께) 바리새인들에 대한 불신을 키우게 된 원인으로 작용했을 가능성도 있다. 일부 바리새인들이 궁정 음모에 가담했다는 사실이 발각되었을 때, 그들은 죽임을 당했다. 그럼에도 불구하고 이 일은 바리새파에 대한 전반적인 공격으로 들리지는 않는다. 또한 바리새파가 헤롯에 대해 적극적인 저항운동을 조직했다는 사실도 나타나지 않는다. 메이슨은 이 시기의 다른 자료들을 무시하고 *유대고대사* 17.2.4 §41에 지나치게 의존하고 있다.

2.2.3 오류에 빠진 분파

요세푸스는 유대전쟁사 2.8.14 §162-63에서 바리새파에 대해 묘사한다. 메이슨에 따르자면 요세푸스는 거기에서 바리새인들이 "율법을 정확하게 해석하고, 첫 번째 분파(first sect)를 잘못 인도하는 것처럼 보인다"라고 언급한다. 이는 요세푸스의 입장에서 바리새파를 단정적으로 비난한 것으로 추정된다. 바리새파는 경건한 체 할 뿐만 아니라(위의 논의를 보라), 또한 잘못 *인도되고 있는*(misled) 분파였다.[20)]

유대전쟁사 2.8.14§162(***kai tēn prōtēn apagontes hairesin***)에서 도입부의 두 번째 문장은 번역가들에게 난제였다. 본문의 *prōtē*("first")가 나이(가장 오래된 분파), 순위 (가장 영향력 있는 분파), 또는 단지 그저 *유대전쟁사* 2.8.2 §119에 있는 목록에서의 나열순서를 가리키는지(가장 먼저 거명된) 확실하지 않다. 메이슨이 선택한 것은 "가장 중요한"이다. 그러나 그렇게 함으로써, 그는 '***apagontes***'를 부정적인 단어로 해석한다. 만약 우리가 요세푸스가 반드시 바리새인이었다는 생각을 포기한다면, 그에 따르자면 본문은 다음과 같이 번역되어야 한다: "유대인 가운데 가장 뛰어난 사상 집단을 잘못된 길로 인도한."- 이것은 불행한 코멘트이다![21)] 그러나 당시의 정황에서 요세푸스가 그런 비난을 할 이유가 없으며 또한 이 간결한 언급에 대한 어떠한 설명도 없다. 헬라인 독자들이 "그 분파를 잘못된 길로 인도하고 있다는" 것을 어떻게 이해할 것인가?

132쪽 c단락에서 메이슨은 *유대전쟁사* 2.8.14 §162 도입 문장의 두 가지 요소가 이전에 언급한 것을 신중하게 요약해 주고 있다고 제안한다. (a) 바리새인들은 까다로워 보이지만 실제로는 *그렇지 않다*(*유대전쟁사* 1.5.2 §110: 알렉산드라에 관한 본문); (b) 바리새인들은 정치적 음모에 가담함으로써 자신들의 분파를 잘못된 길로 이끌었다(*유대전쟁사* 1.29.2 §571: 헤롯 치하에서 궁정 음모에 가담한 일부 바리새인들). 그러므로 헬라인 독자들은 요세푸스가 바리새인들이 어떻게 "자신들의 분파를 잘못된 길로 이끌었는지"에 대한 요약을 제공했다는 사실을 이해해야 한다. 메이슨이 제안한 해결책의 전제조건들은 정확하지 않다는 것을 마지막 단락이 보여주고 있다. 그러므로 그의 결론은 만족스럽지 못하다. *유대전쟁사* 1.29.2 §571은 바리새파의 전체적인 노선에 대해 어떠한 변화도 암시하고 있지 않기 때문에, 독자들은 2.8.14 §162 에서 잘못된 길로 인도된 어떤 당에 대해 읽을 때 그 본문이 1.29.2 §571에 있는 이야기를 참조할 것이라고 기대할 수 없다.

prōtē("처음")를 해석하는 데 있어서, 미첼(Michel)과 바우에른파인드(Bauernfeind)는 세 번째 가능성을 선택한다("처음 거명된"). 즉 요세푸스는 *유대전쟁사* 2.8.2 §119에서의 나열순서를 언급한다.[22] 요세푸스는 단지 바리새인들이 "가장 먼저 거명된 분파"일 뿐이라고 말하고 있다.

주장들: (1) 메이슨은 *apagein*을 "분리하다, 소외시키다, 형성하다"(라이나흐[Reinach]: 그들은 최초의 그리고 가장 오래된 분파를 설립했다.)로 번역하는 것이 가능하다고 여겼지만,[23] 그것을 일회성의 "설립허가서"로 이해해서는 안 된다고 생각했다. 분사apagontes는 과거의 단회적 사건을 지칭하는 것이 아니라(*apagagontes*) 지속적인 실체를 가리킨다. 그러나 만일 이 구절을 "최초로 거명된 분파를 구성하는(constitute)"으로 번역하면 문제가 없다. 이제 본문은 분리된 분파로서 사람들의 일부를 영속적으로 따로 떼어 놓는 것과 관계가 있다. (2) 이 구절은 도입부분과

들어맞는다. 실제적인 정보들은 앞으로 주어질 것이다. 그러나 요세푸스는 이 사람들에 대해 이전에 언급했던 것을 상기시킨다("그들은 율법 해석에 있어서 까다로운 것으로 유명하다," 참조, *유대고대사* 1.5.2 §110). 그리고 그는 그들을 자신이 에센파를 설명하기 이전에 유대고대사 2.8.2 §119에서 언급했던 두 분파들 중 첫 번째 것과 동일시한다. 에센파에 대해서는 2.8.2-13 §§120-61에서 상세하게 논했다. (3) *유대전쟁사* 2.8.14 §162의 시작 부분은 처음 두 분파를 상기시킨다; 바리새파는 그들 중 *전자*로 언급되며, 사두개파는 *두 번째 집단*(the ***deuteron tagma***, 2.8.12 §164)으로 언급된다. 사두개파와 관련하여 ***deuteron***을 사용한 것은 바리새인을 지칭할 때 사용된 ***prōtēn***이 유대전쟁사 2.8.2 §119에서 소개된 세 가지 분파들을 상기시킨다는 점을 확증한다.

그의 책 130-31쪽에서 메이슨은 *유대전쟁사* 2.8.14 §162에서 요세푸스의 첫 마디는 이미 2.8.2 §119와의 관계를 암시했다고 주장한다("[이전에 내가 언급했던] 두 집단 중에, 바리새파는 모든 것을 하나님과 그분의 섭리로 돌렸다"). 메이슨에 따르자면 그렇다면 요세푸스가 종속절에서 곧바로 이 구절을 반복할 이유가 전혀 없다("… 율법에 대한 꼼꼼한 해석가로 알려져 있으며 [내가 언급한] 최초의 분파를 설립한 바리새인 …"). 그러나 요세푸스는 에센파보다 먼저 언급한 적이 있는 두 분파를 다시 지적하면서, 이후 그들에 대해 *두 가지* 논의를 더 덧붙일 것이라고 말하고 있고, 그러면서 그 두 분파들 중에 바라새파가 *첫 번째*로 언급되었던 자들임을 가리키고 있는데, 메이슨은 그 사실을 간과하고 있다. (요세푸스는 마지막으로 언급한 에센파에 대해 먼저 논한다. 그러나 그는 앞서 언급했던 두 지파에 대해서는 처음에 소개했던 순서대로 논한다: 먼저 바리새인[*유대전쟁사* 2.8.14 §162] 그리고 나중에 사두개인[*유대전쟁사* 2.8.14 §164]).

2.3 요세푸스가 기록한 바리새파(결론)

메이슨의 연구결과와 그것에 대한 비판적 논평을 고려하면 다음의 상황이 그려진다:

바리새파 - 기원전 2세기경 이미 나란히 존재했던 세 분파들 중 하나(*유대전쟁사* 2.8.2 §119; *유대고대사* 13.5.9 §171; 18.1.2 §11; *자서전* [Life] 2 §10: 바리새파, 사두개파, 에센파). 보통 이 세 지파를 나열하는 순서는 바리새파, 사두개파, 에센파다. 그러나 *유대고대사* 18.1.2 §11는 예외다. 거기에서 요세푸스는 역순을 따른다. 그러나 뒤이은 설명에서는 다시 관례적인 순서로 되돌아간다. 이 순서는 반드시 각 지파들의 연륜과 관계가 있는 것은 아니다. 아마도 사람들의 삶에 있어서의 중요도의 순서를 의미할 지도 모른다. 때로 요세푸스가 에센파를 앞에 둔다면(*유대고대사* 18.1.2 §11의 목록, 또는 *유대전쟁사* 2.8.2 §§120ff에서의 설명), 이는 에센파에 대한 요세푸스 자신의 개인적인 존경심 때문이다.

주장/평판 - 바리새파는 율법을 해석하는 데 있어서(*유대전쟁사* 1.5.2 §110; 2.8.14 §162) 그리고 하나님을 경외하는 마음으로 율법을 준수하는 데 있어서 다른 이들보다 더 엄격했다. 그들은 성문율법뿐만 아니라 조상들의 전승도 존중했다(*유대고대사* 13.10.6 §297; 13.16.2 §408; 172.4 §41). 율법은 *바리새인들의* 전문분야였다(*유대고대사* 17.2.4 §41; 자서전 38 §191). 샌더스(Sanders)는 바리새인들이 구전 전승을 모세의 율법과 동일하게 여기지는 않았다는 입장을 고수한다: 그들은 단지 바리새인으로서 *자신들만의* 율법을 통해 유대교 내에서 자신들을 구분했을 뿐이다.[24] 헹겔과 데인즈(Hengel/Deines)는 이러한 주장을 철저히 반박한다.[25] 사두개인들과 달리 바리새인들은 율법의 문자적 의미에서 그

치지 않고 거기에서 그것이 암시하는 바와 결과들을 이끌어낸 후, 온 나라를 이러한 구전 전승 속으로 끌어들이려 했다. 그것만이 모세의 율법을 온전하게 보여주기 때문이다.

공적인 삶에 있어서의 영향력 - 바리새파는 부자들보다(부자들은 사두개파 쪽에 더 가까웠다. *유대고대사* 13.10.6 §298) 일반 대중들에게 더 큰 영향력을 끼쳤다(*유대고대사* 13.10.5 §288; 13.10.6 §298; 13.15.5 §§401-2; 13.16.1 §406; 특별히 도시들에서 그러했다. 18.1.3 §15). 심지어 사두개파도 (요세푸스 자신도 마찬가지였다. *자서전* 2 §12) 공적인 일을 하는 경우에는 대중들과의 마찰을 피하기 위해서 바리새인들의 규례들을 따라야 했다(*유대고대사* 18.1.4 §17).

율법 - 바리새인들은 사람을 가리지 않는 율법의 준수를 지지했다(알렉산드라 시대의 사형; 헤롯에 대한 바리새파의 태도); 바리새파는 타협에 참여하지 않았다(요한 히르카누스[John Hyrcanus]).

미래에 대한 지식 - 바리새파 내부에는 미래 예언의 가능성과 예언행위들을 받아들이는 경향이 있었다(*유대고대사* 15.1.1 §4; 17.2.4 §43).

교리 - 바리새인은 하나님과 그분의 섭리에 모든 것을 온전히 돌리는 것과 인간의 책임을 결합시켰다(*유대전쟁사* 2.8.14 §163; *유대고대사* 13.5.9 §172; 18.1.3 §13). 그들은 인간 영혼의 불멸성, 의인의 육체적 부활 그리고 경건하지 못한 자들의 영원한 고난을 믿었다(*유대전쟁사* 2.8.14 §163; 이를 *유대고대사* 18.1.3 §14의 약간 다른 표현과 비교해보라).

자세 - 바리새인들은 술 취하지 않으며 사치를 피한다(*유대고대사* 18.1.3 §12). 그들은 서로에게 선대하며 사회를 위한 공동의 선을 추구한다(*유대전쟁사* 2.8.14 §166). 그들은 처벌에 있어서 관대하다(*유대고대사* 13.10.6 §294).

제자들을 거느리며, 종교적, 윤리적 삶의 모범을 보여주는 기능을 한 분파 - 바릿새파는 일종의 그룹 혹은 분파의 특징을 나타냈다(거기에는 연령에 따른 계층적 구조가 있었다. *유대고대사* 18.1.3 §12; "이끌어 가는 [*prōtoi*] 바리새인"에 대한 언급이 있다. *자서전* 5 §21). 사람들은 그들의 가르침을 듣고 그들이 보여준 모범을 따랐다. 헤롯의 시대에 그 수는 약 6천여 명이었다. 어떤 바리새인들에게는 제자들이 있었다는 언급이 있다(처음에 요한 히르카누스는 바리새인의 제자였다. 유대고대사 13.10.5 §289; 폴리온과 그 제자 사마이아스, *유대고대사* 15.1.1 §3; 폴리온과 사마이아스 주위의 그룹, *유대고대사* 15.10.4 §370). 바리새인들 간에 추종자와 제자, 리더를 어떻게 구분했는지는 분명하지 않다. 때로 바리새인은 미래를 예측할 수 있는 자신들만의 선생을 가진 동료 집단을 형성한 것 같다. 사람들은 바리새파의 가르침과 카리스마 때문에 그들을 존경하고 보호했다. 바리새인이 규례들을 *온전히 준수*했으며 그것이 그들을 바리새인을 존경하는 자들과 구분시켜 주었다는 것이 사실인가? 누가복음 18:12에 따르자면 바리새인들은 행위를 엄격하게 규제하는 일에 관심이 있다. *유대고대사* 18.1.3 §§12, 15는 바리새인의 교리뿐만 아니라 그들의 *삶의 방식*에 대해서도 말하고 있다. 사람들은 이렇게 율법을 엄격히 준수하는 자들에 대한 존경심으로 가득 찼다. 왜냐하면 자신들은 바리새인들이 지키는 높은 수준의 엄격함(*akribeia*)에는 미칠 수 없었기 때문이다.

개별적 다양성 - 모든 바리새인들이 같았던 것은 아니다. 요한 히르카누스 때에 엘르아살(Eleazar)이라는 못된 인격과 악한 혀를 가진 바리새인이 있었다(*유대고대사* 13.10.5 §§291-92). 헤롯의 때에는 많은 바리새인들이 궁정 음모죄를 저질렀다(*유대고대사* 17.3.1 §46). 바리새인들은 정치적으로 공격적인 셀롯파와는 전혀 달랐지만(*유대고대사* 18.1.6 §23), 갈릴리 사람 유다는 여전히 사독이라는 이름의 바리새인의 지원을 받았다(*유대고대사* 18.11 §4). 바리새인 시몬 같은 그런 유명한 사람도 뇌물을 제공함으로써 요세푸스를 갈릴리의 지휘관 자리에서 물러나게 하려는 노력을 서슴지 않았다(*자서전* 38-39 §§191-96). 그리고 최소한 세 명의 다른 바리새인들이 이 음모에 가담했는데(*자서전* 39-40 §§197-203), 거기에는 심지어 암살 시도까지 포함되어 있었다.

결론 - 요세푸스가 한 분파로서 바리새인들을 그다지 긍정적으로 판단하지 않은 이유는 그 자체로서는 부정적이지 않은 어떤 부분에서 발견된다. 요세푸스는 바리새인들의 그 어떤 비도덕적 행위(몇몇 개인적인 경우를 제외하고는)보다는 (정치적) 타협에 대한 그들의 비현실적 거부 때문에 바리새인들을 비난한다. 바리새파의 힘은 극도로 엄격한 삶의 방식, 전통에 따른 그와 같은 율법 중심의 삶을 전파하는 것, 그리고 예언의 은사에 놓여 있었다.

자신의 책에서 메이슨은 바리새파에 대해 한편으로는 요세푸스가 한 부정적인 말, 그리고 다른 한편으로는 신약에서의 비판을 동일한 것으로 다루는 태도에 대해 옳게 경고한다. 우리가 앞으로 보게 되듯이 신약은 요세푸스가 제시한 긍정적인 일면을 본질적으로 확증해준다.

3. 바리새파에 관한 랍비 문헌

3.1 랍비 문헌에 나오는 바리새인

랍비 문헌에 등장하는 바리새인들을 다루는 연구 가운데 현재 가장 활발히 논의되고 있는 것은 리프킨(Rivkin)과 노이스너(Neusner)의 연구이다. 이 두 학자의 연구 결과는 거의 정반대이기 때문에 우리는 이 두 연구를 각각 따로 살펴볼 것이다.

3.1.1 리프킨(Rivkin)

비록 리프킨의 연구는 랍비 문헌으로 제한되어 있지 않지만, 그의 연구의 초점은 바로 거기에 맞춰져 있다. 리프킨의 경우 주제에 대한 저자의 긍정적인 헌신은 매우 분명하다. 서문에서 그는 바리새인들이 그렇게도 존중한 두 종류의 율법 전통(* 성문율법, 구전율법 - 감수자) 속에서 자신이 어떻게 부모에게 교육받으며 성장했는지를 설명한다. 자신의 연구에서 리프킨은 또한 유대교 내에서 조용한 혁명을 일궈낸 바리새파에게 찬사를 보낸다. 바리새인은 어떤 헬레니즘 개념들을 유대교에 통합시킴으로써 보존과 개선 사이의 균형을 유지했다. 그들은 이 두 종류의 율법에 끝까지 신실하게 남은 모든 자들에게 영생과 부활이라는 형태의 개별적인 보상을 약속했다.[26)]

리프킨의 연구는 바리새파가 의식적 정결함을(구체적으로 *Hagigah* 2.7) 더 엄격하게 지키기 위해 '암 하아레츠'(*am-ha-aretz*, 땅의 백성들)와 자신들을 분리하는 폐쇄적인 분파로 묘사되는 것에 대해 반박한다. 이러한 부정적 모습은 *페루심*(*Perushim*, 분리된 자들)이라는 이름에 의해 뒷받침 되었던 것으로 추정된다. 바리새인들은 *하베림*(*haberim*)과 동일했던 것이 틀림없다.[27)] 리프킨이 폐쇄된 밀교적(esoteric) 단체로 그려진 바리새인의 모습에 대해 반박할 때, 그런 모습의 주요 출처가 되는 자료들을 살펴보았을 것이라는 사실은 말할 필요도 없다: 그것은 랍비 문헌이다.

리프킨은 먼저 요세푸스와 신약에 대해서 논한다. 이 두 가지 근거자료에 대해 리프킨은 다음과 같이 결론을 내린다:

1. 요세푸스에 따르자면 바리새인들은 나름대로의 철학을 가진 학파(*hairesis*)를 형성했다. 바리새인들에게는 대다수 일반인들의 지지가 있었다. 하이레시스(*hairesis*)는 다음과 같은 특징이 있었다. (1) 율법의 전문가적 해석, (2) 절제와 합리성에 대한 호소, (3) 의(*dikaiosynē*)와 덕(*aretē*)에 대한 헌신, (4) 상호성과 우애의 증진, (5) 죽음 이후 상벌에 대한 믿음. 또한 인간에게는 선택의 자유가 있지만, 결과는 부분적으로 운명에 의해 결정된다는 것. 리프킨은 요세푸스 자신이 바리새파에 속했을 것이라는 사실을 받아들인다.[28]

메이슨과 비교해보면 바리새파에 대한 리프킨의 묘사는 다소 아첨하는 듯한 인상을 보여준다. 이것이 가능한 이유는 요세푸스가 참조했다고 여겨지는 자료 속에 상당한 정도의 반바리새파적 영향력이 작용했다는 사실을 리프킨이 받아들이기 때문이다(예를 들면 알렉산드라 이야기에서).[29] 그는 한편으로는 바리새인의 행동유형과 다른 한편으로는 종교적 신념 사이를 구분한다. 요세푸스는 후자를 동정적이면서도 긍정적으로 묘사하고 있다. 바리새인들은 주로 이중적 율법(성문율법, 구전율법)의 옹호자들이었다. 이는 행동 유형이 논제로 등장할 때마다 고려해야 한다. 그들의 행동은 신념으로부터 영감을 받은 것이었다. 그들은 분명 원리원칙에 따라 행동할 준비가 되어 있었다. 그러나 그것이 어느 정도로 문제의 시발점이 되었는지는 판단하기 어렵다. 왜냐하면 어떤 자료들은 편향된 시각을 가지고 있기 때문이다.

2. 신약에서 리프킨은 바울로부터 시작한다. 바울 자신이 바리새파를 따르는 사람이었다. 바울을 통해 우리는 바리새인들이 전통을 보존하고, 의를 위해 싸우는 데 있어서 열심이었다는 사실을 배운다. 여기에 덧붙여서 공관복음서는 바리새인들이 이스라엘 백성들의 존경을 받았으며, 대단한 권력을 행사했고, 통치자들과 소통했으며, 예수가 전통을 무시한 것 때문에 예수를 반대했고, 최초의 그리스도인들을 박해했으며, 출교를 통해 그리스도인들을 회당으로부터 내쫓았다는 사실을 알려준다. 리프킨은 신약에서 율법사, 서기관, 율법교사, 또는 위선자들과 같은 명칭들이 바리새인이라는 명칭과 어느 정도 일치한다는 사실에 주목한다. 이러한 명칭들은 모두 다른 그룹들을 가리키는 것이 아니다. 여기에서 리프킨은 바리새인을 '하카밈'(*hakamim*)으로 간주하면서 랍비 문헌에서 추려낼 것들에 대한 준비작업을 한다.

3. 랍비 문헌에서는 이름에 대한 질문이 즉시 논의의 주제가 된다. 오직 여기에서만 우리는 히브리어 '페루심'(*perushim*)을 발견한다. 그러나 "분리주의자"를 의미하는 이 단어를 언제나 바리새인과 동일시할 수 있을까? 확실히 이 단어가 바리새인을 지칭하지 않는 부분들이 있다. 가설로서, 리프킨은 *페루심*(*perushim*)이라는 단어가 '제두킴'(*Zedukim*, 사두개파)와 직접 또는 간접적으로 대비될 때, (분리주의자로 일컫는) 바리새파를 지칭한다고 추정한다. 그는 더 나아가 '페루심'(*Perushim*)이라는 이름이 때로 *하카밈*(*hakamim*)으로 대치된다는 것을 관찰한다. 그는 또한 *하베림*(*haberim*; [분리된] 구성원들)이 또 하나의 집단을 형성한다는 것을 보여주려고 한다. 그러므로 *페루심*(*perushim*) 이나 *파루쉬*(*parush*)가 바리새인과 아무런 관계가 없는 본문을 제거한 후에, 그는 다음의 설명에 이른다:

바리새인들은 이중적 율법(성문율법과 구전율법)을 옹호한 법률가 집단이었다. 그들은 성문율법만을 인정한 사두개파에 대해 반대했다. 그들의 *할라카(halakah*; 삶에 관한 규례 체제)는 모든 영역에서 작동한다(예배, 재산, 법, 절기, 속죄의 날에 대제사장의 행동 등). 그들은 자신들의 교리와 행동을 통해서 이 *할라카(halakah)*를 발전시켰다.

"바리새인"이라는 이름은 사두개인과 대조해서 구별할 때만 사용했다. 다른 모든 상황에서 바리새인은 *하카밈(hakamim*; 지혜로운 자들) 또는 *소페림(sopherim*; 서기관들)으로 불린다. *페루심(perushim)*이라는 이름에는 부정적인 의미가 내포되어 있다. 사두개인의 관점에서 *하카밈(hakamim)*은 "분리주의자, 이단자"이다. 그러므로 실제 이름의 사용에 관해 알아볼 때, 랍비 문헌은 바리새인들에 대해 언급할 것이 거의 없다. 바리새인이라는 이름은 단지 사두개파에서 그리고 그들과의 충돌 속에서 (어떤 사람이나 집단에 대한) 적대적인 욕의 필요성 때문에 사용되었을 뿐이다. 그러나 사실 전체 *미쉬나(Mishnah)*는 바리새인의 교리에 대한 정보의 원천이다. 바로 이곳에서 이들 *하카밈(hakamim)*과 *소페림(sopherim)*의 *할라카(halakah)*를 발견할 수 있다. 시몬 벤 셰타(Simon ben Shetah), 셰마야(Shemaya) 그리고 압탈리온(Abtalion), 힐렐(Hillel) 그리고 샴마이(Shammai), 요한 벤 자카이(John ben Zakkai), 그리고 라반 감리엘(Rabban Gamliel) 등은 모두 또한 사두개인들이 *페루심(perushim)*이라고 경멸한 *하카밈(hakamim)* 의 대표자들이다.[30]

바리새인과 서기관 사이의 관계가 어떤 것이었든지 간에 리프킨은 바리새인의 범위를 상당히 넓게 설명한다. 그리고 그는 어째서 이 그룹이 요세푸스와 신약에서 아무 거리낌 없이 '바리새파'(*Pharisaioi*)라고 불리는지 제대로 설명하지 못한다: 만약 페루심(*perushim*)이 실제로 사두개인이 사용한 비난의 용어였다면 이는 이상한 일이다. 그리고 미쉬나(Mishnah) 내에서 사두개인과의 논쟁에 대한 설명에서는 리프킨이 묘사한 분파에 대해 *하카밈(hakamim)*이라는 보통의 용어 대신 폄하하는 명칭인 *페루심(perushim)*을 사용할 필요가 전혀 없었다.

3.1.2 노이스너(Neusner)

노이스너는 매우 다른 그림에 도달하게 된다.[31] 리프킨은 본문을 있는 그대로 받아들이는 반면, 노이스너는 문학적, 역사적 비평을 랍비 문헌에 적용할 것을 주장한다. 약 150여 년 동안의 성경 연구 방법론을 탈무드 연구에도 적용해야 한다는 것이 그의 주장이다. 그러므로 노이스너의 저작들은 전통적 자료의 분석, 원자료에 대한 검토, 그리고 편집에 대한 평가로 구성된다. 이는 심오한 세분화와 상당한 회의를 불러일으킨다. 이렇게 근거자료를 풀어헤치는 작업의 이면에 있는 동기에 관심이 있는 사람들에게는 그의 책 '랍비 전승'(Rabbinic Traditions) 제3부의 부록("Bibliographical Reflections")을 읽을 것을 추천한다. 여기서 노이스너는 유대교와 기독교계에서 나온 여러 출판물들을 검토한다. 그리고 그런 논의는 노이스너 자신의 방법론을 보여준다. 그는 수많은 유대인 저자들이 모든 탈무드 자료들을 아무런 분별없이 역사적인 것으로 받아들인 것 또는 그들의 작품들에 있어서 지나치게 변증법적으로 접근한 것에 대해 비판한다. 그는 기독교 작가들이 랍비 문헌에 대해 무지한 것, 그리고 종종 그들이 율법적이며 메마른 유대교라고 여기는 것과 관련하여 반유대교적 편견이 있는 것에 대해 비난한다. 또한 샌더스(E. P. Sanders)의 동정적인 개신교적 시각에 대해서도 별로 달가워하지 않는다.[32] "바리새파에 대한 과학적 연구의 역사는 19, 20세기의 유대교와 기독교의 역사와 분리해서는, 유럽과 미국의 유대교 사회학과 분리해서는, 그리고 이 두 종교 전통 간에 존재하는 상호관계를 떠나서는 이해할 수 없다"라는 그의 주장은 옳다.[33] 부록 부분 전체는 고통 받는 인간의 정신으로 가득하다. 오직 330쪽에서만 잠시 햇빛이 비친다. 거기에서 노이스너는 탈무드와 헬라 문학을 비교하는 피셸(H. A. Fischel)의 작품을 호평한다. 그는 여기에서 풍성한 연구결과에 대한 가능성을 깨닫고, 한 예로서, 헬라 세계에서의 '*크리아이*(the *chriai*)'의 기능에 대한 논문에 대해 말한다. (* *Chriai*[단수형: *chria*]는 헬라어 단어로서 수사학 전문용어이다. 이것은 한 단어를 중심으로 짜여진 짧은 이야기로서 어떤 철학자 혹은 스승이 말한 것이다. 어떤 학자들의 의견에 따르자면 나중에 예수의 말씀에 역사적 정황이 부가되었으며 그것이 결국 크리아이가 되었다고 한다. - 감수자) 여러 랍비 언급에 대한 다양한 전승들은 하나의 동일한 철학적 선언의 다양한 *chriai*와 비교될 수 있다. *chriai*에 대한 언급들이 탈무드 연구서 그리고 복음서에 관한 현대 출판물에 동시에 나타난다는 사실은 흥미롭다.

예상했던 것처럼, 노이스너는 리프킨보다 훨씬 더 진지한 그림에 도달한다. 노이스너는 자신의 요약에서[34] 방법론적으로 바리새인에 관한 랍비 전통으로만 연구범위를 제한한다. 여기에서 그는 기원후 70년 이전의 두 대가들의 이름, 혹은 샴마이파 (Shammai)와 힐렐파(Hillel)를 언급한다. 이것은 약 655개의 단락들에서 뽑은 대략 371개의 항목들로 구성된다. 대다수는 힐렐과 그의 주위 사람들에게서 나온다(75%). 모든 자료의 약 67% 정도는 음식과 관련된 법, 식사 동안의 의식적인 정결함, 그리고 예식적으로 정결한 소비에 적합하도록 시행되는 농사법 등을 다룬다.[35]

노이스너의 분석 중에 가장 충격적인 결과는 바리새인과 관련한 랍비 전통이 전체적으로 바리새인들을 "자신의 삶, 율법, 그리고 당파간 갈등에 관한 자기중심적인, 분파의 내부 기록"(self-centered, the internal records of a party concerning its own life, its own laws, and its own partisan conflicts)으로 특징짓는다는 주장이다.[36] 여기서 눈에 띄는 것은 공적인 또는 정치적인 사건과의 어떤 관계도 부재하다는 것이다! 이들 랍비 자료들은 헤롯 치하의 마지막 때 그리고 그 이후 이어진 로마 통치 기간 동안에 살았던 바리새인들을 설명한다. 당시 그들은 비정치적인 단체였다. 그들의 주목적은 "(성전 음식이 아니라) 세속적 음식을 먹는 것과 관련해 의식적 정결성을 잘 보존하는 것," 그리고 "당시의 음식과 관련한 율법을 준수하는 것"이었다. 자신들의 분파를 적절하게 조직하는 것은 부차적인 문제였다.[37)]

요세푸스와의 대조는 고려할 만하다. 그러나 노이스너에 따르자면 요세푸스는 바리새인을 주로 하스몬가(Hasmoneans) 치하의 모습으로 묘사한다. 당시 바리새인의 위치는 달랐다. 반면 공관복음서의 바리새인들은 이들 랍비들과 어느 정도 유사점을 보여준다(십일조, 정결함, 안식일, 맹세, 기타). 정치적으로 활동하던 분파가 정결함을 유일한 초점으로 삼는 의미 없는 내향적 지파로 축소된 것은 힐렐파에 의한 것이었다. 바리새인들은 제사적 성결성을 온 백성에게 확장시키기 위해 노력했다("거룩한 제사장"). 아마도 힐렐은 만일 바리새파가 하스몬가 때처럼 다시 한 번 정치에 간섭하기 시작한다면 로마 통치 하에서 살아남지 못할 것이라 생각했을 것이다.

3.1.3 리프킨과 노이스너의 비교

우리가 바리새인을 관찰할 때 먼저 리프킨, 그리고 나서 노이스너를 통해 바라보면 마치 우리가 (정통적인, 그러나 내향적인 유대인, 주로 음식 관련 규례와 안식일에 대해 관심을 두는) 동일한 사람들을 완전히 다른 눈으로 바라보는 듯한 느낌이 든다. 리프킨은 전통 유대교를 단순히 존경하는 사람이지만, 자신 또한 정통 유대인인 노이스너는 유대교 자체의 문학과 역사에 관한 유대교 내의 순진함에 대해 비판적이다. 그러나 노이스너 역시 자기 자신이 거기에 속한다는 사실로부터는 도망칠 수 없는 것처럼 보인다. 비록 다른 사람이 그러는 것에 대해서는 그 자신이 날카롭게 비판을 하지만 말이다. 어째서 노이스너는 우리의 근거자료가 오직 야브네(Yabne) 와 웃사(Usha)라는 필터를 통해 걸러진 문제들만을 다루고 있고, 또 기원후 70년 이후와 관련이 있는 것이라고 여겨지기 때문에 자신의 자료가 1세기 바리새인에 대해 어떤 의미 있는 것을 말해 주기에는 적절치 못하다고 결론 내리지 않는가?

만일 노이스너의 방법론이 정확하다면 랍비 자료들은 역사적 바리새인을 재구성하는 데 있어서 사실상 거의 아무런 의미도 없을 것이다. 결국 그가 *정통성이 있다*(authentic)고 보는 전승들은 1세기의 역사적 상황을 제시하고 특징화하는 데 있어서 *완전하다*(complete)는 사실이 단 한 번도 확증되지 않았다![38] 요세푸스에 대한 노이스너의 관점과 랍비 문헌에 대한 그의 연구는 마치 오른손과 왼손처럼 들어맞는다는 사실이 이제 명백해진다.

비록 노이스너는 1세기의 바리새인이 (불행하게도) 공관복음서(그들의 자료가 시대착오적이지 않는 한)의 바리새인과 닮았다는 결론을 내리지만, 우리는 그럼에도 불구하고 신약 전체가 다른 모습을 제시한다는 리프킨의 결론에 동의해야 한다(바리새인들에게는 막강한 영향력이 있었고, 정치지도자들과 접촉했으며, 외향적인 집단이었다).

3.2 소타(Sotah) 3.4

그러나 우리는 놀라운 사실에 직면한다. 리프킨과 노이스너의 그 모든 차이점에도 불구하고 두 학자는 모두 랍비 문헌 중 상당 부분의 본문을 고려하지 않고 제외시킨다로 종종 그리스도인들이 사용한 본문들): 리프킨의 경우에는 바리새인을 지칭할 때 *perushim*이 사용된 본문의 수를 엄격하게 제한하기 때문이며, 노이스너의 경우에는 양식비평과 편집비평의 사용으로 인해 1세기 경의 많은 자료들을 고려대상에서 제외했기 때문이다.

이들 자료 가운데 하나를 여기서 다룰 것이다. 미쉬나(Mishnah) *소타(Sotah)* 3.4의 선택은 이 본문이 (관련한 게마라[Gemara]와 함께 [* 게마라는 미쉬나의 주석이다. - 감수자]) 바리새인에 대한 신약 비평의 평가에 사용된 방식과 관련이 있다. 신약은 바리새인을 지나치게 부정적인 관점으로 바라보고 있는가? 성경 외 자료에서 바리새인들은 훨씬 더 긍정적으로 등장한다. 실바(Silva)는 분명 모순되어 보이는 근거자료에 관한 문제를 다루었다. 그는 신약이 바리새인에 대한 "비공식적 일반화"(informal generalizations)를 포함하고 있다고 암시한다. 실제로 예수의 비판은 바리새파의 단지 *일부*만을 향한 것이었다. 그러나 자신의 수사법에서 예수는 마치 자신이 말하는 것이 모든 바리새인에게 적용되는 것처럼 말한다. 그리고 실바(Silva)는 랍비 자료가 또한 바리새인들의 다양성을 드러낸다고 주장한다. 선한 바리새인도 있었지만 악한 바리새인도 있었다.[39] 바우커(Bowker)의 관점도 비슷하다. 예수의 비판은 좀더 광적인, *페루심(perushim)*이라는 분리된 단체를 향한 것이었으며 대다수 정통 율법교사와 경건한 사람들을 향한 것이 아니었다. 이후 복음서 전통에서 *파리사이오이(Pharisaioi)*라는 지칭은 이들 대다수 집단을 지칭하는 말로 잘못 사용된다. 그에 따라 소수 열성분자들과 예수가 부딪혔던 구체적인 측면은 사라지고 오해가 발생하게 되었다.

이러한 이론을 뒷받침하면서, 실바는 '소타'(*Sotah*) 3.4를 지적한다. 이것은 민수기 5장의 질투로 인한 제사를 다루는 *나쉼(Nashim)*에 등장하는 글이다. 비텐하르트(Bietenhard)는 문제의 미쉬나를 다음과 같이 번역한다:

> "그는(랍비 여호수아[Jehoshua]) 이렇게 말하곤 했다: 거룩한 척하는 무식한 남자, 영리한 악당, 바리새적인[*perusha*] 여인, 바리새인들[*Perushim*]이 가하는 충격 - 보라, 이것들이 세상을 황폐화시킨다."[40]

그러나 노이스너의 번역에서, 바리새파와의 연계는 사라졌다.

> 그는 (R. Joshua) "어리석은 성자, 영리하지만 정직하지 못한 놈, 금욕적인 여자, 절제하는 자들(*perushim*)이 가하는 충격 - 보라, 이들이 세상을 지치게 만든다."라고 말하곤 했다.[41]

'소타'(*Sotah*) 3.4 본문에 대한 예루살렘 탈무드를 노이스너가 번역한 것도 마찬가지로 동일하다: "절제하는 여인"(An abstemious woman) 그리고 "절제하는 자들이 가하는 충격"(blows of abstainers)[42]

이 본문을 더 확실하게 파악하기 위해서는 그 배경을 이해해야 한다. 이 논의는 여자의 "공덕"(merits)이 그녀가 질투의 물을 마셨을 때 그녀가 부어올라 죽지 않도록 그녀를 인도할 수 있는가라는 질문에 관한 것이다. 시므온은 공덕이 심판에 대한 보호의 역할을 할 수 있으며 그러므로 공덕이 그녀가 질투의 물을 마실 때 그녀를 보호할 수 있다고 진술했다. 그러나 시므온의 이론과는 반대로, 만일 그것이 사실이라 하더라도, 물을 마시고 여전히 건강한 여자들도 평판이 나빠질 수 있다는 주장이 있다. 심지어 실제로 여인이 간음을 저질렀다 하더라도 여인은 공덕 때문에 건강하게 남을 수 있다는 사실이 알려질 때, 물을 마신 후 건강하게 남아 있는 것을 통해 받는 면죄는 결국 그 가치가 줄어든다. 랍비는 말한다. 공덕은 단지 그 결과를 뒤로 미룰 수 있을 뿐이다. 그 저변의 전제는 공덕이 1, 2년 또는 최대 3년의 연기를 가져올 수 있다는 것이다. 이러한 이유 때문에 당신의 딸에게 토라(장점!)를 가르치는 것이 중요하다. 엘리에셀(Eliezer)은 자신의 딸에게 토라를 가르치는 자는 마치 딸에게 성적 만족감을 가르치는 것과 같다고 말한다. 조슈아(Joshua)는 성적 만족감이 없이 부요한 것보다 마른 빵을 먹더라도 성적 만족감이 있는 게 낫다고 말한다. 그리고 나서 앞서 인용된 미쉬나가 이어진다.

그러므로 여기서 논의의 요점은 간음에 대한 의심과 관련하여 여자들에게 토라 공부가 얼마나 유용한가 하는 것이다. 한편으로 토라 연구는 여인에게 공덕이며 하나님이 그녀의 간음을 알아차리지 못해서가 아니라 토라 공부 때문에 단지 그녀에게 내릴 벌을 연기해 주셨다는 깨달음을 줄 수 있다. 반면 그것은 진정 단지 시간 낭비일 뿐이다. 어떤 여자가 성적 충족감을 위해 기꺼이 많은 것을 희생하고 큰 위험을 감수하려 한다면, 토라 공부는 그녀에게 오로지 함정에 빠지지 않도록 도와줄 뿐이기 때문이다. 전승이 원래 지녔던 진정한 의도와는 *반대*로 그녀는 토라 연구가 공덕으로서 처벌을 연기해줄 수 있다는 지식을 활용할 것이다. 그러므로 모든 것에는 양면성이 있다.

이와 관련해, 서로 속하지 않는 두 개의 것들이 한 사람 안에서 발견될 때 일어나는 불행에 관한 속담이 있다. 바빌로니아 탈무드처럼 예루살렘 탈무드는 좋은 것(거룩, 영리함, *perusha, perushim*)들이 그것들과 맞지 않은 것(무지, 악당, 여자, 타격)과 결합할 때 무너진다는 것을 설명하기 위해 예들을 사용한다. 토라를 배웠으면서도 간음을 저지르려는 여인은 마치 세상을 멸망시키는 다음의 네 부류와 같다.(잠언과 비교하라)

1. 물에 빠진 사람을 구하기 전에 먼저 자신의 성구상자(tefillin)를 풀어놓기를 원하는 성자: 물에 빠진 사람을 뭍으로 데려왔을 때에는 그는 이미 죽었을 것이다. 또는 첫 무화과를 발견하지만 무엇이든 첫 열매는 먹지 않으려는 성자. 그는 그 무화과를 주어버리기 위해 다음 사람을 쫓아간다. 그런데 그 사람은 다른 사람과 약혼한 소녀이다! 그는 자신을 고통스런 상황에 몰아넣었다.

2. 영리한 악당은 자신에게는 쉬운 규칙을, 다른 사람들에게는 엄격한

규칙을 적용하는 사람, 또는 샴마이와 힐렐에게서 오로지 쉬운 규칙만 취하는 사람이다.

3. "절제하는 여인" (금욕적인, 엄숙한 여인)은 레아처럼 앉아서 암시적으로 성경을 인용하는 사람이다(창 30:16). 이 여인은 남편에게서 아들을 얻기 위해 값을 지불했다. 그러므로 그녀는 "차갑거나"(cool) 또는 심지어 "냉랭하다"(frigid). 아마도 이것이 "냉랭한 여인"(a frigid woman)이라는 말의 의미일 것이다. 이어지는 논의는 야곱이 이 사실을 알았다는 것을 보여준다. "그녀의 마음 속에 있는 *유일한* 생각은 부족의 창설자를 낳으려는 갈망이다."

4. *페루심(perushim)*의 충격은 예상치 못한 방향에서 오는 충격이다. *페루심(perushim)*은 그러한 일격을 가할 가능성이 가장 적은 사람들이다. 예를 들어 상속인들에게 그들의 땅에서 과부들을 몰아내라고 충고하는 토라의 권위자들이다. 또는 최저생활 수준으로 사는 학생들에게 주는 보조금을 박탈당하게 하기 위해 일부러 그런 학생들에게 선물을 주는 동료학생들이다.

이 모든 논의는 다음과 같은 결론을 내리기 위한 합리적인 케이스이다. 즉 언급되고 있는 것은 *바리새적*(Pharisaic) 충격이나 *바리새적* 여인이 아니라 율법을 엄격하게 준수하는 사람들로부터의 전혀 예기치 못했던 충격과 너무 겸손한(소외된, 지나치게 얌전한) 태도를 지닌 여인이라는 것이다.[43)]

바빌론 탈무드는 어떤가? 여기에서 우리는 친숙한 일곱 종류의 *페루심*뿐만 아니라 그들에 대해 얀네우스 왕(Jannaeus)이 말한 어떤 것을 상기시키는 것을 발견한다. 이 역사적 발언이 *바리새*파를 떠올리게 하는 것 같다.

바벨론 탈무드(Soncino)의 영역본은 "바리새인의 *역병*(*the plague* of the Pharisees)"을 번역할 때 미쉬나를 제대로 옮기지 못한다. 히브리어 본문에서 미쉬나 본문은 뚜렷하게 복수형이다: "*페루심(Perushim)*의 *타격들*(blows; 복수형)" 이는 매우 중요하다. 단수 형태의 번역은 "역병"이라는 번역과 결합하여 *페루심* 자신들이 바로 역병 자체라는 인상을 준다. 그러나 여기서 논하고 있는 것은, 그들로부터는 사람들이 오직 이해할 수 있는 행위만을 기대하는 *페루심*들로 인하여 야기된 "충격들"(blows)이다.

다음의 일곱 그룹들은 "엄격한"(the strict) 사람들, 혹은 일반인들과 거리를 두며 "고상한 체하는 자들"(the prudish)로 쉽게 간주될지 모른다. 여기서 관심거리는 바리새인의 분파가 아니라 "그럼에도 불구하고 당신을 공격할지 모르는, 엄격한 율법 준수자들"에 대한 좀더 구체적인 묘사이다.

1. **Shikmi.** 세겜 사람(The Shechemite). 이런 류의 사람은 마치 세겜 사람들처럼 할례는 받았지만 그의 행위는 이스라엘을 '해롭게 한다.' 왜나하면 그가 율법을 지키는 숨겨진 동기는 딸을 빼앗고 불법적인 언약을 이용하는 것이기 때문이다.

2. **Nikpi.** 그의 발뒤꿈치를 함께 부딪힌다(Knocks his heels together). 이는 아마도 노예와 같은 복종 또는 군대에서와 같은 복종을 드러내는 엄격한 율법 준수자들을 말할 것이다. 그러한 노예나 군인들은 종종 당신 뒤에서 험담을 한다!

3. **Kizai.** 랍비 나흐만 벤 아이작(Rabbi Nachman b. Isaac)은 이것

을 다음과 같이 설명한다: 그는 자기 피가 벽에 흐르도록 한다. 무의미한 일. 그는 *애꿎은 장소에서* 죽은 순교자다.

4. **Pestle.** 랍비 벤 쉴라(Rabbi b. Shila)는 말했다. "회반죽을 빻는 절구와 같은 사람." 경건한 사람이지만 그러나 당신은 그를 피하는 것이 현명하다. 그에게는 다른 이들에 대한 배려가 없다.

5. **두드러지는(Obtrusive).** 그는 계속 "이제 내가 무엇을 해야 합니까?"라고 묻는다. 좋은 질문이다. 그러나 그는 우리를 지치게 한다.

6. **관심을 가진(Interested).** 그는 토라를 공부한다. 그러나 그것은 하나님께 잘 보이고 보상을 받기 위해서이다. 그는 "이것이 나에게 어떤 유익이 있을까? 내가 어떻게 해야 유익을 얻을까?"라는 질문을 계속 함으로써 비이기적인 토라 학습을 엉망으로 만든다.

7. **비겁한(Faint-hearted).** 토라를 연구하지만 그것은 단지 벌받는 것을 피하기 위한 수단이다. 그것은 순수한(학문적인) 연구를 방해한다. 그럼에도 불구하고 6과 7은 비이기적인 토라 학생으로 발전할 수 있다.

이들 일곱 그룹은 사람들 가운데서 사역하는 종교교사들과 윤리학자들의 오랜 경험에 기초한 것이다. 당신은 당신의 추종자가 되기를 원하는 사람들을 다루다가 상처를 받는다. 그러나 그것은 적절치 못한 방법으로 그들을 다루기 때문이다.

우리에게 얀네우스(Jannaeus)를 떠올리게 하는 결론 부분은 "엄격한 사람들의 분파"(바리새파)에 대한 특별한 언급 없이 번역할 수 있다. *pe-*

*rushim*과 대조되는 자들이 대항하는 다른 분파가 아니라 *비페루심(non-perushim)* - 엄격하지 *않은* 자들 - 이라는 사실이 충격적이다. 알렉산드라는 겸손하게 사는 사람들이나 방탕하게 사는 사람들은 두려워할 필요가 없다. 그러나 그녀는 엄격한 자들을 흉내 내는 자들은 두려워해야 한다. 그들의 행동은 미디안 여인과 간음했던 시므리(Zimri)와 같다. 하지만 그들은 시므리를 죽인 비느하스가 받았던 그런 존경을 원한다.

이 일곱 가지 것들이 부분적으로는 모두 바리새파에 해당되는 것이긴 하지만, 그것들 중 하나를 집어서 이것이 "*바로 그*(the) 바리새인"의 모습이라고 말할 수 있는 것은 없다. 여기서 초점은 "*유사(pseudo)* 바리새인"이다.

결론: '소타'(Sotah) 에서의 인용은 바리새인의 교리와 실천에 관한 질문과 관련이 없다. 슈템베르거(Stemberger)는 얀네우스(Jannaeus)에 대한 본문은 나중에 누군가에 의해 추가된 것인데, 그 사람은 페루심이 등장하는 다양한 본문들을 바리새인에 대한 언급으로 잘못 이해했다고 주장한다.[44] 이 '소타'(Sotah) 본문을 신약과 관련하여 사용하는 것은 옳지 않다. 예수는 율법을 유사하게 또는 사이비적으로 엄격하게 지키는 척하는 바리새인들을 대상으로 말한 것이 아니라 바리새파 그 자체를 놓고 말씀하신 것이기 때문이다. 그가 비공식적인 일반화(informal generalizations)를 얼마나 사용했는지는 신약 자체의 주석에 의해 결정되어야 한다.[45]

4. 바리새파에 대한 신약의 기록

4.1 근거자료의 특별한 성격

언뜻 보면 바리새인들은 역사상 처음부터 일관되게 그리고 전반적으로 예수에게 적대적이었다는 인상을 준다. 이런 개념은 신약이 원래 주로 바리새인에 관한 것이 아니라 예수의 생애와 가르침에 관한 것이라는 사실에 기원을 둔다. 신약은 예수가 상당히 자주 바리새인들과 대화를 나누었으며, 바리새인들은 적대적인 의도를 품고 예수를 따라다녔다는 것을 보여준다. 그러나 예수와 예수를 적대한 바리새인들과의 특별한 *관계*는 역사적 사실을 바탕으로 바리새인을 있는 그대로의 모습으로 묘사하는 데 완전무결하게 알맞은 것은 아니다.

우리는 이를 신약 안에서 보게 된다. 신약에는 바리새인에 대한 일반적인 언급이 거의 없지만, 몇몇 구절들은 그들에 대해 언급하고 있는데, 그것들은 항상 긍정적이다.

노이스너는 신약의 자료를 아무런 색채 없이 사용하는 것에 대해 매우 강한 반대 의견을 내놓는다.[46] 노이스너는 신약의 문헌들이 서기 70년 이후 (야브네[Jabne] 회의를 통해) 영향력이 생긴, 후대의 바리새주의를 예수의 역사에 다시 역으로 투사했다고 생각한다. 그러므로 우리가 복음서에서 만나는 것들은 예수 시대의 바리새인들이 아니라 1세기 후반부 기독교 교회와 충돌했던 바리새인들이라는 것이다. 그럼에도 불구하고 노이스너는 자신이 해석한 랍비 문헌처럼 신약 역시 기원후 70년 이전의 바리새인들을 어떠한 정치적 영향력도 없는, 십일조와 의식적 정결성에 관한 율법에 관심을 집중시킨, "식탁교제의 분파"(a table-fellowship sect)로 묘사하고 있다고 결론 내린다.[47] 그러나 이것은 노이스너가 발전시킨 기원후 70년 이전의 바리새인의 모습을 확증하기 위해 *어떤* 신약 자료를 사용하면서, 다른 한편으로는 그러한 묘사에 들어맞지 않는 모든 신약 자료들을 시대착오적이라고 버리는 것이 옳은 일인지 질문하게 만든다.

베르거(Berger)에 따르자면,[48] 예수와 바울 시대의 바리새주의는 보호적, *방어적(defensive)* 차원의 '정결함/신성함'의 개념이 *공격적인(aggressive)* '정결함/신성함'의 개념으로 대체되었다는 점에서 이전의 바리새주의와 달랐다. 의식적으로 정결한 사람은 이제 자신의 환경을 정결하게 *만들며*, 따라서 이제 환경으로부터 보호될 필요가 없다. 그러므로 죄인들과 어울리고 이방인에게 복음을 전파하는 것이 특별한 의미를 갖게 된다. 오직 나중 단계에 이르러서, 확립된 교회 공동체 내에 이러한 공격적인 신성함이 거의 남아있지 않게 되었을 때, 기독교회 내에서 다른 형태의 바리새주의가 부활한 것이다. 복음서들 속에서 볼 수 있는 갈등 전승들은 바로 이 시기에서 유래한다.[49]

4.2 바리새인 바울

빌립보서 3:5에서 바울은 자신을 "율법으로는 바리새인"(*kata nomon Pharisaios*)이라고 부르며, 이것을 (자신의 유대적 배경과 할례와 마찬가지로; 빌 3:4b, 7) 자신이 쉽게 자랑할 수 있는 속성 가운데 하나로 여긴다. 그러나 바울은 이러한 속성들에 대한 신뢰를 포기했다. 그것들이 왜곡되었다는 사실을 깨달았기 때문이 아니라 자신이 그보다 훨씬 더 소중한 보물(그리스도)을 받았다는 것을 깨달았기 때문이다(빌 3:8). 바울은 그리스도의 은혜를 통해 자신이 가졌던 이전의 *자기 확신*이 부당한 것이라는 사실을 깨닫는다. 비록 그는 오직 선한 것에만 초점을 두고 살아왔지만 말이다(심지어 기독교 공동체를 박해한 자신의 죄스러운 행위도 하나님의 백성을 위한 선한 목적이라는 열정에 근거한 것이었으며, 무지의 죄로 간주되어야 한다). 이방인을 위한 사도로서 오랜 세월 사역을 한 후에도 바울은 여전히 산헤드린 공회 앞에서 자신을 바리새인이라고 소개한다(행 23:6: "*나는* 바리새인이요"). 바울은 여전히 죽은 자의 부활을 고백한다! 그리고 아그립바 왕 앞에서 변론할 때, 바울은 "내가 우리 종교의 가장 엄한 파를 따라 바리새인의 생활을 하였다고 할 것이라"라고 말한다(행 26:5). 비록 이제 바울에게는 율법을 엄격히 지키는 것보다 훨씬 더 중요한 것이 주어졌고, 이제는 육신을 신뢰하지 않는 법을 배웠지만, 자신의 뿌리가 바리새파에 있다는 사실은 전혀 부끄러운 과거가 아니다. 오히려 바리새파 그 자체는 존경심을 갖고 언급할 수 있는 것이다!

만일 바울이 이제는 그리스도인으로서 바리새인들을 위선자들의 집단으로 보게 되었음에도 불구하고, 자신이 바리새파의 일원인 것에 대해 계속해서 전적으로 긍정적으로만 말할 수 있었다면, 그것은 이상한 일일 것이다.

4.3 바리새파 그리스도인

자신이 가진 바리새인으로서의 과거 배경과, 현재 그리스도인으로서의 삶 사이에 의식적으로 어떤 연속성을 유지한 사람은 바울만이 아니었다. 예루살렘 교회에는 바리새인이면서 동시에 그리스도인인 사람들이 있었다. 사도행전 15:5에서 우리는 그리스도인이 된 일부 바리새인들이 회심한 이방인들도 할례를 받아야 한다고 주장하는 장면을 보게 된다. 모든 믿는 바리새인이 전부 그렇게 주장한 것은 아니고 단지 그들 가운데 일부였다. 그러므로 *바리새파의 일원으로서* 기독교 공동체에 속한 그리스도인들이 적지 않았다. "바리새인" 이라고 구체적으로 거명하고 있지는 않지만, 그들은 분명 믿음을 갖게 되었고, 율법에 대해 열심이었던 수천 명의 유대인 가운데 일부였다(행 21:20). 비록 아무도 몰랐지만 니고데모가 그들의 선배가 아니었던가(요 3:1; 7:50; 19:39와 비교하라)? 어쨌든 예루살렘에 있던 율법에 열심인 이들 수천여 명의 그리스도인들은 비록 직접적으로 바리새파에 속하지 않았을지는 모르지만 바리새파를 *지지했다*(sympathized). 그러나 그렇다고 해서 이들이 잘못된 자기 확신과 오만

함 그리고 특정한 구습들을 깨지 못했다는 말은 아니다. 그들은 "거듭난" 바리새인들이었다.

"바리새파 중에 [어떤 믿는 사람들이]"(*tōn apo tēs haireseōs tōn Pharisaiōn*)라는 표현은 그들이 바리새파 *출신이지만* 그리스도인이 되기 위해 바리새파에서 탈퇴했다는 의미로 해석할 수는 없다. 그들이 그리스도인이라는 사실은 전치사 *apo*(…로부터, …출신)의 사용으로 나타나는 것이 아니라 분사 *pepisteukotes*(믿은 자들)을 통해 드러나는 것이다. 그들은 바리새파의 일부였다(그리스도인들을 *hoi apo tēs ekklēsias* [직역하면 '교회출신의 사람들']로 지칭하는 사도행전 12:1과 비교하라). 그러나 이들은 *예수를 믿게 된* 바리새인들이었다.

샌더스(Sanders)는 매우 다른 입장을 취한다.[50] 자신의 두 저서에서 그는 누가가 바리새인들에게는 양면적 태도를 지녔던 반면 유대인들에 대해서는 부정적인 태도를 지녔다고 주장한다. 이는 누가가 지니고 있던 반유대적 감정이라는 *배경*을 뜻하지 않게 드러낸다. 이것은 여전히 율법과 할례를 옹호한 상당수 유대 *그리스도인들*에 맞서 싸운 배경으로 인한 결과다. 한편으로 이들 유대인 그리스도인은 이방 그리스도인과 가깝지만, 반면에 그들은 위선자들로서 그들과 대척점에 서 있다. 어떤 의미에서 누가복음의 바리새인들은 가장 가까우면서도(그리스도인이기에) 동시에 그들이 *유대적으로(Jewish)* 남아있기 때문에 가장 큰 거리감을 느꼈던 유대 기독교인들을 투사한 것이다. 이것이 바로 누가의 기록에 "반유대적 정서"(anti-Semitism)가 어느 정도 남아있는 원인이다.

바리새인 니고데모는 바리새파와의 관계를 끊을 필요는 없었지만, 분명 요한의 세례를 받아들이고, 하늘에서 오시는 자가 주실 약속된 성령세례를 기대함으로써 거듭날 필요가 있었다(요 3:3, 5, 12-16). 바리새인 니고데모가 그리스도 안에서의 하나님의 사랑을 거절한다면, 그가 무슨 일을 행하건 (겉으로는 아무리 좋아 보여도) 그 모든 것은 자기 확신으로 왜곡되어 있기 때문에 그는 심판을 받게 된다(요 3:19). 그러나 만일 그가 믿음으로 그리스도를 영접하면, 그가 하는 모든 행위(선한 행동)는 진실로 *하나님을 통해 행한 것*(done through God)이 된다(요 3:21).

4.4 바리새인과 그리스도

바리새인에 대한 평가는 예수가 돌아가시기 이전 시기에도 본질적으로 다르지 않았다. 바리새인들은 이스라엘 백성들의 존경을 한 몸에 받았다. 그들에 대한 두려움(awe) 때문에 아무도 감히 예수를 주로 고백하지 않았다(요 12:42). 예수 자신은 율법교사들과 바리새인들의 가르침에 동의한다(마 23:3). 그리고 예수가 제자들의 의가 율법교사와 바리새인들의 의보다 더 커야 한다고 말할 때(마 5:20), 그것은 바리새인들이 가장 의로운 집단이라는 사실을 암시한다.

물론 예수가 바리새인과 사두개인의 가르침에 대해서 경고한 것은 사실이다(마 16:12). 그러나 일반적으로 그것은 바리새파의 일반적인 *교리*를 지칭하는 것은 아니다(여기서 다른 가르침을 따랐던 사두개인들도 바리새인들과 함께 하나로 묶여서 다루어진다). 예수는 당시 두 집단 모두가 사용했고 이스라엘 백성들에게 적극적으로 전파되고 있던 구체적인 비난(예수는 하늘나라에서 온 것이 아니며 그는 바알세불과 한패로서 기적을 행하고 있다는 비난)에 대해 말하고 있다. 그들은 이것을 널리 전했으며 그것이 바로 바리새인들이 예수에게 와서 *하*늘에서 온 표적을 보여달라고 하면서, 자신들에게 이를 반박해 보라고 도전한 이유이다(마 16:1). 예수가 그들의 설명 또는 가르침에 대해 경고한 것은 바로 이러한 맥락 가운데 위치한다.[51]

마태복음 5:20은 열등한 의에 관한 내용이 아니다. 마태복음 5:17-48은 율법과 선지자의 의를 선한 것이라고 말한다. 그러나 이제 예수는 율법과 선지자가 요구하는 것들을 초월하는 완전함을 요구하신다. 율법교사와 바리새인은 "옛 사람에게 말한 바"(모세의 법)가 요구하는 모든 것을 행하는 것에 있어서 극도로 엄격하다. 이것이 바로 그들이 말하는 의이다. 그러나 이제 예수는 모세의 율법을 뛰어 넘는 계명을 주었기 때문에 온전한 하나님의 자녀가 지니는 의는 이스라엘 기준의 - 율법교사와 바리새인의 의 - 완벽함을 뛰어 넘어야 한다. 그러므로 마태복음 5:20은 이 집단에 대한 어떠한 비판도 포함하지 않는다. 그러나 그것은 그리스도의 명령이 완전하신 하나님께로 가는 여정에 있어서 사람들을 훨씬 더 먼 곳까지 인도함을 분명히 설명한다.

바리새인과 세리에 대한 비유는 바리새인이 모든 면에서 옳은 일들을 행함을 보여준다. 그런 전제가 없다면 이 이야기는 아무런 의미가 없다. 그러므로 중요한 문제는 바리새인 가운데 어느 누구도 (니고데모 같은 몇몇 예외를 제외하고는) 예수를 진정으로 믿지 않는다는 사실이다(요 7:47-48).

열두 제자 가운데 바리새인이 한 명도 포함되지 않았다는 사실이 예수가 그들을 무시했다는 의미는 아니다. 열두 제자 가운데는 통치자, 제사장, 사두개파 또는 에센파도 없었다. 그리스도는 우리가 하늘나라로 인도되는 것이 하나님의 자비하심 때문이지 인간의 지위 때문이 아님을 보여주기 위해 낮고 천한 사람들을 선택하셨다. 그러나 후에 이 메시지는 부자와 바리새인들을 *포함한* 모든 이스라엘 백성에게 전파되었다. 열두 제자를 구성함에 있어서 예수는 어떤 사람들이나 집단을 무시한 것이 아니다. 예수의 요점은 *모든 사람*을 겸손과 믿음의 길로 인도하는 것이다.

충돌을 가져온 것은 그들이 예수를 거절한 것 때문이었다. 바리새파에 속한 것이 그 자체로 나쁜 것은 아니었다. 사실 예수에게 있어서, 당시 이스라엘 중에서 예수 자신이 성취하러 오신 성경에 바리새파보다 더 친근했던 집단은 없었다고 할 수 있다. 그러나 이 바리새파가 예수를 반대했을 때, 그들은 스스로 하나님의 아들로부터 멀어졌으며 그에 따라 자신들의 뿌리(하나님의 말씀)에서도 멀어졌다. 이런 충돌의 분위기를 만든 것은 바리새파의 특성이 아니라 바로 요한의 뒤를 이은 자 때문이었다.

이것은 몇 가지를 살펴보면 분명하게 드러난다.

1. 여러 번 바리새인들은 사두개파나 헤롯당과 함께 거명된다. 갈등으로 치닫게 된 것은 *한 당*의 왜곡성(perversity) 때문이 아니라 그들이 공통적으로 요한의 세례를 거절한 것 때문이다(마 3:7). 그리고 예수는 누룩에 관한 경고 - 가르침 - 를 바리새인과 사두개인 모두에게 동시에 주신다(마 16:1, 6, 11-12). 다른 곳에서 예수는 바리새파와 헤롯당의 가르침을 한꺼번에 언급한다(막 8:15). 언젠가 예수께서 그에게 덫을 놓으려고 질문을 한 사두개인들을 잠잠하게 만드시자, 바리새인들은 바로 뒤를 이어 또 다른 질문으로 미끼를 던진다(마 22:34). 마치 바리새인과 사두개인이 동일한 목적을 놓고 서로 분투하고 있는 것 같다. 그들은 또한 때때로 예수를 죽이거나(막 3:6; 마 12:14) 질문으로 덫을 놓으려는 시도에서(막 12:13) 헤롯당의 도움을 요청한다. 아마도 바리새인들이 예수에게 베레아(Perea) 지방을 떠나라고 압력을 행사한 것도 또한 바리새파와 헤롯당 사이의 공조에 기초하고 있을지 모른다(눅 13:31). 그리스도의 수난 마지막 기간 동안 우리는 또한 바리새파와 대제사장 사이의 협력을 자주 보게 된다(마 21:45; 27:62; 요 7:32, 45; 11:47, 57; 18:3).

2. 예수의 초기 사역 때, 바리새파와 충돌한 것은 *예수*가 아니었다. 충돌은 바리새인이 적대적으로 된 다음에야 시작되었다. 바리새인이 예수에 대해 품었던 적대감은 율법에 대한 그들의 순수한 열정과 자신이 하나님의 아들, 교사 그리고 구원자라는 예수의 주장에 대한

부인이라는 두 가지 복합적 원인에 기초한다. 이는 예수가 세리, 죄인들과 함께 식사를 한 것에 대해 바리새인이 비판한 것을 보면(음식과 관련한 율법, 그리고 정결예식과 관련한 율법을 어겼을 가능성 때문에, 마 9:11), 그리고 세례 요한의 제자들 및 바리새인들과 비교했을 때 어째서 예수의 제자들은 거의 금식을 하지 않았는지 묻는 것을 보면 분명해진다(마 9:14; 막 2:18; 눅 5:33). 그리고 식사하기 전에 손을 씻는 것에 대해 질문할 때, 그들은 전승에 대한 예수의 태도에 대해 의심을 품고 있었던 것이다(마 15:12; 막 7:3을 보라). 바리새인들이 예수를 고소하기 위해 힘을 모으려고 했을 때, 문제가 된 것은 안식일에 관한 율법을 범하는 것이었다(마 12:1; 막 2:24; 눅 6:2 그리고 눅 6:7). 그들은 예수가 행한 대단한 기적들을 부인하지는 않았지만, 때로 예수가 율법을 범하는 모습을 보였기 때문에 예수의 권능은 바알세불에게서 나온 것이 틀림없다고 생각했다(마 9:34). 이러한 확신으로 인해 바리새인들은 예수의 몰락을 위해 점점 공격적으로 나서게 된다. 이혼에 관한 예수의 논란의 여지가 있는 발언에 대해 질문함으로써 그들은 예수와 군중들 사이를 이간질하고 있다(마 19:3; 막 10:2). 그리고 하늘 나라의 도래에 관해 예수에게 질문함으로써 바리새인들은 예수와 세례 요한이 단지 환상을 쫓고 있음을 분명하게 보여주고자 한다(눅 17:20). 이후의 질문들의 이면에서도 예수를 고소하거나, 그로 하여금 인기를 잃게 만들기 위해 덫을 놓으려는 의도를 엿볼 수 있다. 간단히 말해서 바리새인들은 계시에 기초하여, 자신들은 예수를 시험하고, 정죄하며, 죽여야 할 의무가 하나님께 대하여 있다고 생각했다.

3. 한 번 이상 예수는 바리새인의 식사 초대를 받았고, 그것을 받아들인다(눅 7:36-39; 11:37-38; 14:1).

4. 바리새인들과 서기관(누가복음에서는 종종 율법교사[*nomodidaskaloi*])들이 자주 협력했다는 것은 서기관들이 바리새인들의 반대를 전적으로 합법적이며 율법에 맞는 일로 여겼다는 사실을 암시한다(마 12:38; 15:1; 막 7:1, 5; 눅 5:17; 6:7; 7:30; 11:53; 14:3; 요 8:3). 이들 율법교사들 가운데 일부는 또한 바리새인들의 입장에 동조한다(막 2:16; 행 23:9와 비교하라). 그러나 "율법교사"라는 범주 자체가 바리새파와 일치하는 것은 아니다(율법의 해석은 주로 제사장들과 레위인들의 일이다).

5. 바리새인들 안에서도 예수가 진정으로 하나님에게서 온 자인지에 대해 의견이 분분한 경우가 있다(요 9:16). 이는 바리새인들이 *이미 정해진 규범들에 따라* 행동하기 원한다는 사실을 증명한다. 바리새인이었던 가말리엘이 사도들과 관련해 의문을 품고 있었던 것에 대해 살펴보라(행 5:38-39).

6. 누가복음 16:14에서 바리새인들이 돈을 좋아한다고(*philarguroi*) 말했을 때 그것은 그들이 사치스러운 삶을 산다는 의미가 아니었다(사실 요세푸스는 우리에게 바리새인들이 사치를 거부했다고 말한다). 그것은 젊은 부자의 경우에도 지적 받았던 어떤 약점을 가리킨다. 그러나 그것은 어떤 특정한 약점은 아니었으며, 또한 예수에 대한 반대의 이유도 분명 아니었다. 그 외에는 복음서에서는 *바리새파 자체에* 관한 부정적인 언급은 찾아볼 수 없다.

훨씬 더 충격적인 것은 마태복음 23장에서 율법교사들과 바리새인들에게 하신 예수의 거친 말씀들이다. 그것은 또한 누가복음 13장에서 바리새인들에게 하셨던 말씀과 비교될 수 있는데 그 말씀 다음에 예수는 비난의 범위를 율법교사들에게까지 넓히셨다. 그것은 바리새인들의 구체적인 행동에 대한 반응으로서 하신 말씀이었다; 예수의 이 언급들은 바리새파에 대한 일반적 그림을 그리기 위해 사용하기에는 적합하지 않다. 이제 균형추는 좀더 부정적인 쪽으로 기운다. 왜냐하면 바리새인은 지도층으로서의 특권을 부여 받았음에도 불구하고 분명하고 단호하게 예수를 거절했기 때문이다. 그렇게 함으로써 그들의 모든 일들은 가치를 잃게 된다. 더 큰 자(the Greater)를 통해서 더 작은 자들을 부요케 하는 대신, 그들은 주인(Master)을 거절했고 이제 이 작은 일들이 그들의 몰락의 원인이 된다. 마태복음 23장은, 그 내용을 여기서 논할 수는 없지만, 이 사실을 확증한다.[52)]

4.5 그리스도와 바리새인 사이의 갈등의 뿌리

그리스도와 바리새인 간의 충돌은 (전승에 근거를 둔) 바리새인들의 외형중심적 종교, 그들의 궤변, 왜곡된 성경 해석, 그리고 율법을 마치 구원으로 가는 길처럼 사용한 것 때문에 피할 수 없었던 것이 아닌가?

대다수 성경 독자들에게 있어서, 마태복음 23장에서 예수가 하신 말씀의 뜻이 단지 사람들은 율법교사와 바리새인들이 가르치는 모든 것에 따라서 살아야 한다는 의미였다고 생각하는 것은 불가능하다. 어쨌든 예수는 제자들이 시장에서 돌아온 후 손을 씻지 않은 채 식사했다는 사실에 대해 바리새인들이 예수에게 도전했을 때, 바리새인의 전통을 냉혹하게 비판하지 않았는가? 예수는 맹렬하게 역설적으로 대답한다: “너희가 너희 전통을 지키려고 하나님의 계명을 잘 저버리는도다”(막 7:9). 예를 들어 예수는 고르반(하나님께 드리는 제물)의 규칙에 대해 언급한다: 어떤 물질을 하나님께 바치기로 맹세하면, 그것은 더 이상, 예를 들어, 어머니나 아버지를 돌보는 데 사용될 수 없다. 그렇게 해서 그들은 제 5 계명(“네 부모를 공경하라”)을 피해 간다! 그리고 이것은 그것만 없었다면 흠

없는 것이 되었을 곳에 생긴 옥의 티와 같은 것이 아니다: "너희가 … 이같은 일을 많이 행하느니라"(막 7:13). 그러나 예수의 비판은 전통 그 자체를 향한 것이 아니라, 전통에 의해 수립된 규칙을 하나님의 율법에 반하는 방식으로 함부로 사용하는 관행에 대한 것이다. 고르반 규정은 선하다: 한 번 주님께 바쳐진 것은 사람을 위해 사용되어서는 안 된다. 그러나 이러한 규칙이 부모에 대한 의무를 피하기 위해 악용될 때, 그것은 하나님의 계명을 무시한 채 전통을 지키는 꼴이 된다. 같은 방법으로 바리새인들은 그리스도, 하나님의 아들을 제거하기 위해, 시장에서 돌아온 후 식사를 하기 전에 손을 씻는 규례를 악용한다. 규례에서 파생된 전승이 그 근본 즉 하나님과 그분의 계명을 대적하게 된다. 그러나 동시에 고대 전승 *그 자체가* 유효한지의 여부는 전혀 논의의 대상이 되지 않는다.

그러므로 안식일을 둘러싼 갈등에서 예수는 안식일에 음식을 준비해서는 안 되며, 따라서 이삭도 주워서는 안 된다는 규칙에 동의하는 것처럼 보인다(막 2:23-28; 마 12:1-8). 예수는 제자들의 일탈행위에 대해 논란이 된 계명 자체를 무시하는 것이 아니라, 그러한 계명이 자신을 위해 존재하며, 바로 자기 자신 - 하나님의 아들 - 이 내린 계명에 종속되어 있다고 선언함으로써 제자들을 변호한다. 그러므로 예수는 또한 마태복음 23:3에서 사람들은 율법교사와 바리새인들이 가르치는 *모든 것에* 순종해야 한다고 *일반적으로* 말할 수 있었다. 심지어 마태복음 23장에서도 우리는 예수의 비판이 선한 일을 행할 때의 *태도*를 향하고 있다는 것을 깨닫는다: 이웃에 대한 동정심이 없는 것과 다른 사람들의 칭찬을 즐기는 것(마 23:4-7). 결국 그런 태도는 당시 그들이 행한 *나쁜 행실*로 이어진다: 예수에게 대항하기 위한 운동, 비방, 덫을 놓기 위한 질문, 다른 지도자들과의 공모, 등등.

처음에는 바리새파의 정직한 헌신(하나님의 백성의 구체적인 삶 가운데서 성경의 계명들을 적용하려는 열정)으로 출발했지만 거기에 후대 전승의 규칙들을 원래의 계명들에 반하여 사용하는 것, 우월감을 갖는 것, 이웃 사랑이 없는 것 등의 증상들이 함께 덧붙여지게 되었다. 세례 요한이 온 이스라엘 백성들에게 자신의 죄를 인정하고 회개하라고 요구했을 때, 바리새인들과 다른 지도자들은 자신들은 선하므로 거기에 해당되지 않는다고 여겼다. 그들은 자신들이 아브라함의 자손인 것과, 자신들이 행한 선한 행위들을 신뢰했다. 이러한 자기확신으로 인해 바리새인들은 예수 그리스도를 통한 용서의 은혜를 받아들이지 못했다. 그러므로 지도자들, 특히 바리새인들의 일반적인 태도와 그들이 예수를 거부한 것 사이에는 본질적인 관계가 있다. 그러나 마치 율법에 대한 그들의 열정과 그들이 결의법적 윤리(casuistic ethics; 즉 조상들의 전승)를 발전시킨 것 자체가 바로 그들의 잘못된 부분인 것처럼, 그러한 관계에서 잘못된 가르침을 찾으려는 시도는 옳지 않다. 또한 예수가 바리새인들이 구약을 왜곡되게 해석한 것을 책망했다는 암시는 어디에도 없다. 바리새인이 넘어진 원인은 정통파로서의 바리새인의 구체적인 특징과 직접 관련이 있는 것이 아니라 오히려 바리새인 이외의 다른 지도자들이나 부유한 사람들에게도 걸림돌이 되는 좀더 일반적인 인간의 속성, 즉 하나님 앞에서의 자기확신과 관련이 있다.

4.6신약에서 제시하는 바리새인(결론)

신약은 바리새인의 사회적 지위와 종교적 목적에 대해 요세푸스가 제공하는 자료들을 강력하게 확증해 준다. 1세기경의 바리새인들은 주로 의식적 정결성에만 초점을 둔 내향적 분파였다는 노이스너의 이론은 신약에 나오는 1시기경의 자료들에 근거해서 거절되어야 한다. 바리새인에 대해 예수가 부정적으로 선포한 것은 바리새파 자체, 또는 율법에 따른 의에 대한 그들의 열심을 부정적으로 판단해서가 아니라, 서기 30년경 바리새파가 가장 위대한 선지자(세례 요한)에게, 그리고 자신의 백성을 부르러 이 땅에 오신 주님(예수)에게 등을 돌렸다는 사실에 기인한다. 그 결과 일어난 갈등에서, 예수는 바리새인 안에 감춰져 있던 치명적인 약점을 드러낸다: 그것은 자신들의 선행에 대한 '신뢰'(trust), 그리고 그들의 '교만'(pride)이다. 그럼에도 불구하고 우리는 사도행전에서 예수가 승천하신 후 많은 바리새인들을 믿음의 길로 부르신 것을 보게 된다. 그들 중 가운데 하나가 바로 다소의 바울이다. 그러나 세상에 계신 동안, 예수는 성경을 사랑한다는 점에서 자신과 가장 가까웠던 바로 그 사람들에게서 오히려 도전과 위협을 받으셔야 했다. 예수에게 고난을 안겨준 자들은 이스라엘에 있는 하나님의 원수가 아니라 바로 하나님의 친구들이었다! 그에게 속한 자들이 예수를 알지 못했다. - 바리새인도, 제자들 중 많은 이들도, 가룟 유다도 그를 알지 못했다. 그리고 결국에는 심지어 가장 가까이 있던 친구들조차 예수를 버렸다. 그러나 그 후 예수는 자신의 사역에 대한 보상으로 그들을 받았다. - 일부는 다시, 그리고 또 다른 이들은 처음으로 예수에게 속한 자가 되었다.

5. 바리새인: 원래부터 그리스도의 적이었는가?

바리새파 그 자체는 원래부터 그리스도의 적이 아니다. 예수는 반 바리새파가 아니다. 그러나 예수가 오심으로써, 심지어 가장 의로운 것의 심장부에서도 자기보존, 이기주의, 교만 그리고 자기확신 같은 악이 어떻게 거할 수 있는지가 드러난다. 바리새인과 예수의 충돌은 구속사에 있어서 매우 특별한 - 이미 지나간 - 순간이다. 이제 바울은 우리 편에 속해 있다. 그리고 바울 혼자만이 아니다. 바리새파의 일원이라 하더라도 거듭남이 없이는 구원받을 수 없다는 사실이 이제 분명해졌다. 그러나 이것은 바리새파의 일원이라는 *그 자체* 때문에 바리새인이 아닌 자보다 신앙 자격이 더 부족하다라는 주장과는 매우 다른 것이다. 하나님이 주신 율법에 대한 바리새인들의 사랑과 열심을 고려하면, 그들은 으뜸이 되었어야 했다!

타나크(Tanakh, * 구약성경을 부르는 유대인들의 명칭 - 감수자), 미쉬나(* 바리새파의 구전율법을 서기 200년 경에 문서화한 것 - 감수자), 그리고 탈무드(* 미쉬나와 이에 대한 주석서인 게마라를 합본한 책 - 감수자)에 의해 양육된 유대 정통주의는 (공적 활동에 대한 바리새파의 좀 더 공격적인 성향은 제외하고) 여러 면에서 바리새파의 계승자로 볼 수 있다. 이것이 사실인 한, 우리는 이 정통주의를 평가하는 데 있어서 다음과 같은 사실을 무시할 수 없다. 즉 바리새파가 타나크의 가장 위대한 선지자(세례 요한)와 타나크에서 예언하고 실제로 세상에 오신 그 분, 즉 주님의 사자, 예수 그리스도, 하나님의 아들을 의도적으로 무시함으로써 역사적 연속성이 완전히 다른 모습을 띄게 되었다는 것이다. 정통 유대교와 기독교는 율법적인 또는 결의론적인 바리새인의 유산에 의해 구분되는 것이 아니라, 요한 이후에 오신 바로 그분에 의해서 구분된다. 그리스도인은 바리새주의를 거부하지 않는다; 많은 면에 있어서 기독교인들은 바리새주의의 상속자들이다. 그리스도인의 임무는 그리스도를 선택하는 것이다. 오직 그분만이 그들 - 바리새인들과 헬라인들 - 을 그분의 긍휼하심 안에서 영단번에(once and for all) 진정한 상속자, 아브라함의 자손으로 만들 수 있다!

Appendix 2

에녹1서 37-71장 그리고 에스라4서 13장에서 말하는 인자

에녹1서는 전체가 에티오피아 번역본으로만 알려져 있으며 모두 5부로 구성되어 있다. 2부 37-71장은 보통 그곳에서 발견된 가장 특징적인 자료에 근거해서 "비유들"(parables) 또는 "우화들"(similitudes)로 알려져 있다. "우화" 부분에서는 "인자"에 대해서 어느 정도 규칙적으로 언급하고 있다. 이 "인자"는 다니엘서 7장에 근거한다. "인간과 같은 어떤 이(someone like a man)"가 하나님 앞으로 인도함을 받을 때(46:1), 에녹은 이 "인자"가 누구인지 묻는다(46:2). 그는 모든 지혜의 근원이며 장차 오실 심판자였다(46:3-8). 이 인물은 이어지는 장들(48; 62-63; 69-71)에서도 규칙적으로 등장하며 때로는 "선택받은 자"(39-40; 45; 51-53; 55; 61-62) 또는 "기름부음 받은 이"(48; 52)라는 명칭으로 나타난다.

일부 학자들은 이들 본문이 신약에 대해 중요한 의미를 지닐 가능성을 전면적으로 부인한다. 그들이 주장하는 근거들은 다음과 같다.

1. 에녹의 비유들(the Parables of Enoch)이 기독교 시대가 시작된 이후에 기록된 것이라면, 그것들은 신약과 그 어떤 직접적 관련성도 가질 수 없다. 쿰란 문서에서 에녹1서의 다른 부분은 발견되었지만 에녹의 비유

들이 빠져 있다는 사실 때문에 일부 학자들은 이 부분이 좀더 후기에 생성된 것이 틀림없다고 결론을 내린다. 그러나 이러한 결론이 절대적인 것은 아니다. 그러나 비유들이 기록된 시기는 여전히 풀기 어려운 문제로 남아 있다. - 그것들은 기원전 마지막 세기에 기록되었는가 아니면 그 이후에 기록되었는가?[1]

2. 만일 인자를 에녹과 동일시한다면 에녹의 비유들(the Parables of Enoch)은 신약이 인자에 대해 언급하는 방식에 대한 직접적인 배경을 제공하지 못할 것이다. 71:14에서 에녹은 (천국으로 인도된 직후) "너는 인자다"라는 말을 듣는 것처럼 보인다.[2] 그러므로 최근에 간행된 책들에서 "인자"는 에녹을 지칭하는 이름이지, 기다리고 있는 구세주에 대한 명칭이 아니라는 제안이 가끔 등장했다.[3] 찰스(Charles)는 본문을 "개선시키고"(improving) 이 본문을 "*이 사람이* 인자다"(*This* is the son of man)라고 번역함으로써[4] 이러한 동일시를 피하려고 했다. 인자와 에녹의 이런 동일시 때문에[5] 다른 이들은 70-71장을 좀더 오래된 전승으로 또는 다른 나머지 부분들과는 달리 나중에 추가된 것으로[6] 간주하는 쪽을 선택했다. 그러나 아이작(Isaac)은 71:12에서 "인자"라는 어구가 이 단락을 번역할 때 보통 사용된 것과는 좀 다른 에티오피아 단어들을 사용한다는 사실을 지적한다. 그리고 그는 어떠한 본문 교정 없이 "너, 인자야 … "(Thou, son of man)라고 번역한다.[7] 그러나 블랙(Black)에 따르자면,[8] 표현의 차이는 중요하지 않다. 그것은 동일한 본문에 대해 서로 다른 두 번역자가 작업한 결과였는지도 모른다. 이런 논란의 여지가 있는 부분을 제외하더라도, 70-71장에서 에녹이 이미 존재하는 천국의 인자와 동일시 될 확률은 매우 낮다. 70:1에서 그가 "인자 *앞에*(before)" 섰다는 사실, 그리고 그가 천국에 도착했을 때 무릎을 꿇었으며, 천사 미가엘이 그를 일으켜 세워줘야 했다(71:3)는 사실도 이러한 개념과[9] 맞지 않는

다. 천사 미가엘은 에녹에게 여러 비밀들을 가르쳐 준다(71:4). 그러나 에녹이 정녕 "인자"였다면 에녹은 그 비밀들을 이미 알고 있었어야 했다(49장과 52:4)! 71:14에서 에녹을 지칭하는 어구에는 "인자" 앞에 붙이는 관례적인 지시대명사가 결여되어 있다. 그리고 그 문맥 속에서 에녹은 "그(that) 인자"와 분명하게 구별되고 있다.

그렇다면 결론은 분명하다. "인자"라는 어구는 분명 명칭이 아니며 그러므로 신적인 인물에게만 국한된 것이 아니다. 한 사람으로서 에녹은 또한 "인자"이다. 에녹은 의를 위해 태어났다. 그러므로 그가 사람의 아들이기는 하지만 그렇다고 해서 그가 바로 그(that) 인자가 되는 것은 아니다.

에녹1서 37-71 장에 등장하는 "인자"라는 개념에 대한 연구는 종종 용어의 사용과 인자의 정체성에 초점을 두고 있다. 하지만 인자에 대한 진술의 내용에 대해서는 그만큼 주의를 기울이지 않는다. 그러나 우리가 에녹1서 후반부 전체를 읽을 때, 우리는 여기서 언급한 인자가 (여전히 감춰진) 천상의 존재일 뿐만 아니라 또한 과거와 현재에도 세상의 모든 사람들에게 중요한 인물임을 발견하게 된다. 이 인자는 이미 알려져 있는 존재이다: 그는 하나님에 의해 숨겨졌지만 하나님이 그를 성도들에게 계시하셨다. 또 인자 자신이 하나님의 의를 성도들에게 알려주었다(48:7). 인자는 처음부터 감춰져 있었다. 그러나 하나님은 그를 성도들과 택하신 민족에게 계시하셨다(62:7). 그것이 바로 인자를 또한 하나님의 "기름 부음 받은 자"라고 부를 수 있는 이유이다(48:10; 52:4). 그는 "선택 받은 자, 그 안에서의 성령이) 기뻐하시는 자"이다(49:4). 의인들은 "그의 이름으로" 구원을 받을 것이다(48:7). 그에게는 이미 "그의 공동체의 집"(house of his community)이 있다. 현재 이 공동체의 구성원들은 하나님의 이름으로 핍박을 받고 있다. 그러나 인자가 자신의 공동체를 계시할 때 그들은 더 이상 핍박을 받지 않을 것이다(53:6). 나중에 모든 열방이 그분 앞으로 인도함을 받을 것이며, 그때에 그들은 그분을 인정할 것이다. 그들은 그분에게 긍휼을 구할 것이나 믿음의 부족으로 인해 심판을 받을 것이다. (62:1: "너희가 택하심을 받은 자를 알아볼 수 있을 때, 너희 눈을 떠라"; 62:3: 모든 왕들은 "그를 보고 알아볼 것이다"; 62:9: 그들은 긍휼을 구한다). 열방은 그들이 알아보지 못했던 왕의 왕 앞에서 *수치*를 당할 것이다(63:11).

우리는 유대교에서 다른 어떤 비슷한 인물도 알지 못하기 때문에, 이 인자의 모습이 예수 그리스도의 계시에 대한 친숙성에 의해 영향을 받았다는 것을 전제해야 한다. 에녹1서37-71장의 통합성 문제와 본문 전체 또는 일부의 저작 시기에 관한 문제는 논외로 하더라도, 우리는 앞에 놓인 문서(또는 문서 일부)를 예수 그리스도에 대한 복음의 메아리로 간주해야 한다. 왜냐하면 그것이 이미 성도들에게 계시된 "인자"를 다루고 있기 때문이다. 그는 이곳에 공동체를 갖고 계시고, 또한 마지막 심판 날에 모든 자들에게 계시될 것이다. 그의 이름은 의인들에게는 이미 알려졌다. 그러므로 그들은 구원을 받는다. 문서 전체가 에녹의 생애에 대한 것이기 때문에, *예수*라는 이름은 전혀 언급되지 않는다. 예수는 에녹이 하나님께로 인도하심을 받는 인간의 형상이 누구인지에 대해 들을 때 단지 간접적으로 언급될 뿐이다(단 7). 이 인물은 "저 인자"(that son of man)이다(에티오피아 번역본에서는 언제나 지시대명사가 사용되었다.) 에녹서의 '비유들'(Parables)편은 예수의 자기 지칭들을 사용하며 그것들을 다니엘서 7장과 연결시킨다. 그리고 나서 모든 지혜와 지식의 보물이 어떻게 이 버림받은 인자 안에 숨겨져 있는지, 그리고 어떻게 그가 모든 인간을 심판하실 자로 나타날지에 대해 설명한다. 유대 그리스도인들이 자신의 백성에게 버림받은 "인간의 자손"(descendant of man)이 이제 하늘의 실체들 속에서 다니엘 7장의 인물의 자리를 차지한다는 것을 이런 방식으로 설명하기로 선택했다는 것도 불가능한 이야기는 아니다. 비록 우리가 이 비유의 기원과 목적에 대해 확신을 갖고 말할 수는 없더라도, 비유들(Parables)은 우리가 복음서를 통해 아는 예수의 자기 호칭을 *전제로 하*고 있는 것 같다. 따라서 그것은 바로 그 자기 호칭의 기원에 대해서는 어떠한 배경지식도 제공해 주고 있지 않다.[10]

우리는 에스라4서 13장에 대해 간략하게 말할 수 있다. 여기서 우리는 곧 오실 "인자"에 대한 개념을 발견하지 못한다. 저자가 바다에서 올라오는 어떤 인간 형태 같은 것을 보는 환상이 있다(= 2Esdras 13:3 NRSV) 그러나 설명에서 이 인간 형태의 존재는 단지 "인간,"(man) "기름부음 받은 자"(anointed) 또는 "내 아들"(my son)로 불릴 뿐이다. 이 환상이 메시아에 대한 유대인의 기대를 설명하는 데 아무리 중요하다 하더라도, "인자"가 기름부음 받은 자를 지칭하는 이미 존재하던 명칭인가의 여부를 분명히 밝혀주지는 않는다.[11]

Footnote
미 주

Jesus the Son of God

제 1 장

1. J. Lightfoot, *A Commentary on the New Testament from the Talmud and Hebraica*, vols. 1-4 (Grand Rapids: Baker, 1979).
2. H. L. Strack and P. Billerbeck, *Kommentar zum Neuen Testament aus Talmud und Midrasch*, vols. 1-4 (Munich: Beck, 1926-28). Vols. 5-6 ed. J. Jeremias and K. Adolph (Munich: Beck, 1963).
3. R. H. Charles, ed., *The Apocrypha and Pseudepigrapha of the Old Testament in English*, 2 vols. (Oxford: Clarendon, 1913).
4. E. Kautzsch, ed., *Die Apokryphen und Pseudepigraphen des Alten Testaments*, 2 vols. (Tübingen: Mohr, 1900).
5. J. H. Charlesworth, ed., *The Old Testament Pseudepigrapha*, 2 vols. (London: Doubleday, 1983-85).
6. 역사에 관한 참조는 E. Schürer, *The History of the Jewish People in the Age of Jesus Christ (175 b.c.-a.d. 135)*, new English version, rev. and ed. G. Vermes F. Millar, M. Black, and M. Goodman, 3 vols. (Edinburgh: Clark, 1973-87)을 보라. 랍비문서 이외에서의 종교와 신학에 대해서는 W. Bousset, *Die Religion des Judentums im Späthellenistischen Zeitalter*, ed. H. Gressmann, Handbuch zum Neuen Testament 21 (Tübingen: Mohr, 1966)을 보라. 랍비문서에서의 종교와 신학에 대해서는 G. F. Moore, *Judaism in the First Centuries of the Christian Era, the Age of the Tannaim*, 3 vols. (Cambridge, Mass.: Harvard University Press, 1927-30)을 보라. 종교생활에 관해서는 E. P. Sanders, *Judaism: Practice and Belief, 63 b.c.e.-66 c.e.* (London: SCM, 1992)를 보라.
7. J. W. Doeve, *Vertekende Beelden. Over de selectie van de bronnen bij de beoefening der Judaïstiek van de eeuwen rondom het begin onzer jaartelling* (Leiden: Brill, 1963).
8. M. McNamara, *Palestinian Judaism and the New Testament*, Good News Studies 4 (Wilmington, Del.: Glazier, 1983).
9. P. S. Alexander, "Rabbinic Judaism and the New Testament," *Zeitschrift für die neutestamentliche Wissenschaft* 74 (1983): 237-46.
10. 비교, L. L. Grabbe, *Judaism from Cyrus to Hadrian* (London: SCM, 1994), chap. 8.
11. J. Jeremias, *New Testament Theology* (London: SCM, 1971), 111ff.
12. E. P. Sanders, *Jesus and Judaism* (London: SCM, 1985), 174-211. 또한 D. A. Neale, *None but Sinners: Religious Categories in the Gospel of Luke*, JSNT SS 58 (Sheffield: JSOT Press, 1991)을 보라.

13. J. Pickl, *The Messias* (St. Louis: Herder, 1946).
14. S. G. F. Brandon, *The Fall of Jerusalem and the Christian Church: A Study of the Effects of the Jewish Overthrow of a.d. 70 on Christianity,* 2d ed. (London: S.P.C.K., 1978).
15. S. G. F. Brandon, *Jesus and the Zealots: A Study of the Political Factor in Primitive Christianity* (Manchester: Manchester University Press, 1967).
16. R. Eisler, *Iesous Basileus Ou Basileusas: Die messianische Unabhängigkeitsbewegung vom Auftreten Johannes des Täufers bis zum Untergang Jakobs des Gerechten, nach der neuerschlossenen "Eroberung von Jerusalem" des Flavius Josephus,* 2 vols. (Heidelberg: Winter Universitätsbuchhandlung, 1929).
17. E. Bammel and C. F. D. Moule, eds. *Jesus and the Politics of His Day* (Cambridge: Cambridge University Press, 1984).
18. Tacitus, *Histories* 5.9
19. J. van Bruggen, *De oorsprong van de kerk te Rome*, Kamper Bijdragen 3 (Groningen: de Vuurbaak, 1967).
20. Acts 21:20 (*zelotai* for the law); 22:3 (Paul the *Pharisee* [!] calls himself a *zelotes* of God, as any of you are today); 1 Pet. 3:13 (who is going to harm you if you are *zelotai* to do good?); see also 1 Cor. 14:12; Titus 2:14.
21. For this Simon of Cana, see J. van Bruggen, *Christ on Earth: The Gospel Narratives as History* (Grand Rapids: Baker, 1998), sec. 8.9.
22. M. Borg, "The Currency of the Term *Zealot*," *Journal of Theological Studies* 22 (1971): 504–12. M. J. J. Menken, "De 'zeloten': een overzicht," *Vox Theologica* 45 (1975): 30–47. H. Guevara, *La resistencia judia contra Roma en la epoca de Jesus*(Meitingen: Meitinger, 1981). R. A. Horsley, "The Zealots: Their Origin, Relationships, and Importance in the Jewish Revolt," *Novum Testamentum* 28 (1986): 159–92.
23. Josephus, *Antiquities*18.1–25.
24. *Antiquities* 18.25.
25. *Antiquities* 18.23.
26. Josephus, *Life* 10–12.
27. K. H. Rengstorf, "ληστής" in *Theological Dictionary of the New Testament*, ed. G. Kittel, trans. G. W. Bromiley (Grand Rapids: Eerdmans, 1967), 4:257–62; M. Hengel, *The Zealots: Investigations into the Jewish Freedom Movement in the Period from Herod I until 70 a.d.*, trans. D. Smith (Edinburgh: Clark, 1989).

28. *History of the Jewish War* 2.253
29. *History of the Jewish War* 2.264-65.
30. 또한 강도에 대한 요세푸스의 설명은 R. A. Horsley, "Josephus and the Bandits," *Journal for the Study of Judaism* 10 (1979): 37-63을 보라.
31. E. M. Smallwood, *The Jews under Roman Rule: From Pompey to Diocletian*, Studies in Judaism in Late Antiquity 20 (Leiden: Brill, 1976), 151.
32. Hengel, *Die Zeloten: Untersuchungen zur jüdischen Freiheitsbewegung in der Zeit von Herodes I. bis 70 n.Chr.*, 2d ed., Arbeiten zur Geschichte des antiken Judentums und des Urchristentums 1 (Leiden: Brill, 1976), 144.
33. Herrenbrück, *Jesus und die Zöllner: Historische und neutestamentlich-exegetische Untersuchungen,* WUNT 2/41 (Tübingen: Mohr, 1990).
34. S. Westerholm, *Jesus and Scribal Authority*, Coniectanea Biblica, New Testament Series 10 (Lund: Gleerup, 1978).
35. D. R. Schwartz, "Scribes and Pharisees, Hypocrites: Who Are the 'Scribes' in the New Testament?" in *Studies in the Jewish Background of Christianity*, WUNT 60 (Tübingen: Mohr, 1992), 89-101.
36. P. W. van der Horst, *Ancient Jewish Epitaphs: An Introductory Survey of a Millennium of Jewish Funerary Epigraphy (300 b.c.e.-700 c.e.)*, Contributions to Biblical Exegesis and Theology 2 (Kampen: Kok Pharos, 1991), 91-92.
37. Josephus, *Antiquities* 12.142.
38. *Antiquities* 20.208-9.
39. Schwartz ("Scribes and Pharisees, Hypocrites")는 심지어 모든 율법교사들은 레위인이었다는 결론에 이르렀다.
40. A. J. Saldarini, *Pharisees, Scribes, and Sadducees in Palestinian Society* (Edinburgh: Clark, 1989).
41. H. W. Hoehner, *Herod Antipas*, Society for New Testament Studies Monograph Series 17 (Cambridge: Cambridge University Press, 1972), 331-42.
42. 그는 사두개파 내부의 보에투스파와 헤롯가문 사이의 이런 관계에 대한 지지는 (헤롯) 아그립바1세가 38년경 보에투스 가문에서 대제사장을 임명한 사실에 근거하고 있다고 주장한다. 그러나 사두개인과 헤롯일당 모두가 자신에게 반대했기 때문에 예수가 그들에 대해 경고했을 가능성 또한 여전히 존재한다.
43. G. G. Porton, "Diversity in Postbiblical Judaism," in *Early Judaism and Its Modern Interpreters*, vol. 2 of *The Bible and Its Modern Interpreters*, ed. R. A. Kraft and G. W. E. Nickelsburg (Philadelphia: Fortress, 1986), 57-80.

44. E. Main, "Les Sadducéens vus par Flavius Josèphe," *Revue Biblique* 97 (1990): 161-206.

45. J. Le Moyne, *Les Sadducéens*, Études Bibliques (Paris: Gabalda, 1972). A. J. Saldarini, *Pharisees, Scribes, and Sadducees in Palestinian Society* (Edinburgh: Clark, 1989). G. Stemberger, *Pharisäer, Sadduzäer, Essener*, Stuttgarter Bibelstudien 144 (Stuttgart: Katholisches Bibelwerk, 1991).

46. 자료문서는 G. Vermes and M. D. Goodman, eds. *The Essenes: According to the Classical Sources*, Oxford Centre Textbooks 1 (Sheffield: JSOT Press, 1989)을 보라. 좀더 광범위한 설명은 Schürer, *History of the Jewish People in the Age of Jesus Christ,* rev. ed., 2:555-90을 보라. 그 동안 쿰란문서의 연대에 대해서는 논란이 많았지만 자료의 대부분이 기독교 이전 시기의 것일 가능성이 가장 크다. (W. H. Rose, "De 'Leraar der Gerechtigheid': Johannes, Jakobus, of X? De datering van de Dode-Zeerollen en de vroegchristelijke kerk," in *Een sprekend begin: Essays offered to Prof. H. M. Ohmann* [Kampen: Kok, 1993], 186-99). Beall 은 에센파와 관련하여 요세푸스와 사해문서와의 유사점과 차이점을 논한다. (T. S. Beall, *Josephus' Description of the Essenes Illustrated by the Dead Sea Scrolls*, Society for New Testament Studies Monograph Series 58 [Cambridge: Cambridge University Press, 1988]). Laperrousaz의 저작은 특히 쿰란의 에센파에 대해 다룬 것이다. (E. M. Laperrousaz, *Les Esséniens selon leur témoignage direct*, Religions et Culture [Paris: Desclee, 1982]). García Martínez 는 쿰란을 에센파 내의 분열의 결과로 본다. (F. García Martínez and J. Trebolle Barrera, *The People of the Dead Sea Scrolls: Their Writings, Beliefs, and Practices*, translated from Spanish [Leiden: Brill, 1995]).

47. B. Pixner, "Das Essener-Quartier in Jerusalem," and "Bethanien bei Jerusalem - eine Essener-Siedlung?" in *Wege des Messias und Stätten der Urkirche: Jesus und das Judenchristentum im Licht neuer archäologischer Erkenntnisse,* ed. R. Riesner (Giessen: Brunnen-Verlag, 1991), 180-207, 208-18.

48. J. S. McLaren, *Power and Politics in Palestine: The Jews and the Governing of Their Land 100 b.c.-a.d. 70*, JSNTSup 63 (Sheffield: JSOT Press, 1991), 224.

49. M. Goodman, *The Ruling Class of Judaea: The Origins of the Jewish Revolt against Rome a.d. 66-70* (Cambridge: Cambridge University Press, 1987), 46.

50. E. P. Sanders, *Judaism: Practice and Belief.*

51. M. Hengel and R. Deines, "E. P. Sanders' 'Common Judaism,' Jesus and

the Pharisees," *Journal of Theological Studies* 46 (1995), 51-67.

52. M. Pelletier, *Les Pharisiens: Histoire d'un parti méconnu* (Paris: Editions de Cerf, 1990), 236-42.
53. Josephus, *Antiquities* 20.199-203.
54. R. Deines, *Jüdische Steingefässe und pharisäische Frömmigkeit: Ein archäologisch-historischer Beitrag zum Verständnis von Joh 2,6 und der jüdischen Reinheitshalacha zur Zeit Jesu*, WUNT 2/52 (Tübingen: Mohr, 1993).
55. 성전 사교(cult)에 대한 좀더 광범위한 설명은 E. P. Sanders, *Judaism: Practice and Belief,* 47-189을 보라.
56. 참조, van Bruggen, *Christ on Earth* sec. 14.6.4.
57. J. D. Purvis, "The Samaritans and Judaism," in *Early Judaism and Its Modern Interpreters,* 81-98.
58. Josehphus, *Against Apion* 2.30 §218.
59. G. S. Oegema, *De messiaanse verwachtingen ten tijde van Jezus: Een inleiding in de messiaanse verwachtingen en bewegingen gedurende de hellenistisch-romeinse tijd* (Baarn: Ten Have, 1991).
60. 미래의 구세주에 대한 기대감에 관한 좀더 자세한 설명은 제5장에 나온다. (see 5.2: Son of David; 5.3.5: Messianic Expectations).
61. 참조, among others, J. H. A. van Tilborg, "The Jewish Leaders in Matthew" (doctoral thesis, University of Nijmegen, 1972).
62. G. Lindeskog, "Johannes der Täufer: Einige Randbemerkungen zum heutigen Stand der Forschung," *Annual of the Swedish Theological Institute* 12 (1983): 55-83.
63. W. Bousset, *Kyrios Christos: A History of the Belief in Christ from the Beginnings of Christianity to Irenaeus,* translated from German (1913) (Nashville: Abingdon, 1970). R. Bultmann, *Theology of the New Testament,* trans. K. Grobel (New York: Scribner, 1951-55). For a broader discussion, see 4.2.2.
64. 좀더 자세한 논의는 J. van Bruggen, *Christ on Earth* 1.1-1.3을 보라
65. 좀더 자세한 논의는 Commentaar op het Nieuwe Testament, 3d series의 도입부분을 보라: J. van Bruggen, *Matteüs: Het evangelie voor Israël,* 2d ed. (Kampen: Kok, 1994); idem, *Marcus: Het evangelie volgens Petrus,* 2d ed. (Kampen: Kok, 1992); idem, *Lucas: Het evangelie als voorgeschiedenis* (Kampen: Kok, 1993); and P. H. R. van Houwelingen, *Johannes: Het evangelie van het Woord* (Kampen: Kok, 1997).
66. 좀더 폭넓은 논의는 위하여는 다음을 보라. van Bruggen, *Matteüs*
67. 예루살렘을 방문한 동방박사는 "유대인의 왕으로 나신 이"에 대해 묻는다. 그때

헤롯은 율법교사들에게 그리스도("기름부은 자")가 어디서 나겠느냐고 물었고, 그들은 미가서 5장에 근거해서 베들레헴이라고 대답한다. (마 2:2-4). 목자들에게 나타난 천사는 자신이 다윗의 마을에서 "구주, 그리스도"가 나실 것을 알렸을 때, 목자들이 그 말의 의미를 이해했다고 가정한다(눅 2:11). 시므온은 자신이 구주 그리스도를 보기 전에는 죽지 않을 것이라는 약속을 받았을 때 그 말의 의미가 무엇인지 알았다(눅 2:26). 세례 요한이 사역을 시작했을 때, 사람들은 그가 그리스도인지 궁금해 했다(눅 3:15). 예루살렘에서 파견된 진상조사위원들은 그가 엘리야인지 아니면 선지자인지 묻는다(요 1:21). 요한은 둘 다 아니라고 대답한다(요 1:24). 그들은 분명 선지자와 그리스도가 각각 다른 사람인 것이 가능하다고 여겼다(세례 요한은 예수 그리스도 이외에 또 다른 이가 오실 가능성에 대해 고려했다, 마 11:2-3). 이스라엘 백성들이 예수에 대해 말할 때, 우리는 그들에게 "기름부음 받은 자"에 대한 기대가 있었다는 사실을 발견한다(요 7:26-27, 31, 42). 심지어 사마리아 여인도 기름 부음 받은 자가 오실 것을 알고 있었다. "그가 오시면 모든 것을 우리에게 알려주시리이다" (요 4:25, 29). 이스라엘 지도자들은 누구든지 예수를 "그리스도"로 시인하는 것을 금지했다(요 9:22). 그리고 산헤드린 공회 앞에서 그들은 예수에게 자신이 "하나님의 아들 그리스도"인지 묻는다(마 26:63). 이 명칭은 어떠한 경우든 유대인의 왕임을 암시한다(마 27:11, 29, 37; 눅 23:2). 그것은 다윗의 아들과 연관된 것이다(마 22:42; 12:23; 21:9). 이스라엘 백성은 예수를 곧 오실 선지자로 보지만(마 21:11; 요 6:14-15), 그들이 가진 기대의 유형에 따르자면, 그런 인식이 원칙적으로 유일한 가능성은 아니다(요 7:40-41).

제 2 장

1. 마 3:1-2, 5-7 (막 1:4-5; 눅 3:3,7,10-15; 요 1:19-28; 3:23; 행 13:24); 11:7-9 (눅 7:24-26, 29); 14:3-5 (막 6:17-20; 눅 3:18-20)을 보라.
2. 마 21:26, 32; 막, 11:32; 눅 20:6을 보라. 또한 Josephus, *Antiquities* 18.116-19 (discussed in J. van Bruggen, *Christ on Earth: The Gospel Narratives as History* [Grand Rapids: Baker, 1998] sec. 6.5)을 보라. 요한에 대한 요세푸스의 논의를 위해서는, J. Ernst, *Johannes der Täufer: Interpretation—Geschichte—Wirkungsgeschichte* (Berlin: de Gruyter, 1989), 253-63; R. L. Webb, *John the Baptizer and Prophet: A Socio-Historical Study*, JSNTSup 62 (Sheffield: JSOT Press, 1991), 31-45; J. P. Meier, "John the Baptist in Josephus: Philology and Exegesis," *Journal of Biblical Literature* 111 (1992): 225-37; 요한의 '세례'에 대한 요세푸스의 논의를 위해서는, R. Schütz, *Johannes der Täufer*, Abhandlungen zur Theologie des Alten und Neuen Testaments 50 (Zürich:

Zwingli, 1967), 13-27 (Schlatter와의 논쟁).

3. 세례분파에 대한 논의는 Ernst, *Johannes der Täufer*, 349-84을 보라. 광범위한 연구에서 Backhaus는 예수와 그 제자들의 공동체 이외에 요한이 별도로 나란히 혹은 예수에 반대하여 세운 공동체는 그 흔적이 전혀 없다는 사실을 보여준다. (근대 주석가들이 복음서의 여러 부분을 요한 공동체와의 논란을 암시하는 것으로 보는 것은 옳지 않다. 이후의 세례분파는 세례 요한을 정말 영예로운 선지자로 존중했지만, 요한이 그 설립자는 아니었다. K. Backhaus, *Die "Jüngerkreise des Täufers Johannes": Eine Studie zu den religionsgeschichtlichen Ursprüngen des Christentums*, Paderborner Theol. Studien 19 (Paderborn: Schoeningh, 1991).

4. A. Schlatter, *Johannes der Täufer*, the original manuscript (1880) ed. W. Michaelis (Basel: Reinhardt, 1956; orig. manuscript 1880); M. Dibelius, *Die urchristliche Überlieferung von Johannes dem Täufer*, FRLANT 15 (Göttingen: Vandenhoeck & Ruprecht, 1911); E. Lohmeyer, *Das Urchristentum*, Buch 1, *Johannes der Täufer* (Göttingen: Vandenhoeck & Ruprecht, 1932).

5. C. H. Kraeling, *John the Baptist* (New York: Scribner, 1951); Schütz, *Johannes der Täufer*, J. Becker, *Johannes der Täufer und Jesus von Nazareth*, Biblische Studien 63 (Neukirchen: Neukirchener Verlag, 1972); W. Wink, *John the Baptist in the Gospel Tradition*, Society for New Testament Studies Monograph Series 7 (Cambridge: Cambridge University Press, 1968); Ernst, *Johannes der Täufer*, Webb, *John the Baptizer and Prophet*. For an overview see also R. L. Webb, "John the Baptist and His Relationship to Jesus," in *Studying the Historical Jesus: Evaluations of the State of Current Research*, New Testament Tools and Studies 19, ed. B. Chilton and C. A. Evans (Leiden: Brill, 1994), 179-229.

6. C. A. Bernouilli, *Johannes der Täufer und die Urgemeinde* (Leipzig: Neue Geist, 1918).

7. G. Lindeskog, "Johannes der Täufer: Einige Randbemerkungen zum heutigen Stand der Forschung," *Annual of the Swedish Theological Institute* 12 (1983): 55-83.

8. O. Böcher, "Johannes der Täufer in der neutestamentlichen Überlieferung," in *Rechtfertigung, Realismus, Universalismus in biblischer Sicht*, ed. G. Müller (Darmstadt: Wissenschaftlicher Buchgesellschaft, 1978), 45-68.

9. Becker, *Johannes der Täufer und Jesus von Nazareth*.

10. W. B. Badtke, "Was Jesus a Disciple of John?" *Evangelical Quarterly* 62 (1990): 195-204.

11. Wink, *John the Baptist in the Gospel Tradition.*
12. Backhaus, *Die "Jüngerkreise des Täufers Johannes."*
13. E. F. Lupieri, "John the Baptist in New Testament Traditions and History," in *Aufstieg und Niedergang der römischen Welt,* part 2, *Principat,* vol. 26/1 (Berlin: de Gruyter, 1992), 430–61.
14. Ernst, *Johannes der Täufer.*
15. 참조, J. van Bruggen, *Marcus: Het evangelie volgens Petrus,* 2d ed., Commentaar op het Nieuwe Testament, 3d series (Kampen: Kok, 1992), on Mark 1:6.
16. B. Reicke, "Die jüdischen Baptisten und Johannes der Täufer," in *Jesus in der Verkündigung der Kirche,* Studien zum Neuen Testament und seiner Umwelt A/1, ed. A. Fuchs (Linz: Fuchs, 1976), 76–88.
17. D. Flusser, *Judaism and the Origins of Christianity* (Jerusalem: Magnes, 1988).
18. O. Betz, "Was John the Baptist an Essene?" in *Understanding the Dead Sea Scrolls: A Reader from the Biblical Archaeology Review,* ed. H. Shanks (New York: Random House, 1992), 205–14; L. Goppelt, *Theology of the New Testament,* ed. J. Roloff, trans. J. E. Alsup (Grand Rapids: Eerdmans, 1981).
19. Schütz, *Johannes der Täufer*; H. Stegemann, *Die Essener, Qumran, Johannes der Täufer und Jesus: Ein Sachbuch* (Freiburg: Herder, 1993); J. E. Taylor, *The Immerser: John the Baptist within Second Temple Judaism* (Grand Rapids: Eerdmans, 1977).
20. Ernst, *Johannes der Täufer.*
21. S. L. Davies, "John the Baptist and Essene Kashruth," *New Testament Studies* 29 (1983): 569–71.
22. W. H. Brownlee, "John the Baptist in the New Light of Ancient Scrolls," *Interpretation* 9 (1955): 71–90.
23. Schütz, *Johannes der Täufer*; G. N. Stanton, *The Gospels and Jesus,* The Oxford Bible Series (Oxford: Oxford University Press, 1989).
24. E. Stauffer, *New Testament Theology,* trans. J. Marsh (London: SCM, 1955).
25. Stanton, *The Gospels and Jesus*; Stegemann, *Die Essener, Qumran, Johannes der Täufer und Jesus*; S. Légasse, *Naissance du baptême,* Lectio Divina 153 (Paris: Cerf, 1993).
26. J. Jeremias, "Der Ursprung der Johannestaufe," *Zeitschrift für die neutestamentliche Wissenschaft* 28 (1929): 312–20.
27. Stauffer, *New Testament Theology.*

28. J. Leipoldt, *Die urchristliche Taufe im Lichte der Religionsgeschichte* (Leipzig: Doerffring, 1928); T. F. Torrance, "Proselyte Baptism," *New Testament Studies* 1 (1954–55): 150–54.
29. T. W. Manson, "John the Baptist," *Bulletin of the John Rylands Library* 36 (1953–54): 395–412.
30. T. M. Taylor, "The Beginnings of Jewish Proselyte Baptism," *New Testament Studies* 2 (1955–56): 193–98.
31. 앞의 두 가지 논점에 대해서는 제7장 마지막 부분 "기독교 세례의 기원"을 보라.
32. J. Jeremias, *New Testament Theology* (London: SCM, 1971); also J. Jeremias, "Der Ursprung der Johannestaufe."
33. J. Gnilka, "Die essenischen Tauchbäder und die Johannestaufe," *Revue de Qumran* 3 (1961): 185–207; also J. Gnilka, "Der Täufer Johannes und der Ursprung der christlichen Taufe," *Bibel und Leben* 4 (1963): 39–49.
34. 참조, J. van Bruggen, *Lucas: Het evangelie als voorgeschiedenis,* Commentaar op het Nieuwe Testament, 3d series (Kampen: Kok, 1993), on Luke 3:10–14.
35 Reiser는 세례 요한의 사역을 에스겔9장의 환상과 비교한다. 흰 베옷을 입은 남자가 예루살렘을 지나면서 거기서 자행된 가증한 일에 탄식하며 우는 모든 자들의 이마에 표를 하고 그로 인해 이마에 표가 있는 자들은 그 남자가 지나간 후 이어지는 심판을 면하게 된다. (M. Reiser, *Jesus and Judgment: The Eschatological Proclamation in Its Jewish Context,* trans. L. M. Maloney [Minneapolis: Fortress, 1997]).
36. H. Conzelmann, *An Outline of the Theology of the New Testament*, trans. J. Bowden (London: SCM, 1969).
37. R. Reitzenstein, *Die Vorgeschichte der christlichen Taufe* (Leipzig: Teubner, 1929).
38. Stauffer, *New Testament Theology*
39. Becker, *Johannes der Täufer und Jesus von Nazareth*; Ernst, *Johannes der Täufer.*
40. Compare D. C. Allison, "Elijah Must Come First," *Journal of Biblical Literature* 103 (1984): 256–58.
41. Jeremias, *New Testament Theology*; Conzelmann, *An Outline of the Theology of the New Testament*; Stanton, *The Gospels and Jesus.*
42. W. G. Kümmel, "Das Gesetz und die Propheten gehen bus Johannes – Lukas 16,16 im Zusammenhang der heilsechichtlichen Theologie der Lukasschriften," in *Verborum Veritas: Festschrift für Gustav Stälin zum 70. Geburtstag,* ed. O. Böcher and K. Haacker (Wuppertal: Theologischer

Verlag, 1970), 89-102. 또한 참조, Bachmann (M. Bachmann, "Johannes der Täufer bei Lukas: Nachzügler oder Vorläufer?" in *Wort in der Zeit: Neutestamentliche Studien*, ed. W. Haubeck and M. Bachmann [Leiden: Brill, 1980], 123–55) and Böcher (O. Böcher, "Lukas und Johannes der Täufer," *Studien zum Neuen Testament und seiner Umwelt* 4 (1979): 27–44). 두 사람은 심지어 누가가 아볼로의 제자였기 때문에 세례 요한의 간접적 제자였다고 주장한다.

43. H. Ridderbos, *The Coming of the Kingdom*, trans. H. de Jongste, ed. R. O. Zorn (Philadelphia: Presbyterian & Reformed, 1962).
44. 또한 참조, D. A. Carson, "Do the Prophets and the Law Quit Prophesying before John? A Note on Matthew 11.13," in *The Gospels and the Scriptures of Israel*, JSNTSup 104, ed. C. A. Evans and W. R. Stegner (Sheffield: Sheffield Academic Press, 1994), 179–94.
45. 요한에게 자주 적용된 "선지자 그 이상"이라는 구절은 여기에서는 다루지 않는다. 그것은 예수 자신을 지칭할 가능성이 크기 때문이다. (마 11:7-10에 대한 나의 자세한 해설을 보라. *Matteüs: Het evangelie voor Israël,* 2d ed., Commentaar op het Nieuwe Testament, 3d series [Kampen: Kok, 1994]).
46. Lindeskog, "Johannes der Täufer."
47. M. S. Enslin, "John and Jesus," *Zeitschrift für die neutestamentliche Wissenschaft* 66 (1975): 1–18.
48. Böcher, "Johannes der Täufer in der neutestamentlichen Überlieferung."
59. Wink, *John the Baptist in the Gospel Tradition.*
50. Becker, *Johannes der Täufer und Jesus von Nazareth*
51. Ernst, *Johannes der Täufer*; Webb, *John the Baptizer and Prophet.*
52. J. H. Hughes, "John the Baptist: The Forerunner of God Himself," *Novum Testamentum* 14 (1972): 191–218.
53. Hughes, "John the Baptist."
54. Reiser, *Jesus and Judgment.*
55. 이 본문에 대해서는 마 11:1–6에 대해 좀더 광범위하게 다룬 필자의 주석을 보라.
56. Lindeskog ("Johannes der Täufer") 과 다른 학자들은 이후의 신학에서 발전한 인간 구원자 모델을 다시 1세기에 투영한다. 우리는 그것이 한편으로는 하나님이 오실 것에 대한 공표와 다른 한편으로는 메시아가 오신다는 사실 사이에 긴장을 낳는다는 것을 이해할 수 있다. 그러나 여기에서 현대 성경학자들은 예수가 나중에야 *교회의* 신학으로 인해 하나님으로 추대되었다고 가정한 것에 대한 대가를 치러야 한다. 현대의 비기독론적 교리의 관점에서 보면 복음이 입성하는 문(즉 요한의 사역)은 방해를 받고 있다. –그것은 20세기의 이 도그마와 역사적 사실들

사이의 대화에 대해 호의적이지 않다.

57. 요한서신의 서문 부분을 나중에 추가된 것으로 보는 불트만 (*Theology of the New Testament*, trans. K. Grobel [New York: Scribner, 1951-55])과는 달리 후커는 이 서문과 이들 본문이 함께 하나의 글이라는 사실을 분명히 보여주었다. (M. Hooker, "John the Baptist and the Johannine Prologue," *New Testament Studies* 16 [1969-70]: 354-58).
58. R. E. Brown, "Three Quotations from John the Baptist in the Gospel of John," *Catholic Biblical Quarterly* 22 (1960): 292-98.
59. See P. H. R. van Houwelingen, *Johannes: Het evangelie van het Woord,* Commentaar op het Nieuwe Testament, 3d series (Kampen: Kok, 1997).
60. 마 11:12에 나오는 폭력 묘사에 대한 좀더 폭넓은 논의를 위해서는 van Bruggen, *Matteüs*을 보라.

제 3 장

1. A. von Harnack, *What is Christianity?* With an introduction by R. Bultmann, trans. B. Saunders (Gloucester: Smith, 1957).
2. A. Schweitzer, *The Quest of the Historical Jesus: A Critical Study of Its Progress from Reimarus to Wrede,* with a new introduction by J. M. Robinson, trans. W. Montgomery (London: Black, 1931).
3. C. H. Dodd, *The Parables of the Kingdom*, 2d ed. (London: Nisbet, 1936).
4. J. Jeremias, *New Testament Theology* (London: SCM, 1971).
5. W. G. Kümmel, *Promise and Fulfillment: The Eschatological Message of Jesus,* trans. D. M. Barton (London: SCM, 1961); O. Cullmann, *Salvation in History*, trans. S. G. Sowers et al. (New York: Harper & Row, 1967); H. Ridderbos, *The Coming of the Kingdom*, trans. H. de Jongste, ed. R. O. Zorn (Philadelphia: Presbyterian & Reformed, 1962).

   20세기에 이루어진 연구의 역사를 위하여는: W. Willis, ed., *The Kingdom of God in 20th Century Interpretation* (Peabody, Mass.: Hendrickson, 1987). 1960년대까지: G. Lundström, *The Kingdom of God in the Teaching of Jesus: A History of Interpretation from the Last Decades of the Nineteenth Century to the Present Day*, trans. J. Bulman (Edinburgh: Oliver & Boyd, 1963); N. Perrin, *The Kingdom of God in the Teaching of Jesus* (London: SCM, 1963); G. E. Ladd, *Jesus and the Kingdom: The Eschatology of Biblical Realism* (London: S.P.C.K., 1966).

   1960년대 이후: W. G. Kümmel, *The New Testament: The History of the*

Investigation of Its Problems, trans. S. M. Gilmour and H. C. Kee (London: SCM, 1973); L. Goppelt, *Theology of the New Testament*, ed. J. Roloff, trans. J. E. Alsup (Grand Rapids: Eerdmans, 1981); J. Schlosser, *Le Règne de Dieu dans les dits de Jésus*, Études Bibliques, 2 vols. (Paris: Gabalda, 1980); B. Chilton, ed., *The Kingdom of God in the Teaching of Jesus*, Issues in Religion and Theology 5 (Philadelphia: Fortress, 1984); B. Chilton, "The Kingdom of God in Recent Discussion," in *Studying the Historical Jesus: Evaluations of the State of Current Research*, New Testament Tools and Studies 19, ed. B. Chilton and C. A. Evans (Leiden: Brill, 1994), 255-80.
20세기의 복음주의 신학에서 개념이 기능하는 방식에 대해서는: E. J. Schnabel, *Das Reich Gottes als Wirklichkeit und Hoffnung: Neuere Entwicklungen in der evangelikalen Theologie* (Wuppertal: Brockhaus, 1993).

6. Jeremias, *New Testament Theology*.
7. 예수가 하나님의 통치를 선포한 것에 대한 자신의 책에서 Merklein은 세례 요한과 심판에 대한 그의 설교는 "이 선포의 인류학적 전제"(anthropological premise of this proclamation)라고 말한다. H. Merklein, *Jesu Botschaft von der Gottesherrschaft: Eine Skizze*, Stuttgarter Bibelstudien 111, 3d ed. (Stuttgart: Bibelwerk, 1989).
8. U. Luz, "*Basileia*," in *Exegetisches Wörterbuch zum Neuen Testament*, ed. H. Balz and G. Schneider (Stuttgart: Kohlhammer, 1980), 1:481-91.
9. Merklein, *Jesu Botschaft von der Gottesherrschaft*.
10. Jeremias, *New Testament Theology*
11. G. R. Beasley-Murray, *Jesus and the Kingdom of God* (Grand Rapids: Eerdmans, 1986). See also: G. R. Beasley-Murray, "The Kingdom of God in the Teaching of Jesus," *Journal of the Evangelical Theological Society* 35 (1992): 19-30, cf. 31-38.
12. 성서 색인표를 보면 하나님의 나라에 대한 예수의 말씀에서 가장 큰 부분이 미래를 향하고 있음을 알게 될 것이다. O. Cullman (*Salvation in History*, trans. S. G. Sowers et al. [New York: Harper & Row, 1967], 200-209) 은 하나님의 나라의 근접성에 대한, 매우 직접적이고 시간적인 이해에 기초한 세 가지 진술이 있다고 말한다. 이들 진술에 대한 논의는(마10:23; 막 9:1; 13:30) 아래 8.1.을 보라. 이들 본문 가운데 어느 것도 시간적으로 가까이 있는 *기간*(a period)을 지칭하지 않는다.
13. 눅 17:20-21에 대한 좀더 자세한 논의는: J. van Bruggen, *Lucas: Het evangelie als voorgeschiedenis,* Commentaar op het Nieuwe Testament, 3d series (Kampen: Kok, 1993).
14. P. Feine, *Theologie des Neuen Testaments*, 3d ed. (Leipzig: Hinrichs, 1919).

15. H. K. Nielsen, *Heilung und Verkündigung: Das Verständnis der Heilung und ihres Verhältnisses zur Verkündigung bei Jesus und in der ältesten Kirche*, Acta Theologica Danica 22 (Leiden: Brill, 1987).
16. L. P. Hogan, *Healing in the Second Temple Period*, Novum Testamentum et Orbis Antiquus 21 (Freiburg: Universitätsverlag, 1992).
17. E. P. Sanders, *Jesus and Judaism* (London: SCM, 1985), 157-73.
18. W. Schmithals, *Wunder und Glaube: Eine Auslegung von Markus 4,35-6,6a* (Neukirchen: Neukirchener Verlag, 1970).
19. H. C. Kee, *Medicine, Miracle, and Magic in New Testament Times*, Society for New Testament Studies Monograph Series 55 (Cambridge: Cambridge University Press, 1986); M. E. Mills, *Human Agents of Cosmic Power in Hellenistic Judaism and the Synoptic Tradition*, JSNTSup 41 (Sheffield: JSOT Press, 1990).

    기적 비판에 대한 역사에 관해서는 다음을 보라. W. G. Kümmel, *Vierzig Jahre Jesusforschung (1950-1990)*, 2d ed., ed. H. Merklein, Bonner Biblische Beiträge 60 (Weinheim: Beltz Athenäum, 1994); H. van der Loos, *The Miracles of Jesus*, Novum Testamentum Supplement 8 (Leiden: Brill, 1965), 3-113; W. L. Craig, "The Problem of Miracles: A Historical and Philosophical Perspective," in *Gospel Perspectives*, vol. 6, *The Miracles of Jesus*, ed. D. Wenham and C. Blomberg (Sheffield: JSOT Press, 1986), 9-48; G. Maier, "Zur neutestamentlichen Wunderexegese im 19. und 20. Jahrhundert," in *Gospel Perspectives*, vol. 6, *The Miracles of Jesus*, ed. D. Wenham and C. Blomberg, 49-88.

    예수의 삶이 그리스의 "신적 인간"(*theios anēr*)의 모델을 닮았다는 이론에 대한 비판적 논의에 대해서는: B. L. Blackburn, "Miracle Working *Theioi Andres* in Hellenism (and Hellenistic Judaism)," in *Gospel Perspectives*, vol. 6, *The Miracles of Jesus*, ed. D. Wenham and C. Blomberg, 185-218; E. Koskenniemi, *Apollonius von Tyana in der neutestamentlichen Exegese: Forschungsbericht und Weiterführung der Diskussion*, WUNT 2/61 (Tübingen: Mohr, 1994); J. R. Brady, *Jesus Christ: Divine Man or Son of God?* (Lanham, Md.: University Press of America, 1992).

    예수가 마술사였다는 이론은 E. Yamauchi가 분석하고 반박했다. "Magic or Miracle? Diseases, Demons, and Exorcisms," in *Gospel Perspectives*, vol. 6, *The Miracles of Jesus*, ed. D. Wenham and C. Blomberg, 89-184.

    Blackburn 은 이 반박을 확장해서 예수가 갈릴리 출신의 *hasid*, 즉 기적을 행하는 카리스마적인 선지자였다는 Vermes의 이론까지 논의에 포함시킨다. (B. L. Blackburn, "The Miracles of Jesus," in *Studying the Historical Jesus:*

Evaluations of the State of Current Research, New Testament Tools and Studies 19, ed. B. Chilton and C. A. Evans [Leiden: Brill, 1994], 353-94; 다음과 비교, C. A. Evans, *Jesus and His Contemporaries: Comparative Studies*, Arbeiten zur Geschichte des antiken Judentums und des Urchristentums 25 [Leiden: Brill, 1995]; G. Vermes, "Jesus the Prophet," in *Jesus the Jew: A Historian's Reading of the Gospels* [Philadelphia: Fortress, 1973], 86-102.).

마지막으로 이야기들의 형태학적 구조 분석의 근거에 대한 비교연구를 위해서는: W. Kahl, *New Testament Miracle Stories in Their Religious-Historical Setting: A Religionsgeschichtliche Comparison from a Structural Perspective* (Göttingen: Vandenhoeck & Ruprecht, 1994).

20. Hogan, *Healing in the Second Temple Period*.
21. J. Smit, *De daemoniacis in historia evangelica*, dissertatio exegetico-apologetica (Rome: Pontificii Instituti Biblici, 1913).
22. 참고, van Bruggen, *Lucas*, on Luke 12:14.

제 4 장

1. 비교 R. Karpinski, *Exousia: A la base de l'enseignement de Jésus et de la mission apostolique selon S. Matthieu* (Rome: Nilo, 1968).
2. S. Ben-chorin, *Broeder Jezus: De Nazarener door een Jood gezien*, trans. F. van der Heijden (Baarn: Ten Have, 1971), 67 (German ed., 1967).
3. J. Jeremias, *New Testament Theology* (London: SCM, 1971), 43-44.
4. Jeremias, *New Testament Theology*.
5. V. Hasler, *Amen: Redaktionsgeschichtliche Untersuchung zur Einführungsformel der Herrenworte "Wahrlich ich sage euch"* (Zürich: Gotthelf, 1969).
6. K. Berger, *Die Amen-Worte Jesu: Eine Untersuchung zum Problem der Legitimation in apokalyptischer Rede*, Beihefte zur Zeitschrift für die neutestamentliche Wissenschaft 39 (Berlin: de Gruyter, 1970).
7. Berger, *Die Amen-Worte Jesu*. '아브라함의 유언'(the Testament of Abraham)에서의 예들은 중세 사본인 더 긴 편집본에서만 발견되는데, 그것은 아마도 기독교의 영향을 반영할 것이다. 그 외에도 우리는 '아브라함의 유언' 제8장에서는 하나님이 '그 자신의 (인용된) 약속들'을 어떻게 확증하시는가 하는 것을 읽으며, 제20장에서는 갑작스러운 죽음이 과연 있는가라는 '아브라함의 질문'에 긍정적으로 답하기 위해 죽음의 의인화가 사용된 것을 본다.

8. K. Berger, "Die königlichen Messiastraditionen des neuen Testaments," *New Testament Studies* 20 (1973-74): 1-44.
9. J. Jeremias, "Zum nicht-responsorischen Amen," *Zeitschrift für die neutestamentliche Wissenschaft* 64 (1973): 122-23
10. *ho huios tou anthropou*라는 용어는 마태복음 사본 대부분에서 32번이나 나온다(현대어판에서는 30번이다: 18:11과 25:13b가 빠져 있다.); 마가복음에서는 4번, 누가복음에서는 26번(현대어판에서는 25번; 9:35이 빠져 있다), 그리고 요한복음에서는 12번 나온다(현대어판에서는 13번이다. 9:34에서 "하나님의 아들" 대신 "인자"라는 표현을 사용한다). 누가복음에는 다른 복음서에는 나타나지 않는 독특한 사례가 아홉 가지가 있다(6:22; 9:22; 12:8; 17:22; 18:8; 19:10; 21:36; 22:48; 24:7). 요한복음에는 열세 가지 사례가 모두 독특하다. 마태복음에서의 모든 사례들(서른둘/서른)에 누가복음에서의 독특한 사례들(아홉), 그리고 요한복음의 사례들(열둘/열셋)을 모두 더하면 쉰셋/쉰둘이 된다. 이 문장들은 모든 시기(요한이 잡히기 이전/이후 시기, 갈릴리에서의 예수의 사역, 예루살렘으로의 여정, 그리고 마지막 일주일)에 걸쳐서 상당히 골고루 퍼져 있다.
11. 몇 개의 사본을 기초로 16:13을 번역하면 다음과 같다. "사람들이 누구를 인자라고 하느냐?" 이에 대한 논의를 위해서는 마태복음 16:13에 대한 나의 설명을 보라. *Matteüs: Het evangelie voor Israël,* 2d ed., Commentaar op het Nieuwe Testament, 3d series (Kampen: Kok, 1994).
12. 다양한 의견에 대한 개관과 모든 문서 목록을 위해서는 다음을 보라. M. Müller, *Der Ausdruck "Menschensohn" in den Evangelien: Voraussetzungen und Bedeutung,* Acta Theologica Danica 17 (Leiden: Brill, 1984); C. C. Caragounis, *The Son of Man: Vision and Interpretation,* WUNT 38 (Tübingen: Mohr, 1986). 최근 논의로 제한한 논문들로는 다음을 보라. A. J. B. Higgins, *The Son of Man in the Teaching of Jesus,* Society for New Testament Studies Monograph Series 39 (Cambridge: Cambridge University Press, 1980), 29-53; W. G. Kümmel, *Jesus der Menschensohn?* Sitzungsberichte der wissenschaftlichen Gesellschaft an der Johann Wolfgang Goethe-Universität Frankfurt am Main 20.3 (Stuttgart: Steiner, 1984); W. O. Walker, "The Son of Man: Some Recent Developments," *Catholic Biblical Quarterly* 45 (1983): 584-607. 이 글에 대한 좀더 확장된 판을 위해서는 다음을 보라. W. O. Walker, "The Son of Man Question and the Synoptic Problem," in *New Synoptic Studies: The Cambridge Gospel Conference and Beyond,* ed. W. R. Farmer (Macon, Ga.: Merces University Press, 1983), 261-301; J. R. Donahue, "Recent Studies on the Origin of 'Son of Man' in the Gospels," *Catholic Biblical Quarterly* 48 (1986): 484-98.
13. V. Taylor, *The Names of Jesus* (London: Macmillan, 1954); F. Hahn, *The*

Titles of Jesus in Christology: Their History in Early Christianity, trans. H. Knight and G. Ogg (London: Lutterworth, 1969).

14. O. Cullmann, *The Christology of the New Testament*, trans. S. C. Guthrie and C. A. M. Hall (Philadelphia: Westminster, 1959).
15. L. E. Keck, "Toward the Renewal of New Testament Christology," *New Testament Studies* 32 (1986): 362–77; D. R. A. Hare, *The Son of Man Tradition* (Minneapolis: Fortress, 1990), 280–82.
16. R. Bultmann, *Theology of the New Testament*, trans. K. Grobel (New York: Scribner, 1951–55). Compare H. E. Tödt, *Der Menschensohn in der synoptischen Überlieferung* (Gütersloh: Mohn, 1959) and H. J. de Jonge, "De visie van de historische Jezus op zichzelf," in *Jezus' visie op zichzelf: In discussie met De Jonge's christologie* (Nijkerk: Callenbach, 1991), 48–64.
17. 또한 참조, P. Vielhauer, "Gottesreich und Menschensohn in der Verkündigung Jesu," (1963) in *Aufsätze zum Neuen Testament*, Theologische Bücherei 31 (Munich: Kaiser, 1965), 55–91; Walker, "The Son of Man: Some Recent Developments," 584–607; Walker, "The Son of Man Question and the Synoptic Problem," 261–301; and A. Vögtle, *Die "Gretchenfrage" des Menschensohnsproblems: Bilanz und Perspektive*, Quaestiones Disputatae 152, 2d ed. (Freiburg: Herder, 1995).
18. C. Colpe, "*ho huios tou anthrwpou*" in *Theological Dictionary of the New Testament*, ed. G. Friedrich, trans. G. W. Bromiley (Grand Rapids: Eerdmans, 1972), 8:400–477; C. C. Caragounis, *The Son of Man: Vision and Interpretation*; B. Witherington III, *The Christology of Jesus* (Minneapolis: Fortress, 1990); J. J. Collins, "The Son of Man in First-Century Judaism," *New Testament Studies* 38 (1992): 448–66
19. 일부는 다니엘 7:13을 기존에 있던 기대의 선지자적 표현이라고 여긴다. 어떤 이들은 그것을 바빌론 신화와 연결시킨다. S. Mowinckel, *He That Cometh*, trans. G. W. Anderson (Oxford: Blackwell, 1956; Norwegian original 1951); H. S. Kvanvig, *Roots of Apocalyptic: The Mesopotamian Background of the Enoch Figure and of the Son of Man*, Wissenschaftliche Monographien zum Alten und Neuen Testaments 61 [Neukirchen: Neukirchener Verlag, 1988]). 또 다른 이들은 그것을 인자에 대한 가나안 지방의 신화와 관련 짓는다. Colpe, "*ho huios tou anthrwpou.*" Kearns 은 또한 시리아의 하다드(Hadad) 신화를 특별히 지적함으로써 Colpe의 아이디어의 범위를 좁힌다. 하다드 신화는 아마도 헬레니스틱 혼합주의의 과정에서 수정이 가해졌을 것이다: R. Kearns, *Vorfragen zur Christologie: Morphologische und Semasiologische Studie zur Vorgeschichte eines christologischen Hoheitstitels*, 3 vols. (Tübingen: Mohr,

1978–82). 그리고 H. Lietzmann (*Der Menschensohn: Ein Beitrag zur neutestamentlichen Theologie* [Freiburg: Mohr, 1896])와 의견을 같이 하여 Kearns 또한 인자에 관한 신화가 다니엘 7장이나 팔레스타인 유대교가 아닌 헬레니즘 유대교를 통해서 예수에 대한 개념에 영향을 주었다고 본다. (see R. Kearns, *Das Traditionsgefüge um den Menschensohn: Ursprünglicher Gehalt und älteste Veränderung im Urchristentum* [Tübingen: Mohr, 1986]); compare R. Kearns, *Die Entchristologisierung des Menschensohnes: Die Übertragung des Traditionsgefüges um den Menschensohn auf Jesus* [Tübingen: Mohr, 1988]).

20. R. Pesch and R. Schnackenburg, eds., *Jesus und der Menschensohn* (Freiburg: Herder, 1975).
21. M. Casey, *Son of Man: The Interpretation and Influence of Daniel* 7 (London: S.P.C.K., 1979); R. Leivestad, "Jesus—Messias—Menschensohn: Die jüdischen Heilandserwartungen zur Zeit der ersten römischen Kaiser und die Frage nach dem messianischen Selbstbewusstsein Jesu," in *Aufstieg und Niedergang der römischen Welt,* part 2, *Principat,* vol. 25/1 (Berlin: de Gruyter, 1982), 220–64; B. Lindars, *Jesus Son of Man: A Fresh Examinaton of the Son of Man Sayings in the Gospels in the Light of Recent Research* (London: SCM, 1983); H. Bietenhard, "Der Menschensohn—ho huios tou anthrompou: Sprachliche und religionsgeschichtliche Untersuchungen zu einem Begriff der synoptischen Evangelien: I. Sprachlicher und religionsgeschichtlicher Teil," in *Aufstieg und Niedergang der römischen Welt,* part 2, *Principat,* vol. 25/1 (Berlin: de Gruyter, 1982), 265–350; Walker, "The Son of Man: Some Recent Developments"; J. D. G. Dunn, *Christology in the Making: A New Testament Inquiry into the Origins of the Doctrine of the Incarnation* (London: SCM, 1980).
22. Hare, *The Son of Man Tradition*.
23. B. D. Chilton, "The Son of Man: Human and Heavenly," in *The Four Gospels 1992*, ed. F. van Segbroeck, Bibliotheca ephemeridum theologicarum lovaniensium 100 (Leuven: Peeters, 1992), 1:203–18.
24. Collins, "The Son of Man in First-Century Judaism."
25. For a full discussion of all data, see Casey, *Son of Man,* 99–141.
26. Casey, *Son of Man*; Lindars, *Jesus Son of Man*.
27. G. Vermes, "Jesus the Son of Man," in *Jesus the Jew: A Historian's Reading of the Gospels* (Philadelphia: Fortress, 1973), 160–91; M. Müller, *Der Ausdruck "Menschensohn" in den Evangelien: Voraussetzungen und Bedeutung,* Acta Theologica Danica 17 (Leiden: Brill, 1984).

28. H. Conzelmann, *An Outline of the Theology of the New Testament*, trans. J. Bowden (London: SCM, 1969).
29. D. Burkett, "The Nontitular Son of Man: A History and Critique," *New Testament Studies* 40 (1994): 504–21.
30. A. Meyer, *Jesu Muttersprache: Das galiläische Aramäisch in seiner Bedeutung für die Erklärung der Reden Jesu und der Evangelien überhaupt* (Freiburg: Mohr, 1896); G. Vermes, "The Use of Bar Nash/Bar Nasha in Jewish Aramaic," in *Post-Biblical Jewish Studies*, Studies in Judaism in Late Antiquity 8 (Leiden: Brill, 1975), 147–65.
31. G. Schwarz, *Jesus "der Menschensohn": Aramaistische Untersuchungen zu den synoptischen Menschensohnworten Jesu*, Beiträge zur Wissenschaft vom Alten und Neuen Testament 6/19 (Stuttgart: Kohlhammer, 1986).
32. 구약의 아람어 번역의 예는 다음을 보라. M. Casey, "The Use of the Term *bar (,)nash(,)* in the Aramaic Translations of the Hebrew Bible," *Journal for the Study of the New Testament* 54 (1994): 87–118. For the theory that this Aramaic has been *literally* translated into Greek, see M. Casey, "Idiom and Translation: Some Aspects of the Son of Man Problem," *New Testament Studies* 41 (1995): 164–82.
33. G. Vermes, "The Present State of the 'Son of Man' Debate," in *Jesus and the World of Judaism* (London: SCM, 1983), 89–99; R. Bauckham, "The Son of Man: 'A Man in my Position' or 'Someone'?" *Journal for the Study of the New Testament* 23 (1985): 23–33; Hare, *The Son of Man Tradition.*
34. Casey, *Son of Man.*
35. J. P. Brown, "The Son of Man: 'This Fellow,'" *Biblica* 58 (1977): 361–87.
36. Müller, *Der Ausdruck "Menschensohn" in den Evangelien*; Schwarz, *Jesus "der Menschensohn"*; Bietenhard, "Der Menschensohn—ho huios tou anthrompou"; Hare, *The Son of Man Tradition.*
37. G. Dalman, *The Words of Jesus Considered in the Light of Post-Biblical Jewish Writings and the Aramaic Language* (Edinburgh: Clark, 1902; translated from German); P. Fiebig, *Der Menschensohn: Jesu Selbstbezeichnung mit besonderer Berücksichtigung des aramäischen Sprachgebrauches für "Mensch" untersucht* (Tübingen: Mohr, 1901).
38. Lindars, *Jesus Son of Man.*
39. Leivestad, "Jesus-Messias- Menschensohn". 또한 다음을 보라. V. Hampel, *Menschensohn und historischer Jesus: Ein Rätselwort als Schlüssel zum messianischen Selbstverständnis Jesu* (Neukirchen: Neukirchener Verlag, 1990).
40. Chilton, "The Son of Man: Human and Heavenly."

41. 헬라어에는 셈족적 표현인 "인자들"이라는 말이 있다(막 3:28: *Hoi huioi twn anthropwn*). 이런 류의 표현이 헬라어에서 완전히 알려지지 않은 것은 아니다 ("sons of Achaians" = "Achaians"; "sons of doctors" = "doctors"). "인자들"이라는 표현은 선지자 계급에 대한 구약 용어와 비교할 수 있다(LXX: 왕하 2:3-15; 4:38; 6:1). 이 "선지자의 아들들"은 "선지자들" 이다(LXX: 왕상 20:35, "선지자들의 아들들 중 하나" 를 왕상 20:41, "선지자들 중 하나"와 비교하라). 혹은 그들은 자신을 선지자와 동일시 했다(Tobit 4:12 [Alexandrinus]: "for we [Jews] are sons of the prophets"; 선지자의 자녀로서, 이 유대인들은 분리된 삶을 살면서 종족내 결혼을 해야 한다). "이들 선지자의 아들들" 중에서 어느 특정한 선지자를 논할 때마다 그는 언제나 묘사적인 구절로 언급된다: "선지자의 무리 중 한 사람"(LXX: 왕상 20:35; 왕하 5:22). 그러나 아모스가 "나는 선지자가 아니며 선지자의 아들도 아니라 (*huios prophetou*) 나는 목자요" (암7:14)라고 말할 때 그는 자신 뿐만 아니라 자신의 아버지도 선지자가 아님을 말하는 것이다. 이 경우 우리는 "선지자들의 아들"이 아니라 "선지자의 아들"로 읽는다. 따라서 *huios anthropwn*("사람들"에 속한 어떤 이) 그리고 *huios anthropou* (어떤 사람의 자손, 그 가계에서 태어난 자) 라는 표현 사이에는 차이가 존재한다. 두 경우 모두 주어는 사람이다. 그러나 전자의 경우에는 표현이 포괄적이지만, 후자에서 강조점은 가계에 있다. 사도행전 23:6에서 바울은 자신을 "나는 바리새인이요 또 바리새인의 아들이라" (*huios Pharisaiwn*)라고 했다. 이는 강조를 위한 반복처럼 보인다("I am a Pharisee, and I consider myself a member of the Pharisee party"). 그러나 다수의 원고에서 이 표현은 단수로 쓰였다(*huios Pharisaiou*). 그리고 그런 경우 바울은 두 가지를 드러낸다: (1) 자신이 바리새인이라는 것; (2) 아버지 역시 바리새파 당원이기 때문에 자신도 어렸을 때부터 바리새인이었다는 것.
42. 필자의 마가복음 주석 서문을 보라, *Marcus: Het evangelie volgens Petrus*, 2d ed., Commentaar op het Nieuwe Testament, 3d series (Kampen: Kok, 1992), sec. 4.
43. H. N. Ridderbos, *Zelfopenbaring en zelfverberging: Het historisch karakter van Jezus' messiaanse zelfopenbaring volgens de synoptische evangeliën* (Kampen: Kok, 1946); J. P. Lettinga, "De uitdrukking 'De zoon des mensen,' " in *Almanak Fides Quadrat Intellectum 1955-1957* (Kampen: Kok, 1957), 141-49; Bietenhard, "Der Menschensohn—ho huios tou anthrompou"; Bauckham, "The Son of Man: 'A Man in my Position' or 'Someone'?"
44. S. Kim, *The "Son of Man" as the Son of God*, WUNT 30 (Tübingen: Mohr, 1983).
45. J. B. Cortès and F. M. Gatti, "The Son of Man or the Son of Adam," *Biblica* 49 (1968): 457-502; O. Moe, "Der Menschensohn und der Urmensch," *Studia*

Theologica 14 (1960): 119–29.

46. J. Bowker, "The Son of Man," *Journal of Theological Studies* 28 (1977): 19–48.

47. E. M. Sidebottom, "The Son of Man as Man in the Fourth Gospel," *Expository Times* 68 (1956–57): 231–35; B. Vawter, "Ezekiel and John," *Catholic Biblical Quarterly* 26 (1964): 450–58.

48. D. Burkett, *The Son of Man in the Gospel of John*, JSNTSup 56 (Sheffield: JSOT Press, 1991).

49. 요한복음 6:27에 대해서는 다음을 보라. P. H. R. van Houwelingen, *Johannes: Het evangelie van het Woord,* Commentaar op het Nieuwe Testament, 3d series (Kampen: Kok, 1997).

제 5 장

1. Josephus, *Jewish War* 2.8.12 §159; idem, *Antiquities* 14.9.4 §§174–76.
2. Josephus, *Antiquities* 17.2.4 §§41–45.
3. Josephus, *Jewish War* 2.13.4-5 §§259–62; idem, *Antiquities* 20.5.1 §97; 20.8.6 §§168–70; 비교 행 5:36; 21:38.
4. R. Meyer, *Der Prophet aus Galiläa: Studie zum Jesusbild der drei ersten Evangelien* (Leipzig: Wissenschaftlicher Buchgesellschaft, 1940); R. A. Horsley, "Like One of the Prophets of Old: Two Types of Popular Prophets at the Time of Jesus," *Catholic Biblical Quarterly* 47 (1985): 435–63.
5. 비교 J. Jeremias, *New Testament Theology* (London: SCM, 1971), 81–84. B. Witherington III (*Jesus the Sage: The Pilgrimage of Wisdom* [Edinburgh: Clark, 1994])는 예수가 지혜가 의인화된 것이며 그 때문에 예수가 교사 또는 선지자로 인식된 것이라고 주장한다.
6. F. Hahn, *The Titles of Jesus in Christology: Their History in Early Christianity*, trans. H. Knight and G. Ogg (London: Lutterworth, 1969); F. Schnider, *Jesus der Prophet*, Orbis Biblicus et Orientalis 2 (Freiburg: Universitätsverlag, 1973). O. Cullmann (*The Christology of the New Testament*, trans. S. C. Guthrie and C. A. M. Hall [Philadelphia: Westminster, 1959])은 "선지자"에 대한 기대를 다양한 구약 자료의 구현으로 보는데, 그것들 중에는 엘리야의 도래에 관한 약속이 있다.
7. 비교 P. D. Miller, "Moses My Servant: The Deuteronomic Portrait of Moses," *Interpretation* 41 (1987): 245–55.
8. M. Philonenko, "Jusqu'à ce que lève un prophète digne de confiance (1

Machalèes 14c41)," in *Messiah and Christos: Studies in the Jewish Origins of Christianity; Presented to David Flusser on the Occasion of His Seventy-Fifth Birthday,* ed. I. Gruenwald et al., Texte und Studien zum antiken Judentum 32 (Tübingen: Mohr, 1992), 95-98.

9. F. García Martínez ("Messianische Erwartungen in den Qumranschriften," *Jahrbuch für Biblische Theologie* 8 [1993]: 203-206)에 따르자면 쿰란에서 기대했던 인물은 심지어 메시야적 색깔도 있었다고 한다.

10. J. van Bruggen, *Matteüs: Het evangelie voor Israël,* 2d ed., Commentaar op het Nieuwe Testament, 3d series (Kampen: Kok, 1994).

11. 사도행전 3:22-23의 문맥은 예수의 재림에 대해 말한다. 그때 예수는 자신에게 돌아오지 않은 모든 이들에게 심판을 내리실 것이다. 메시야가 심판을 내리는 행위는 (그때 불신자들이 멸망할 것인데) 예수의 승천으로 연기되었다. 그러므로 하나님이 자신의 아들을 마지막 심판자로 보내어 실제로 심판이 이루어지기 전까지는 아직 예수님을 믿을 수 있는 기회가 있다. 행 3:19-21에는 제때에 회개하라는 호소가 있다. 모든 거룩한 선지자들이 그리스도의 시대가 올 것을 예언했다(3:21). 선지자에 대한 이러한 언급들은 이제 더 자세히 설명된다: (a) 최초의 선지자 모세에 대한 호소로써(3:22-23), (b) 동일한 맥락에서 말한 다른 모든 선지자들에 대한 언급으로써(3:24). 따라서 다른 선지자들은 신명기 18장에서 말한 오실 선지자에 대한 약속의 성취로 간주되지 않지만, 그들은 (그 선지자의 오심을 포함하여) 종말에 대해 모세가 말한 것을 지지하는 역할을 한다. 베드로는 결정적 요인이 될 미래의 심판자/선지자를 가리키면서 신명기 18장의 본문을 인용한다. 누구든지 그의 말을 듣는 자는 구원을 받을 것이고, 거절하는 자는 죽임을 당할 것이다. 바로 이 부분이 다른 선지자들을 언급할 때는 없었던 결정적 요소이다. 그러므로 베드로는 미래의 심판자/선지자를 그리스도가 심판자로 오실 것과 관련지어서 설명한다.

 행 7:37에서 스데반 또한 약속하신 모세와 같은 선지자에 대해 언급하면서 신명기 18장을 인용한다. 그것은 모세를 두 번이나 '심판자'로 설명한 다음이다(행 7:27, 35).

12. M. Casey, *From Jewish Prophet to Gentile God: The Origins and Development of New Testament Christology* (Cambridge: Clarke; Louisville: Westminster/John Knox, 1991).

13. G. Vermes, "Jesus the Prophet," in *Jesus the Jew: A Historian's Reading of the Gospels* (Philadelphia: Fortress, 1973), 86-102. For an overview of recent publications, see G. Nebe, *Prophetische Züge im Bilde Jesu bei Lukas,* Beiträge zur Wissenschaft vom Alten und Neuen Testament 127 (Stuttgart: Kohlhammer, 1989).

14. 이러한 약속 전승에 대한 개략적 설명을 위해서는 다음을 보라. D. C. Duling,

"The Promises to David and their Entrance into Christianity—Nailing Down a Likely Hypothesis," *New Testament Studies* 19 (1973-74): 55-77. For the incorporation of these promises into early Judaism, see C. L. Rogers, "The Promises to David in Early Judaism," *Bibliotheca Sacra* 150 (1993): 285-302.

15. F. Neugebauer, "Die Davidssohnfrage (Mark xii 35-7 parr.) und der Menschensohn," *New Testament Studies* 21 (1974): 81-108; P. J. Farla, *Jezus' oordeel over Israël: Een Form- en Redaktionsgeschichtliche analyse van Mc 10,46-12,40* (Kampen: Kok, 1978). For a critical discussion of this theory, see M. de Jonge, "Jesus, Son of David and Son of God," in *Jewish Eschatology, Early Christian Christology, and the Testaments of the Twelve Patriarchs: Collected Essays,* Novum Testamentum Supplement 63 (Leiden: Brill, 1991), 135-44.
16. Cullmann, *Christology of the New Testament*; D. R. Bauer, "Son of David," in *Dictionary of Jesus and the Gospels*, ed. J. B. Green and S. McKnight (Downers Grove, Ill.:InterVarsity, 1992), 766-69.
17. 요 6:15은 예수가 오천 명을 먹인 후에 군중들이 얼마나 예수를 왕으로 추대하기를 원했는지를 설명한다. 이는 또한 지나치게 현세적이고 정치적인 메시아에 대한 기대감을 말할 때 인용된다. 그러나 이스라엘 백성들에게 있어서 출발점은 예수를 "다윗의 아들"로 인식하는 것이 아니라 "선지자"로 인식하는 것이다(요 6:14). 이스라엘 백성들은 예수를 심판자-왕으로 지명함으로써 이스라엘에 오실 선지자의 사법적, 판단적 기능의 자리를 그에게 마련해 주기를 원한다. 그것은 정치나 혁명과는 아무런 관련이 없다. 다만 "그 선지자"가 사법적 권리를 행사하는 것을 예상하는 것과 관련이 있다(5.1, "선지자 그 이상"을 보라). 예수와 동시대 사람들은 아직 "그 선지자"와 "그리스도"가 동일 인물이라는 것을 알지 못했다(요 7:40-41). 그러므로 우리는 그들이 예수를 선지자로 인식하여 행한 어떠한 행위라도 그것을 다윗의 아들에 대한 기대에 투사해서는 안 된다.
18. E. Lövestam, "Jésus Fils de David chez les Synoptiques," *Studia Theologica* 28 (1974): 97-109; K. Berger, "Die königlichen Messiastraditionen des neuen Testaments," *New Testament Studies* 20 (1973-74): 1-44; 비교 Christoph Burger, *Jesus als Davidssohn: Eine traditionsgeschichtliche Untersuchung*, FRLANT 98 (Göttingen: Vandenhoeck & Ruprecht, 1970).
19. L. R. Fisher, "Can This Be the Son of David?" in *Jesus and the Historian*, ed. F. T. Trotter (Philadelphia: Westminster, 1968), 82-97; D. C. Duling, "Solomon, Exorcism, and the Son of David," *Harvard Theological Review* 68 (1975): 235-52.
20. Josephus, *Antiquities* 8.42-49; *Testament of Solomon*; compare E. Schürer, *The History of the Jewish People in the Age of Jesus Christ (175 b.c.-a.d.*

135), new English version, rev. and ed. G. Vermes, F. Millar, M. Black, and M. Goodman, 3 vols. (Edinburgh: Clark, 1973–87), 3:1.375ff.

21. M. de Jonge의 관점과 이 개념을 어느 정도 비교할 수 있다. "Jezus als profetische Zoon van David," in *Profeten en profetische geschriften*, ed. F. García Martínez et al. (Kampen: Kok, 1987), 157–66. de Jonge에 따르면 다윗은 왕은 물론 선지자적 이미지도 가지고 있었다. 이러한 선지자적 이미지 속에서, 다윗은 선지자 그리고 퇴마사로서 '성령'의 기름 부음을 받은 자로 여겨졌다. 이런 선지자적 의미에서라면 예수는 자신을 다윗의 아들로 간주했을 것이다. 이것은 그리스도라는 명칭이 어째서 왕보다는 하나님의 말씀과 사역을 담당하는 자가 되기 위해서 성령의 기름 부음을 받은 자를 지칭하는지를 설명한다.
22. B. Chilton, "Jesus *ben David*: Reflections on the *Davidssohnfrage*," *Journal for the Study of the New Testament* 14 (1982): 88–112.
23. 비교 H. J. de Jonge's criticism of M. de Jonge (H. J. de Jonge, "De visie van de historische Jezus op zichzelf," in *Jezus' visie op zichzelf: In discussie met De Jonge's christologie* [Nijkerk: Callenbach, 1991], 53–54).
24. García Martínez, "Messianische Erwartungen in den Qumranschriften."
25. 막 12:37에 대한 주석을 보라. J. van Bruggen, *Marcus: Het evangelie volgens Petrus*, 2d ed., Commentaar op het Nieuwe Testament, 3d series (Kampen: Kok, 1992).
26. K. Berger, "Zum Problem der Messianität Jesu," *Zeitschrift für Theologie und Kirche* 71 (1974): 6.
27. Duling, "The Promises to David and Their Entrance into Christianity."
28. Burger, *Jesus als Davidssohn*, 178.
29. 참조, van Bruggen, *Matteüs*, on Matt. 16:16.
30. M. Karrer, *Der Gesalbte: Die Grundlagen des Christustitels*, FRLANT 151 (Göttingen: Vandenhoeck & Ruprecht, 1991).
31. R. D. Anderson, "Graeco-Roman Religious Anointing and Its Possible Implications for the Understanding of the Christos in the First Century: A Critical Evaluation of Sections from Martin Karrer's 'Der Gesalbte,' " (doctoral thesis, Theological University, Broederweg, Kampen, Netherlands, 1993).
32. G. van Groningen, *Messianic Revelation in the Old Testament* (Grand Rapids: Baker, 1990).
33. Neusner 등이 편집한 다음의 책을 보라. *Judaisms and Their Messiahs at the Turn of the Christian Era*, ed. J. Neusner, W. S. Green, and E. Frerichs (Cambridge: Cambridge University Press, 1987).
34. Neusner 및 다른 이들에 대응하여 Thoma는 비록 초기 기독교 시대의 메시야

개념들은 산만했지만, 그럼에도 불구하고 그것들은 응집력 있는 집합체를 형성해서 나중의 유대교와 기독교의 메시야 사상의 기초를 이루었다고 지적한다. 그는 핵심적 사항으로서, (a) 지배적인 왕적 선지자 개념; (b) 지배적인 제사장적 천국 개념을 든다(C. Thoma, "Entwürfe für messianische Gestalten in frühjüdischer Zeit," in *Messiah and Christos: Studies in the Jewish Origins of Christianity*, Texte und Studien zum antiken Judentum 32, ed. I. Gruenwald et al. [Tübingen: Mohr, 1992], 15-29).

35. S. Mowinckel, *He That Cometh*, trans. G. W. Anderson (Oxford: Blackwell, 1956; Norwegian ed., 1951).

36. J. Pickl, *The Messias*, trans. A. Green (St. Louis and London: Herder, 1946).

37. R. Eisler, *Iesous Basileus Ou Basileusas: Die messianische Unabhängigkeitsbewegung vom Auftreten Johannes des Täufers bis zum Untergang Jakobs des Gerechten, nach der neuerschlossenen "Eroberung von Jerusalem" des Flavius Josephus*, 2 vols. (Heidelberg: Winter Universitätsbuchhandlung, 1929).

38. S. G. F. Brandon, *Jesus and the Zealots: A Study of the Political Factor in Primitive Christianity* (Manchester: Manchester University Press, 1967).

39. M. de Jonge, "The Use of the Word 'Anointed' in the Time of Jesus," *Novum Testamentum* 8 (1966): 132-48.

40. G. S. Oegema, *De messiaanse verwachtingen ten tijde van Jezus: Een inleiding in de messiaanse verwachtingen en bewegingen gedurende de hellenistisch-romeinse tijd* (Baarn: Ten Have, 1991); C. J. den Heyer, *De messiaanse weg*, vol. 1, *Messiaanse verwachtingen in het Oude Testament en in de vroeg-joodse traditie* (Kampen: Kok, 1983).

41. De Jonge, "The Use of the Word 'Anointed' in the Time of Jesus."

42. 눅 2:11에 대해서는, 필자의 *Lucas: Het evangelie als voorgeschiedenis*, Commentaar op het Nieuwe Testament, 3d series (Kampen: Kok, 1993).

43. García Martínez, "Messianische Erwartungen in den Qumranschriften." See also C. A. Evans, *Jesus and His Contemporaries: Comparative Studies*, Arbeiten zur Geschichte des antiken Judentums und des Urchristentums 25 (Leiden: Brill, 1995), 83-154.

44. 또한 참조, F. García Martínez and J. Trebolle Barrera, *The People of the Dead Sea Scrolls: Their Writings, Beliefs, and Practices*, trans. W. G. E. Watson (Leiden: Brill, 1995).

45. Collins는 심지어 네 가지 메시야 패러다임을 구분한다. : 왕, 제사장, 선지자, 그리고 하늘의 왕 또는 인자. (J. J. Collins, *The Scepter and the Star: The Messiahs of the Dead Sea Scrolls and Other Ancient Literature* [New York:

Doubleday, 1995].)

46. M. de Jonge, "The Role of Intermediaries in God's Final Intervention in the Future according to the Qumran Scrolls," in *Jewish Eschatology, Early Christian Christology, and the Testaments of the Twelve Patriarchs: Collected Essays,* Novum Testamentum Supplement 63 (Leiden: Brill, 1991), 28–47.
47. 4 Ezra에 있는 메시야 개념에 대해서는 다음을 보라. M. Stone, "The Concept of the Messiah in IV Ezra," in *Religions in Antiquity: Essays in Memory of E. R. Goodenough,* Studies in the History of Religions 14, ed. J. Neusner (Leiden: Brill, 1970), 295–312.
48. Philo of Alexandria, *On Rewards and Punishments,* 28-29 §§164–72.
49. Ibid., 16 §§95–97.
50. Josephus, *Antiquities* 10.10.4 §210.
51. Den Heyer, *De messiaanse weg.*
52. 요세푸스에 나오는 미래 기대에 대해서는 다음을 보라. F. Dexinger, "Ein 'Messianisches Szenarium' als Gemeingut des Judentums in nachherodianischer Zeit?" *Kairos* 17 (1975): 249–78; M. de Jonge, "Josephus und die Zukunftserwartungen seines Volkes," in *Jewish Eschatology, Early Christian Christology, and the Testaments of the Twelve Patriarchs: Collected Essays,* Novum Testamentum Supplement 63 (Leiden: Brill, 1991), 48–62.
53. 참조, van Bruggen, *Lucas,* on Luke 2:11
54. Ibid.
55. 참조, ibid., on Luke 4:16–30.
56. 참조, van Bruggen, *Matteüs* , on Matt. 11:2–6.
57. H. N. Ridderbos, *Zelfopenbaring en zelfverberging: Het historisch karakter van Jezus' messiaanse zelfopenbaring volgens de synoptische evangeliën* (Kampen: Kok, 1946).
58. 비교 P. H. R. van Houwelingen, "De strekking van het evangelie naar Marcus," in *Verkenningen in de evangeliën,* Theologische Verkenningen, Serie Bijbel en Exegese 5, ed. G. van den Brink et al. (Kampen: Kok Voorhoeve, 1990), 16–24.
59. M. Hengel, *The Cross of the Son of God,* trans. J. Bowden (London, 1986); J. R. Brady, *Jesus Christ: Divine Man or Son of God?* (Lanham, Md.: University Press of America, 1992).
60. 참조, van Bruggen, *Marcus,* on Mark 1:11.
61. 쿰란 문서에서(4Q246; see E. Puech, "Fragment d'une apocalypse en araméen

[4Q246 = pseudo-Dand] et le 'royaume de Dieu,' " *Revue Biblique* 99 [1992]: 98-131), 우리는 종말론적 인물과 관련된 "하나님의 아들"이라는 용어를 만나게 된다. Mattila에 따르자면 4Q246의 종말론은 1QM 및 쿰란 문서를 대표하는 다른 기록들의 종말론과 근본적으로 차이가 있다. J. J. Collins ("The *Son of God* Text from Qumran," in *From Jesus to John: Essays on Jesus and New Testament Christology in Honour of Marinus de Jonge*, JSNTSup 84, ed. M. C. De Boer [Sheffield: JSOT Press, 1993], 65-82) 는 그 문서 조각이 메시야에 대한 기대와 "하나님의 아들"이라는 용어의 융합을 위한 기독교 이전의 뿌리를 보여준다고 생각한다(비교 Collins, *The Scepter and the Star*). 그러나 이 문서 조각이 기독교 이전 시대 것인지는 불확실하다. 나머지 문맥도 그 구절의 가치에 대해 결론적인 진술을 하기에는 너무 제한적이다(E. Puech, "Notes sur le fragment d' apocalypse 4Q246—'le fils de dieu,' " *Revue Biblique* 101 [1994]: 533-58). 일부에 따르자면 그것은 자신을 주님보다 높인 시리아 왕이 주제넘게 사용한 자기 지칭 용어이다(J. T. Milik, "Les modèles araméens du livre d' Esther dans la Grotte 4 de Qumran," *Revue de Qumran* 15 [1992]: 383ff). 다른 이들은 그것이 천사를 지칭하는 메시야적 명칭이거나(García Martínez, "Messianische Erwartungen in den Qumranschriften") 혹은 메시야를 가리킨다고 본다(Collins, "The *Son of God* Text from Qumran"). 또 다른 이들은 여기서 긍정적인 지칭을 보지만 그것이 메시야는 아니다: 메시야로 간주되지는 않는 다윗 왕조의 왕을 가리키는 이름이거나 (J. A. Fitzmyer, "4Q246: The 'Son of God' Document from Qumran," *Biblica* 74 [1993]: 153-74) 혹은 백성 전체를 지칭하는 집단적 명칭이다(Hengel, *Cross of the Son of God*, 71-72).

62. 참고, J. van Bruggen, *Christ on Earth: The Gospel Narratives as History* (Grand Rapids: Baker, 1998), sec. 3.2.
63. 신약의 다른 본문에서 예수를 하나님이라고 언급한 것에 대해서는 다음을 보라. M. J. Harris, *Jesus as God: The New Testament Use of Theos in Reference to Jesus* (Grand Rapids: Baker, 1992). Harris는 요6:27을 언급하지 않는다. 거기에서는 예수가 직접 자신의 신성을 말한다. 만일 우리가 그 구절을 다음과 같이 번역한다면 말이다: "아버지가 그(인자)에게 다음과 새겨진 자신의 인장을 찍었다: *하나님*." 아들에게 찍힌 하나님 자신의 인장이 또한 그를 하나님으로 만든다. 요6:27에 대해서는 다음을 보라. P. H. R. van Houwelingen, *Johannes: Het evangelie van het Woord,* Commentaar op het Nieuwe Testament, 3d series (Kampen: Kok, 1997).
64. Hengel, *Cross of the Son of God.*

제 6 장

1. H. Odeberg, *The Aramaic Portions of Bereshit Rabba with Grammar of Galilaean Aramaic,* vol. 2, *Short Grammar of Galilaean Aramaic* (Leipzig: Gleerup, 1939), 154.
2. *Nazoraios*라는 이름은 갈릴리 지역을 가리키는 암시적인 명칭으로서, 지명과 갈릴리식 발음의 흉내가 결합된 것이다. 예수는 갈릴리 사람이다(마26:69). 그리고 제자들 또한 갈릴리 사람들로 간주된다(막 14:70; 행 2:7). 베드로 또한 그의 발음이 갈릴리 출신임을 드러내기 때문에 나사렛 사람들 속에 포함된다(막 14:67, 70). 그리고 예수는 그의 부모들이 갈릴리에 정착했기 때문에 나사렛 사람이라고(요18:5-8과 비교하라) 불릴 수 있다 (마2:22-23).
   나중에 유대 지방의 유대인들은 그리스도인들을 "나사렛 분파"(the Nazarene sect; 헬라어로는 the sect of *Nazoraioi*, 행 24:5)라고 불렀다. 이는 *Nazoraios*가 일상용어가 되었음을 의미한다(마2:23와 비교). 어떤 경우에는 이 방언의 발음이 가진 어느 정도 비꼬는 듯한 과장이 빠져 있다; 갈릴리에서는 *Nazareth*이라는 성이 사용되었다. 막 14:67에서 예루살렘의 노예 소녀는 좀더 중립적인 *Nazarene* 을 사용하지만 여기에서 그것은 성이 아니다(성으로 사용될 경우에는 언제나 고유명사 '뒤에' 나타난다). 그것은 단지 나사렛이라는 장소를 지칭하며, 이는 고유명사 '앞에' 온다('Jesus the Nazaren' 대신에 'the Nazarene Jesus').
3. 별칭이 원래 나사렛이라는 지명과 아무런 관련이 없다는 이론은 일반적으로 받아들여지지 않았다 (J. A. Sanders, "*Nazoraios* in Matthew 2.23," in *The Gospels and the Scriptures of Israel,* JSNTSup 104, edited by C. A. Evans and W. R. Stegner [Sheffield: Sheffield Academic Press, 1994], 116-28). 그 명칭이 원래 지니고 있던 또는 이후에 갖게 된 긍정적이고 추가적인 가치와 관련된 여러 이론들에 대한 비판적 토론, 그리고 그 명칭이 나사렛이라는 지명이 아니라 기독교 이전의 세례분파(the Observants)에서 왔다는 이론에 대한 개관은 다음을 보라. J. van Bruggen, "Nazoreeërs: de oudste naam voor christenen," in *Almanak Fides Quadrat Intellectum 1973* (Kampen: Kok, 1973), 147-67.
4. 재판에 대한 자세한 설명은 다음을 보라. J. van Bruggen, *Christ on Earth: The Gospel Narratives as History* (Grand Rapids: Baker, 1998), chaps. 14-16.
5. 마 17:24-27에 대해 다음을 보라. J. van Bruggen, *Matteüs: Het evangelie voor Israël,* 2d ed., Commentaar op het Nieuwe Testament, 3d series (Kampen: Kok, 1994).
6. 참고, van Bruggen, *Christ on Earth,* 10.2.
7. H. J. Schoeps, "Die jüdischen Prophetenmorde," in *Aus frühchristlicher Zeit: Religionsgeschichtliche Untersuchungen* (Tübingen: Mohr, 1950), 126-43.

8. O. H. Steck, *Israel und das gewaltsame Geschick der Propheten: Untersuchungen zur Überlieferung des deuteronomistischen Geschichtsbildes im Alten Testament, Spätjudentum und Urchristentum*, Wissenschaftliche Monographien zum Alten und Neuen Testament 23 (Neukirchen: Neukirchener Verlag, 1967).
9. E. Schweizer, *Lordship and Discipleship*, translated from the German with revisions by the author (London: SCM, 1960).
10. L. Ruppert, *Jesus als der leidende Gerechte? Der Weg Jesu im Lichte eines alt- und zwischentestamentlichen Motivs*, Stuttgarter Bibelstudien 59 (Stuttgart: Katholisches Bibelwerk, 1972).
11. K. T. Kleinknecht, *Der leidende Gerechtfertigte: Die alttestamentlich-jüdische Tradition vom "leidenden Gerechten" und ihre Rezeption bei Paulus*, WUNT 2/13 (Tübingen: Mohr, 1984), 367.
12. C. J. den Heyer, "Jezus, de lijdende rechtvaardige en de knecht des Heren," in *De knechtsgestalte van Christus: Studies door collega's en oud-leerlingen aangeboden aan Prof. Dr. H. N. Ridderbos* (Kampen: Kok, 1978), 54-64.
13. 좀더 자세한 설명은 다음을 보라. M.-L. Gubler, *Die frühesten Deutungen des Todes Jesu: Eine motivgeschichtliche Darstellung aufgrund der neueren exegetischen Forschung*, Orbis Biblicus et Orientalis 15 (Freiburg/Göttingen: Universitätsverlag, 1977).
14. 막 10:38에 대해 다음을 보라. J. van Bruggen, *Marcus: Het evangelie volgens Petrus,* 2d ed., Commentaar op het Nieuwe Testament, 3d series (Kampen: Kok, 1992).
15. D. J. Moo, *The Old Testament in the Gospel Passion Narratives* (Sheffield: Almond, 1983); R. E. Brown, *The Death of the Messiah: From Gethsemane to the Grave: A Commentary on the Passion Narratives in the Four Gospels,* 2 vols., Anchor Bible Reference Library (New York: Doubleday, 1993).
16. 고난 받는 메시야라는 개념의 발전에 대해 이사야 53장이 영향을 끼쳤을 가능성에 관한 논의는 6.3.2를 보라.
17. Du Plessis 는 아버지와 아들 사이의 친밀한 관계를 암시하기 위해 예수를 "하나님의 어린 양"이라고 칭했다고 생각한다(그분의 양, 그분 자신의 심장, 그분 자신의 아들). 물론 이는 부인할 수 없는 요소이다. 하나님은 자신의 어린 양을 내어주신다! 그러나 (단지 "아들" 뿐 아니라) "어린 양"이라는 단어의 선택은, 세례 요한이 그 단어를 사용한 맥락에서 볼 때, 그것이 어떤 방식으로든 아들(Son)로서의 겸손한 등장과 희생 제물로서의 그의 운명을 지칭하지 않는다면, 이해되지 못한 채 남겨졌을 것이다. 바로 이 희생 제물로서의 운명 때문에 예수는 "세상 죄를 지고 가는"이라고 설명될 수 있었다. P. J. du Plessis, "Zie het lam Gods: over-

wegingen bij de knechtsgestalte in het evangelie van Johannes," in *De knechtsgestalte van Christus: Studies door collega's en oud-leerlingen aangeboden aan Prof. Dr. H. N. Ridderbos* (Kampen: Kok, 1978), 120-38. 여러 탈굼 문서들을 근거로 Van Staalduine-Sulman은 "어린 양"이라는 이름이 이미 유대교 내에서 장차 올 다윗 자손 메시야에 대한 명칭으로 사용되었다고 주장한다. 찬송시의 본문에서 골리앗은 반복적으로 곰으로, 반대로 다윗은 어린 양으로 언급되고 있다. 그러나 이러한 *비교*가 구체적인 다윗-골리앗 문맥과는 별도로 나타나는 문서, 그리고 이것이 기대된 메시야를 위한 어느 정도 고정된 용어 혹은 명칭으로 사용된 문서는 아직 발견된 적이 없다. Van Staalduine-Sulman 는 "메시야적 어린양의 상징주의"(the symbolism of the messianic lamb)가 기독교(여기서는 이사야 53장을 통해 어린양의 희생이 지배적이다)와 유대교(여기서는 약한 어린 양이 주님의 권능 안에서 강하게 나타난다) 사이에 다르게 나타난 것을 관찰한다. 하지만 그렇다면 계15:3에서의 "어린양의 노래"는 장차 오실 (메시야) 어린양에 대한 탈굼 전통에서 전해져 온 유대교 노래를 지칭할 수도 있다. 그러나 그 안에서 "곰-어린양"의 은유가 여러 번 등장하는 다윗과 골리앗에 관한 노래가 "어린양의 노래"라는 표준 명칭으로 알려질 수 있었는지는 의심스럽다. 일반적인 유대인은 물론 세례 요한도 다윗의 자손 메시야에 대해 이미 존재하고 있던 명칭("어린양")을 사용하지는 않았다고 보는 것이 더 그럴 듯해 보인다. 세례 요한이 말한 "보라 하나님의 어린 양이로다"는 예수가 가실 길을 설명하는 세례 요한 자신만의 방식일 것이다(어린 양은 연약한 희생제물로 잘 알려져 있다는 사실을 활용한 것; 이사야 53장과 비교). E. van Staalduine-Sulman, "The Aramaic Song of the Lamb," in *Verse in Ancient Near Eastern Prose*, Alter Orient und Altes Testament 42, ed. J. C. de Moor and W. G. E. Watson (Neukirchen: Neukirchener Verlag, 1993), 265-92.

18. G. Vermes, "Redemption and Genesis XXII: The Binding of Isaac and the Sacrifice of Jesus," in *Scripture and Tradition in Judaism: Haggadic Studies*, Studia Post-Biblica 4 (Leiden: Brill, 1961), 193-227. See Gubler for an overview of the study of the so-called *aqedah* motif (Gubler, *Die frühesten Deutungen des Todes Jesu*). 이 주제의 유용성은 여러 면에서 반론을 불러일으켰다: (1) 신약 기간 동안에 이삭에 대한 독립적인 제사적 관점이 존재했다는 사실을 증명해 주는 자료는 전혀 없다(Brown, *The Death of the Messiah*); (2) 창22장에 대한 모든 신약의 암시는 자신의 아들도 아끼지 않은 아브라함의 평행적 사건과 관련이 있을 뿐(롬 8:32; 약 2:21-23), 기꺼이 제사제물이 되고자 한 이삭과는 관련이 없다(N. A. Dahl, *Jesus the Christ: The Historical Origins of Christological Doctrine* [Minneapolis: Fortress, 1991]).
19. G. Sevenster, *De Christologie van het Nieuwe Testament* (Amsterdam: Holland, 1946).

20. 참조, van Bruggen, *Marcus,* on Mark 10:45.

21. J. Jeremias, "*Pais (theou)* im Neuen Testament," in *Abba: Studien zur neutestamentlichen Theologie und Zeitgeschichte* (Göttingen: Vandenhoeck & Ruprecht, 1966), 191–216. Compare O. Cullmann, *The Christology of the New Testament,* trans. S. C. Guthrie and C. A. M. Hall (Philadelphia: Westminster, 1959) and F. F. Bruce, *This is That: The New Testament Development of Some Old Testament Themes* (Exeter: Paternoster, 1968). 연구의 개관을 위해서는 Grimm의 글을 보라. (W. Grimm, *Die Verkündigung Jesu und Deuterojesaja,* 2d ed., Arbeiten zum Neuen Testament und Judentum 1 [Frankfurt: Lang 1981]).

22. 또한 참조, J. Jeremias, *New Testament Theology* (London: SCM, 1971), 274–84.

23. S. K. Williams, *Jesus' Death as Saving Event: The Background and Origin of a Concept,* Harvard Dissertations in Religion 2, (Missoula, Mont.: Scholars Press, 1975); M. de Jonge, "Test. Benjamin 3:8 and the Picture of Joseph as 'A Good and Holy Man,' " in *Die Entstehung der jüdischen Martyrologie,* Studia Post-Biblica 38, ed. J. W. van Henten et al. (Leiden: Brill, 1989), 204–14.

24. M. D. Hooker, *Jesus and the Servant: The Influence of the Servant Concept of Deutero-Isaiah in the New Testament* (London: S.P.C.K., 1959).

25. Hooker, *Jesus and the Servant,* 86. Ridderbos는 막 9:12에 나타나는 멸시받음에 대한 암시와(사 53:3) 막 10:45에 나타나는 "많은"이라는 언급을(사 53:11-12) 지적한다. H. Ridderbos, *The Coming of the Kingdom,* trans. H. de Jongste, ed. R. O. Zorn (Philadelphia: Presbyterian & Reformed, 1962), 165.

26. Williams, *Jesus' Death as Saving Event,* 111–20.

27. H. Haag, *Der Gottesknecht bei Deuterojesaja,* Erträge der Forschung 233 (Darmstadt: Wissenschaftlicher Buchgesellschaft, 1985), 34–43.

28. J. C. Bastiaens, *Interpretaties van Jesaja 53: Een intertextueel onderzoek naar de lijdende Knecht in Jes 53 (MT/LXX) en in Lk 22:14–38, Hand 3:12–26, Hand 4:23–31 en Hand 8:26–40*, TFT-Studies 22 (Tilburg: Tilburg University Press, 1993).

29. Grimm, *Die Verkündigung Jesu und Deuterojesaja,* 231–77.

30. P. Stuhlmacher, "Existenzstellvertretung für die Vielen: Mk 10,45 (Mt 20,28)," in *Versöhnung, Gesetz und Gerechtigkeit: Aufsätze zur biblischen Theologie* (Göttingen: Vandenhoeck & Ruprecht, 1981), 27–42; V. Hampel, *Menschensohn und historischer Jesus: Ein Rätselwort als Schlüssel zum messianischen Selbstverständnis Jesu* (Neukirchen: Neukirchener Verlag, 1990); H. Baarlink, "Jezus, uw verzoenend sterven . . . : Hoe kunnen wij over

de verzoening (s)preken?" in *Jezus' visie op zichzelf: In discussie met De Jonge's christologie* (Nijkerk: Callenbach, 1991), 85–99.

31. 요 6:48–59에 대한 주석 그리고 일부 학자들이 이 본문의 성만찬적 측면이라고 간주하는 것에 대한 논의를 위해서는 다음을 보라. P. H. R. van Houwelingen, *Johannes: Het evangelie van het Woord,* Commentaar op het Nieuwe Testament, 3d series (Kampen: Kok, 1997). "요한복음 6장이 마지막 만찬에 대한 것이 아니라 마지막 만찬이 바로 요한복음 6장의 성취를 말한다."
32. 막 14:22–26에 대한 주석 그리고 예수가 배반당한 날 밤의 새로운 만찬에서 일어난 사건에 대한 상세한 논의를 위해서는 다음을 보라. van Bruggen, *Marcus.*
33. 인간 제사가 "약"(*pharmakos*)으로 기능한 것에 관해서는 다음을 보라. H. S. Versnel, "Quid Athenis et Hierosolymis? Bemerkungen über die Herkunft von Aspekten des 'Effective Death,' " in *Die Entstehung der jüdischen Martyrologie*, ed. J. W. van Henten et al., 188–92.
34. 이 연구의 개관을 위해서는 다음을 보라. M. de Jonge, "Jesus' death for others and the death of the Maccabean martyrs," in *Text and Testimony*, Essays on New Testament and Apocryphal Literature in Honour of A. F. J. Klijn, ed. T. Baarda et al. (Kampen: Kok, 1988), 142–51. 이에 대한 평가를 위해서는, J. S. Vos, "Vragen rondom de plaatsvervangende zoendood van Jezus in het Nieuwe Testament," *Gereformeerd Theologisch Tijdschrift* 93 (1993): 210–31.
35. K. Wengst, *Christologische Formeln und Lieder des Urchristentums*, Studien zum Neuen Testament 7 (Gütersloh: Mohn, 1972). Williams sees this influence specifically and only in 4 Maccabees (Williams, *Jesus' Death as Saving Event*).
36. E. Lohse, *Märtyrer und Gottesknecht: Untersuchungen zur urchristlichen Verkündigung vom Sühnetod Jesu Christi*, 2d ed. (Göttingen: Vandenhoeck & Ruporecht, 1963), 66–72; J. Gnilka, "Martyriumsparänese und Sühnetod in synoptischen und jüdischen Traditionen," in *Die Kirche des Anfangs: Für Heinz Schürmann*, ed. R. Schnackenburg et al. (Freiburg: Herder, 1978), 223–46.
37. M. Hengel, *The Atonement: The Origins of the Doctrine in the New Testament* (Philadelphia: Fortress, 1981); J. W. van Henten, *De joodse martelaren als grondleggers van een nieuwe orde: Een studie uitgaande van 2 en 4 Makkabeeën* (doctoral thesis, University of Leiden, 1986).
38. Van Henten, *De joodse martelaren als grondleggers van een nieuwe orde.*
39. U. Kellermann, "Zum traditionsgeschichtlichen Problem des stellvertretenden Sühnetodes in 2 Makk 7,37f," *Biblische Notizen* 13 (1980): 63–83;

H. J. Klauck, "4. Makkabäerbuch," in *Unterweisung in lehrhafter Form*, Jüdische Schriften aus hellenistisch-römische Zeit 3.6 (Gütersloh: Mohn, 1989), 670.

40. Williams, *Jesus' Death as Saving Event*.
41. Versnel, "Quid Athenis et Hierosolymis?"
42. 이 주제에 대한 완전한 개관을 위해서는 다음을 보라. Hengel, *Atonement*.
43. '예수'라는 이름에 관한 훨씬 더 자세한 논의와 그 이름과 스가랴의 예언들 사이의 관계에 대해 살피기 위해서는 필자의 마태복음 주석 1:21 부분을 보라.
44. Williams, *Jesus' Death as Saving Event*, 230–31.
45. Chong-Hyon Sung, *Vergebung der Sünden: Jesu Praxis der Sündenvergebung nach den Synoptikern und ihre Voraussetzungen im Alten Testament und frühen Judentum*, WUNT 2/57 (Tübingen: Mohr, 1993).

제 7 장

1. C. H. Lindijer, *De armen en de rijken bij Lucas* (The Hague: Boekencentrum, 1981).
2. 이스라엘의 "세리"와 "죄인"의 위치에 관한 좀더 폭넓은 논의를 위해서는 다음을 보라. 1.2.4 (세리) 그리고 1.2.2 (죄인).
3. 칠십(칠십이) 인과 열두 제자에 대한 좀더 상세한 논의를 위해서는 다음을 보라. J. van Bruggen, *Ambten in de apostolische kerk: Een exegetisch mozaïek*, 2d ed. (Kampen: Kok, 1987).
4. 참고, J. van Bruggen, *Matteüs: Het evangelie voor Israël*, 2d ed., Commentaar op het Nieuwe Testament, 3d series (Kampen: Kok, 1994), on Matt. 21:43.
5. NIV의 번역과 ("over ceremonial cleansing") Carson (D. A. Carson, *The Gospel according to John*, Pillar New Testament Commentary [Grand Rapids: Eerdmans; Leicester: Inter-Varsity, 1991]); Morris (L. Morris, *The Gospel according to John*, New International Commentary [Grand Rapids: Eerdmans; London: Marshall, Morgan & Scott, 1972]); 그리고 Barrett (C. K. Barrett, *The Gospel according to St. John: An Introduction with Commentary and Notes on the Greek Text*, 2d ed. [London: S.P.C.K., 1956]) 등의 주장을 참조하라.
6. 비교 G. R. Beasley-Murray, *John*, Word Biblical Commentary (Waco: Word, 1987).
7. 비교 R. Bultmann, *The Gospel of John: a Commentary*, trans. G. R. Beasley-Murray (Oxford: Blackwell, 1971), 122–23, 125: "이 문맥에서 이것은 예수의

세례와 요한의 세례 사이의 관계를 지칭할 뿐이다."

8. R. T. France, "Jesus the Baptist?" in *Jesus of Nazareth: Lord and Christ: Essays on the Historical Jesus and New Testament Christology*, ed. J. B. Green and M. Turner (Grand Rapids: Eerdmans, 1994), 94–111.
9. 참조, J. van Bruggen, *Matteüs,* on Matt. 16:13–16; P. H. R. van Houwelingen, *Johannes: Het evangelie van het Woord,* Commentaar op het Nieuwe Testament, 3d series (Kampen: Kok, 1997), on John 6:66–71.
10. 참조, van Bruggen, *Matteüs,* on Matt. 5.
11. J. van Bruggen, *Marcus: Het evangelie volgens Petrus,* 2d ed., Commentaar op het Nieuwe Testament, 3d series (Kampen: Kok, 1992), 중에서 막 15:16–28 부분 참조.
12. 참조, van Bruggen, *Matteüs,* on Matt. 25:31–46.
13. 이 구절이 암시하는 바는 4.1에서 논의한 것을 참고하라.
14. Van Bruggen, *Matteüs* 에서 마5:21–48에 대해 논하기 전의 서문을 참조
15. 비교, P. Stuhlmacher, *Biblische Theologie des Neuen Testaments*, Band 1, *Grundlegung: Von Jesus zu Paulus* (Göttingen: Vandenhoeck & Ruprecht, 1992), 96–107.
16. 비교, Stuhlmacher, *Biblische Theologie des Neuen Testaments*, 1:83.
17. 비교, N. A. Dahl, *Das Volk Gottes: Eine Untersuchung zum Kirchenbewusstsein des Urchristentums* (Darmstadt: Wissenschaftlicher Buchgesellschaft, 1962).
18. 참조, van Houwelingen, *Johannes*, on John 10.
19. 누가복음에 몇 가지 예외가 있다: "사도들" (17:5); "예수께서 사도들과" (22:14; 대부분의 사본은 "예수께서 열두 사도들과"). 그러나 여기에서 우리는 누가복음이 열두 제자뿐만 아니라 다른 이들도 "사도들"로 간주했다는 사실을 고려해야 한다. 눅24:9에서 우리는 여인들이 부활의 소식을 "열한 사도와 다른 모든 이에게" 알리는 장면을 본다(눅 24:33과 비교). 그러나 다음 구절에서 누가는 이것을 "여인들이 사도들에게 말했다"라고 요약, 반복함으로써 그들 모두를 사도에 포함시킨다. 또한 사도행전에서 누가는 "사도들"을 열두 제자로 제한하고 있는 것 같지 않아 보인다(행 14:4, 14).
20. 좀더 자세한 논의는 다음을 보라. van Bruggen, *Ambten in de apostolische kerk*.
21. 이스라엘 모든 곳을 향하는 전도에 관해서는 또한 7.1.3을 보라.
22. D. Bosch, *Die Heidenmission in der Zukunft Jesu*, Abhandlungen zur Theologie des Alten und Neuen Testaments 36 (Zürich: Zwingli, 1959), 159–74.
23. 마 16:17–21 과 18:15–20에 대한 좀더 자세한 논의는 다음을 보라. van Bruggen,

Matteüs and *Ambten in de apostolische kerk,* 38–59.

24. 바빙크는 다음과 같이 기록한다. "따라서 세례의 거룩한 제정은 요한에서 시작된다. 그러나 예수는 (자신이 직접 세례를 받은 후) 제자들로 하여금 세례를 베풀게 함으로써 그것을 이어받았다 (요 3:22; 4:1). 그리고 마28:19에서 세례는 열방의 모든 신자들에게 의무로 정해진다." (H. Bavinck, *Gereformeerde Dogmatiek,* 4 vols., 3d ed. [Kampen: Kok, 1918], 4:547). 바빙크에게 있어서 요한의 세례는 사실 이미 기독교 세례이다. 545쪽에서 바빙크는 다음과 같이 말한다. "게다가 예수가 직접 요한의 세례를 받았다. 본질적으로 예수는 자신의 제자들이 주는 세례와 요한의 세례를 전혀 구분하지 않았다(요 3:22, 23; 4:1). 예수는 자신이 다시 제자들에게 세례를 주는 것이 아니라 그들로 하여금 요한에게 세례를 받도록 함으로써 자신에게 합류하게 했다. 그리고 마28:19에서 예수는 새로운 세례를 정한 것이 아니라, 기존의 세례가 모든 열방을 포함하도록 확대했다. 이것에 기초해서 요한의 세례와 기독교 세례의 본질적 동일성은, 약간의 차이는 있지만, 개혁파 그리스도인들과 루터파가 지지하게 된다. 그러나 로마 카톨릭, 재세례파, 소치니파(Socinians), 아르미니우스파(Arminians), 그리고 좀더 최근의 신학자들은 이에 반대한다." 여기서 바빙크는 눈에 띄게 문맥을 무시한다. 사실 문맥은 "작아지는" 세례 요한과 "커지는" 예수 사이의 차이를 지적한다(요3:30). 그리고 문맥은 예수의 제자가 되는 것을 요한에 의한 세례가(요 4:1) 아니라 그의 제자들에 의한 세례와 연관시키고 있다. 이러한 차이점에 대해서는 행 19:1–7을 보라.
25. 좀더 폭넓은 논의는7.2.1, "세례 받은 '학생들'의 교사"를 보라. 또한 이 장 마지막의 보충해설 (c) 를 보라.
26. 마태복음28:19b에 대해서는 다음을 보라. van Bruggen, *Matteüs*. 예수의 이름을 고백하며 물속에 침수하는 것은 ("성령세례"라고 불리는) 성령을 받는 것과는 다르다. 제 8장을 보라.
27. Hartman, *Auf den Namen des Herrn Jesus: Die Taufe in den neutestamentlichen Schriften,* Stuttgarter Bibelstudien 148 (Stuttgart: Katholisches Bibelwerk, 1992).
28. 비교, G. Lohfink, "Der Ursprung der christlichen Taufe," *Theological Quarterly* 156 (1976): 35–54.
29. O. Pfleiderer, *Das Urchristenthum, seine Schriften und Lehre, in geschichtlichem Zusammenhang beschrieben* (Berlin: Reimer, 1887).
30. A. Eichhorn, *Das Abendmahl im Neuen Testament,* Hefte zur Christlichen Welt 36 (Leipzig: Mohr, 1898); W. Heitmüller, *"Im Namen Jesu": eine sprach- und religionsgeschichtliche Untersuchung zum Neuen Testament, speziell zur altchristlichen Taufe,* FRLANT 1.2 (Göttingen: Vandenhoeck & Ruprecht, 1903).
31. R. Reitzenstein, *Hellenistic Mystery Religions: Their Basic Ideas and*

Significance, trans. J. E. Steely (Pittsburgh: Pickwick, 1978).

32. H. Lietzmann, *Ein Beitrag zur Mandäerfrage* (Berlin: de Gruyter, 1930).
33. E. Dinkler, "Taufe (im Urchristentum)," in *Die Religion in Geschichte und Gegenwart: Handwörterbuch für Theologie und Religionswissenschaft*, 3d ed. (Tübingen: Mohr, 1962), 2:627–37.
34. J. Jeremias, *Die Kindertaufe in den ersten vier Jahrhunderten* (Göttingen: Vandenhoeck & Ruprecht, 1958).
35. K. Aland, *Did the Early Church Baptize Infants?* translated from German (Philadelphia: Westminster, 1963). 비교, J. Jeremias, *The Origins of Infant Baptism: A Further Study in Reply to Kurt Aland* (Naperville, Ill.: Allenson, 1963).
36. Jeremias, *Die Kindertaufe in den ersten vier Jahrhunderten.*
37. D. S. Dockery, "Baptism," in *Dictionary of Jesus and the Gospels*, ed. J. B. Green and S. McKnight (Downers Grove, Ill.: InterVarsity, 1992).
38. Hartman, *Auf den Namen des Herrn Jesus.*
39. J. P. Versteeg, "De doop volgens het Nieuwe Testament," in *Rondom de doopvont: Leer en gebruik van de heilige doop in het Nieuwe Testament en in de geschiedenis van de westerse kerk*, ed. W. van't Spijker et al. (Goudriaan: De Groot, 1983), 15.
40. 예를 들어, E. J. Epp and G. W. McRae, eds., *The New Testament and Its Modern Interpreters* (Philadelphia: Fortress, 1989).
41. "침수자"(The Immerser)라는 별칭이 눈에 띄는 그의 침수 의식에서 기인했다는 사실 그리고 '밥티스마'(*baptisma*)라는 단어가 '밥티스모스'(*baptismos,* 정화를 위한 침수) 이상의 어떤 것을 나타내는 기술적인 용어로 재빨리 등장했다는 사실은 '새로운 형태'(new form)라는 개념을 지지해 준다.
42. Corpus scriptorum ecclesiasticorum latinorum 34:117–18.
43. Ibid., 57:642–44.
44. *Summa Theologica* 3 Q. 67, R. 2.
45. R. E. Brown, *The Gospel according to John*, Anchor Bible (Garden City, N.Y.: Doubleday, 1966–70), 151.
46. Morris, *Gospel according to John,* 237.
47. H. N. Ridderbos, *Het evangelie naar Johannes: Proeve van een theologische exegese*, 2 vols. (Kampen: Kok, 1987–92), 1:170.
48. Hartman, *Auf den Namen des Herrn Jesus*, 35.
49. G. Maier, *Johannes-Evangelium*, 2 vols., Bibelkommentar 6–7, edition C. (Neuhausen-Stuttgart: Hänssler, 1984–86), 1:131ff.
50. J. Lagrange, *Évangile selon Saint Jean*, Études Bibliques (Paris: Lecoffre,

1925); E. Haenchen, *John : A Commentary on the Gospel of John*, ed. R. W. Funk with the assistance of U. Busse, trans. R. W. Funk (Philadelphia: Fortress, 1984).

51. E. C. Hoskyns, *The Fourth Gospel*, 2d ed. (London: Faber & Faber, 1947).
52. X. Léon-Dufour, *Lecture de l'évangile selon Jean*, 3 vols. (Paris: Editions du Seuil, 1988–93), 1:322.
53. Compare R. Schnackenburg, *Das Johannesevangelium*, 4 vols. (Freiburg: Herder, 1965–84). 이러한 세례를 받음으로써 사람들은 예수의 말씀을 듣고자 하는 의지를 보여주었다.
54. Beasley-Murray, *John,* 52.

제 8 장

1. A. Schweitzer, *The Quest of the Historical Jesus: A Critical Study of Its Progress from Reimarus to Wrede*, with a new introduction by J. M. Robinson, trans. W. Montgomery (London: Black, 1931); J. Weiss, *Die Predigt Jesu vom Reiche Gottes* (Göttingen: Vandenhoeck & Ruporecht, 1892).
2. H. J. de Jonge, "De oorsprong van de verwachting van Jezus' wederkomst," in *Totdat Hij komt: Een discussie over de wederkomst van Jezus Christus*, ed. H. J. de Jonge and B. W. F. de Ruyter (Baarn: Ten Have, 1995), 31.
3. C. H. Dodd, *The Parables of the Kingdom*, 2d ed. (London: Nisbet, 1936).
4. J. Jeremias, *New Testament Theology* (London: SCM, 1971).
5. 쿨만은 이런 사고노선을 따른다: Oscar Cullmann, *Salvation in History*, trans. S. G. Sowers et al. (New York: Harper & Row, 1967).
6. Cullmann, *Salvation in History,* 188ff.
7. 이 주제에 대하여는 해당 구절에 대한 다음 주석에서의 설명을 참조하라. J. van Bruggen, *Matteüs: het evanglie voor Israël,* 2d ed., Commentaar op het Nieuwe Testament, 3d series (Kampen; Kok, 1994); 그리고 같은 저자의, *Marcus: Het evangelie volgens Petrus,* 2d ed., Commentaar op het Nieuwe Teatament, 3d series (Kampen: Kok, 1992).
8. 시편110편의 의미에 대해서는 다음을 보라. M. Hengel, "Psalm 110 und die Erhöhung des Auferstandenen zur Rechten Gottes," in *Anfänge der Christologie*, ed. C. B. Breytenbach and H. Paulsen (Göttingen: Vandenhoeck & Ruporecht, 1991), 43–73.
9. 참조, J. van Bruggen, *Christ on Earth: The Gospel Narratives as History* (Grand Rapids, 1998), sec. 17.8.

10. J. van Bruggen, *Lucas: Het evangelie als voorgeschiedenis,* Commentaar op het Nieuwe Testament, 3d series (Kampen: Kok, 1993) 에서 눅 24:36-43 주석을 보라. 새로운 번역에서는 옛 번역에 있던 "벌집"(honeycomb)이라는 단어가, 더 적은 수의 사본의 독법에 대한 선호 때문에 삭제되었다.
11. 참조, N. L. Geisler, *The Battle for the Resurrection* (Nashville: Nelson, 1989).
12. J. B. Spong, *Resurrection: Myth or Reality? A Bishop's Search for the Origins of Christianity* (San Francisco: Harper, 1994).
13. G. Lüdemann, *Die Auferstehung Jesu: Historie, Erfahrung, Theologie* (Göttingen: Vandenhoeck & Ruporecht, 1994). Compare Baum's critical review: A. D. Baum, "Auferstehung oder Vision? Gerd Lüdemanns Versuch, den christlichen Osterglauben zu erneuern: Ein Gutachten für die Gemeinde," *Diakrisis* 16 (March 1995): 23-34.
14. H. J. de Jonge, "Ontstaan en ontwikkeling van het geloof in Jezus' opstanding," in *Waarlijk opgestaan! Een discussie over de opstanding van Jezus Christus,* ed. F. O. van Gennep et al. (Baarn: Ten Have, 1989), 31-50. 또한 참조, idem, "De opstanding van Jezus: De joodse traditie achter een christelijke belijdenis," in *Jodendom en vroeg christendom: continuïteit en discontinuïteit,* Opstellen van leden van de Studiosorum Novi Testamenti Conventus, ed. T. Baarda (Kampen: Kok, 1991), 47-61; de Jonge, "De oorsprong van de verwachting van Jezus' wederkomst," 9-36.
15. De Jonge, "Ontstaan en ontwikkeling van het geloof in Jezus' opstanding."
16. U. Kellermann, *Auferstanden in den Himmel: II Makkabäer 7 und die Auferstehung der Märtyrer,* Stuttgarter Bibelstudien 95 (Stuttgart: Katholisches Bibelwerk, 1979).
17. J. W. van Henten et al., *Die Entstehung der jüdischen Martyrologie,* Studia Post-Biblica 38 (Leiden: Brill, 1989).
18. N. Brox, "Zur christlichen Mission in der Spätantike," in *Mission im Neuen Testament,* Quaestiones Disputatae 93, ed. K. Kertelge (Freiburg: Herder, 1982), 190-237.
19. 참조, J. van Bruggen, *Marcus: Het evangelie volgens Petrus,* 2d ed., Commentaar op het Nieuwe Testament, 3d series (Kampen: Kok, 1992), on Mark 13:14-23.
20. R. B. Gaffin, *Perspectives on Pentecost,* 2d ed. (Philipsburg, N.J.: Presbyterian & Reformed, 1980); N. H. Gootjes, "De doop met de Heilige Geest en de betekenis van Pinksteren," *Radix* 13 (1987): 139-58.
21. J. D. G. Dunn, *Baptism in the Holy Spirit: A Re-examination of the New Testament Teaching on the Gift of the Spirit in Relation to Pentecostalism*

Today, Studies in Biblical Theology 2/15 (London: SCM, 1970).

22. 보다 자세한 논의를 위해서는 다음을 보라. P. H. R. van Houwelingen, *Johannes: Het evangelie van het Woord,* Commentaar op het Nieuwe Testament, 3d series (Kampen: Kok, 1997), on John 14:17.
23. 참조, Houwelingen, *Johannes,* on John 20:22.
24. 보다 자세한 논의를 위해서는 또한 다음을 보라. J. van Bruggen, *Matteüs: Het evangelie voor Israël,* 2d ed., Commentaar op het Nieuwe Testament, 3d series (Kampen: Kok, 1994), on 마3:11-12.
25. 참조, J. van Bruggen, *Lucas: Het evangelie als voorgeschiedenis,* Commentaar op het Nieuwe Testament, 3d series (Kampen: Kok, 1993), on Luke 12:49-53.

부록 1

1. 이름들이 가진 문제에 대한 좀더 자세한 논의는 Baumgarten의 글에서 발견할 수 있다(A. I. Baumgarten, "The Name of the Pharisees," *Journal of Biblical Literature* 102 [1983]: 411-28). 그는 긍정적 의미이든(J. Jeremias and L. Baeck, among others) 아니면 부정적인 의미이든(E. Schürer, L. Finkelstein, and E. Rivkin, among others) *perushim*(분리주의자)에 대한 잘 알려진 해석을 부인한다. Baumgarten은 요세푸스와 사도행전에서 발견되는 *akribeia* (율법의 엄밀성)에 대한 요구는 그 이름의 의미와 관련된 요구일 수 있다고 본다. (그럴 경우 그 이름과 "정밀성"[preciseness]의 이런 연결이 원래의 이름과 관련하여 변화를 의미하는지 혹은 개선을 의미하는지는 확실하지 않은 문제로 남는다. 어떤 경우이든 Baumgarten에 따르면 그리스도 이후 1세기 동안 바리새파 사람들은 자신들을 "율법에 관한 전문가"라는 의미에서 *parushim*이라고 불렀다.)
2. 바리새파가 마카비 시대에서 언급된 하시딤(경건한 자들)에서 나왔다는 것은 널리 받아들여진 생각이다. Bowker 는 이러한 이론에 근거하여 그들의 이름에 대한 설명을 덧붙인다(J. Bowker, *Jesus and the Pharisees* [Cambridge: Cambridge University Press, 1973]): *perushim* 은 그가 Chakamim 이라고 명한 정통파 중에서 보다 광적인 '분리주의자들'이었다. 그러나 이러한 주장은 어떻게 요세푸스가 2세기 전반기 이전에 바리새파를 그런 이름으로 지칭하면서 영향력이 있고 활동적인 분파로 언급할 수 있었는지를 온전히 설명하지 못한다. 하시딤과 바리새파에 대해서는 J. Kampen, *The Hasideans and the Origin of Pharisaism: A Study of 1 and 2 Maccabees,* SBL Septuagint and Cognate Studies Series 24 (Atlanta: Scholars Press, 1988)을 보라. 이러한 어려움은 또한 Buehler가 주장한 이론에도 적용된다(W. W. Buehler, *The Pre-Herodian Civil War and*

Social Debate: Jewish Society in the Period 76-40 b.c. and the Social Factors Contributing to the Rise of the Pharisees and the Sadducees [Basel: Reinhardt, 1974]). Buehler에 따르면, 군주제를 지지하고 경제적으로 영향력이 있는 "신흥부자"들을 선택한 사두개파와는 반대로 귀족들의 과두정치를 선택함으로써 정치와 거리를 두며 경건함을 유지하려 했던 바리새파는 1세기 전반부 동안 사회적으로 영향력이 있었다.

3. 이에 관한 연구사는 R. Deines 가 자세하게 제시하고 있다. *Die Pharisäer: Ihr Verständnis im Spiegel der christlichen und jüdischen Forschung seit Wellhausen und Graetz,* WUNT 101 (Tübingen: Mohr, 1997).
4. E. Schürer, *Geschichte des Jüdischen Volkes im Zeitalter Jesu Christi*, 4th ed., 3 vols. (Leipzig: Hinrichs, 1901-9), 3:208: "Der Geist, welchen die Psalmen atmen, ist ganz des der pharisäischen Judentums."
5. E. Schürer, *The History of the Jewish People in the Age of Jesus Christ (175 b.c.-a.d. 135)*, new English version, rev. and ed. G. Vermes, F. Millar, M. Black, and M. Goodman, 3 vols. (Edinburgh: Clark, 1973-87), 3.1:194-95.
6. Dupont-Sommer는 이 시들 속에서 엣센파의 존재를 찾는다. '솔로몬의 시편'(Psalms of Solomon)에 대한 R. B. Wright의 서론을 보라. *The Old Testament Pseudepigrapha*, ed. J. H. Charlesworth, 2 vols. (Garden City, N.Y.: Doubleday, 1983-85), 2:642.
7. Charlesworth, ed., *The Old Testament Pseudepigrapha*, 2:642.
8. S. Mason, *Flavius Josephus on the Pharisees*, Studia Post-Biblica 39 (Leiden: Brill, 1991), 8.
9. E. Rivkin, *A Hidden Revolution* (Nashville: Abingdon, 1978).
10. J. Neusner, *The Rabbinic Traditions about the Pharisees before 70*, 3 vols. (Leiden: Brill, 1971). 요약된 버전은: *The Pharisees: Rabbinic Perspectives*, Studies in Ancient Judaism 1 (Leiden: Brill, 1973).
11. J. Neusner, *From Politics to Piety: The Emergence of Pharisaic Judaism* (Englewood Cliffs, N.J.: Prentice-Hall, 1973), 45-80.
12. S. Mason, *Flavius Josephus on the Pharisees*, Studia Post-Biblica 39 (Leiden: Brill, 1991).
13. J. Neusner, "Josephus's Pharisees," in *Ex orbe religionum: Studia Geo Widengren* (Leiden: Brill, 1972), 1:224-44.
14. D. Goodblatt, "The Place of the Pharisees in First Century Judaism: the State of the Debate," *Journal for the Study of Judaism* 20 (1989): 12-30.
15. Mason, *Flavius Josephus on the Pharisees.*
16. *kai diatripsas par' autōeniautous treis kai tēn epithumian teleiōsas eis tēn polin huperstrephon. Enneakaidekaton d' etos echōn ērxamēn (te)*

politeuesthai tē Pharisaiōn hairesei katakolouthōn, hē paraplēsios esti tē par'Hellēsi Stōikē legomenē.

17. Mason, *Flavius Josephus on the Pharisees*, 111–12.
18. Ibid., 265.
19. *Antiquities* 14.176에서 오직 Samaias만 예루살렘의 죄를 지적한 사람으로 언급된다. *Antiquities* 15.4에서 요세푸스는 *Antiquities* 14.172에서처럼 산헤드린에서의 초기 사건을 Samaias가 아니라 Pollion의 책임으로 돌린다. 이것은 스승 및 제자들과 관련되어 있기 때문에 아마도 Pollion의 말은 실제로는 Samaias가 했을 가능성이 있다.
20. Mason, *Flavius Josephus on the Pharisees*, 125–132.
21. Ibid., 132.
22. O. Michel and O. Bauernfeind, eds., *Flavius Josephus: De Bello Judaico; Der jüdische Krieg: Griechisch und Deutsch*, 4 vols. (Munich: Kösel-Verlag, 1959–69).
23. Mason, *Flavius Josephus on the Pharisees*, 129–30.
24. E. P. Sanders, *Jewish Law from Jesus to the Mishnah: Five Studies* (London: SCM; Philadelphia: Trinity Press International, 1990).
25. M. Hengel and R. Deines, "E. P. Sanders' 'Common Judaism,' Jesus and the Pharisees," *Journal of Theological Studies* 46 (1995): 17–41.
26. Rivkin, *Hidden Revolution,* 10–11.
27. Ibid., 27–28.
28. Ibid., 73–75.
29. Ibid., 44–46.
30. Ibid., 176ff.
31. J. Neusner, *Rabbinic Traditions about the Pharisees before 70*.
32. J. Neusner,3 "Mr. Sanders' Pharisees and Mine: A Response to E. P. Sanders, *Jewish Law from Jesus to Mishnah*," *Scottish Journal of Theology* 44 (1991): 73–95.
33. Neusner, *Rabbinic Traditions about the Pharisees before 70*, 3:322.
34. Ibid., 3:301ff.
35. Neusner 가 바리새인과 사두개인 사이의 논쟁을 다루면서 랍비 문헌의 측면들을 논하지 않은 사실에 대해 Rivkin이 놀라는 것은 당연하다. "바리새인들에 관한 랍비 전승을 발췌하고 분석하는 데 바쳐진 1,207쪽에 이르는 방대한 저서에서, Neusner는 *perushim*이 바리새인이라는 의미를 가졌음을 확인해 주는 유일한 탄나임 본문을 제외해 버리고 있다. 그곳에서 *Perushim* 과 *Zedukim*, 즉'사두개인'은 나란히 나열되고 있다." (Rivkin, *Hidden Revolution*, 315). Neusner는 *From Politics to Piety*의 1쪽 각주에서 다음과 같이 짤막하게 언급하고 지나간다:

"바리새인들과 사두개인들이 나란히 소개된 본문을 위해서는 다음을 참조하라. Ellis Rivkin, 'Defining the Pharisees: The Tannaitic Sources,' *Hebrew Union College Annual*, 1970, pp. 205–49." (* 미쉬나 저작시기인 주후 약 200년 이전의 랍비들을 탄나임이라고 한다. - 역자주)

36. Neusner, *Rabbinic Traditions about the Pharisees before 70,* 3:304.
37. *Judaism* 이라는 자신의 책에서 샌더스는 바리새인에 관해 두 장을 할애한다 (E. P. Sanders, *Judaism: Practice and Belief 63 b.c.e.–66 c.e.* [London: SCM, 1992]). 그는 바리새인들이 의식적 정결성에 집중했다는 노이스너의 주장에 동의하지 않는다. 그러나 그는 1세기 바리새인들이 요세푸스가 암시한 것처럼 사회적으로 영향력이 있지는 않았다는 주장에는 동의한다(샌더스와 노이스너의 관점을 비교한 것으로는 다음을 보라. Hengel and Deines, "E. P.Sanders' 'Common Judaism,' Jesus and the Pharisees," 41–51).
38. 랍비 문헌 권위자인 G. Stemberger는 이 자료로부터 바리새인(그리고 사두개인)에 대해 얻을 수 있는 것이 보통 예상되는 것보다 훨씬 적다고 말한다. "이 본문은 분명 이전의 자료들을 보충하고, 설명하고, 확증한다. 그러나 그 그림을 근본적으로 풍성하게 채워주는 데는 도움이 되지 못한다." (G. Stemberger, *Pharisäer, Sadduzäer, Essener*, Stuttgarter Bibelstudien 144 [Stuttgart: Katholisches Bibelwerk, 1991], 64).
39. M. Silva, "The Place of Historical Reconstruction in New Testament Criticism," in *Hermeneutics, Authority, and Canon*, ed. D. A. Carson and J. D. Woodbridge (Grand Rapids: Baker, 1995), 115.
40. "그(랍비 예호슈아, Jehoschua)는 이렇게 말하곤 했다: 어리석은 경건한 자, 현명한 무신론자, 바리새적인 여인, 바리새인의 내리침, - 보라, 이것들이 세상을 파괴한다." H. Bietenhard, *Sota: Die des Ehebruchs Verdächtige*, Die Mischna: Text, Übersetzung und ausführliche Erklärung 3.6 (Berlin: Töpelmann, 1956).
41. J. Neusner, *The Mishnah: A New Translation* (New Haven, Conn., and London: Yale University Press, 1988).
42. J. Neusner, *The Talmud of the Land of Israel: A Preliminary Translation and Explanation*, vol. 27, *Sotah,* Chicago Studies in the History of Judaism (Chicago and London: University of Chicago Press, 1984), 92.
43. Rivkin은 *Sota* 3.4그리고 1969년에 출간한 바빌론- 탈무드 *Sota* 22b같은 자료에 나오는, '바리새인'에 대한 받아들여진 번역에 대해 반박했다. (E. Rivkin, "Defining the Pharisees: The Tannaitic Sources," *Hebrew Union College Annual* 41 [1970]: 205–49). *Rabbinic Traditions* (1971)에서 노이스너는 바빌론 탈무드 *Sota* 22b 그리고 그 외 다른 자료들에 나오는 *perushim*의 의미와 관련한 난제들을 피해 갔다. 그러나 노이스너는 비록 Rivkin이 미쉬나 자료의

역사적 가치를 성급히 받아들인 것에 대해서는 비판하지만 위에 언급한 Rivkin의 글에는 동의한다(*Rabbinic Traditions,* 1:2–3). Rivkin은 또한 *Hidden Revolution,* 168–171에서 이러한 번역의 문제를 논한다.

44. Stemberger, *Pharisäer, Sadduzäer, Essener,* 44–46.
45. Silva, "The Place of Historical Reconstruction in New Testament Criticism."
46. Neusner, *From Politics to Piety,* 67–68.
47. Ibid., 80.
48. K. Berger, "Jesus als Pharisäer und frühe Christen als Pharisäer," *Novum Testamentum* 30 (1988): 231–62.
49. Also see H. Falk, *Jesus the Pharisee: A New Look at the Jewishness of Jesus* (New York: Paulist, 1985).
50. J. T. Sanders, *The Jews in Luke-Acts* (London: SCM, 1987).
51. "교훈"(introduction)이라는 의미의 *didache*에 대해서는, 마 7:28; 막 4:2; 12:38; 계 2:14 참조. 예수께서 사람들에게 이런 반론적 교훈을 주신 것에 대해서는, 마 9:34; 10:25; 12:24 참조.
52. 마태복음 23장에 대한 깊이 있는 논의는 다음을 보라. J. van Bruggen, *Matteüs: Het evangelie voor Israël,* 2d ed., Commentaar op het Nieuwe Testament, 3d series (Kampen: Kok, 1994).

부록 2

1. 참조, A. J. B. Higgins, *The Son of Man in the Teaching of Jesus,* Society for New Testament Studies Monograph Series 39 (Cambridge: Cambridge University Press, 1980), 12–17; and C. C. Caragounis, *The Son of Man: Vision and Interpretation,* WUNT 38 (Tübingen: Mohr, 1986).
2. 다음에서 번역됨, S. Uhlig, *Das äthiopische Henochbuch,* Jüdische Schriften aus hellenistisch-römischer Zeit 5.6 (Gütersloh: Mohn, 1984).
3. E. Sjöberg, *Der Menschensohn im äthiopischen Henochbuch,* Skrifter utgivna av kungl. humanistiska vetenskapssamfundet i Lund 41 (Lund: Gleerup, 1946); H. Lichtenberger, "Messianische Erwartungen und messianische Gestalten in der Zeit des Zweiten Tempels," in *Messias-Vorstellungen bei Juden und Christen,* ed. E. Stegemann (Stuttgart: Kohlhammer, 1993), 9–20; M. Casey, *Son of Man: The Interpretation and Influence of Daniel 7* (London: S.P.C.K., 1979).
4. Charles, R. H., ed. *The Apocrypha and Pseudepigrapha of the Old Testament in English* (Oxford: Clarendon, 1913).

5. M. Black, "The Eschatology of the Similitudes of Enoch," *Journal of Theological Studies* 3 (1952): 1–10.
6. C. Colpe, "*ho huios tou anthropou,*" in *Theological Dictionary of the New Testament*, ed. G. Friedrich, trans. G. W. Bromiley (Grand Rapids: Eerdmans, 1972), 8:400–477 ; C. J. den Heyer, *De messiaanse weg*, vol. 1, *Messiaanse verwachtingen in het Oude Testament en in de vroeg-joodse traditie* (Kampen: Kok, 1983).
7. E. Isaac, "1 (Ethiopic Apocalypse of) Enoch: A New Translation and Introduction," in *The Old Testament Epigrapha*, ed. J. H. Charlesworth (London: Doubleday, 1983), 1:5–89.
8. M. Black et al., *The Book of Enoch or I Enoch: A New English Edition with Commentary and Textual Notes*, Studies in Veteris Testamenti Pseudepigrapha 7 (Leiden: Brill, 1985), 206–7.
9. J. J. Collins, "The Son of Man in First-Century Judaism," *New Testament Studies* 38 (1992): 448–66.
10. 에녹의 비유들에 대한 기독교적 배경에 대해서는 다음을 보라. C. L. Mearns, "Dating the Similitudes of Henoch," *New Testament Studies* 25 (1978–79): 360–69; and R. Leivestad, "Jesus—Messias—Menschensohn: Die jüdischen Heilandserwartungen zur Zeit der ersten römischen Kaiser und die Frage nach dem messianischen Selbstbewusstsein Jesu," in *Aufstieg und Niedergang der römischen Welt* 2.25.1 (Berlin: de Gruyter, 1982), 220–64.
11. W. G. Kümmel, *Jesus der Menschensohn?* Sitzungsberichte der wissenschaftlichen Gesellschaft an der Johann Wolfgang Goethe-Universität Frankfurt am Main 20.3 (Stuttgart: Steiner, 1984).